カナダ・イヌイトの民族誌
日常的実践のダイナミクス

大村　敬一

大阪大学出版会

プロローグ

一九九七年八月、カナダ中部極北圏のツンドラのただなかで、私は途方にくれていた。短い夏季のツンドラには、白や黄色の花が一面に咲き誇っている。空はどこまでも高い。空気はあまりにも澄んでおり、地平線の岩肌まではっきり見わけることができる。太陽の強い紫外線を頬に感じているにもかかわらず、私がパーカーのフードをかぶっているのは、北西からの強い風のせいだ。

その私の横では、私の世話をやいてくれるイヌイトの熟練ハンターとその息子が、双眼鏡をのぞいて周囲の偵察に余念がない。獲物を探しているか、風と浮氷の様子を読んでいるのだろう。彼らが双眼鏡を向けている先に視線を移すと、純白の浮氷が無数に漂う濃い藍色の海が拡がる。アジサシの鋭い鳴き声と風が空を切る音以外には、何も聞こえない。双眼鏡をもたない私は、何するともなく海を眺めながら、思いをめぐらせていた。今後どうすれば調査はうまくゆくのだろうか。そして、何の目処《めど》も立てることができない自分のふがいなさにいらだちながら、隣りの熟練ハンターに恨みにも似た感情を抱いていた。

すでにこの年の調査日程も終わりに近づいているにもかかわらず、私はまだ何の成果もあげていなかった。この年の調査の主目的は、極北の先住民であるイヌイトのハンターが、ツンドラを迷うことなく自在に移動するための知識と技術、つまりナヴィゲーションの方法を明らかにすることだった。この目的のために、私はイヌイトの古老や熟練ハンターに何度もインタビューを繰り返してきた。しかし、旅の物語や断片的な知識は無数に明らかにはなったものの、ナヴィゲーションに使われている知識と技術を体系的に明らかにすることには失敗していた。

この調査に先立って、私はイヌイトのナヴィゲーションに限らず、オセアニアの遠洋航海民のナヴィゲーションに関する資料を読んでいた。そして、オセアニアの遠洋航海者たちがナヴィゲーションに使っている星座コンパスなど、精緻に体系化された知識と技術に触れ、イヌイトのナヴィゲーションにも類似の体系的な知識があるにちがいないと思いこんでいた。しかし、いくらインタビューを繰り返しても、断片的な情報が体系的で一般的な知識に収束する気配はなかった。ただ、それぞれのハンターがそれぞれに経験した旅の物語が、事細かに語られるだけだった。

なかでもとくに困っていたのは地名の問題だった。私が用意した地図の上でイヌイトの古老と熟練ハンターが三〇〇箇所以上の地名を教えてくれたところまではよかった。しかし、それぞれの地名と場所を結びつけ、場所を見わけるために、どのような地形的な特徴に注目しているかを調べようとしたとたん、うまくいかなくなってしまう。「〇〇という地名の場所がわかるのはなぜですか」や「〇〇という地名の場所には、どんな特徴的な地形がありますか」という質問をしても、「そこに行けばわかる」、「地名こそが大事で、その場所にどんな地形があるかはどうでもよいことだ」という答えが繰り返されるばかりなのである。結局、地名がついている場所を見わけるために、どのような地形的特徴に注目しているかはわからずじまいだった。

しかし、こうした困難以上に、私が途方に暮れ、腹立たしく思ったのは、私の隣りで双眼鏡を覗いている熟練ハンターの態度だった。彼は私をほとんど連日のごとくハンティングに連れ出していた。この年には、村から一〇〇キロほど離れた猟場に向かうことも少なくなく、何度も泊まりがけのハンティングに連れてゆかれた。そのため、私が村に滞在していたのは、四〇日間ほどの調査日程のうち三分の一以下にすぎなかった。古老は村にいるため、ハンティングに出ている間はインタビューができない。

調査がうまく進展していなかったこともあって、私はかなり焦っていた。こんなにハンティングに出ていたら、インタビューができないじゃないか。日本語がわかる者がいないのをいいことに、ボートの上でしばしば私は日本語で悪態をつぶやき、しまいにはキャンプでうたた寝をしたときに、インタビューする夢まで見た。そして、私はこうしたことの成り行きを熟練ハンターのせいにしていた。彼には私の調査の目的を何度も話していたから、私がインタビューしたがっているのを疑いなく知っている。実際、「ハンティングではなく、インタビューがしたい」と彼に言ったことも何度かあった。しかし、彼は私を頻繁にハンティングに連れ出しつづけていた。彼は私に意地悪をしているのではないだろうか。

しかも、むかつくことに、その熟練ハンターはハンティングに出ている間、暇な時間があるたび、私に「ここの地名は何だ」や「村の方向はどっちだ」という質問を執拗に繰り返した。はじめのうち、私がわからないと、彼はそれぞれの場所の地名をすぐに教えてくれた。しかし、ハンティングを繰り返すにつれ、すぐに地名を教えてくれることはなくなった。私が何か地名を答えるまで待ち、間違えると決まって「おまえは子供だ」と笑い、さんざんからかったあげくに地名を明かしてくれた。

現在地から村の方向を言い当てる質問については、もっと悲惨だった。ハンティングの最中は獲物を探して絶え間なく針路を変えるので、この地域の光景になれていない私は簡単に方角を見失った。しかし、熟練ハンターとその息子にとって方角の割り出しは苦もないようで、そのような簡単なことに苦労している私はからかわれっぱなしだった。しまいには、熟練ハンターの一〇代の息子にまでからかわれる始末だった。おかげで私も必死になり、今ではかなり正確に地名を言い当てたり、現在地からみた村の方向を指したりすることができるようになった。

しかし、多少地名がわかるようになり、現在地から村の方向がわかるようになったからといって、ナヴィゲーションの知識と技術が身についたとはいえない。いったいどうすれば、オセアニアの遠洋航海者たちのナヴィゲーションにあるような緻密な知識と技術を明らかにすることができるのだろうか。やはりもっとインタビューをしなければいけない。そうすれば、きっと体系的で稠密な知識が明らかになるに違いない。そのためには、どのようなインタビューをすればよいのだろう。しかし、それ以前にまず、このハンティングを何とかしなくてはいけない。何とかハンティングに出ないでインタビューする方法を見つけなくては。

私のフラストレーションはその後もおさまることはなかった。相変わらずハンティングに連れ出され、たまにインタビューの機会に恵まれても何の進展もなかった。しかし、調査日程の終了まで余すところあと三日となった日、突然、私は自分の間違いに気づいた。それはその熟練ハンターと彼の自宅の居間でお茶を飲んでいるときだった。彼が何気なく地名を暗誦しはじめた。その地名はこれまで私が彼に連れられて何度も行ったハンティングのコースに並んでいた。私は彼にたどたどしいイヌイト語で次のような趣旨のことを聞いた。「地名は順番で覚えるのか。地形はどうでもよくて、ルートに並んだ順番で地名と地形を一致させるのか」。彼は驚いたように答えた。「当たり前だ。そんなこともわからないのか」。私は自分の愚かさに腹がたった。簡単なことだったのだ。どうして気づかなかったのだろう。

私はずっと思いこんでいたのだ。知識と技術というのは一般化されて体系的で客観的なものであるに違いないと。イヌイトのナヴィゲーションにも一貫して体系化されたマニュアルのような知識と技術があるはずだと。しかし、そういう私の思いこみが間違っていたのだ。断片的で主観的で単なる個々人の体験談のようなかたちで組織化された知識や技術だってあるはずだ。客観的で一般化された知識だけが知識ではない。自分の経験に従って組織化されている場合もあるだろう。あたかも実際にハンティングのルートを辿っているかのように。あるいは、ルートに沿って地名を暗誦するように。

この瞬間、直観的にすべての糸がつながったように思われた。なぜ古老が語るナヴィゲーションの知識が断片的であったり、物語のかたちをとったりするのか。どうして私の世話を見てくれていた熟練ハンターが頻繁にハンティングに連れ出し、地名や村の方向をたずねる質問を繰り返したのか。熟練ハンターは意地悪だったわけではない。私の目的を的確に理解し、もっともよい方法をとったのだ。古老に対するインタビューはうまくいかなかったのではない。本当は成功していたのだ。

すべてが一つの方向に収斂しはじめた。こうしてイヌイトに導かれながら、本書でたどられる探求の旅がはじまった。

目次

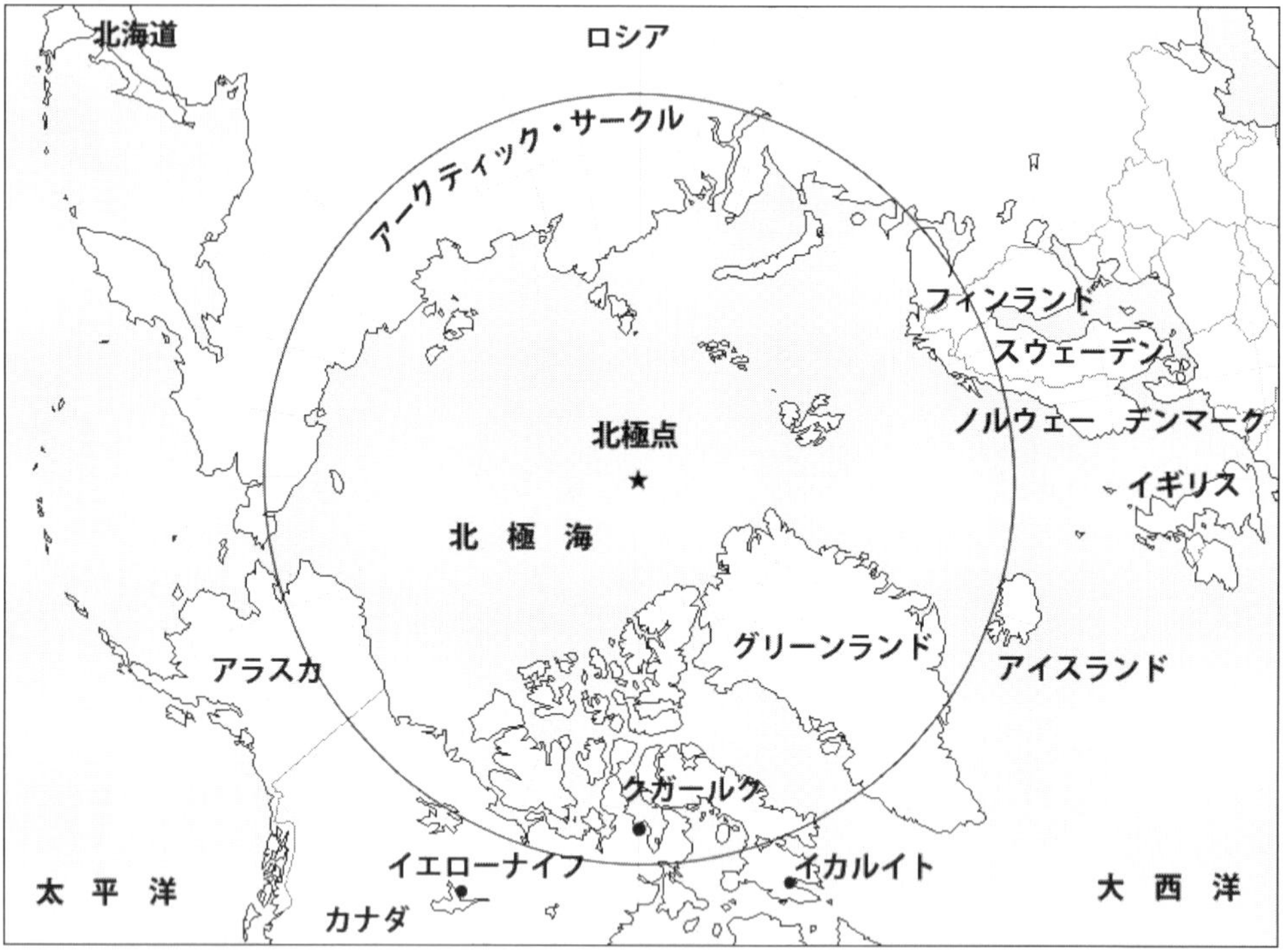
北海道
ロシア
アークティック・サークル
フィンランド
スウェーデン
ノルウェー
デンマーク
北極点
イギリス
北 極 海
グリーンランド
アラスカ
アイスランド
クガールク
イエローナイフ
イカルイト
太 平 洋
大 西 洋
カナダ

序章　イヌイトのナヴィゲーションをめぐる諸問題

太古に生きていたイヌイトとの絆のゆえに特別な重要性を与えられている多くの場所は、今日のイヌイトにもよく知られており、また、今日でも依然としてイヌイトにとって重要な場所でありつづけている。太古に造られた石積みの塚や石造のヤナは現在でも実際に使われている。太古のわざや生き方を呼び起こす物語も依然として人々の間で語られている。太古に生きていた人々は現在に生きている人々と本質的なところで結びついているのだ。太古の人々の生活は現在でも生きており、その太古の人々と現在の人々との間のつながりが土地の利用や社会的な習慣の継承を支えているのである。これはわたしたちの大地である。わたしたちの先祖がここにいる。先祖たちはこの大地について知り尽くしていた。わたしのような年寄りも大地について知り尽くしている。わたしたちの先祖たちは遠い昔からここにいた。わたしたちは陸であろうが海であろうが旅をしてきた。そして、どこでカリブーがみつかり、どこでアザラシがみつかり、どこで魚がみつかるかを知っている。わたしたちは旅をするのに地図など使わない。地図など使わなくても旅をすることができるのだ。わたしたちは地図など使わずにあなたにさまざまな島や場所の地名を教えることができる。（クガールクのドミニック・トゥンギリクのことば（Brody 1976: 192））

一　本書の主題――イヌイトのナヴィゲーション(1)

高木が生育しない森林限界以北の極北圏は、私たちのような中緯度地帯に住む者には豊かな彩りに満ちた世界には見えない。雪と氷が消え、一斉に花々が咲き誇る夏季でも、ツンドラと露出した岩盤からなる光景はとりとめがなく、どこまで行っても同じ光景がつづいているように見える。一年の約三分の二を占める冬季には、陸地も海も一面が氷と雪に覆われるモノクロームの世界となり、環境の様子を知る手がかりを見つけることすら難しい。天候は気まぐれで、朝は晴れていても、その日の夕方にはブリザードに見舞われることも珍しいことではない。ブリザードのときはもちろん、曇天のもとで霧混じりの風が吹けば、視界は白一色で埋め尽くされ、地面と水面と空の区別もつかなくなる。

こうした極北の環境のなかで、イヌイト(2)と総称されるカナダ極北圏の先住民(3)の人々は、地図もコンパスもいかなる位置測定器具の助けも借りずに、年間平均で半径一〇〇～二〇〇キロにわたって自在に移動する。一九六〇年代にカナダ連邦政府の国民化政策のもと、極北圏に点在する行政村落に定住化するまで、季節周期的に移動する生活を営んでいたイヌイトにとって、こうした環境のなかでの移動は日常的な出来事であり、環境を読みとって目的地までの的確なルートを見いだす技術(4)は、生活を支えるために必要なもっとも基本的な日常技術であった。この技術の重要性は、一年のほとんどを定住村落で過ごすようになった今日でも変わっていない。

一九六〇年代に定住化して以来、カナダという近代国民国家と産業資本制経済の世界システムに同化・統合された結果として、賃金労働との兼業が一般的になった現在においても、イヌイトは半径一〇〇～二〇〇キロにわたる広大な地域を舞台に、狩猟・漁労・罠猟・採集からなる生業活動(5)を依然として活発につづけている。そうした生業活動を行うためには移動の技術が欠かせない。たしかにかつてのイヌゾリやウミアック（*umiaq*：皮張りボート）がスノーモービルや船外機付きの金属製ボートに取って代わられるなど、移動のための装備が機械化された結果、移動時間が短縮されるなどの変化はみられる。しかし、その移動を行うためには、環境を読みとって目的地までの的確なルートを見いだす技術が必要であることに変わりはない。どんなにスノーモービルの運転が巧みでも、獲物がいる場所にたどり着くことができなければ、何の意味もないだろう。低い気温と強風のために、冬季においても夏季においても決して安全な環境であるとは言えない極北圏では、的確なルートの探索に失敗することは死を意味する場合すらある。いつの時代においても、環境を読みとって目的地までの的確なルートを見いだす技術は、生活に最低限必要な技術なのである。

写真序-1　春の海氷の様子。アザラシを探すハンターのスノーモービルが左上に見える

（カナダ、ヌナヴト準州、クガールク、1997年5月）

それでは、イヌイトはどうやって環境を読みとり、目的地までの的確なルートを見いだしているのだろうか。極北の環境は、低緯度地帯に住む私たちの目には変化に乏しい単調な光景に映る。そうした光景の特徴を見わけて自分の正確な位置と目的地の方向を割り出すことは、決して易しいことではない。これはイヌイト自身にも当てはまる。未熟な若者が道に迷った話は珍しいことではなく、熟練したハンターは未熟な若者や外部からの訪問者に、単独行動をとることをできるだけ避けるようにいましめる。極北の環境が迷いやすく危険な環境であることを、熟練ハンターはよく知っているからである。極北の環境を自在に移動することはイヌイト自身にとっても熟練を要する技術であり、まして極北圏の外部からの訪問者の目には超人的な能力にす

写真序-2　冬のアザラシ猟でアザラシの呼吸穴を探す熟練ハンター
（2005年2月、カナダ、ヌナヴト準州クガールク村）

ら映る。このことは、古くは一九世紀から、極北圏を訪れた数多くの欧米の探検家たちによって指摘されてきた。イヌイトが卓抜した空間認識の技能と極北の環境に関する詳細な知識をもっており、当時としては最新のナヴィゲーションの装備を備えた探検家たちですら、極北の環境の微妙な変化を読みとって目的地までの正確なルートを割り出す技能の点で、イヌイトの足下にも及ばなかったことが報告されている[6]。

このようなイヌイトの技術の卓越性は、人工衛星からの信号によって現在地と目的地の正確な位置測定を行うGPS（全地球方位測定システム）や精確な地形図が利用可能な今日においても揺らいでいない（MacDonald 1998; 大村 1995b, 2004b, 2006a; Simeon 1982）。現在地と目的地の位置関係をはじめ、その間の地形的特徴がわかっていても、現在地と目的地を結ぶ安全で効率的なルートを選ぶには不十分だからである。海上でのナヴィゲーションとは異なり、イヌイトが移動活動を行う環境には、陸や海、川や湖や山、さらに夏季には浮氷の移動をうながす海流や風、冬季には氷や雪の状態など、移動の可能性と安全性を左右する要素は無数にある。そうした要素をとらえ損なえば、氷に閉じこめられたり、袋小路に入ったり、薄氷に落ちたりといった危険に直面することになる。まして、遠洋航路の航海士が目的地までの航海だけを目的とするのとは異なり、イヌイトはただ単に移動するだけではない。イヌイトにとって移動活動は生業活動を行うための条件にすぎず、狩猟や漁労や罠猟で成果があがらなければ意味がない。イヌイトの移動活動は、どこが危険でどこが安全か、どこに獲物がいるかなど、環境の地形的、気象学的、生態学的条件について熟知したうえで、今現在自分がその環境のどこに位置し、どのような状況下にいるかを判断して、今後どのように行動すればよいかを決めるという高度に知的で複雑なものなのである。

今日では、こうした移動活動に必要な技術は、狩猟・漁労・罠猟・採集などの生業技術と並んで、「イヌイトのやり方」（*inuktitut* もしくは *inuktun*）[7] と呼ばれる「伝統」[8] の一つとして、イヌイトの肯定的なエスニック・アイデンティティを支えるエスニシティの表徴の一つにまでなっている（MacDonald 1998: 160–161; Nelson 1969: 100,124; Simeon 1982: 46–47; スチュアート 1995a: 52–55）。移動に必要な技術は、イヌイトの人々が過去約一〇〇〇年にわたって蓄積して磨き上げ、家庭内教育を通して継承してきた文化的な装置であり、詳細な知識と熟練した技能を要求される卓越した技術として欧米近代社会の人々から賞賛されてきた。また、その技術はイヌイトのエスニック・アイデンティティの基盤である「大地《ヌナ》」（*nuna*）との絆を維持するために不可欠な技術でもある。多くの人類学者によって指摘され（Brody 1975, 1976; Nuttall 1992; スチュアート 1995a, 1996; Wenzel 1991など）、冒頭にあげたイヌイトのことばにもあるように、イヌイトにとって「大地」と呼ばれる極北の環境は、野生生物が分布する生業経済の資源基盤であるだけでなく、イヌイト社会の個々人を結びつけ、その過去・現在・未来の紐帯を具現する民族存立の文化的基盤である。その絆を維持してゆくことは、エスニック・アイデンティティを維持することに等しい。そうした「大地」との絆を維持するためには、移動の技術が生業技術と並んで必須である。「大地」を自在に移動する技術がなければ、「大地」との絆を確認することもで

写真序-3　夏のツンドラでカリブー（北米トナカイ）を狩る少年

（1993年８月、カナダ、ヌナヴト準州クガールク村）

きない。

　それでは、イヌイトがエスニシティの表徴として誇る技術とは、どのような技術なのだろうか。イヌイトがしばしば語るように、その環境を「自分の庭のように知っている」、「すべてを知っている」と言ってもあまり意味がない。問われるべきなのは、広大な極北の環境を「自分の庭のように知っている」、「すべてを知っている」とはどのようなことなのか、ということである。単調な光景と移ろいやすい天候、複雑に絡まり合った地理的、気象学的、生態学的な条件のもとで、イヌイトが広大な環境を自在に移動しながら生業活動を実践し、日々の生活を問題なく過ごせるのはなぜなのか。イヌイトにとっては日常的で当たり前な移動という活動の背後で、彼らが実践している複雑な知的活動とはどのようなものなのか。そして、その移動活動を通して維持される「大地」との絆とはどのようなものであり、なぜ移動活動を支える技術がエスニシティの表徴にまでなっているのだろうか。

　本書の目的は、極北の環境をイヌイトが自在に移動することを可能にするとともに、イヌイトのエスニシティの表徴にまでなっているイヌイトの知識と技術を記述し、その日常世界をイヌイトの視点から明らかにすることである。そのうえで、イヌイトのエスニック・アイデンティティを支えている「大地」との絆をはじめ、「イヌイトのやり方」と呼ばれている「伝統」とはどういうことなのかを明らかにする。本書では、こうしたイヌイトの移動活動の全体、すなわち、極北の環境を読みとって現在地と目的地の空間的関係を把握し、的確なルートを見いだしながら極北の環境を自在に移動する活動の全体をナヴィゲーションと呼び[9]、そのナヴィゲーションに関するこれまでの研究と私自身が行ったフィールド調査の成果に基づいて、その実態を明らかにしてゆく。そして、イヌイトが極北の環境をいかに認識し、どのような生活世界を構築しているのか、また、そうして社会・文化的に組織化された極北の環境空間が、今日のイヌイトにとってどのような意味をもっているのかについて考察する。この意味で、本書はイヌイトのナヴィゲーションを軸に現在のイヌイトの生活世界の民族誌を書く試みである。

二　理論上の問題──「人類学の危機」と本質主義批判

しかし、イヌイトの生活世界の民族誌を書くとはいっても、「人類学の危機」が叫ばれ、民族誌のあり方に疑問が提示されてすでに三〇年近くなる今日では、従来の民族誌の方法論に従ってナヴィゲーションをはじめとする社会・文化的な現象を描き出すことはできなくなっている。第一章で詳しく検討するように、一九八〇年代にポストモダン人類学とポストコロニアル人類学が近代人類学に潜む植民地主義的なまなざしを批判して人類学の危機が叫ばれて以来、近代人類学が自らの「客観性」と「科学性」の基盤としていた民族誌という方法、すなわち、フィールドワークでの成果に基づいて「民族」の「文化」を全体的で「客観」的に描くという方法は、「本質主義」として批判されるようになった。文化を記述する方法は自明のものではなくなってしまったのである。

フィールドワークにおいて人類学者は、自己とは異質な現地の人々についてより知りたいという欲求に駆動され、その人々と対話を繰り返し、その対話から自他の間の差異の理由を探そうとする。こうしたフィールドワークでの人類学者の対話の経験はあくまでも個人的で部分的な主観的経験にすぎず、その対話の実践もさまざまな社会関係に埋め込まれた社会的行為である。その意味で、その対話に参加している人類学者と対象社会の人々のどちらも客観的であるわけではない。

また、フィールドワークで人類学者と出会って対話する対象社会の人々は、多様な個性をもち、さまざまな考え方や振る舞い方をするだけでなく、時代や状況に合わせてそれらを変えてゆく。もちろん、対話のなかで注意深く観察すれば、彼らの間にも慣習的な考え方や振る舞い方があり、その思考や行為にも一定の方向性があることに気づくことだろう。あるいは、その一定の思考や行為の方向性を文化と呼ぶことができるかもしれない。しかし、そうして人類学者が推測する対象社会の人々の文化も推測の域を出ない。人類学者も所詮は死すべき運命をもつ人間であり、神のように対象社会の人々のすべてを知ることはできない。

しかし、近代人類学における民族誌では、「科学」的と称されるさまざまな分析概念、さらには民族誌的現在時制や自由間接話法や提喩などのレトリックが駆使されることによって、[10]あたかも人類学者だけが現地社会の全体を見渡す特権的で客観的な「アルキメデスの点」に立っているかのように、人類学者の主観的で限られた経験に基づく推測の結果が対象社会の文化としてまとめあげられてしまう。神のようにすべてを知っているかのような視点から人類学者の推測が一般化されることで、その文化が現地社会の人々に一律に均質に共有され、その社会の誰もがその文化に従っているかのように描かれてきたのである。その結果、現地の社会の本質としての文化がその社会の人々の第二の本能であるかのように固定的に描き出され、その文化に現地の誰もが永遠に縛られているかのように描き出されることになってしまった。こうしたからくりこそ、本質主義として批判された近代人類学の民族誌の方法である。

ポストモダン人類学とポストコロニアル人類学は、一九八〇年代以来、こうした民族誌の実践が、民族誌という表象を通して現地の人々を知的に支配して管理するための装置であり、人類学者が属する近代社会と現地社会の間の非対称な権力関係を正当化する政治的行為であることを指摘してきた。近代人類学の民族誌が「客観」的で「科学」的と称されるさまざまなレトリックの背後で、「正しい」現実を知りうる特権的な人類学者が、「正しい」現実を知りえない無知な現地の人々を研究するという植民地主義的な関係を紡ぎ出しながら、その人びとを支配して管理するのに都合のよい固定的な文化に縛りつけていることが暴かれてしまったのである。第一章で詳しく検討するように、本来は多様な個性と可能性に満ちているがゆえにとらえどころのない人々を固定的な文化に縛りつけて規格化してしまえば、その人々を支配して管理するには都合がよい。しかも、その規格化が全能な神によって定められた第二の本能であるかのように自然化されてしまえば、その支配と管理のための規格に誰もが従わざるをえない説得力が生じる。

しかし、対象社会の人々の間に文化というかたちで一定の慣習的な思考や行為の方向性があるとしても、その人々にも多様な個性と未来に向けての変化の可能性がある。プログラムのような文化に縛りつけられ、同じ思考や行為を繰り返すロボットであるはずがない。そのようなロボットとして対象社会の人々を描いてしまうことは、その人々の支配と管理に荷担することではないのか。そもそも、いかなる根拠によって、現地の人々と同じ人間である人類学者に、人間について研究する主体としての特権的な視点が保証されているのだろうか。主観的な経験に基づく限定的な推論しかできないはずの人類学者に、そのような特権的な視点がどうして与えられるのだろう。その根拠となってきた人類学の科学的客観性の神話が崩落し、研究の主体としての人類学者が客体としての現地の人々を研究して、その人々を支配と管理に都合のよい固定的な文化に縛りつけるという植民地主義の非対称な権力関係が白日のもとにさらされてしまった。民族誌の実践は「醜悪な権力作用に支えられた巨大な嘘つき装置」（太田 1996b: 24）として糾弾され、人類学の危機が叫ばれるなか、民族誌を書くことが困難になってしまったのである。

イヌイトに関する人類学的研究をすでに一世紀以上にわたって積み重ねてきた極北人類学も、この人類学の危機と無縁ではない。第一章で詳しく論じるように、本書が対象とするナヴィゲーションをめぐる知識と技術をはじめ、イヌイトの在来知という社会・文化的な現象に関する諸研究では、イヌイトが在来知を再生産し変化させているという事実が見逃されてきたために、近代人類学の本質主義と同様の問題が生じることになってしまった。

イヌイトの在来知とは、イヌイトが過去約一〇〇〇年にわたって極北の環境に適応しながら、その環境を組織化するために開発し蓄積してきた知識と信念と実践の統合的体系のことである。これまでの極北人類学は、こうしたイヌイトの在来知が近代科学と対等な知的所産であることを明らかにしてきた。しかし、イヌイトがその知識を再生産し変化させているという事実を見逃していたために、在来知から変化の可能性も近代科学との対等な対話の可能性も奪い、イヌイトを永遠なる他者の位置に押し込めてしまった。相対主義的な視点に基づいてイヌイトの在来知を復権しながらも、本質主義的な近代人類学と同様に、民族誌という表象を通してイヌイトを固定的な文化に縛りつけて支配する植民地主義的な政治装置となってしまっていたのである。

それでは、そうした本質主義の陥穽に陥ることなく在来知を描き出すためには、どうすればよいのだろうか。ナヴィゲーションをめぐる在来知の記述と分析を通してイヌイトが極北の環境と交わす関係を明らかにする一方で、在来知をあたかもイヌイトの人々を縛りつける第二の本能であるかのように、太古より不変な閉じたパラダイムとして永遠に凍結してしまえば、在来知を肯定的に評価したとしても、民族誌という表象によってイヌイトを支配する植民地主義的な支配に荷担しているという誹《そし》りを免れえない。

三　本書の構成——綜合的文化分析を目指して

本書は、こうした本質主義的な民族誌の問題点を克服するための方法論を模索しながら、ナヴィゲーションをめぐるイヌイトの生活世界の民族誌を描き出す試みである。

まず第一章で、前世紀後半から今日にいたる極北人類学のなかでイヌイトの知識と世界観がどのように描かれてきたかについて振り返り、その成果と問題点を検討する。とくに本書では、一九七〇年代後半以来、今日にいたるまで展開されてきた在来知の諸研究に焦点をあてる。そして、この在来知研究が一九七〇年代以前の民族科学研究における自文化中心主義的で普遍主義的な視点を修正し、イヌイトの視点からイヌイトの知識と世界観を把握する相対主義的な視点を提示した一方で、イヌイトが在来知を再生産し変化させ創り出しつつあることを忘却していたために、本質主義の陥穽に陥ってしまった経緯を追跡してゆく。

次に第二章では、在来知研究の問題点を解決し、本質主義の陥穽から離脱するためには、どのような記述と分析の方法を採ればよいかを検討する。そして、実践の理論や戦術的リアリズムなど、本質主義を克服するために提示されている研究戦略を参考に、在来知を研究するための新たな研究デザインを模索する。本書では、こうした実践の理論の立場にたつ人類学者のなかでも、とくにジーン・レイヴ（1995）に注目する。そして、その研究デザインを参考に、日常的実践に焦点をあて、人間と文化の間に交わされるダイナミックな相互作用を綜合的に把握する視点から在来知を再定義するとともに、在来知を記述して分析するための新たな研究デザインを提案する。

写真序-4　夏の海上でイッカククジラを狩るボート群
（2013年９月、カナダ、ヌナヴト準州クガールク村）

さらに第三章と第四章では、イヌイトの在来知の一つであるナヴィゲーションを取りあげ、第二章で提示した方法に基づいてナヴィゲーションの記述と分析を行う。まず第三章で、ナヴィゲーションに使われる記号体系を記述し、環境から情報を読みとるための指標や定針の方法など、ナヴィゲーションの技法を概観するとともに、ナヴィゲーションが行われているイヌイト社会の歴史と現在の政治・経済・社会システムについて概観する。そして、その政治・経済・社会システムを背景に、ナヴィゲーションにエスニシティの表徴としての地位を与えている「大地」との絆という信念がいかに形成されているかを明らかにしてゆく。そのうえで第四章では、第三章で検討した政治・経済・社会・文化システムのなかでイヌイトがどのようにナヴィゲーションを実践しているかを追跡し、その実相を明らかにする。そして、ナヴィゲーションをめぐるさまざまな日常的実践が、第三章で検討した政治・経済・社会・文化システムとの弁証法的関係のなかで「イヌイトのやり方」という「伝統」をいかに構築し、いかに再生産しているかを検討し、イヌイトの視点からイヌイトの日常の経験世界を浮き彫りにする。

最後に第五章では、第四章で行ったナヴィゲーションをめぐる日常的実践の分析に基づいて在来知をとらえなおすとともに、「大地」と呼ばれている環境がイヌイトにとってどのような意味をもっているかについて考察する。そして、従来の諸研究では相互に理解不可能なほど異質であるとされてきた在来知と近代科学の違いは、今日のイヌイト社会をめぐる政治・経済・社会・文化的状況を背景に日常的実践を通して構築されて再生産されているのであって、在来知と近代科学にそれらの本質として内在しているわけではないことを示す。また、イヌイトにとって、「大地」は過去の歴史が貯えられ、未来に向けて刻一刻と現在が刻み込まれてゆく記憶の貯蔵庫であるとともに、イヌイトが相互にそれぞれの人生の記憶を分かち合うための母胎であり、イヌイトを共通の場に結びつけて過去・現在・未来の紐帯を現実化する場であることを明らかにする。そして最後に、日常の生活実践に焦点をあてるアプローチから在来知を捉えなおす本書の試みによって、在来知の研究にどのような地平を拓くことができたかを検討しながら、日常的実践から文化にアプローチする記述と分析の方法が人類学に拓く可能性について考察する。

第一章　極北人類学の功罪――「もう一つのパラダイム」という名の神話

社会は人間の産物である。社会は客観的な現実である。人間は社会の産物である。（中略）これら三つの契機のいずれかを等閑視するような社会的世界の分析は歪んだものになるであろう。（バーガー＆ルックマン 1977: 105）

ここに引用したバーガーとルックマンの簡潔なことばは、一九八〇年代以来、人類学の内外で叫ばれてきた「人類学の危機」を端的に予言していたように思われる。文化が社会的世界の一部である以上、文化の分析にも三つの契機があることはたしかである。そして、その三つの契機のうちの第一の契機、すなわち「文化は人間の産物である」ことを等閑視していた一九七〇年代以前の近代人類学を「本質主義」の名のもとに批判したポストモダン人類学とポストコロニアル人類学の登場こそ、人類学の危機の端緒となったからである。

もちろん、イヌイトに関する研究を前世紀末からつづけてきた極北人類学も人類学である以上、こうした人類学の危機と無縁であるわけではない。本章では、極北の先住民であるイヌイトについて概観するとともに、本質主義批判を端緒にはじまった人類学の危機が現在の極北人類学に投げかける問題を概観しながら、ナヴィゲーションをめぐる知識や技術をはじめ、イヌイトの知識と世界観(11)に関してこれまでに極北人類学で行われてきた諸研究の成果と問題点について検討しよう。

一　人類学の危機――本質主義とアイデンティティの政治

文化分析の三つの契機と本質主義

バーガーとルックマンが社会について指摘したことは文化にもあてはまる。

実践の理論（Bourdieu 1977; ブルデュー 1988, 1990; Sahlins 1981など）や戦術的リアリズム路線の立場に立つ人類学者（Abu-Lughod 1991; Lavie, Narayan & Rosaldo 1993; 松田 1996b）が指摘しているように、文化は日常生活を送る人々の微細な生活実践を通して社会的に再生産されてゆくと同時に変化してゆくという意味で人間の産物である。また、「伝統の発明」論（ホブズボウム＆レンジャー 1992など）やポストコロニアル人類学の「文化の構築論（構成主義）」（Linnekin 1992; 太田 1993, 1998; Thomas 1992など）が指摘しているように、文化が人々の政治・経済的な意図によって意識的あるいは主体的に発明もしくは創造されたものであることもたしかである。このように人間によって社会的に再生産され変化させられ、ときには発明もしくは創造されるという意味で、文化はたしかに人間の産物である。

また、ギアツが定義したように（Geertz 1973）、文化は「象徴と意味の体系」であり、人間の頭のなかにある不可視の知識体系でも、人類学者によって仮想された人々の行動パターンのモデルでもない。文化は意味のネットワークとして個々の人間に経験されている主観的現実であると同時に、象徴という「いかなる物質、行為、出来事、性質、関係であれ、概念の意味内容を運ぶもの」（Geertz 1973: 91）として観察可能な客観的現実である。間主観的に経験される意味と客観的に観察可能な象徴からなる文化は、象徴というかたちで観察可能な客観的な現実である。そして、心理人類学や認識人類学、文化とパーソナリティ論やサピアとウォーフの仮説が明らかにしたように、文化が人間の認識とパーソナリティを型取り、人々が一定の共通した行動パターンをとるように方向づけていることもたしかであり、人間が文化の産物であることにも疑いはない。つまり、文化は人間の産物であり、文化は客観的な現実であり、人間は文化の産物なのである。

しかし、すでに一九八四年にオートナー（Ortner 1984）がこのバーガーとルックマンのことばを引きながら指摘していたように、一九七〇年代までの人類学の主要理論では、「文化は人間の産物である」という文化分析の第一の契機が等閑視され、「文化は客観的な現実であり、人間は文化の産物である」という文化分析の第二と第三の契機ばかりが強調される傾向にあった[12]。文化に客観的な実在としての地位が与えられ、人間の意志や行為からは自律した独自の力学をもつ全体的なシステムとしてさかんに研究されてきた一方で、人間はそのパーソナリティや認知が文化によって一方的に決定づけられてしまう受動的な存在としてばかり描かれ、人間が文化に働きかけることによって文化を変えてゆく様子についてはほとんど研究されなかったのである。その結果、人間は文化によって一義的に決定づけられるロボットのように受動的な存在とみなされることになった。文化は人間の生得的本能に加えられた第二の後天的な本能のように固定的に描かれ、動物種が本能によって一義的に規定されているように、ある社会に属する人々は、その社会の固定的な文化によって一義的で均質に規定されているかのように描かれてしまったのである。

こうした明らかに歪んだ文化分析のあり方こそ、一九八〇年代以来、ポストモダン人類学とポストコロニアル人類学が「本質主義」という名のもとに批判してきた立場に他ならない。本質主義とは「オリエントやイスラームや日本文化や日本人やヌエル族といったカテゴリーにあたかも［アライグマやオポッサムなどの］自然種のような全体的で固定された同一性があることを暗黙の前提にしている」（小田 1996a: 810：［　］内は筆者加筆）立場のことである。

この本質主義を支えている暗黙の前提、すなわち、「民族」というカテゴリーを動物の自然種のカテゴリーと類比したものとして扱うことができるとする前提は、人間の文化への働きかけという文化分析の第一の契機を忘却することによってはじめて可能になる。人間が文化を再生産したり変化させたり創造したりすることを忘却すれば、文化は人間によって操作不可能な後天的な第二の本能のようなものとなる。そうなれば、動物がそれぞれの種の本質である本能によって一義的に規定されているように、人間もそれぞれの「民族」の本質である文化によって一方的、一義的に決定づけられているかのように考えることができるようになる。本質主義として批判されている近代人類学では、こうした忘却が「客観性」や「科学性」の名の下に隠蔽されてしまい、人間は「民族」の本質としての文化に一義的に決定づけられているという考え方が、あたかも先験的な真実であるかのように自然化されてしまったのである。

アイデンティティの政治と近代人類学

一九八〇年代以来、人類学の内外で叫ばれてきた人類学の危機は、こうした本質主義的な近代人類学に対するポストモダン人類学とポストコロニアル人類学の批判を端緒に始まった。この本質主義批判に先鞭をつけたのが、『文化を書く』(クリフォード&マーカス編 1996〔1986〕)の寄稿者らによって提起された「民族誌リアリズム」批判と、サイードの『オリエンタリズム』(1993〔1978〕)による「オリエンタリズム」批判である。この二つの著作以来、近代人類学が自らの「客観性」と「科学性」の基盤としていた民族誌という方法、すなわち、フィールドワークでの成果を基礎に、ある「民族」の文化を全体的で客観的に描くという方法は、本質主義として批判されることになった。

ポストモダン人類学とポストコロニアル人類学によれば、「民族」のカテゴリーは自然種のような客観的な実在ではなく、人類学者が特定の文化をその民族の本質あるいは第二の本能であるかのように描くことによって創り出してきた虚構である。しかも、そうして創り出された民族のカテゴリーは、対象社会の人々を一定の固定したカテゴリーに閉じこめたうえで管理しようとする、近代に特有な支配のテクノロジー、「アイデンティティの政治」の装置として機能する。アイデンティティの政治とは、民族や文化へのアイデンティティなど、同一性の基準に基づいて人々を支配して管理するための近代的な人間管理の装置のことであり、近代の典型的な制度の一つである学校を事例に考えるとわかりやすい(13)。

たとえば、あなたがどこかの学校の教員であるとしよう。そして、その学校には、生徒はすべからく校内にいるときには常に校章のバッジを制服につけていなければならないという校則があるとする。この校則を生徒に守らせるために、教員たるあなたはどうすればよいだろうか。まず考えられるのは、その校則を生徒たちが守っているか否かを常に監視し、守っていない生徒がいれば注意してまわることだろう。あるいは罰則をもうけて、その規則を守っていない生徒を発見したならば、その罰則を適用してもよい。いずれにせよ、常時生徒たちを監視下に置き、とにもかくにも生徒たちが校則を守るように管理するのである。しかし、このやり方はきわめて非効率で不徹底である。生徒に較べればごく少数の教員がすべての生徒を常に監視することができるわけがない。たとえ監視カメラを校内にくまなく設置しておいても、それを常時監視するのは大変なことである。

それでは、どうすればよいのか。おそらくもっとも効率よく校則の遵守を徹底するには、生徒が自らその校則に従うようにしてしまえばよい。たとえ教員に見られていなくても、生徒がその校則を自らすすんで守り、自らが自らをよろこんで律するようになれば、教員は生徒たちを常時監視する面倒から解放される。それでは、生徒たちがそうなるようにするには、どうすればよいだろうか。校則を守ることが生徒の当然の義務であると生徒に諭すことも一つの方法だろう。しかし、「ねばならない」という義務を諭されてすすんで従ってくれる生徒であれば、そもそも校則違反などしないだろう。校則は「ねばならない」から鬱陶しいのである。

そこで一計をはかり、校則を鬱陶しいものではなく、すすんで守るべき素敵なものに変換してしまえば、どうだろう。校章のバッジをつけることはとてもおしゃれであるのみならず、常時バッジをつけるという校則に従うことは、その学校の生徒としての誉れである。見てごらん、隣りの学校を。あの学校の校章のバッジはダサイうえに、あの学校の生徒は校則を守ることもできない。あのようなふしだらな人間にならないように、このイケてるバッジを着けようじゃないか。私たちの学校はあの学校とは違うのだ。長い伝統を誇る我が校の一員として、我が校の伝統を具現する校則に従うことはすばらしいことなのだ。

このようなあからさまな扇動はなかなかうまくいかないだろう。しかし、その学校の伝統を輝かしき校史として編纂し、学業やスポーツの輝かしい成果を数値として示し、学校でのすべての活動でその伝統の一端を担う生徒としての誇りをもたせるように徹底したらどうだろう。その学校の伝統を担う生徒というアイデンティティを生徒に植え込み、その伝統を具現する校則からの逸脱に、自らのアイデンティティを脅かす悪しきものという烙印を生徒自らが押すようにするのである。このとき、たとえば学業の偏差値のように、生徒にとって校則がもはや押しつけられたものとして、あるいは選択可能なものとしてではなく、自己実現の自然な唯一の目標として感じられるようになれば申し分ない。生徒は自ら必死になって校則という自己を実現しようとし、そこから逃れることなど考えなくなるだろう。しかも、教員にとって都合のよいことに、管理者としての教員の姿が生徒から見えなくなる。生徒は管理されているなどとは感じなくなるからである。

今日の世界では、この戯画の「学校」を「民族」に、「校則」を「文化」に置き換えたかたちで、しかも民族と文化が自然化されることによってさらに強力に、文化が支配と管理の抑圧的な装置として機能している。人々のすべてが例外なく文化をもつ民族というカテゴリーに割り振られ、その民族というカテゴリーに自己同一化し、そのカテゴリーから逸脱することを自らに禁じることで、均質な文化を自己がすすんで従うべき規範として一律に内化してくれれば、人々を支配して管理するのに都合がよい。そして、あらゆる人間が一つの文化をもつ一つの民族にだけ帰属することをあたかも人間の本性であるかのように自然化し、民族だけが人間を分類するための唯一のカテゴリーであるとしたうえで、その民族を分類するための基準である文化が、人間性や生命など、その文化よりも上位にあってそれを包摂する普遍的な基準から一義的に導き出されたかのように自然化すれば、もはや支配と管理は完璧である。

このとき、文化をもつ民族が恣意的な分類なのではないかという疑いを誰も抱かなくなり、誰かに支配され管理されていることに気づくこともなく、皆が自らすすんでその枠組みを強化してくれる。しかも、その文化は普遍的と称されつつも、その実は分類の主体が設定した基準から導き出されたものなので、その基準に基づいて民族と文化を設定した主体から見たとき、すべての人々は自己の基準に従って行為していることになる。民族に自己同一化したすべての人々が自らの自己実現として主体的にすすめる行為は、分類の主体が設定して自然化した基準から導き出された文化に従っているからである。もはや、分類の主体には想定外のことなどなくなり、すべての人々は自らの掌中にある。こうして民族を分類して管理する主体は自らが透明になりつつ、すべてを透明に見渡し操作する力を手に入れるわけである。

これこそ民族と文化へのアイデンティティに基づいた近代的な人間管理の定番、アイデンティティの政治である[14]。たとえば、通常は多様な文化の共生の思想を具現する制度として称揚される「多文化主義」(multi-culturalism)には、多様な個性と融通無碍な柔軟性のために画一的にとらえることができない人々を一方的に一律に分類し、その分類された集団に個人がすすんで排他的に自己同一化するようにし向ける同一性の政治の基本手法が隠されている(松田 2001)。ある社会で多様な民族文化が認められ、その民族文化にさまざまな権利が与えられるとは言っても、その民族文化はその社会の権力の担い手が権利の付与の対象として明瞭に境界づけたカテゴリーでなければならず、そのカテゴリーに帰属するためには、権力の担い手が認定する文化を内化していなければならない(本多&葛野&大村編 2005; スチュアート 1996, 1998d)。多様な文化の共生という美辞の背後には、とらえどころのない人々を統一的な基準で一義的に分類し、「正しい」民族の境界と「正しい」共生のあり方を決めて人々を支配して管理する権力の主体(多くの場合は国民国家の権力の主体)が潜んでおり、多様な文化の尊重とは言っても、その権力を認めたうえでの差異の尊重でしかない。

支配と管理の言説——近代人類学のレトリック

もちろん、こうしたアイデンティティの政治の前提が自然であるわけがない。個人がある民族から別の民族に移ったり、さまざまな民族に重層的に帰属したりすることは、ごく普通のことである。また、民族というカテゴリーが人間を分類するうえでの自然な単位であるわけでもない。拡大家族集団や地域集団などの他の種類の人間集団はもちろん、インターネットを通じた社会的ネットワークなどを分類の基礎的な単位として考えることもできるだろう。また、文化は自他の差異に実感され、自他の比較を通して構築される限定的な仮説であり、人間性や生命も、その比較の過程で差異を捨象した類似性の仮説として浮き彫りになるだけである。誰かすべての人間やすべての生命の本質について全域的に知っている人間がいるだろうか。私たちが知りうるのはあくまで今ここから以前の限定的な場のなかでのことにすぎない。もし人間性について何か確実なことを言いうるとしたならば、私たちは神ではなく、死すべきさだめにある無知な存在であるということくらいだろう。

しかし、こうした不確定で曖昧で限定的な現実は「科学」という名のもとに隠蔽される。その一翼を担ってきた科学こそ、本質主義に立脚した近代人類学である[15]。フィールドワークでの人類学者の経験は個人的で部分的な主観的経験にすぎず、フィールドワークという実践もさまざまな社会関係に埋め込まれた社会的行為である。この意味で、人類学者の視点が対象社会の人々の視点よりも客観的であるわけではない。また、分析を通して人類学者が推測する対象社会の文化も推測の域を出ない。しかし、近代人類学における民族誌は、「科学」的と称する分析概念や民族誌的現在時制、自由間接話法、提喩などのレトリックを駆使することによって、あたかも人類学者だけが現地社会の全体を見渡す特権的で客観的な「アルキメデスの点」に立っているかのように、現地社会の本質としての文化をその社会の人々の第二の本能であるかのように固定的に描き出し、その文化に現地の人々が永遠に縛られているかのように描いてきた。

たとえば、近代人類学のなかでも認識人類学と呼ばれる諸研究では、さまざまな民族集団の生態環境に関する知識や社会規範が、それぞれの民族集団の言語の「科学」的な分析を通して明らかにされてきた。こうした分析では、血縁関係などの人間関係や地形や動植物相などの生態環境など、自然科学によって同定される客観的な事実に対して、それぞれの民族集団がそれぞれの言語でどのような名称や意味を与えているかを分析することで、それぞれの民族集団が世界を分節して意味づける知識体系が析出される。そして、そうして析出された知識体系が現在時制で記述され、あたかも太古より変わることも、これからも変わることのない不変的な事実であるかのように固定的に描き出される。そのうえで、その固定化された知識体系が、包摂関係によって全体（民族の知識体系）と部分（個人的知識）を結びつける提喩という論理的な操作によって一般化され、その民族集団に属する個人の誰もが、その凍結された知識体系を同じように均質に内化し、その知識体系に縛りつけられているかのように描き出されてきた。

このように「科学」の名のもとに本質主義を正当化するからくりがあるからこそ、アイデンティティの政治は機能する。アイデンティティの政治という支配と管理の装置では、多様な個性と可能性に満ちているがゆえにとらえどころのない人々が、第二の本能としての文化という画一的な同一性のマトリクスに一方的に割り振られ、不定形な唯一性としての他者性を奪われながら、支配と管理に都合のよい均質な単位に押し込められてしまう。民族誌はまさにこの支配と管理のための均質な単位を生み出して、「科学」の名のもとに正当化する装置であり、それゆえに「醜悪な権力作用に支えられた巨大な嘘つき装置」（松田 1996b: 24）と批判され、その民族誌に学術的な基盤を置いていた人類学は信用を失ってしまったのである。人類学の危機の時代の到来である。

それでは、こうした本質主義批判を端緒にはじまった人類学の危機は、イヌイトに関する人類学的研究を積み重ねてきた極北人類学に、どのような問題を投げかけているのだろうか。そして、本質主義の陥穽に陥ることなく、ナヴィゲーションをめぐる在来知を軸にイヌイトの生活世界を描き出すためには、どうすればよいのだろうか。次に、極北の先住民であるイヌイトについて概観しながら、そのイヌイトの在来知に関して極北人類学でこれまでに行われてきた諸研究を検討し、ナヴィゲーションをはじめとする在来知を記述して分析するうえでの問題点を浮き彫りにしてゆこう。

二　極北の先住民——カナダ・イヌイトの現在

イヌイトと呼ばれる人々は、「エスキモー」と総称されてきた極北ツンドラの先住民のなかでも、とくにカナダに住んでいる人々のことである。

「エスキモー」と総称されてきた極北の先住民は、西はシベリア東北端から東はグリーンランドにいたる広大な地域のうち、森林限界ライン[16]の北側に位置する東西約一〇〇〇〇キロ、南北約六〇〇〇キロの極北ツンドラ地帯に住む人々で（図1-1）、現在、ロシア連邦、アメリカ合衆国、カナダ、デンマークの四つの国民国家に分断されて生活しており、総人口は一九九〇年代現在で一二〇〇〇〇人あまりと推定されている（岸上 1998: 12; スチュアート 1995b: 62）。

「エスキモー」と「イヌイト」——多様な民族集団と民族呼称

この「エスキモー」という名称は一つの民族集団を指す名称ではなく、少なくとも言語学的にはイヌイト下位語派（Inuit sub-branch）とユッピク下位語派（Yupïk sub-branch）の二つの言語集団に分けることができるいくつかの民族集団の総称であり（図1-1）、それぞれの民族集団の名称はそれぞれが属する国民国家ごとに異なっている

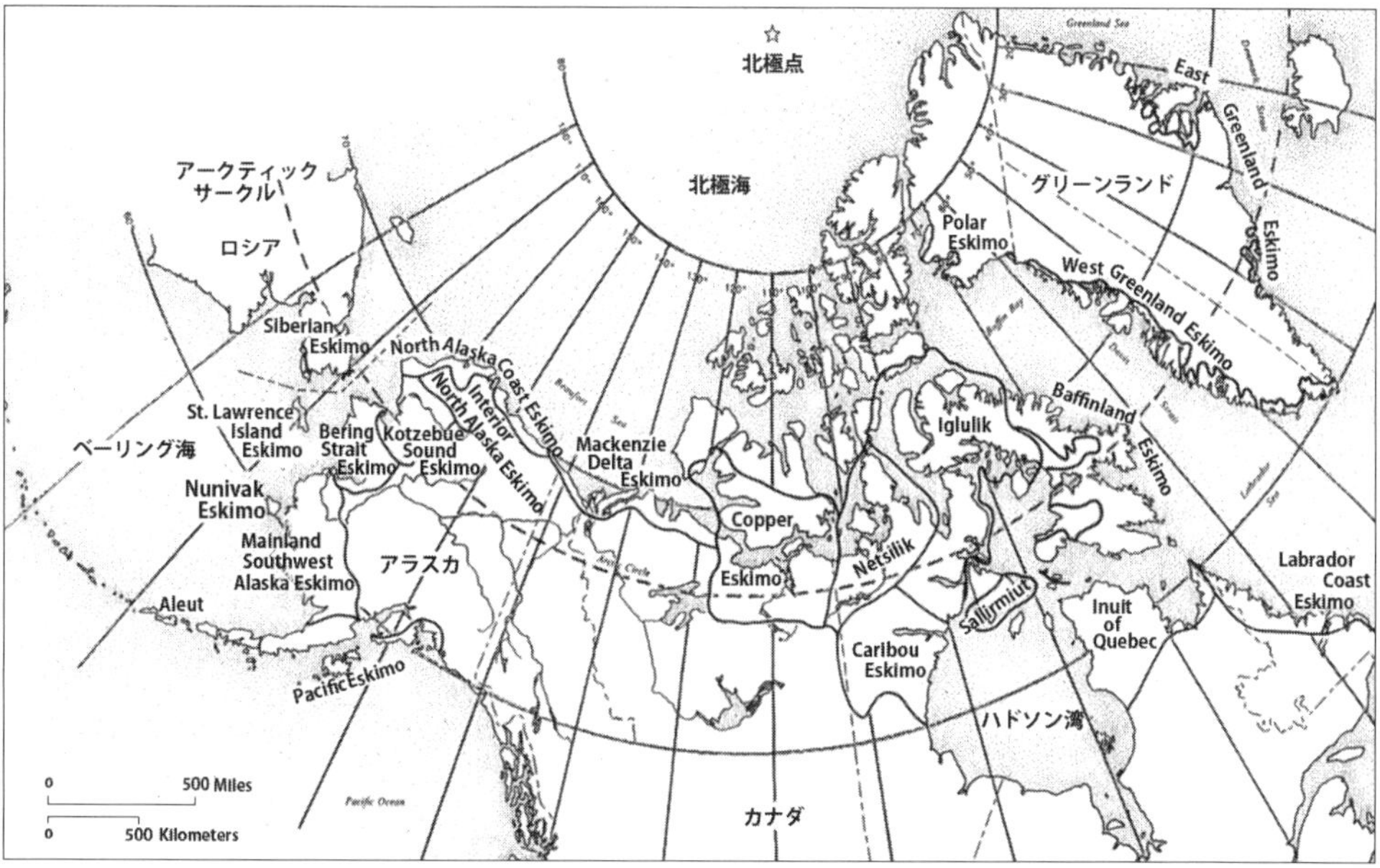

図1－1　イヌイト／ユッピクの諸集団の分布
（Damas ed. 1984）

（岸上 1998: 12-15; スチュアート 1993a: 86-87, 1995b: 69）。ロシアにおいては、自称はユッピク（Yup'ik）、政府の公称はエスキモーである。また、アメリカ合衆国のアラスカ州では、イヌイトの一地域集団である北部沿岸地域の人々はイヌピアック（Inupiaq）、中部および南西部の海岸地域の人々はユッピク（Yup'ik）と自称しているが、アラスカ州政府はこれら二つの民族集団を指す総称としてエスキモーを公称としている。

しかし、カナダにおいては、一九七〇年代にエスキモーがアルゴンキン語系のクリー語やオジブワ語の「生肉を喰らう奴ら」ということばに由来する蔑称であると考えられるようになり、公称としてエスキモーは使われなくなっている（スチュアート 1993a: 85-56）。このカナダでは、カナダ西部極北圏の人々はイヌヴィアルイト（Inuvialuit）、カナダ中部および東部極北圏の人々はイヌイトを自称しており、公称もこの自称に準じている。ただし、こうしたカナダの場合とは異なり、先にみたアラスカの極北先住民はエスキモーを蔑称と考えているわけではなく、アラスカではイヌピアック・エスキモーやユッピク・エスキモーという名称が用いられることもある。また、デンマークのグリーンランドでは、地域によってイヌイト、カラーリト（Kalaallit）、イト（It）などの自称が使われているが、グリーンランド政府はカラーリトをグリーンランド人の意味で公称とし、対外的にはイヌイトを使うことも多い。なお、以上のイヌイト、ユッピクなどの民族自称はすべて、それぞれの地域の言語で「人々」を意味することばである。

言語集団としてみた場合、この人々の話す言語はエスキモー＝アリュート語族（Eskimo-Aleut family）の一語派であるエスキモー語派（Eskimo branch）にまとめられるのが一般的である（図1－2、表1－1）（Dorais 1990: 5-10）。このエスキモー語派はユッピク下位語派（Yup'ik sub-branch）とイヌイト下位語派（Inuit sub-branch）からなり、ユッピク下位語派は中部シベリア・ユッピク語（Central Siberian Yupik）、ナウカンスキー語（Naukanski）、シレニクスキー語（Silrenikski）、アルティーック語（Alutiiq）、中央アラスカ・ユッピク語（Central Alaskan Yupik）の五つの言語、イヌイト下位語派はイヌイト語（Inuit）の一つの言語からなっている（Dorais 1990: 5-10）。さらに、これら二つの下位語派をなす六つの言語は、約三〇の方言と約五〇の下位方言に分岐しており、こうした言語の側面からみても、エスキモーと総称されてきた人々の多様性がうかがえる。なお、エスキモー語派に属するこれら六つの言語は言語学的に近い関係にはあるが、相互にほぼ理解不可能である。

一般に極北人類学では、こうしたエスキモー語派の言語を話し、森林限界ライン以北の極北ツンドラ地帯に住む人々がエスキモーと総称され、狩猟・漁労・罠猟・採集などの生業や言語（もしくは方言）、文化の形態、社会構造などの特徴の違いを基準に、ベーリング海沿岸エスキモー（Bering Sea Eskimo）やネツリク・イヌイト（Netsilik Inuit）、コパー・イヌイト（Copper Inuit）など、二〇あまりのグループに分類されてきた（図1－1）（Damas ed. 1984: ix. スチュアート 1998a: 108）。もちろん、これらはあくまでも人類学者による便宜的な分類にすぎず、ごく最近の一九七〇年代になるまでイヌイト自身がこうした広域のグループを意識することはなかったと推定されている

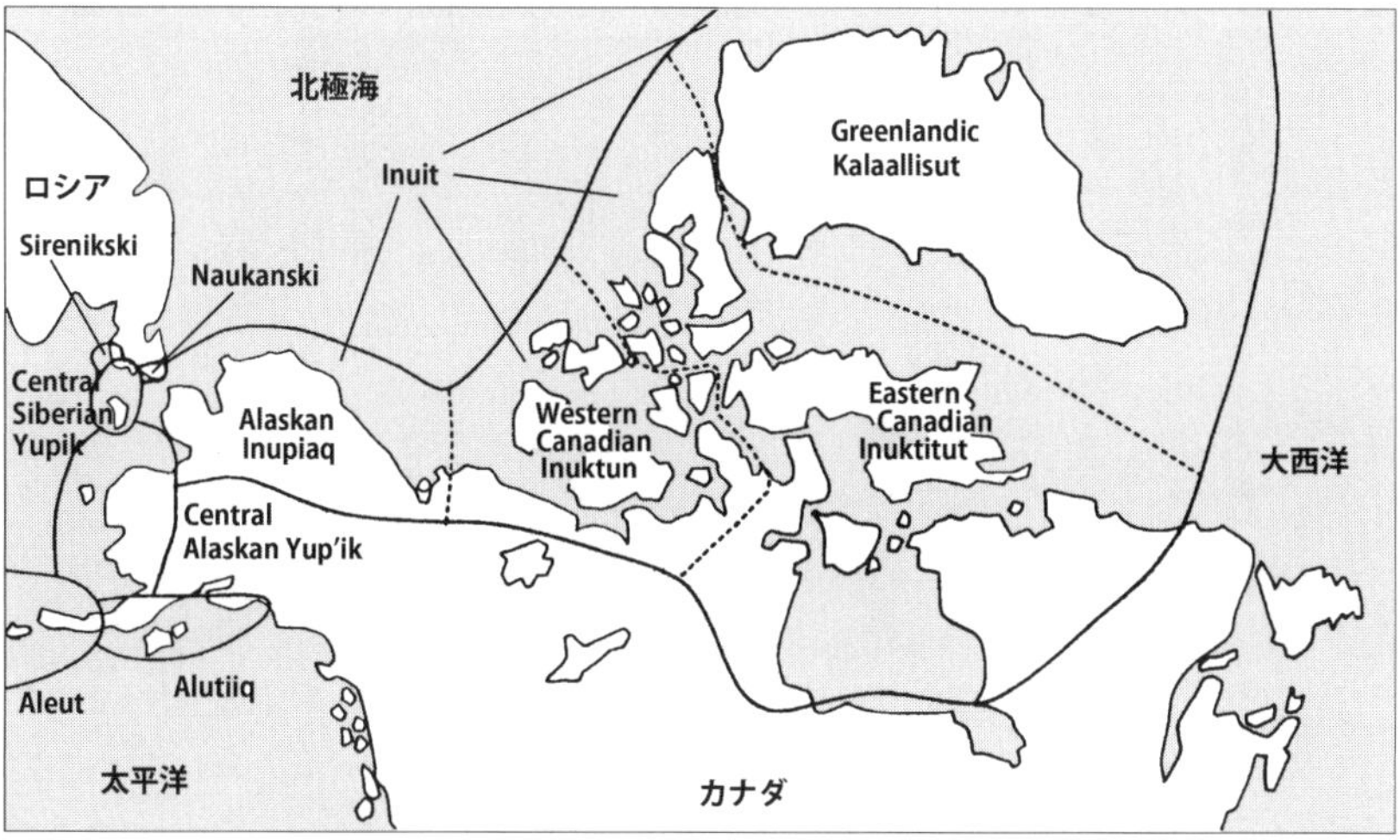

図1－2　エスキモー＝アリュート語族の諸言語と諸方言
（Dorais 1990: 4, 2010: 8）

（スチュアート 1998a: 107–110）。

イヌイトやユッピクの人々自身が認識する基本的な共同体の単位は、血縁（養子縁組を含む）と婚姻によって形成されて相互扶助義務が課されるイラギート（*ilagiit*）と呼ばれる親族集団、あるいはそのイラギートが集まった地縁共同体である（スチュアート 1998a: 107–110）。地縁共同体は、アッグヴィリグユアッグミウト（*Arviligiuarmiut*）、イグルーリングミウト（*Iglulingmiut*）など、地域名に「―ミウト（*-miut*：に住む人々）」という接尾辞が付けられた名称で呼ばれ、おおむね一定の生活領域（テリトリー）を排他的もしくは優先的に利用する人々の集団であり、イヌイトやユッピクの人々自身が認識し、実際に社会生活の単位として機能する最大規模の共同体であった（スチュアート 1998a: 108–110）。この地縁共同体は、当事者たち自身によって共通していると認識されている方言（もしくは下位方言）、生活習慣、世界観、服装のデザインなどの違いに従って弁別される社会集団であり、エスキモー全体で一〇〇以上存在することが知られている（Damas ed. 1984: ix; スチュアート 1998a: 108）。これらイヌイト自身によって認識されている共同体の規模は、イラギートは数十人から一〇〇人、そのイラギートが集まった地縁集団は一〇〇人から数百人ほどであった。

このようにシベリア、アラスカ、カナダ、グリーンランドにまで及ぶ広大な地域に住む極北の先住民は、自称や公称による名称の点からみても、言語集団としてみても、当事者自身によって認識されたり実際に機能したりしている社会集団の特徴からみても多様であり、その全体を一つの総称で呼ぶことには無理がある。しかし、これらの極北先住民が同じエスキモー語派に属する言語を話し、狩猟・漁労・罠猟・採集を中心とする生業形態、生活習慣、世界観、社会構造など、共通の社会・文化的要素を数多く共有していることもたしかである。また、考古学や歴史言語学によって、現在の多様な極北先住民が共通の祖先から分岐してきた過程も明らかにされつつあり(Dorais 1990, 1993; デュモン 1982; マッギー 1982; McGhee 1990; スチュアート 1995b)、極北人類学で使われている総称や分類が無意味なわけではない。さらに、先住民自身が自らの権利を回復するために展開してきた先住民運動がさかんになり、極北の先住民が連帯する機運が高まりはじめた一九七〇年代以来、イヌイト周極会議(Inuit Circumpolar Conference)の開催など、先住民自身がロシアからグリーンランドにいたる極北ツンドラ地帯に住む先住民の全体を意識する機会も多くなってきている(スチュアート 1998a: 113-115)。

そこで本書では、これら多様な民族集団の総称と分類については、これまでの極北人類学の慣例に従うことにしたい。ただし、「エスキモー」という名称については、先にみたようにカナダ以外では必ずしも蔑称と考えられているわけではなく、また、最近の研究では「かんじきを編む」というカナダ東部のモンターニェ語に由来するという説も出され、語源的には蔑称でない可能性が指摘されているが(Damas ed. 1984: 6-7; スチュアート 1993a: 85-86)、カナダでは依然として蔑称であり、歴史的に蔑称として使われてきた結果、侮蔑的なイメージが定着している。こうした状況を考慮して、本書では、シベリア、アラスカ、カナダ、グリーンランドにまで及ぶ広大な地域に住む極北の多様な先住民の総称としては、「エスキモー」に代えて「イヌイト/ユッピク」[17]を、極北カナダに住む先住民を指す名称としては「イヌイト」を使うことにしたい。

表 1 - 1　エスキモー＝アリュート語族の諸言語と諸方言

語派	下位語派	言語	語群	下位語群	方言	下位方言
Aleut		Unangax			Western	
					Eastern	
Eskimo	Sireniksi	Sireniksi				
	Yupik	Central Siberian Yupik				
		Naukanski				
		Alutiiq			Chugach	
					Koniag	
		Central Alaskan Yup'ik				
					General	
					Central	
					Nunivak	
					Hooper Bay / Chevak	
					Unaliq	
	Inuit	Inuit	Alaskan Inupiaq	Seward	Bering Strait	Diomede
						Wales
						King Island
					Qawiaraq	Teller
						Fish River
				North Alaskan Inupiaq	Malimiutun	Kobuk
						Kotzebue
					North Slope	Common North Slope
						Point Barrow
						Anaktuvuk
						Uummarmiut
			Western Canadian Inuktun		Siglitun	
					Inuinnaqtun	Holman
						Kugluktuk
						Bathurst
						Cambridge Bay
					Natsilingmiutut	Natsilik
						Arviligjuaq
						Utkuhiksalik
			Eastern Canadian Inuktitut	Kivalliq	Kivalliq	Qairnirmiut
						Hauniqturmiut
						Paallirmiut
						Ahiarmiut
					Aivilik	Southampton
						Rankin Inlet
				Baffin	North Baffin	Iglulingmiut
						Tununirmiut
					South Baffin	Southeast
						Southwest
				Quebec-Labrador	Nunavik	Itivimiut
						Tarramiut
					Nunatsiavut	North Labrador
						Rigolet
			Greenlandic Kalaallisut	Greenlandic	West Greenland	Central
						Southern
						Northern
						Upernavik
					East Greenland	Ammassalik
						Sermilik
				Polar	Thule	

（Dorais 1990: 17, 2010: 28–29）

写真1－1　イヌイトの定住村落

（カナダ、ヌナヴト準州、クガールク、1997年8月）

変化と持続の諸相——カナダ・イヌイトの歴史と現状[18]

こうした極北の先住民、カナダ・イヌイトは、カナダ連邦政府が極北圏の領有を国際的に確立するために第二次世界大戦以来すすめてきたイヌイトの国民化政策の影響下、政府が設置した学校や医療施設、行政施設の周囲に次第に定住化するようになった一九五〇年代以前[19]には、狩猟・漁労・罠猟・採集からなる生業経済を基幹に季節周期的な移動生活を送っていた。一ヶ所に定住することなく、彼らが「大地」（*nuna*）と呼ぶカナダ極北圏のツンドラ地帯を舞台に、獲物である動植物相の季節周期的変動に従って移動をつづけながら、アザラシやカリブー、セイウチ、クジラ、ホッキョクグマなどの海棲や陸棲の哺乳類、ホッキョクイワナなどの魚類、カモなどの渡り鳥をはじめとする多種の鳥類を狩り、多様なベリー類などの野生植物を採集[20]する生活を営んでいたのである。数々の民族誌やドキュメンタリ映画に描き出され、広く普及している自律した「狩猟・採集民」というイヌイトのイメージの基礎になっているのは、この定住化以前の生活様式である。今日のイヌイト自身もこの定住化以前の生活様式を「真なるイヌイトのやり方」（*Inuinnaqtun*）と呼び、生業活動を通して「大地」と一体化する「イヌイトらしい」生活の典型としてイメージしている（Brody 1975: 125-144）。

もちろん、こうした生活様式が太古から定住化にいたるまで不変につづいていたわけでも、定住化以前の時代にイヌイトが周囲の諸社会から孤立した自給自足の生活を営んでいたわけでもない。今から約一〇〇〇年前にアラスカから東進してきたチューレ（Thule）文化の担い手の人々が、カナダ極北圏に分布していたドーセット（Dorset）

写真１－２　イヌイトの定住村落
（カナダ、ヌナヴト準州、クガールク、2012年９月）

文化の担い手の人々にとって代わり、そのチューレ文化を母胎に三〇〇～四〇〇年ほど前に現在のイヌイト社会が出現してきたことが、極北考古学の成果によって明らかにされており（デュモン 1982; マッギー 1982; McGhee 1990; スチュアート 1995a）、「『伝統』の変化が、欧米と『接触』したときに、あるいは一九六〇年代に始まったわけではない」（スチュアート 1995b: 53）。また、欧米人が極北圏に進出するようになる以前から、イヌイトは南方のアメリカ先住民の諸集団と交易や戦争などを通して交流しており（スチュアート 1989）、清水（1992, 1996）が世界の先住民について論じているような「ローカル・ネットワーク」（清水 1992: 472-479）の一部をなしていた。この意味で、イヌイトの人々は孤立して自律した生活を営んでいたわけでもない。

さらに一六世紀に欧米人が極北圏に本格的に進出するようになると、イヌイトは欧米の捕鯨業者や毛皮交易商人、探検家、キリスト教宣教師などと頻繁に接触するようになり[21]、一九世紀の後半には主に毛皮交易[22]を通して紅茶や砂糖、小麦粉などの食料品や銃火器などを入手し、二〇世紀前半になるとほとんどのイヌイトがキリスト教に改宗していた[23]。定住化以前の時代においてすでに、イヌイトは産業資本制経済の世界システムに編入され、キリスト教への改宗をはじめとする社会・文化の変容を経験していたのである。しかし、それでも依然として生活を支える主要経済は生業経済であり、獲物を追って季節周期的に「大地」を移動する生活はつづけられており、イヌイト自身が語るように、「大地」と一体化した生活は文字通りの意味でイヌイトの生活の基盤であっ

写真１－３　自宅前で猟の準備をするイヌイトのハンター
（カナダ、ヌナヴト準州、クガールク、2012年３月）

た。

ところが、一九五〇年代後半に定住化するようになると、カナダ連邦政府による国民化政策の影響下でイヌイト社会は近代国民国家と資本制経済の世界システムに同化・統合され、かつてない急激な社会・文化の変容を経験するようになる。学校教育制度、医療・福祉制度、法制度、貨幣制度などの浸透を通してカナダという国民国家へ同化・統合され、毛皮や手工芸品などの販売や賃金労働を通して資本制経済の世界システムにますます依存するようになり、一九七〇年代以降になると、マス・メディアを通して流入するカナダ主流社会の消費文化の波に洗われるようになってゆく。[24]

こうした状況のなかで、すべてのイヌイトがイグル（*iglu*：雪の家）やテントではなく、定住村落にある完全電化されたセントラル・ヒーティング完備の家屋に暮らすようになっていった。イヌゾリやカヤック、弓矢や銛《もり》は、スノーモービルや四輪駆動バギー、船外機付きの金属製ボート、高性能ライフルにとって代わられ、専業のハンターよりもサラリーマンや季節労働者として働きながら生業活動をつづける兼業ハンターが多くなり、今やウィークエンド・ハンターやヴァケーション・ハンター、アフター・ファイヴ・ハンターが主流である。高度に機械化された生業活動を行うためには、機械や燃料の購入と維持のために現金が必須になってしまったからである。こうした変化を経たイヌイト社会に「大地」と一体化した生活の面影は薄い。むしろイヌイトが「大地」で過ごす時間は定住村落で暮らしている時間より短いくらいであり、野生生物をあまり見たこともない若者すらあらわれるようになっている（スチュアート 1996: 136–138）。

こうした定住化以後の状況は、産業資本制経済の世界システムと近代国民国家体制の担い手である欧米の主流社会に、社会・文化・政治・経済のすべての側面にわたって従属してゆくことを意味していた。カナダ国民となってしまったために、イヌイトのあずかり知らぬところで定められたカナダの国内法に従わねばならない。イヌイト語だけではなく英語あるいは仏語など、カナダ主流社会の言語を自由に操り、標準的な学校教育を修了していなければ、賃金労働に従事することも、裁判所で法的に争うことも、政府と交渉することもできない（Dorais 1989; スチュアート 1997a, 1998c）。かつてイヌイトが生活の基盤として自由に利用していた「大地」は、いつの間にか国有地や州有地、国立公園となり、イヌイトの知らぬ間に決められた開発計画や野生生物保護のための国内法や国際条約に従って、イヌイトの意向にかまうことなく勝手に管理されたり開発されたりするようになっていく（Freeman 1997; Nakashima 1991; スチュアート 1997a; Wenzel 1991）。

写真１－４　飛行場の管制塔で働くイヌイトの熟練ハンター
（カナダ、ヌナヴト準州、クガールク、2010年３月）

定住化以前には世界システムへの依存度がそれほど高くなく、イヌイトの自律性をある程度保証していた生業活動でさえ、高度に機械化された結果、その機械の維持管理に現金収入が必要なため、欧米の主流社会の意向や景気の動向に左右されるようになっていく（スチュアート 1992a, 1995a; Wenzel 1991）[25]。賃金労働をはじめ、現金収入源である毛皮や手工芸品の売れ行き、今後の経済的基盤として期待されるイヌゾリ体験旅行やホッキョクグマ猟観光

写真1－5　生協の小売店で買い物を楽しむイヌイトの古老
（カナダ、ヌナヴト準州、クガールク、2012年３月）

などの観光産業の行く末、政府からの社会福祉金の交付などは、カナダ主流社会の趣向や景気、政治的動向など、イヌイト社会の外部の動向に左右されている（Dybroe 1996; Nickels, Milen & Wenzel 1991; 大村 1996b, 2010; スチュアート1998d; Wenzel 1991）。さらに、マス・メディアを通して圧倒的な勢いで流入する消費文化はイヌイトの若者の食生活や趣味、価値観に浸透し、消費文化の側面でもイヌイト社会は欧米の主流社会の流行に追随するようになってゆく（Condon, Collings & Wenzel 1995; 岸上 1999; スチュアート1992a, 1996）。

　こうした欧米の主流社会へのイヌイトの従属的な立場を象徴するのが「アザラシ戦争」（Seal War）と呼ばれる事件である（岸上 2005; Wenzel 1991）。一九七〇年代後半、欧米の企業がニューファウンドランドでタテゴトアザラシを乱獲したことがマスコミで報道されたことを発端に、ヨーロッパでアザラシの毛皮の不買運動が拡がった。この運動は映画女優のブリジッド・バルドーなどの著名人が参加したこともあって社会的に大きな影響力をもつようになり、一九八三年にヨーロッパ共同体がタテゴトアザラシをはじめとするすべてのアザラシの毛皮の輸入を禁止し、アメリカ合衆国もこれにつづいた。イヌイトはこうした一連の動きの発端となったタテゴトアザラシの乱獲に何の関与もしていなかった。それどころか、タテゴトアザラシを狩ってさえいなかった。しかし、イヌイトは生業の一環として獲った他種のアザラシの肉と毛皮を自ら消費すると同時に、その余剰を販売することで得た現金収入で生業に必須なスノーモービルやライフルなどの機械類を購入して維持していた。そのため、アザラシの毛皮の禁輸はイヌイトの生業経済に決定的な打撃を与えることになった。一九八三年以後に、イヌイトも欧米でアザラシの毛皮の禁輸に対してアンチ・キャンペーンをはじめたが、時すでに遅く、現在にいたるまで禁輸は解かれていない。

こうした状況が進展するにつれて、イヌイトは危機感をつのらせてゆく。たしかに、産業資本制経済の世界システムと近代国民国家に同化・統合されたことによって生活が豊かになったという実感があり、定住化以前の生活に戻るつもりはなかった（大村 1998）。しかし、その代償に欧米の主流社会に同化されてしまうことに、イヌイトは危機感を強めてゆく。当時を振り返って語られた次のイヌイトのことばには、こうしたイヌイトの危機感がよくあらわれている。

写真１－６　自宅の居間でくつろぐ。手前では古老と熟練ハンターが会話を楽しみ、奥のカウチではハンター夫婦と子どもたちが液晶テレビを観ている
（カナダ、ヌナヴト準州、クガールク、2012年９月）

> 同じように私の心をかき乱したのは、イヌイトではない人々が北極の未来とイヌイトの未来について論じあう会話を耳にすることだった。彼らの間では、イヌイトは民族として生き残ることはできないだろうという点で常に意見が一致していた。彼らが皆、同意していたのは、イヌイトの文化と言語は「消え去るだろう」、そして、それらはただ記憶のなかにだけ残り、博物館の棚に陳列されるだけだろうということだった。私の心をさらに一層かき乱したのは、「イヌイトの文化の死」について語るとき、彼らがあまりにも何気ない

写真1－7　自宅の居間で「真なる食べもの」（ホッキョクイワナとセイウチの発酵食）を楽しむ
（カナダ、ヌナヴト準州、クガールク、2011年3月）

ということだった。（Amagoalik 2000: 138）

このことばにあるように、一九七〇年代には、イヌイトが産業資本制経済の世界システムと近代国民国家に完全に取り込まれて同化・吸収され、その末端に取り込まれた近代的な個人として、自らのことばも生活様式も失うことが、カナダでは当然視されていた。

しかし、こうした状況にある現在のイヌイト社会でも、社会の組織原理、生業活動、言語、価値観や世界観の構造などに、定住化以前のパターンが部分的にではあるが維持されつづけている。また、そうした持続性を核に、定住化以後の変化してゆく社会・文化・政治・経済的環境にイヌイトがおおむね主体的に対処してきたことも確認されている（Dorais 1997; Fienup-Riordan 1983, 1990a, 1994; 岸上 1996, 1998, 2005, 2007; 岸上＆スチュアート 1994; Nuttall 1992; スチュアート 1992a, 1995a; Wenzel 1991）。

イヌイト語＝英語あるいは仏語のバイリンガル（二言語併用者）が普通になっているとはいえ、イヌイトの共同体の多くでは、なおイヌイト語が生活語として優勢である[26]（Dorais 1990, 1993, 1996, 2010: 大村 1995a, 2001b）。また、拡大家族集団を核とする社会組織やその社会組織に基づく食物分配システムは、イヌイト社会を支える基盤でありつづけている（Dorais 1997; 岸上 1996, 2007; Nuttall 1992; スチュアート 1992a, 1995a; 岸上＆スチュアート 1994; Wenzel 1991）。定住村落に生活の本拠を定め、カナダ国民として資本制経済と高度情報化社会のなかで暮らしているとはいえ、定住村落を一歩出れば、そこは「大地」である。スノーモービルや高性能ライフルなどで高度に機械化され、国内法や国際条約によって収穫が規制されてはいるものの、生業活動を通した「大地」との絆が断ち切れてしまったわけではない（Nuttall 1992; スチュアート 1995a; Wenzel 1991）。生活協同組合や商店で購入される加工食品に依存する割合が増大していることもたしかではあるが、今日でも、生業活動で入手される食料は「真なる食物」（*niqinmarik*）と呼ばれ、その「伝統食」に対する嗜好は変わっていない（Brody 1975, 1976; 大村 1998; スチュアート 1992a, 1995a, 1998d; Wenzel 1991）。

しかし、かつて数々の民族誌やドキュメンタリ映画に描き出され、イヌイト自身も「イヌイトらしい」生活の典型としてイメージする「大地」と一体化した生活は、もはや古老の記憶を通して語られる過去の物語であり、現在のイヌイトの実像とはかけ離れている。世界の先住民諸社会について指摘されているように（箭内 1994; 小田 1997）、今日のイヌイト社会も欧米近代社会からみて「他なるもの」ではなく、「似たもの」なのである。また、社会・文化・政治・経済的環境に対してイヌイトがいかに主体的に対処してきたと言っても、資本制経済と近代国民国家の主体である欧米の主流社会に従属していることに変わりはない。清水が世界の先住民に関して「近代西欧の主導する世界の周辺に位置づけられる」（清水 1992: 473）過程として論じている意味で、イヌイト社会は「周辺化」されてきたのである。定住化以後の「イヌイト社会は多くの点で同時代の欧米人と同じくらい近代的」（Dorais 1997: 3）になり、欧米の主流社会と「似たもの」へと変容してきたが、その「似たもの」となってゆく過程は、その似姿の原形である欧米の主流社会によって「周辺化」され支配されてゆく過程でもあった。

「大地」との絆——エスニック・アイデンティティの礎

このように一九五〇年代以来、欧米の主流社会への同化と統合が急激に進展した結果、定住化以前の「伝統」的な生活様式は影を薄くしつつあり、「大地」との距離も定住化以前にくらべて物理的には遠くなってしまっている。

そうであるにもかかわらず、「大地」との絆はむしろ今日においてこそ一層強調されるようになっている。多くの極北人類学者が指摘しているように（Brody 1976; Nuttall 1992; スチュアート1995a, 1996, 1997a; Wenzel 1991）、「大地」との絆は「他なるもの」としてのイヌイトの独自性はもちろんのこと、欧米の主流社会から「周辺化」される以前の自律性も同時に象徴しており、欧米の主流社会への従属に抗い、「民族」としての独自性と自律性を支えるエスニック・アイデンティティの基盤として重要な役割を果たしているからである。

こうした動向がもっとも先鋭なかたちであらわれているのがイヌイトの先住民運動である[27]。イヌイトの先住民運動は、定住化以来ますます強くなってゆく欧米主流社会への従属的立場を意識するようになったイヌイトが、一九六〇年代のアメリカ合衆国の黒人解放運動や凡インディアン運動、アジアやアフリカの植民地解放運動などに刺戟を受け、先住民権の回復を通してイヌイト社会をめぐる状況を改善するために、一九七〇年代以来すすめてきた運動である（スチュアート 1997a, 1998c）。この先住民運動で回復すべきであると主張されている先住民権とは、「大地」に対する固有の権利としての土地権と生業権を中心に、自治権、言語権、教育権など、本来はイヌイトに固有の生得的な権利であったにもかかわらず、欧米の主流社会によって奪われてしまったとイヌイトが主張する諸権利のことである（スチュアート 1997a, 1998c）。イヌイトはそうした先住民権の回復を通して、「未開」で「野蛮」な「原住民族」として同化あるいは温情的な保護の対象とされてきた「エスキモー」から脱皮し、「国家と対等な立場を前提に（中略）独自の権限や主権を有する」（スチュアート 1998a: 116）「イヌイト」という「先住民族」[29]へ変貌を遂げようとしてきた[28]。

こうしたイヌイトの先住民運動では、狩猟・漁労・罠猟・採集などの生業活動を通して「大地」との絆を維持することがイヌイト社会の存続に不可欠であることが強調され、「大地」に対する固有の権利である土地権と生業権を回復することが民族の存亡を握る鍵であると主張されてきた（Brody 1976; スチュアート 1995a, 1996, 1997a, 1998a; Wenzel 1991）。ここでイヌイトが言うところの「大地」は、欧米近代社会における地所のように個人的に所有することができる物理的あるいは経済的な資源ではない。イヌイトにとって「大地」は、獲物の野生生物が分布する生業経済の資源基盤である以上にエスニック・アイデンティティの基盤であり、民族の母胎としてイヌイトと不可分の関係にある。「大地」はイヌイト社会の個々人を結びつけ、その過去・現在・未来の紐帯を具現しており、イヌイトが集団的に管理して次世代へ引き渡してゆくべき民族存立の精神的あるいは文化的基盤である（スチュアート 1997a, 1998a）。次のイヌイトのことばにあるように、イヌイトにとって「大地」は自己の一部、あるいは自己こそが「大地」の一部であり、「大地」なしにイヌイトは生きてゆくことはできない。

大地は冷たく、広大である。それは荒野だ。容赦がない。無慈悲でさえある。しかし、大地は憩いの場でもある。生命を育み、息づいている。血を流すことすらある。それは我々の母なる大地の一部である。それは美しい。それは私たちの文化を育む。私たちはその一部であり、それは私たちの一部である。我々は一つなのだ。（「ヌナヴトの父」と呼ばれるアマゴアリクのことば（Amagoalik 2001: 9））

生業は一般的な意味での職業ではない。生業は生き方なのだ。生き方としての生業には、ハンターの指針となる具体的なルールとしきたりがある。そのような不文律が、環境との相関関係はどうであるべきかを教えてくれる。大地との関係を断ち切ってはならないように私たちは教えられている。イヌイトは自分たちが自然摂理の一部にすぎないということを常に意識している。尊厳、敬意、そして相互の利害関係を守ることが行動の指針であり、環境的なモラルである。（イヌイト野生生物協会の幹部ピーター・エグネック（Peter Ernerk）のことば（スチュアート 1995a: 53; Wenzel 1991: 157））

もちろん、スチュアート（1995a, 1996）が指摘しているように、こうした先住民運動での言説には政治的なレトリックが含まれており、誇張されている部分が多いこともたしかである。定住村落が生活の中心となっている今日のイヌイトが「大地」で過ごす時間は決して長くはない。賃金労働の機会の増加や福祉政策の充実によって加工食品が容易に手に入るため、生業活動の経済的な重要性も減っている。そのため、生業活動に対するイヌイトの姿勢にも真剣さが薄れつつあり、スノーモービルや高性能ライフルによって高度に機械化された今日の生業活動にはむしろリクリエーションとしての要素が強くなってきてさえいる[30]（Condon, Collings & Wenzel 1995; スチュアート 1996）。また、「大地」との絆の重要性をうたうイヌイトほど、生業活動をあまり実践せず、「大地」と接する時間も少ないことが報告されている（スチュアート 1996: 136–138）。

しかし、政治的言説にある程度の誇張が含まれているにせよ、「大地」との絆がエスニック・アイデンティティの基盤として、今日のイヌイト社会でも重要な役割を果たしていることに変わりはない。多くの人類学者が報告しているように（Barker 1993; Dahl 1989; Ellanna 1991; Fienup-Riordan 1983; Nuttall 1992; Smith 1991; スチュアート 1995a, 1996; Wenzel 1991）、「大地」との絆を実現する生業活動は単なる経済活動としてではなく、エスニック・アイデンティティを維持し強化する活動として、経済効率を度外視してまでも執拗に行われつづけている（Smith 1991; スチュアート 1995a）。「大地との一体化を再生して、大地が提供する資源で主流社会から独立した生存感を体験」（スチュアート 1995a: 53）する欲求は、イヌイトの間にたしかに存在しているのである。

こうしたことは、生業活動の実践を可能にするような法的保証や経済的基盤、伝統的な知識や技術などが維持されていない共同体では、欲求不満による社会不安が増大するという報告によっても裏づけられている（Brody 1987: vii; Condon, Collings & Wenzel 1995: 43, 44; Freeman 1988: 54, 57; スチュアート 1996: 146–147）。気が向けばいつでも「大地」に出かけて自由に生業活動をすることが法的に保障され、生業活動の実践に必要な装備と技術を提供する経済的基盤と伝統的な知識が保持されているイヌイトの共同体では、たとえ生業活動が実際に実践される時間が少なくても、社会の活力と安定が保たれている。他方で、そうした法的保証や経済的、技術的基盤がないために生業活動を実践する選択肢が奪われている共同体では、欲求不満によるアルコール依存症や自殺率、精神障害などが増大する傾向にある（Freeman 1988: 54, 57; スチュアート 1996: 146–147）。

また、「大地」との絆が今日のイヌイット社会の活力の源泉となっていることは、「大地に生きる」という「生き方」が依然としてイヌイットに人生の指針を与えていることにもうかがうことができる。ブロディ（Brody 1975, 1976）が指摘しているように、「大地に生きる」とは単なる理念ではなく、実践される「生き方」の目標である。「大地」との絆は「イヌイットのやり方」と呼ばれるイヌイットの「伝統」の中核であり、その「イヌイットのやり方」を具現する理想的な自己像、「真なるイヌイット」は「大地」と一体化して「大地に生きる」人間としてイメージされる（Briggs 1968, 1970; Brody 1975, 1976; Fienup-Riodan 1986, 1990a; Wenzel 1991）。しかも、「真なるイヌイット」になるためには、単に「大地」で生業経済に基づいた生活を営み、生業技術に長けているだけでは十分ではない。自己の経験をはじめ、地名や物語を通して「大地」について知り尽くし、その豊かな知識を駆使して「大地」に溶け込み、苦難を味わうときも収穫の悦びにあずかるときも、常に変わらない平静な態度を保ちながら、「大地」と調和してゆく精神的能力が要求される。

このように「大地」との絆はイヌイットの先住民運動を支えているだけでなく、「イヌイットのやり方」と呼ばれる「伝統」の中核として、今日のイヌイット社会の活力と肯定的なエスニック・アイデンティティを支えている。「大地」が先住民運動の象徴となりえたのは、先住民権の一つである土地権と生業権の対象であったという実際的な理由はもちろんだが、「大地」を喪失することに対するイヌイットの切実な危機感が背後にあったためでもある。すでに早くは一九七〇年代にブロディが明らかにし（Brody 1975, 1976）、最近でも多くの人類学者が指摘しているように（Barker 1993; Dahl 1989; Ellanna 1991; Fienup-Riordan 1983, 1986; Nuttall 1992; スチュアート 1995a, 1996; Wenzel 1991）、「大地」との絆を具現する生業活動はイヌイットにとって「人生」そのものを意味しており、「大地」を失うということは、単に生業経済の基盤としての土地を失うということ以上のこと、つまり「人生」を失うことに等しい。この意味で、「大地」との絆について理解することなしに、今日のイヌイト社会について語ることはできない。

三　在来知研究の視座――民族科学から在来知へ

本書が記述と分析を試みるナヴィゲーションは、狩猟・漁労・罠猟・採集などの生業技術と並んで、こうした「大地」との絆をイヌイトが確認するために不可欠な技術の一つである。ナヴィゲーションは、イヌイトが「大地」を自在に移動し、生業活動を通して「大地」との絆を確認するために最低限必要な技術だからである。ナヴィゲーションの技術がなければ、「大地」との絆を確認することもできないだろう。

こうしたイヌイトのナヴィゲーションについては、イヌイトに関する人類学的研究を一世紀以上にわたって積み重ねてきた極北人類学が、「イヌイトの知識」(*Inuit Qaujimajatuqangit*)[31]に関する研究の一分野として調査と研究をすすめてきた。「イヌイトの知識」とは、イヌイトが過去約一〇〇〇年にわたって極北の環境に適応しながら、その環境を組織化するために開発して蓄積してきた知識と信念と実践の統合体のことである。次に、このイヌイトの知識に関してこれまでに極北人類学で行われてきた諸研究を振り返り、その成果と問題点を考察してゆこう。

イヌイトの知識（*Inuit Qaujimajatuqangit*）

この三〇年ほどの間に極北人類学では、イヌイトの知識についてさかんに研究され、極北の環境に関するイヌイトの知識が、欧米近代の自然観とは異質でイヌイトに特有な世界理解のパラダイムに基礎づけられていることが明らかにされてきた。[32]ユダヤ＝キリスト教思想とデカルト思想の流れをくむ欧米近代の自然観が「自然／人間（社会・文化）」の二元論に基づいているのに対し（Descola & Palsson 1996）、イヌイトの知識は自然と人間を切り離さずに同一の一体的な全体としてとらえる一元的な世界観に基礎づけられているのである（Osherenko 1992）。

かつて、こうした一元的な世界観に基づいたイヌイトの知識は、近代科学より劣った「前論理的」で「未開」あるいは「原始的」な思考の産物とみなされるか（Leopold & Darling 1953; MacPherson 1981; Theberge 1981など）、文明に毒されていない「高貴なる野蛮人」や「自然人」のロマンティックでエキゾチックな宗教や神話として神秘化されるにすぎなかった（Birket-Smith 1929など）。早くは極北探検が活発化する一九世紀から、イヌイトが極北の地理や動植物相について精通していることはよく知られており、極北の自然環境を詳細で正確に把握した実用的に優れた知識として欧米の主流社会から賞賛されてきた（Birket-Smith 1929; Laughlin 1961, 1968, 1976; Nelson 1969など）。しかし同時に、肯定的にイメージされるにせよ、否定的にイメージされるにせよ、イヌイトの知識は環境適応という切迫した生存の必要性を満たす範囲でしか発達しなかったとされ、近代科学のように体系的な一般理論を導き出す高度な思索の結果とは考えられてこなかった。

また、その知識を基礎づけている一元的な世界観は、アニミズムやシャマニズムなど、神話学や宗教学が研究対象とする「原始」的な宗教の産物としかみなされなかった。信仰の対象としては素晴らしく、結果としてイヌイトの極北への適応を支えることになっているかもしれない。しかし、その世界観はあくまで虚構の主観的世界あるいは非合理的な迷信にすぎず、非合理的な主観的世界を合理的かつ客観的に説明する近代科学の研究対象ではあっても、近代科学と肩を並べる知的所産とは考えられてこなかったのである。

しかし、近年では、こうしたイヌイトの世界観に基づいた知識は、「在来知」（Indigenous Knowledge）、「伝統的な生態学的知識」（Traditional Ecological Knowledge）、「環境に関する伝統的な知識」（Traditional Environmental Knowledge）、「大地に関する伝統的知識」（Traditional Land Knowledge）、「在来の生態学的知識」（Indigenous Ecological Knowledge）などの新しい名称を与えられ、近代科学と対等な知的所産として認められるようになってきた。

しかも、人間中心主義的でややもすれば自文化中心主義的になりがちな近代科学を相対化し、その欠点を修正する可能性を秘めた新しいパラダイムとして、欧米の主流社会の一部から期待の眼差しで見つめられるようにさえなっている。環境問題に象徴されるように、近代科学に対する不信感が欧米の主流社会の自省のなかで高まるにつれ、自然環境を人間の都合で一方的に開発しようとする近代科学の欠点を是正するために、イヌイトをはじめ、「自然と共生している」とされる先住民から学ぼうという機運が盛り上がっているのである。

在来知とは何か？(33)

こうした動向は極北人類学に限られることではない。この三〇年ほどの間に、人類学一般においても「在来知」(Indigenous Knowledge) と呼ばれる先住民の知識が注目されるようになってきた (Andrews 1988; Berkes 1993, 1999; Krupnik & Vakhtin 1997; Stevenson 1996)。在来知とは、民俗分類体系はもちろん、人間を含む生態系の動的プロセスに関する知識、世界観、呪術、芸術、生業技術、禁忌、社会規範にいたるまで、先住民の生活の全般にかかわる知識と信念と実践の統合体のことであり (Berks 1993; Hunn 1993; Lewis 1993; Nakashima 1991)、近代科学と肩を並べるもう一つのパラダイム、あるいはレヴィ＝ストロース (1976) の言うところの「具体の科学」に類するものである (Berks 1993; Nakashima 1991)。一九九三年までに行われた主要な研究 (Lasserre & Ruddle 1982; Ruddle & Johannes eds. 1989; Freeman & Carbyn eds. 1988など) を概観した上で、ベルケス (Berkes 1993)、レウィス (Lewis 1993)、ハーン (Hunn 1993) は、在来知を次のように定義している。(34)

伝統的な生態学的知識［在来知］とは、人間を含むさまざまな生物が相互に関係しながら環境との間に交わす関係について、文化的な伝達によって世代から世代へと伝えられて蓄積されてきた知識と信念の総体である。伝統的な生態学的知識は、資源の利用を歴史的に継続するかたちで実践してきた社会の所産であり、概して、そうした社会は産業化されていない、あるいは、技術的にあまり進んでいない社会であり、その多くは先住の、あるいは部族的な社会である。（中略）西欧の科学と伝統的な生態学的知識（さらには芸術）はどちらも、無秩序から秩序を創り出す同一の普遍的な知的プロセスの結果である。（Berkes 1993: 3）

ある特定の［先住民族の］伝統的な生態学的知識［在来知］とは、その先住民族による自然現象の分類と、環境のなかにみられる因果関係に関するその先住民族の理解のあり方を指している。もちろん、（［西欧の科学者］として）私たちが特に［近代科学的な］生態学的知識とみなすのは、［先住民族の］人々の文化全体における一つの側面、あるいは一つの次元にすぎない。（中略）伝統的な生態学的知識は、人類学者などによって、次に挙げる二つの形式の一つ（あるいは、その二つの形式を合わせ含むかたち）、すなわち、民俗分類（民族動植物分類）と「自然」の中にみられるさまざまなプロセス（植物や動物、さまざまな超自然的な要因、環境要因が絡み合った諸関係のシステム）として提示されるのが普通である。（中略）したがって、伝統的な生態学的知識とは、環境の構造とプロセスに関して［先住民の］人々が抱いている理解のあり方を含んだものである。（中略）伝統的な生態学的知識は、西欧で意味されるような科学的知識そのものではないが、科学的探求の成果に匹敵する生態学的な理解の一形式である。（Lewis 1993: 8-9; ［　］内は筆者加筆）

伝統的な生態学的知識すなわち在来知とは何なのだろうか。在来知は、大文字の「S」ではじまる［普遍的な］「科学」（Science）として知られることが多い近代科学的知識と好対照をなしている。（中略）在来知のさまざまなシステムは、人間と環境の諸関係、すなわち人間生態学について、近代科学が提供していない、あるいはおそらく提供することのできない洞察を提供してくれる。（中略）伝統的な生態学的知識はまず何よりも「伝統的な」ものである。諸伝統は、ある特定の土地、環境、場所のなかで、普通は何世紀にもわたって発達してきたものであり、その土地の環境でその土地に依存して生きている人々の間に、世代から世代へと受け継がれてきたものである。(中略)諸伝統は、生存という過酷な実験のなかで検証されてきた数世代にわたる知的な思考の所産なのである。(中略)そして、伝統的な生態学的知識は「生態学的な」知識である。(中略)諸伝統は人々がその環境を分かち合っている数百種の動植物に関する詳細な知識を含んでいる。(中略)しかし、詳細に検討してみると、伝統のなかの[近代科学的な意味での]生態学的な側面を宗教的、美的、社会的側面から切り離すことができないことがわかるだろう。(中略)宗教と芸術と生態学は一つなのである。したがって、諸伝統は実践と信念の統合された複合的システムを表象しているという意味で生態学的なものである。そして、伝統的な生態学的知識は「知識」である。ある伝統の本質はその物理的な副産物なのではない。つまり、それは道具や工芸、芸術品でも、儀礼的な服飾でも、儀礼的な歌やダンスでも、その土地に独特な食物であるわけでもない。これらの物はすべて、ある人々の間に共有されている観念が具体化されたものである。諸伝統とはそれぞれの地域の環境に関する知識の総和であり、その土地の動植物種や土壌や気象に関する知識をはじめ、その土地の地勢に関する詳細な地図などがそこに含まれている。しかし、[こうした経験的な知識だけではなく]、諸伝統は人々が生きている世界の事物についての伝統的な理解のあり方の基盤となる価値や信念も含んでいる。

(Hunn 1993: 13–14; [ ]内は筆者加筆)

在来知とは、近代科学の基準での「自然」環境だけでなく、「社会」や「超自然」も含むかたちで先住民に把握されている環境全体について、その環境との過去何世紀にもわたる相互作用を通して諸先住民族がそれぞれに鍛え上げてきたさまざまな知識と信念と実践の統合体の総称であり、近代科学と異なってはいるが、知的所産としては対等な世界理解のパラダイムに基づく「生き方」のことを意味しているのである。

このように定義される在来知という概念の前身は、一般に認識人類学や言語人類学、ニュー・エスノグラフィーとして知られている研究戦略によって使われはじめた「民族科学」（ethno-science）や「民俗科学」（folk-science）という概念である（Berkes 1993）。実際、在来知についての先駆的な研究は、コンクリン（Conklin 1955）などの認識人類学者による民族科学研究の一分野としてはじまった（Berkes 1993）。この民族科学は「ある特定の文化がその周囲の世界にみられる物体や事象を分類するために発達させてきた知識体系」（Hardesty 1977: 291）と定義され、そうした「土地の人たちが物質世界についてもっている知識に対して、それがその精細さと膨大さにおいて、産業社会のサイエンスにも匹敵するという敬意をもって」（松井 1991: 20）与えられた術語である。この認識人類学による民族科学研究から在来知研究は、文化を観念体系としてとらえる文化観、対象文化の視点から記述を行うエミック（emic）な方法論[35]、対象社会の知識体系を近代科学に匹敵する知識体系として肯定的にとらえる価値観を受け継いでいる。

しかし、在来知研究は次のようないくつかの点で認識人類学と一線を画している。一つには、客観性や経験実証性に基づく科学的方法を重視する認識人類学とは対照的に、科学的方法に固執しない点である。在来知研究では、近代科学も在来知も相互に対等な世界理解のパラダイムとしてとらえられ、それらパラダイムの間の翻訳という方法がとられる。そのため、認識人類学では科学的方法を厳密に適用可能な民俗分類という比較的狭い領域に分析が限定される傾向が強かったのに対して、社会・文化の全体に埋め込まれている世界理解のパラダイムを明らかにしようとする在来知研究では、社会・文化の全体が横断的に見渡されるようになる。また、人類に普遍的な認知構造の解明を目指すという意味で普遍主義的な傾向が強かった認識人類学に対して、それぞれの先住民族の世界理解のパラダイムをそれぞれの社会・文化のコンテキストに位置づけて明らかにしようとする在来知研究は、文化相対主義の色合いが強い。そのため、認識人類学では、民族科学は人類の認知構造の解明のために分析されるべき対象でしかなく、「調査する側／調査される側」の関係がはっきりしていたのに対して、在来知研究では、さまざまな在来知は近代科学と対等なパラダイムとしてとらえられ、研究の対象というよりは対等な対話の相手として認識される。

今日では認識人類学者自身によって自省されているように、民族科学研究を推しすすめてきた認識人類学は、「外在する参照物をまず手がかりとしてきたために、社会的な出来事や抽象的な観念世界に対して、接近のための適切な手法を準備していない」（松井 1991: 79）ため、記述と分析の対象が物質世界についての民俗分類体系に限定される傾向が強かった。しかも、分析の出発点としての「外在する参照物」は、近代科学によって客観的に定義された現実のことを意味しており（松井 1991: 55–56）、いかなる文化にも属さずに現実を客観的に定義する近代科学は、多様な文化を計る基準になりうるとする素朴な客観主義や科学主義が暗黙の前提となっていた（Descola & Palsson 1996; Hviding 1996; Ingold 2000）。そのため、分析の出発点で「外在する参照物」を近代科学で定義する過程を通して、「身体／精神」や「自然／文化（人間、社会）」、「客観／主観」などの二元論、経験実証性や合理性の価値観など、近代科学の認識論的前提を分析の前提としてもち込むことになってしまった。

その結果、民族科学は、親族呼称体系や色彩分類体系、動植物分類体系、時空間の分節体系など、近代科学によって客観的に同定可能な物理的世界（「身体」や「自然」に属する「客観」的な世界）に関する経験的で合理的な知識、つまり民俗分類体系のことを意味することになった。そして、近代科学からみて非現実的で非合理的な神話や世界観、呪術などの観念的な象徴システム（「精神」や「文化」に属する「主観」的な世界）は、非民族科学あるいは宗教的イデオロギーとみなされ、記述と分析の射程から排除されてしまった（Descola & Palsson 1996: 2–9; Hviding 1996: 165–170）。こうした近代科学の認識論的前提は、民族動物学、民族植物学、民族解剖学、民族生態学などのように、先住民族の観点とは無関係に近代科学の分野に準じて民族科学が分業化されていったことにもあらわれている（Hviding 1996: 167）。たしかに認識人類学は、近代科学に匹敵する知識体系として民族科学に敬意を払ってきたが、その敬意の対象は近代科学が合理的で客観的と判断した知識、すなわち、対象社会に無意識に投影された自分たち自身の「科学／宗教（あるいは非科学）」という民俗分類の「科学」に相当する知識に限られていたのである。

また、認識人類学は客観的で科学的であるとされていた言語学に範をとり、「外在する参照物」に対象文化が与えている語彙を経験実証的な手順で分析することに固執していた。そのため、次第に分析対象が「外在する参照物」と語彙の対応関係に限定されるようになり、「人々の生活の具体的細部における人と自然の豊かな交流を切り捨てる」（松井 1997: 60）抽象的な形式化に陥ってしまった。とくにバーリンとケイ（Berlin & Kay 1969）によって人類の認知の普遍性に関する仮説が提示されて以来、認識人類学の関心は個別の先住民族が環境と交わす具体的な交流の現場から離れ、普遍的な人類の認知が文化的に個別化されるメカニズムの解明に移ってしまう（レイヴ 1995: 124–138; 松井 1997: 54–61）。人間と環境の具体的な関係が抽象的な分類体系や「情報のプール」（レイヴ 1995: 137）に還元されたうえで、プロト・タイプや図式など、「情報のプール」を秩序づけている人類に普遍的な形式的構造が探求されるようになっていった（D'Andrade 1995: 244–252; レイヴ 1995: 124–138）。こうした普遍主義的な傾向をもつ認識人類学にとって、民族科学はあくまで研究の対象にすぎない。普遍的な認知構造という客観的現実を明らかにすることができる研究の主体は、客観的で経験実証的な認識人類学者だけであり、民族科学は普遍的な認知構造が文化的に個別化された単なる事例つまり研究の対象でしかなかった。

他方で、在来知研究は民族科学研究の一分野として出発し、認識人類学の分析手法を受け継ぎながらも、正反対の方向へと発達していった。たしかに、文化的な知識を「情報のプール」としてとらえ、それをエミックな方法で記述するところからはじめる点では、在来知研究も認識人類学と共通している。しかし、「外在する参照物」と語彙の関係を経験実証的で客観的な科学的方法で分析するのではなく、それぞれの先住民族が世界を理解したり説明したりするために使う「ルート・メタファー」（Fienup-Riordan 1990b; Scott 1996）を先住民族の行為や言説から抽出することに注意が向けられる。もちろん、民俗動植物分類や時空間の分節体系などの民族科学は、在来知研究でも記述と分析の基礎である（Nakashima 1991など）。しかし、在来知研究は認識人類学のように民俗分類体系の分析に閉じこもることも、人類の認知の普遍性に関する一般理論へ飛躍することもなく、それぞれの先住民族が環境と交わす具体的な交流の場にとどまり、その交流を秩序づけているルート・メタファーを明らかにしようとする。

　たとえば、イヌイトやクリーの社会・文化では、「客人としての動物（animal as guest）」や「人間ではない人物（non-human person）としての動物」というルート・メタファーを基盤に在来知が構築されていることが明らかにされてきた（Bodenhorn 1990, 1993; Fienup-Riordan 1983, 1990a, 1994; Freeman 1985; Scott 1996）。イヌイトやクリーの社会では、このルート・メタファーに基づいた神話的で逸話的な話法に従ってさまざまな動物が分類され、その分布や行動習性、季節周期的な移動などについての経験的知識が語られるだけでなく、生業技術はもちろん、動物に対するタブー、食物分配などの社会規範、儀礼、芸術にいたるまで、社会・文化のあらゆる側面がルート・メタファーに基づいて構築されている。このように先住民族が環境と交わす観念的で社会的で物質的な関係を秩序づけているルート・メタファーが、在来知研究では探られるのである。

　こうした研究戦略では、人類学を含む近代科学も、「自然／文化（社会あるいは人間）」などの二元論的な世界観をはじめ、合理主義や客観主義などの価値観から構成されたパラダイムとして相対化される（Berkes 1993; Hviding 1996; Scott 1996）。人類学を含む近代科学はさまざまな在来知の一つとして在来知と同じ地平で語られることになり、人類に普遍的な認知構造を客観的に明らかにすることができるという特権的な地位を放棄することになる。実際、在来知研究は、さまざまな在来知と近代科学を同等の知的所産として対照的に比較したり[36]、それぞれの知識体系の基底にあるパラダイムを相互に翻訳したりしようとする解釈学的で相対主義的な傾向を示すようになる[37]。このような意味で、在来知研究はさまざまな在来知を自己と対等な世界理解のためのパラダイムとして認めたうえで、それら異質なパラダイムと対話しようとする試みであると言える。

四　イヌイトの知識――近代科学と対等なパラダイム

こうした在来知の研究が極北人類学でさかんに行われるようになるのは、一九七〇年代の後半になってからである。たしかに、極北の環境に関する比類ない精確さと豊かさで一九世紀から欧米社会に知られていたイヌイトの民族科学的な知識は、二〇世紀に入ると数多くの民族誌を通してさかんに紹介されるようになり、在来知研究の先駆となる民族科学研究が数多く行われてきた。これらの民族誌的研究や民族科学研究は、イヌイトが過酷な極北の環境に適応するためにいかに卓越した知識や巧みな技術を開発してきたのかを明らかにし、一九世紀後半から欧米近代社会に拡がっていた「適者生存の権現」（スチュアート 1998d: 153）というイヌイトの肯定的なイメージに実証的な根拠を与えていった。しかし、一九七〇年代後半に入るまで、これらの研究は、一九世紀以来そうした肯定的なイメージと併存してきたイヌイトに対する否定的なイメージ、つまり、複雑な「文明」社会には適応することができない知的に単純な「未開人」あるいは素朴な「極北の幼児」というイメージ（Dorais 1988; Fienup-Riordan 1990a, 1995; スチュアート 1998d: 153）を払拭するまでにはいたらなかった。

「未開の科学者」としてのイヌイト――極北人類学における民族科学研究

イヌイトが極北の自然環境について詳細な知識をもっていることは、極北探検が本格化する一九世紀からよく知られていた。とくに、イヌイトが詳細で正確な地理的知識と卓越したナヴィゲーションの技術をもっていることは、大西洋から北極海経由で太平洋へ抜けるための北西航路（Nothwest Passage）を一九世紀に探索した数多くの探検家によってしばしば指摘されていた。遭難したフランクリン（Franklin）探検隊などの一部の例外を除いて、こうした探検隊はイヌイトと頻繁に接触し、当時欧米では未知の領域であったカナダ中部極北圏と極北諸島周辺の地理的情報について助言を求めており、イヌイトが水先案内人をつとめることも多かったからである。一八二一年から一八二三年にかけてハドソン湾西岸を探索したパリー（Parry 1824）とその同行者ライオン（Lyon 1824）、一八二六年にアラスカ沿岸を探索したビーチー（Beechey）探検隊のヒュイシュ（Huish 1836）、一八二九年から一八三三年まで中部極北圏のブーシア半島を探索したロス（Ross 1835）、一八四六年に中部極北圏を探索したレー（Rae 1850）、中部極北圏で一八四八年に遭難したフランクリン探検隊の捜索にあたったホール（Hall 1865, 1879）やクルチャック（Klutschak 1881）、一八五八年にバッフィン島を探索したマックリントック（McClintock 1859）などが、イヌイトの鋭い観察力と豊かな知識について報告している。

さらに、カナダ中部極北圏のバッフィン島で一八八三年から一八八四年にかけてボアズ（Boas 1888, 1901–1907）がはじめて体系的な民族学的調査を行い、極北人類学が本格的な幕開けを迎えると、数多くの民族学者が民族誌的な調査を行うようになり、イヌイトの民族科学的な知識や世界観も丹念に記述されるようになりはじめる。ボアズは『セントラル・エスキモー（*Central Eskimo*）』（Boas 1888）で「科学と技芸」（science and the arts）という章をもうけ、イヌイトの地理に関する知識、ナヴィゲーションの技術、地図、天文学的知識を紹介し、そうした知識と技術がいかに卓越したものであるかについて報告している。

また、ホルム（Holm 1888）やスティンズビー（Steensby 1910）がグリーンランドで、ネルソン（Nelson 1899）、マードック（Murdoch 1892）、ランティス（Lantis 1938, 1946, 1947）がアラスカで、ジュネス（Jenness 1922, 1928, 1957）がカナダ西部極北圏で、ステファンソン（Stefansson 1912）がアラスカ北部沿岸地域とカナダ西部極北圏で調査を行い、さらに一九二〇年代にはラスムッセン（Rasmussen 1929, 1931, 1932）やビルケット＝スミス（Birket-Smith 1929）による第五次チューレ調査隊の調査が、グリーンランド北西部からカナダ極北圏を経てアラスカ北部にかけての広大な地域を対象に実施された。こうしてイヌイトに関する民族学的、言語学的、考古学的なデータが急増し、イヌイトの技術や知識、世界観も記述されていった。しかし、当時存在していた民族誌を利用しながらイヌイト社会の社会形態がみせる季節変異を全体的社会事象として体系的に分析したモース（1981）の例外を除けば、ボアズをはじめとする当時の研究は記述に重点を置いたものであり、イヌイトの知識や世界観などの観念体系を体系的に把握する試みは、一九七〇年代半ばになるまで行われなかった（Fienup-Riordan 1990b: 7）。

モースは季節の変動がイヌイト社会の密度や形態の変動と対応していることを指摘し、夏と冬という季節の周期的な変化とそれに伴って変動する生業活動のパターンが、分散と集結という二つの異なった社会形態を生み出す引き金になり、その社会形態の周期的変動がイヌイトの宗教生活と法的生活を方向づけているという仮説を提示した。「一層容易に観察することが可能であり、いわば一目瞭然な」（モース 1981: 120-121）「二つの季節のあまりにも明確なコントラスト」（モース 1981: 120）を利用して生み出された「夏と冬の交替」というリズミカルな秩序を軸に、生業活動、居住形態、法体系、道徳体系、家族経済、宗教生活が同調しながら「夏と冬」という二つのパターンに秩序づけられ、イヌイトの社会・文化の全体が構成されていると考えたのである。このモースの仮説はイヌイトの自然認識、生業活動、社会形態、世界観の全体的な関係を体系的に論じた極北人類学ではじめての理論的分析であり、自然環境への社会・文化の生態的な適応よりも、社会・文化が自然環境と相互に関係しながら紡ぎ出す生活世界の秩序に重点を置いた分析である（松井 1997: 38-41）。このモースの研究は、一九七〇年代後半以後にさかんになるイヌイトの在来知の研究に理論的な先駆として強い影響を与えることになる。

さらに、第二次世界大戦後、極北圏の主権問題や冷戦が勃発し、旧ソ連に隣接する北米大陸極北圏の戦略的重要性が高まった二〇世紀の半ばになると、極北圏の民族や環境、地理について多くの情報を得る必要が生じ、極北人類学はかつてない隆盛の時代を迎える（Hughes 1984; 岸上 1990a, 1994a）。こうした状況のなかで、イヌイトの在来知研究の直接の前身となる民族科学研究もさかんに行われた。植物学者のアンダーソン（Anderson 1939）による民族植物学の調査を皮切りに、これまでに民族植物学、民族動物学、色彩分類体系、民族解剖学、時空間の分節体系、民族地理学とオリエンテーションの技術、民族気象学、民族天文学、民族数学などに関する調査が行われてきた[38]。

民族科学研究の成果と問題点

これらの研究は、イヌイトが極北の環境について近代科学に勝るとも劣らない精確で豊富な知識をもっていることはもちろん、そのイヌイトの知識が人類に普遍的な認知構造を基礎にしながらも近代科学とは異なった原理に基づいて構成されており、狩猟・漁労・罠猟・採集などの生業活動を通した生態環境へのイヌイトの適応をその実際の活動に先立つ知的な面での「前適応」（松井 1991: 70）として支えていることを明らかにしてきた。

たとえば、欧米近代の科学的な動植物分類が主に動植物の視覚的特徴だけに基づいて構築されているのとは対照的に、イヌイトの民俗動植物分類は、動植物の視覚的特徴に加えて、捕食関係などの動植物の生態学的な相互関係や分布状態、イヌイトにとっての利用法や狩猟法、価値づけなど、生業活動の実践に役立つ基準に従って構築されている（Feldman 1995; Nakashima 1991, 1993; Nelson 1969, 1976; 高柴 1995a, 1995b）。イヌイトの生業技術では、動植物の分布や捕食関係、動物の移動パターンや行動習性、その時々の風向きや地理的条件を巧みに利用することに重点が置かれており、生業活動の成否と効率を左右しているのは、動植物相や気象や地理などの環境に関する知識の洗練と集積である（Brody 1976; Laughlin 1976; Nelson 1969; Usher 1975, 1976）。民俗動植物分類を含めた精確な民族科学は、こうした生業活動を支える「前適応」の手段として重要な役割を果たしているのである。

また、こうした研究によって、環境の微細な変化も見逃さないイヌイトの鋭敏な知覚能力や強靱な記憶力も、しばしば指摘されてきたような生理的な要因に起因する先天的な能力（Amundsen 1908など）ではなく、生態環境への適応を通して鍛え上げられてきた知識体系によって可能となる文化的な能力であることが明らかにされてきた（Berry 1966, 1969, 1971; Carpenter 1955, 1973; Carpenter, Valey & Flaherty 1959; Pallascio, Allair & Mongeau 1993）。たとえば、イヌイトの精確な地理感覚は、二〇種類以上の指示詞によって微細に分割された周囲の空間を相対的な位置関係に従って精妙に再現する言語表現をはじめ、季節風を基準に秩序づけられた空間方位、地理環境を緻密に覆う地名のネットワーク、地名の覚え歌などを通して幼少時から教え込まれる連想による記憶術など、さまざまな種類の文化的装置を総合的に駆使することによって実現される技能である（本書第三章の第一節～第三節参照[39]）。

他方で、逆に一見するとイヌイトの間では未発達なようにみえる数学などの抽象的思考も、そうした能力が欠如しているためではなく、生態環境への適応に不必要であったために発達しなかったことが指摘された（Denny 1980b, 1981, 1986）。むしろイヌイトの民族数学では、たとえば、食物分配に必要な割り算が特異な発達を遂げていたり、動物の分布状態を表現する際に優れた能力を発揮する複雑な序数のシステムが発達したりしており、欧米近代の数学とは異なってはいるものの、イヌイトの実生活に即したシステムが発達している（Denny 1981, 1986）。イヌイトの認知能力は近代欧米人の認知能力と何ら変わらないのであって、極北の環境への生態的な適応を支える知的な面での「前適応」として、イヌイトの民族科学は人類に普遍的な認知能力を基礎に文化的に開発されてきたのである。

しかし、こうした成果をあげた民族科学研究においても、認識人類学の場合と同様に、その研究の対象が近代科学からみて合理的に映る経験的な知識に限定されており、神話や世界観が不合理な宗教的なイデオロギーとして暗黙の内に研究対象から除外されてしまう傾向にあった。「マリノフスキーの機能主義とは、「未開人」は理性的な経験主義者であると同時に儀式の効用をまじめに信じていたとする、自ら立てた仮定から生じるジレンマに対処するためのものだった」（レイヴ 1995: 123）と指摘されているように、この認識論的前提はマリノフスキー以来の近代人類学が暗黙の前提としてきた視点であった（Hviding 1996; レイヴ 1995; Lave 1996; Nader 1996）。この点では極北人類学における民族科学研究も変わりはない。これに加えて、イヌイトの極北の環境への適応に焦点を合わせる生態学的アプローチが主流だった一九七〇年代までの極北人類学では（岸上 1994a）、二〇世紀前半の記述的な研究やいくつかの例外[40]を除けば、神話や世界観に関する研究自体が少なく（Fienup-Riordan 1990b: 7）、イヌイトの民族科学は生態学的適応を支える生業活動との関係のなかでばかり研究され、神話や世界観との関係は民族科学研究の視野に入っていなかった。

たしかにすでに二〇世紀前半には、ビルケット＝スミス（Birket-Smith 1929）が「この原始的な段階では科学と神話を分離することはできない。カリブー・エスキモーの地理学的知識と天文学的知識について考察しようとするならば、その考察は神話や宗教的世界観の検討と組み合わせて行われるのが当然であろう」（Birket-Smith 1929: 153）と指摘しており、イヌイトの間では科学と神話と宗教が分かち難く結びついていることは早くから知られていた。しかし同時に、「たしかな知識が尽きるところで、そこから神話がはじまる」（Birket-Smith 1929: 153）とも述べられており、合理的で経験実証的にみえる知識を「民族科学」に、非合理的で主観的な虚構にみえる知識を「神話」や「宗教」に分類する欧米近代の「科学／非科学（宗教や神話、迷信）」という民俗分類が研究の前提として、イヌイトの知識にそのまま投影されていたのである。

また、こうした民族科学研究は、イヌイトの知識が生態的適応を支える知的な面での「前適応」として発達を遂げてきたことを指摘し、狩猟・漁労・罠猟・採集からなるイヌイトの生業活動が単純な活動ではなく、複雑な知的活動であることを明らかにしてきた一方で、イヌイトの民族科学を「前適応」の手段とするこの同じ視点のために、欧米近代社会が一九世紀以来抱きつづけてきたイヌイトの知性に対する偏見を助長しこそすれ、修正することはなかった。ナカシマ（Nakashima 1991）によれば、欧米近代社会は次のような偏見をイヌイトに対して抱いてきたという。

野生生物の専門家たちは先住民社会を非人間的な動物の社会のようなもの、すなわち西欧文明と対極にある社会として描いている。その日暮らしの生活を送っているために「脆弱で不安定な」（MacPherson 1981: 104）先住民の人々は文化を発達させる暇もなく、ましてや自然保護の倫理を培うこともなかった。先住民の哲学は抽象性に欠け（Leopold & Darling 1953）、本能の命ずるままに従い、乱獲やそれにかかわる事態に気づくことすらできない（Theberge 1981）。先住民の視野は現在の切迫した必要性を満たすという限界に閉じこめられている（Leopold & Darling 1953; MacPherson 1981）（Nakashima 1991: 321）。

こうした偏見に対して、イヌイトの生業活動が精妙な民族科学に基づいた計画的で効率的な知的活動であることを明らかにすることを通して、極北人類学が有効な反論を示してきたことに疑いはない。しかし、一九七〇年代以前の極北人類学は、神話や世界観などの抽象度の高い知識を非合理的で主観的な虚構の産物である「宗教」として民族科学から排除し、イヌイトの民族科学を生態環境への「前適応」の手段として記述してきたため、結果的にイヌイトの民族科学が実用性と具体性に縛られているかのように描いてしまうことになった。そのため、具体的で実用的な場面では合理的な思考を発揮する「適者生存の権現」ではあっても、抽象的な思考を合理的に行うことができない知的に素朴な「極北の幼児」あるいは「未開人」とする偏見を修正することはなかった。極北人類学での民族科学研究はイヌイトを極北の環境に精通した「科学者」（Nelson 1969: xxii）として描いてきたが、それはあくまで実用性や具体性に束縛されたままの「未開の科学者」でしかなかったのである。

イヌイトの世界理解のパラダイム――在来知研究の展開

こうしたイヌイトの知性への偏見に本格的に挑戦し、民族科学だけでなく、神話や世界観も含めたイヌイトの世界理解のパラダイムを近代科学と対等なパラダイムとして認める在来知研究が極北人類学ではじまる端緒となったのは、一九七〇年代前半にフリーマン（Freeman ed. 1976）の指揮下に行われた「イヌイトの土地利用及び居住に関する調査プロジェクト」（*Inuit Land Use and Occupancy Project*. ILUOP）である。このプロジェクトは、カナダの北西準州（現在はヌナヴト準州）全域のイヌイトを対象に、先史時代から現在にいたる土地利用の状況をデータ・ベース化するとともに、イヌイトの土地に対する認識をエミックな視点から把握することを目的としており、イヌイトの環境に関する知識と実践をイヌイトの視点から総合的に理解しようとするはじめての試みであった。

このプロジェクトでは、イヌイトが実際に利用してきたテリトリーが地図上に記録され、そのテリトリーの地勢やそこに棲息する動植物に関するイヌイトの知識が収集されるとともに、そのテリトリーでどのような生業活動が実践され、どのような技術が駆使されていたかが記述された。また、イヌイトが周囲の環境をどのように認識しているかが、神話の分析やイヌイトへのインタビューを通して明らかにされた。このプロジェクトは記述的な性格が強く、そこで理論的分析が行われることはなかったが、イヌイトの環境に関する知識、生業技術、生業活動の実践、世界観、社会関係などが、知識と信念と実践の統合的体系として緊密に結びついており、その統合的体系が近代科学とは異質でありながらも、近代科学にひけをとらない世界理解のためのパラダイムであることを示唆していた。

一九八〇年代に入ると、このプロジェクトを基礎にフリーマン（Freeman 1985, 1993; Freeman & Carbyn 1988）が在来知の研究を本格的にはじめるのと並行して、モースの全体的社会事象の理論を基礎に、イヌイトの神話やシャマニズム、世界観などの観念体系、生業技術や知識体系などの民族科学、親族関係や婚姻などの社会構造など、さまざまな社会・文化の要素が織りなす全体的関係を統合的に把握しようとする研究があらわれはじめる。(41) 一九九〇年代には、これら諸研究が在来知の研究として合流し、在来知は「極北における社会調査のなかでもっとも「熱い」現代的な問題の一つ」（Krupnik & Vakhtin 1997: 236）として注目を集めるようになった。(42) これまでに、極北圏と亜極北圏の先住民の在来知に関する研究の成果がいくつかの大きなシンポジウムで発表され、(43) イヌイトの在来知の全体を把握しようとする試みをはじめ、(44) 在来知と近代科学を同等の知的所産として対照的に比較する研究、(45) 相互のルート・メタファーを翻訳して在来知と近代科学を統合しようとする試みが行われてきた。また、一九九三年現在、イヌイトの在来知に関する三〇以上の調査が極北圏で実施されつつあると報告されている（De la Barre & De la Barre 1993）。

「イヌア」のルート・メタファー

これらの在来知研究では、欧米近代の「自然／文化（人間、社会）」という二元論的な世界観をはじめ、合理性と客観性の価値観に基づいた「科学／非科学（神話、宗教、迷信）」の区別がイヌイトにはなく、イヌイトの知識体系を民族科学と非民族科学（宗教や迷信）に分類したり、神話や世界観を合理性や客観性という基準で計ったりすることが無意味であることが明らかにされてきた。むしろ、民族科学研究の対象から外されてきた非民族科学のなかにこそ、イヌイトの民族科学の精確さを支えている論理がルート・メタファーのかたちで潜んでおり、そうしたルート・メタファーに沿って解読してゆけば、荒唐無稽にみえる神話や世界観も、その精確さや妥当性、説明力の点で近代科学に勝るとも劣らない世界理解を提示していることが示されていった。

そうしたルート・メタファーが潜んでいるのが「イヌア」（*inua*）という概念である[46]。このイヌアは「カリブーのイヌア」（*tuktup inua*）や「ホッキョクグマのイヌア」（*nanup inua*）などのかたちで、イヌを除いた万物に使われる（岸上 1993a）。イヌアは不死であり、身体が滅びても適切なタブーに従って遇されることによって新たな身体によみがえるとされる。従来の神話学や宗教学はイヌアを万物に宿る「精霊」と解釈し、イヌアの概念を軸に展開される神話、動物に対するタブー、シャマニズムなどを宗教現象として理解してきた（Balikci 1963, 1970, 1984; Oosten 1976）。こうした解釈はイヌアを軸に展開される知識や実践が不合理で主観的な虚構であることを暗黙の前提としており、そうした知識や実践を合理性や経験実証性の価値観を基準に宗教現象として民族科学から区別する「科学／非科学（宗教、神話、迷信）」という欧米近代の民俗分類に基づいていた。

他方で、在来知研究では、イヌイトの視点に立てば、このイヌアを軸に展開される神話が不合理な宗教的イデオロギーでも主観的な虚構でもなく、「客人としての動物（animal as guest）」（Fienup-Riordan 1990b: 10）や「人間ではない人物（non-human person）としての動物」（Bodenhorn 1993: 187-195; Fienup-Riordan 1990a: 167-172）というルート・メタファーによって周囲に観察される現象を把握するためのパラダイムであることが明らかにされてきた。このパラダイムに基づくイヌイトの在来知では、動植物などの生命体、山河や特定の地理的場所などの非生命体を含め、世界のあらゆる存在がイヌアすなわち「人間ではない人物」として擬人化され[47]、さまざまな動植物種はそれぞれ同種ごとに種社会を形成して人間と同じような社会生活を営んでいるとされる（Bodenhorn 1990, 1993; Fienup-Riordan 1986, 1990a, 1994）。そして、「人間ではない人物」たちがそれぞれ同種ごとに形成する諸社会の間には、排他的な敵対関係や相互に助け合う互恵的関係など、異種イヌア社会間に社会間関係が結ばれているとされる。世界は巨大な社会空間としてとらえられ、その世界で生じる現象は社会関係として理解されているのである。

たとえば、ジャコウウシやカリブーのイヌア種社会には人間の社会の場合と同様に経験を積んだ古老がおり、ジャコウウシやカリブーの社会はそうした古老の知恵を頼りに冬季の厳しい環境を生き抜いていると説明される。そのため、年老いたジャコウウシやカリブーを狩りすぎてしまうと、繁殖適齢期の若いジャコウウシやカリブーを乱獲するのと同様に、それぞれの種の生存可能性を脅かすことになる（Freeman 1985: 158-159, 1993: 271-274）。運動能力が下がっているために容易に狩ることができるにもかかわらず、年老いたジャコウウシやカリブーを捕獲することが慎まれるのは、このためである。また、ジャコウウシとカリブーのイヌア種社会は相互に相手の種社会を好ましく思っておらず、一方の種社会が進出した地域から他方の種社会は撤退すると考えられている（Collings 1997: 50, Freeman 1985: 269-271, 1993: 271-274）。また、それとは逆に、人間のイヌア種社会とアザラシのイヌア種社会の間には、互恵的な関係が結ばれているとされる。アザラシのイヌア種社会が人間のイヌア種社会に自分が身に纏っている肉や毛皮を提供して人間社会の存続を助ける一方で、人間はアザラシに対してさまざまなタブーを守ることによって深い敬意を払い、「客人」としてもてなして海に送ることによって、アザラシのイヌア種社会の再生産に助力を与えるのである（Fienup-Riordan 1990a: 167-191）。

こうしたイヌイトの在来知は、ユダヤ＝キリスト教とデカルト思想の流れをくむ「自然／文化（人間、社会）」の二元論に基づく欧米近代の世界理解とは異質な一元的な世界観を基礎としている。しかし、イヌイトの世界理解が一元的であるからといって、イヌイトの世界観に何の秩序もないわけではない。早くはモース（1981）が指摘しているように、イヌイトの世界観にも「夏＝陸＝俗／冬＝海＝聖」という枠組みがある（Brody 1975, 1976; スチュアート 1991）。この二分割に従ってさまざまなイヌア種社会は、「陸」に属するカリブーのイヌア種社会などの陸棲哺乳類、「海」に属するアザラシのイヌア種社会などの海棲哺乳類や魚類、「陸」と「海」を行き来するホッキョクグマのイヌア種社会や人間のイヌア種社会の三つに分割され、その三分割を維持するためにさまざまなタブーが課せられている（Saladin D'Anglure 1990, 1993, 1994a, 1994b）。

しかし、欧米近代の世界観が人間を自然から分離して自然の上位に置いたうえで、人間のカテゴリーの内部と自然のカテゴリーの内部を「支配／被支配」の関係に従って階層化するヒエラルキーの構造を基礎としているのに対し（Scott 1996）、イヌイトの世界観における「夏／冬」という対立はあくまでリズミカルに交替する相補的で対称的な関係である（Osherenko 1992）。また、さまざまなイヌア種社会が相互に結んでいる関係も互恵的関係や敵対関係などの水平的な関係であり、「支配／被支配」のヒエラルキーをなしているわけではない。イヌイトの世界観では、世界は垂直なヒエラルキーとしてではなく、水平なネットワークとして理解されているのである。したがって、こうした世界観に従ってさまざまなタブーを遵守し、結果として野生生物などの再生資源を持続的に利用してきたからといって、イヌイトが自然保護論者の言う「自然と共生する」「自然保護の元祖」であるわけではない。結果として「自然保護の元祖」になっているかもしれないが、自然保護や自然管理の思想の基底にあるように、自然から距離を置いて特権的な位置に立つ人間が自然を管理するという発想自体がイヌイトにはないからである（Fienup-Riordan 1990a; Osherenko 1992）。

こうしたイヌイトの世界理解のあり方は、「自然／人間（社会、文化）」という二元論を基軸とする近代科学の視点からみれば、たしかに人間と動物の間の根本的差異を混同している荒唐無稽な「神話」にしかみえないだろう。しかし、観察されるさまざまな現象に対するイヌイトの説明と近代科学の説明を比較する在来知の研究がすすむにつれ、精確さや説明力、現象を再現する際の妥当性などの点で、イヌイトの在来知が近代科学に勝るとも劣らないことが明らかになっていった。

たとえば、カリブーやジャコウウシなど、さまざまな動物種の群れでは、年老いた個体が冬季に生き延びるために氷雪の下から食物の植物を掘り出す技術を幼少の個体に教えていることが知られるようになり、イヌイトの説明にある通り、年老いた個体はそれぞれの種で重要な役割を担っている（Freeman 1985: 158-159, 1993: 271-274）。また、カリブーの群れが約七〇～一〇〇年周期で増減を繰り返している可能性をはじめ、さまざまな動物種が「陸」と「海」の世界それぞれのなかで敵対関係や互恵的関係などのかたちで関連し合いながら、分布地域や移動ルート、群れの規模を周期的に変えていることなど、イヌイトがイヌアのルート・メタファーに基づいて説明している現象が実際にその通りである可能性が指摘されるようになっていった（Collings 1997: 50, Freeman 1985: 269-271, 1993: 271-274）。一見すると荒唐無稽に見えるとしても、イヌア種社会のルート・メタファーは非現実的な迷信でも不合理な宗教的イデオロギーでもなく、むしろ、さまざまな動物種間の複雑で微妙な相互関係を説明するのに適したパラダイムである可能性が明らかとなっていったのである。

相対主義的視点——在来知研究の成果（1）

こうした在来知研究は、民族科学はもちろん、世界観、呪術、儀礼、芸術、社会規範、生業技術にいたるまで、イヌイトが環境との間に交わす観念的で社会的で物質的な交流を秩序づけている世界理解のパラダイムの全体をイヌイトの視点に基づいて綜合的に把握したはじめての研究動向として学術的に大きな意味をもっていた。

従来の極北人類学では、民族科学を含むイヌイトの社会・文化の全体を極北の環境への物理的な適応によって説明しようとする生態学的アプローチが主流であり、イヌイトの「親族関係、宗教、生業技術や物質文化はすべて人間が極北の自然環境へ適応するための手段である」（岸上 1994a: 57–58）とされ、イヌイトの社会・文化の全体を環境への生態学的適応に還元してしまう傾向にあった。こうした生態学的アプローチは、煎本（1996）が指摘しているように、「人間行動というものが合理的なものであり、動物生態学と経済理論を用いることによって、分析可能であるとする前提」（煎本 1996: 10）に立っており、「人間行動における人間の認識や世界観の役割を無視する」（煎本 1996: 11）唯物論的傾向が強かった。認識人類学や民族科学研究をはじめ、マリノフスキー以来の人類学がそうであったように、生態学的アプローチも欧米近代の「身体／精神」と「自然／文化（人間、社会）」の二元論と合理性の価値観に基づくアプローチであり、人間の「精神」や「文化」は人間が「身体」を維持するために「自然」に合理的に適応してゆく手段として発達してきたと想定する唯物論を理論的前提としていたのである（Ortner 1984: 132–133）。

そのため、生態学的アプローチでは、イヌイトが極北の環境から受ける物理的制約にいかに対応してきたかというイヌイトの社会・文化の物理的で受動的な側面ばかりが強調されることになった。そして、イヌイトが観念体系を通していかに環境に働きかけてきたかというイヌイトの社会・文化の象徴的で能動的な側面が等閑視される傾向にあった（岡 1978: 253; スチュアート 1995a: 51）。とくに極北人類学における生業研究では、一九六〇年代以後の生態学的アプローチが鳥類の採餌行動をモデルとする最適採餌戦略モデルのように過度に唯物論的なモデルを採用するようになった結果、「生物一般の捕食行動と、人間社会に認められるシェアリングを含む社会的・文化的な性格の強い生業との区別が等閑視」（スチュアート 1995a: 51）されるようにまでなってしまう。

他方で、在来知研究は自らが属している欧米近代の二元論的世界観や合理性の価値観を一旦保留し、イヌイトのパラダイムに寄り添うエミックな視座を打ち出すことで、生態学的アプローチの自文化中心主義的で唯物論的な視点に大きな修正を加えることになった。イヌイトの世界理解のパラダイムからみれば、イヌイトの生業活動は単なる物理的で経済的な活動ではなく、人間のイヌア種社会とさまざまな動植物種のイヌア種社会が交わし合うイヌア種社会間関係という意味をもつ社交の活動でもあることが明らかにされていった。

先に紹介したように、イヌイトの世界理解のパラダイムでは、世界のあらゆる生命体がイヌアつまり「人間ではない人物」として理解され、それらのイヌアが同種ごとに形成するイヌア種社会を基礎的な単位に、さまざまな種社会内関係や種社会間関係が交わされる巨大な社会空間として世界は理解されている。このパラダイムでは、人間と獲物の関係は「殺して利用する／殺されて利用される」という即物的で非対称な関係ではなく、狩猟・漁労・罠猟・採集などの生業活動も「獲物を一方的に狩る」という物理的で経済的な活動ではない。その関係はむしろ次のように対称的で互恵的な社会関係として理解される（Bodenhorn 1990, 1993; Fienup-Riordan 1986, 1990a, 1994; スチュアート 1990a, 1991）。獲物のイヌア種社会が人間のイヌア種社会に自身が身に纏っている毛皮や肉をすすんで提供し、人間のイヌア種社会の存続を支える。他方で、人間のイヌア種社会は獲物のイヌア種社会に敬意を示す技術と態度で獲物を迎え、タブーを遵守しながら獲物を客人としてもてなす。そして、その客人がもたらした肉という恩恵を人間のイヌア種社会で気前よく分かち合うことで、獲物のイヌア種社会への感謝と敬意を表明し、客人たる獲物のイヌアを再びもとのイヌア種社会に送り返すことによって、獲物のイヌア種社会の再生産を手助けする。

こうしたイヌイトの世界理解のパラダイムに寄り添う在来知研究の視点は、合理性や経済性を主な説明原理とする生態学的アプローチでは説明することが難しかった難題に解決を与えた。それは動植物をめぐるタブーである。たしかに、動植物をめぐるタブーについては、動植物を保護して狩猟・採集環境を整備する機能を果たしていると説明され、そうした説明に適合する部分が多いことも確認されてきた。しかし他方で、そうしたタブーには、「イデオロギーとしての自律性、固有の論理もはっきりと認めることができ」（岡 1978: 253）、実用的機能だけでは説明することが難しい部分があることも指摘されてきた。

たとえば、獲ったアザラシをイグルーに迎え入れて解体する前にその死んだアザラシに真水を与えねばならないとする習慣（Balikci 1970; スチュアート 1990a, 1991）、狩られて食べられている間は膀胱に待避していたアザラシのイヌアをもとのイヌア種社会に送り返すために猟期の終わりに行われるアラスカの「膀胱祭」（Fienup-Riordan 1983, 1990a, 1994）、出会った獲物を狩らずに見逃すことはその動物のイヌア種社会への侮辱にあたるとする信念（Brody 1976; Fienup-Riordan 1983, 1990a, 1994）、正しい心をもつハンターが適切なやり方で狩れば狩るほど、狩られた動物のイヌア種社会の再生産はうながされ、そのイヌア種社会の人口は増えて繁栄するとする信念（Brody 1976; Fienup-Riordan 1983, 1990a, 1994）などである。こうした信念や儀礼は合理性や経済性によって説明することが難しく、生態学的アプローチでは不合理な宗教的イデオロギーとして研究対象から外される傾向にあった。

イヌイトのパラダイムに寄り添う在来知の諸研究は、これらのタブーや信念が生業活動の合理的で経済的な側面とは無関係な宗教的イデオロギーではないことを明らかにし、動植物をめぐるタブーと生業活動の経済的な側面を一貫した論理で統合的に説明することに成功した（Bodenhorn 1990, 1993; Fienup-Riordan 1986, 1990a, 1994; スチュアート 1995a, 1996）。イヌアのルート・メタファーに基づいて構築されるイヌイトの世界理解のパラダイムでは、生業活動は物理的で経済的な活動であると同時に、種社会間関係に基づいて展開される社交の活動でもある。客人としてもてなされる「人間ではない人物」として獲物をとらえ、その獲物との関係を互恵的関係として考えれば、動植物をめぐるタブーや信念、儀礼も、生業活動の成功を左右する現実的な手段として理解することができる。在来知の諸研究は生態学的アプローチのあまりに自文化中心主義的で唯物論的な視点を是正し、生態学的アプローチが等閑視してきた生業活動の観念的で社会的な側面を経済的な側面と統合して理解する道を拓いたのである。

先住民運動への貢献──在来知研究の成果（2）

このように在来知の諸研究は、それまでの極北人類学が欧米近代の世界観と価値観のバイアスのために見逃してきた側面に光をあてるという学術的に重要な成果をあげてきた。しかし、在来知研究の成果はそうした学術面だけにとどまらなかった。イヌイトに固有の世界理解のパラダイムに基づくイヌイトの知識が、分野によっては近代科学よりも優れた説明力を発揮することを明らかにしたことで、イヌイトの民族としてのプライドを高揚させる契機となり、イヌイトが先住民運動で民族としての独自性と自律性を主張するための知的基盤を準備することになった。また、イヌイトが先住民運動で主張してきた先住民権がイヌイトに固有のパラダイムに基づく道理にかなった権利であることを明らかにすることで、イヌイトの先住民運動の正当性を支える実証的な根拠を与えてきた。こうした意味で、在来知研究の成果は政治的にも大きな意味をもっていた。

イヌイトの先住民運動が活発化する一九七〇年代以来、イヌイトはその運動の一環として、欧米の主流社会が近代科学のパラダイムに従ってイヌイトの意向にかまうことなく勝手に展開してきた環境管理や環境開発に異議を申し立ててきた。自らが生活を営むテリトリー（生活領域）で行われる環境管理や環境開発の過程に参加する権利を主張し、環境開発や環境管理をめぐる政策決定の根拠として、近代科学のパラダイムだけでなく、自らのパラダイムも認めるように求めたのである。こうした異議の申し立ては、カリブーやクジラ、さまざまな渡り鳥など、絶滅が危惧された野生生物種を保護するためにイヌイトのあずかり知らぬ国際政治や国内政治の場で決定された国際協定や国内法による禁猟や禁猟期に対する反対運動をはじめ、マッケンジー川流域などで発見された埋蔵資源の開発への反対運動、北極海でのタンカーの定期航路や内陸部でのパイプ・ラインの敷設への反対運動としてはじまった（Brody 1976: 238–242; Dybbroe 1996: 44–50; Wilkinson 1984: 1–6）。

こうした環境管理計画や大規模環境開発はその環境に暮らしているイヌイトへの配慮に欠け、イヌイトの意見を聞くことすらなかった。それどころか、カリブーなど、絶滅が危惧されていた野生生物の減少は、高性能ライフルやスノーモービルを手に入れたイヌイトが無節操な乱獲をするようになった結果であると一方的に決めつけ、管理能力に欠けた乱獲者としてイヌイトを非難することさえあった。とくに生物学者の間では、自然状態の人間には自制心がないとするホッブス的思想をはじめ、更新世におけるマンモスやサーベル・タイガーの生物種の絶滅が初期人類の乱獲によって引き起こされたという根拠の曖昧な仮説に従って、イヌイトをはじめとする狩猟・採集民は無節操な乱獲者であると考える傾向が強かった（Collings 1997; Freeman 1985）。イヌイトが高性能ライフルやスノーモービルなどの近代的装備を手に入れる以前に生態系のバランスが維持されてきたのは、イヌイトの生業技術が「原始的」だったためであると考えられてきたのである。

こうしたイヌイトへの偏見に対して在来知研究は、イヌイトの世界理解のパラダイムに従って実践される生業活動が環境管理の面でも優れていることを実証的に明らかにすることで有効な反証を示してきた（Freeman 1985, 1993）。また、近代科学に勝るとも劣らないイヌイトの在来知を環境開発や環境管理の現場で活用する必要性を強調することで（Freeman 1985）、欧米の主流社会の環境開発と環境管理のあり方に異議を申し立てるイヌイトの先住民運動に理論的な基盤を提供してきた。野生生物資源管理や環境開発計画、環境アセスメントのために行われる調査と分析と政策決定の全過程に、イヌイトが国家や地方自治体の行政組織と対等な立場で参加する共同管理制度（Co-Management regium）が一九八〇年代から極北圏で次々と実現されていったが、その実現の背景にはフリーマンをはじめとする在来知研究を推しすすめてきた極北人類学者たちの尽力があった(48)。

また、在来知研究は、イヌイトが生業活動を自由に行う権利として主張する生業権が経済的に必要な権利であるのみならず、イヌイトの社会の存続に不可欠な権利であることも指摘してきた（Brody 1976; Fienup-Riordan 1990a; Freeman 1985, 1993, 1997; Wenzel 1991）。今日のイヌイト社会では、急激な社会・文化の変化の結果、食料獲得の手段としての生業活動の重要性はたしかに下がっている。しかし、在来知研究が明らかにしてきたように、イヌイトの生業活動はその活動を通して獲得されるカロリー量や効率性に還元できるような単なる経済活動ではない。生業活動はさまざまな動植物のイヌア種社会と互恵的関係を交わす社交の活動でもあり、生業活動を通してさまざまな野生生物と関係を交わしながら「大地」との絆を維持することの重要性は、今日のイヌイト社会でも変わっていない。このことを明らかにすることで、在来知研究はイヌイトが主張する生業権の正当性を支えたのである。

さらに在来知研究は、イヌイトが主張する土地権には、欧米近代の法的基準ではとらえることができない側面があることも明らかにしてきた（Fienup-Riordan 1990a）。欧米近代社会における土地の所有権や利用権や管理権は、人間を頂点とするヒエラルキーで世界を理解する欧米近代のパラダイムを前提としており、ある人間や人間集団がある特定の土地を経済的目的のために物理的に占有あるいは共有する物理的で経済的な権利である。他方で、イヌイトのパラダイムでは、「大地」はイヌア種社会が種社会内関係や種社会間関係を結ぶ舞台、すなわち巨大な社会空間であり、「大地」との絆を維持することは、その社会空間へのイヌイトの参加を維持することを意味している（Brody 1976: 222; Fienup-Riordan 1990a: 183）。したがって、イヌイトが主張する土地権は、その社会空間で展開されるイヌア種社会間関係に参加する権利のことであり、イヌイトが主張してきたのは、そうした社会空間でイヌイトが過去約一〇〇〇年にわたってさまざまなイヌア種社会と交わし合ってきた関係を尊重すべきであるということなのである。

五　本質主義の陥穽——在来知研究の問題点

このように一九七〇年代後半に端を発し、今日でもさかんに行われている在来知研究が、学術的にも政治的にも大きな意味をもっていることに疑いはない。しかし他方で、在来知研究は、イヌイトが在来知という文化を再生産し変化させ創り出しつつあること、すなわち、文化が人間の産物であるという文化分析の第一の契機を忘却していたために、本章の冒頭でみた本質主義的な近代人類学の場合と同じように、イヌイトの在来知をあたかも太古より不変な知識であるかのように凍結することになってしまった。

見失われた知識制作の過程—凍結された「伝統」と共約不可能性の罠

クルプニクとヴァフチン（Krupnik & Vakhtin 1997）は、在来知研究がイヌイトの間で現実に進行しつつある在来知の変化を「真性な」在来知からの逸脱とみなしてしまい、その変化の結果として生じつつある新しい在来知の創造性を見落としてきたと批判している。これまでの在来知の諸研究は、古老や著名な熟練ハンターへのインタビューを通して洗練された真性なイヌイトの在来知を再構成することを主な目的としてきた。そのため、社会・文化の変化のなかで現実に生きている若者たちの間で、在来知がどのように変化しているかについて注意を払ってこなかった。むしろ、そうした若者たちの在来知を古老や熟練ハンターの真性な在来知からの逸脱として無視する傾向にあった。イヌイトの在来知を一貫した整合性のあるパラダイムとして描く過程で、古老や熟練ハンターが語る洗練された「伝統」的な知識に焦点を絞るあまり、古老や熟練ハンターの知識を真正な在来知として「正典」化する一方で、そうした真正な在来知から少しでも逸脱した言説を不完全で不純な知識として排除してしまい、真性な在来知を太古から変化しない知識体系として凍結してしまったのである。

このように在来知を永遠に不変な知識体系に凍結してしまう態度は、在来知が生み出されて維持されたり変化させられたりしてゆく過程のみならず、政治・経済・社会的なコンテキストのもとで意志決定を行うためのシステム全体に在来知が埋め込まれていることを見逃すことにもつながった。その結果、在来知研究は次の二つの問題を引き起こしてしまう。一つには、在来知を近代科学と本質的に異質で相互に理解不可能な知識体系であるかのように描き出し、在来知と近代科学の間の断絶をより深いものとしてしまったことである。もう一つには、共同管理などの意志決定の場で在来知と近代科学を対等に扱うためには、在来知の担い手のイヌイトが欧米の主流社会と対等な立場で権力を共有せねばならないという重要な問題が見失われてしまったことである。

ラトゥール（1999, 2007, 2008）が明らかにしたように、近代科学にあっても在来知にあっても、政治・経済と不

表1－1　近代科学と在来知の相違

近代科学	在来知
定量的	定性的
合理的	直観的
分析的、還元主義的	全体的、コンテキスト依存的
没価値的	倫理的
客観的、実証的	主観的、経験的
厳密で固定的	柔軟
知識の形成と結論に早く至る	知識の形成に時間がかかる
短期的ではあるが空間的には広大な地域をカバーする	空間的に限定された地域での長期間の変化について詳しい
機械論的な説明原理に基づく	精神論的な説明原理に基づく

可分に結びついた社会的なコンテキストのなかで世界をつくりかえたり意志決定を行ったりするシステムを通してはじめて、知識は生み出されて正当化される。どちらも人類に共通の能力に基づいてはいるが、その知識が制作される目的と過程が異なるために、それぞれに制作されてくる知識が異なるかたちをとるようになるのであって、両者の違いは相互に理解不可能な絶対的な違いではない。しかし、在来知研究では、近代科学と在来知のそれぞれが異なるかたちをとるようになってゆく過程が見過ごされてきたため、両者の間に乗り越えがたい違いがあるかのように描かれてしまうことになった。在来知と近代科学の差異を相互に排除しあう認識論的なパラダイムの絶対的な差異に還元してしまうという思わぬ落とし穴に陥ってしまったのである。

その結果、相対主義的な視点にたってイヌイトの在来知が近代科学と異質ではあるが対等なパラダイムであることを強調すればするほど、文化相対主義のジレンマと同じように（浜本 1985, 1996; 松田 1997; 小田 1997; 箭内 1994など）、異質なパラダイムの相互理解は不可能であるとする共約不可能性の罠にはまり込んでゆくことになってしまう。たとえば、これまでの在来知研究では、在来知は不変に凍結したパラダイムであるという前提にたったうえで、在来知と近代科学が対照的に描き出されてきたため、在来知と近代科学の対照性ばかりが強調される傾向にあった。ベルケス（Berkes 1993）やフェイト（Feit 1988）、フリーマン（Freeman 1985, 1993）、ガンら（Gunn et al. 1988）、ラロンド（Lalonde 1993）、タンナー（Tanner 1979）、ステヴェンソン（Stevenson 1996）、ウォルフら（Wolfe et al. 1992）は、これまでにさまざまな地域で行われた在来知研究に基づいて、在来知と近代科学の相違を表1－1のようにまとめている。

このように対照的な特性を示す相互に排他的な知識体系であるということが前提になってしまえば、近代科学のパラダイムと対等なパラダイムとしてイヌイトの在来知の独自性と正当性を強調すればするほど、イヌイトの在来知と近代科学の間の溝を深めることになってしまう。異なるパラダイムは「相互に独立して完結した発想と概念枠組をもっており、両者を通分するような共通の論理はない」（松田 1997: 207）という共約不可能性の問題が引き起こされてしまい、在来知と近代科学が相互に理解し合うことの難しさばかりが強調されることになってしまったのである。(49)

もちろん、在来知と近代科学が結果として相反する異質なかたちをとること自体は事実である。問題なのは、それぞれの担い手がそれぞれの知識体系を制作して維持している主体としてではなく、それぞれの知識体系に受動的に型取られる客体としてばかりとらえられてしまっている点である。たしかに在来知にも近代科学にも、それぞれの担い手が世界を認識して理解するあり方を型取る認識論的なパラダイムとしての側面はある。しかし、それぞれの知識はそれぞれの担い手によって制作されて維持されたり変化させられたりすることもたしかであり、それぞれの担い手の働きかけを超えているわけではない。その意味で、在来知と近代科学のどちらも、それぞれの担い手が既存の知識体系の認識論的なパラダイムに影響されつつも、それぞれの目的のために、それぞれの政治・経済・社会的なコンテキストのなかで、それぞれの知識を制作して維持したり変化させたりする循環的なシステムとして考えられねばならない。

しかし、在来知研究では、在来知の変化を真性な在来知からの逸脱とみなしてきたことに明らかなように、在来知についても近代科学についても、それぞれの知識がそれぞれの担い手によって制作されて維持されたり変化させられたりする過程が見失われ、知識の担い手の働きかけを超えてその世界の認識と理解のあり方を型取る認識論的なパラダイムとしての側面ばかりが強調されてきてしまった。そのため、在来知と近代科学がそれぞれにとるかたちの違いがそれぞれの担い手の知識制作の結果ではなく、それぞれの担い手の世界理解のあり方を型嵌《は》めする原因とされてしまい、あたかもイヌイトが合理的でも分析的でも客観的でもないかのように描くことになってしまった。もちろん、これから本書で示すように、イヌイトは合理的で分析的で客観的である。イヌイトの在来知の近代科学との対照的な特徴はイヌイトの知識制作の結果として生じるにすぎず、そうした特徴の背後には、今日のイヌイト社会をめぐる政治・経済・社会的な権力関係がある。

さらに悪いことに、この知識制作の過程が見失われてしまった結果、意志決定の場など、近代科学と在来知が相互に作用し合う具体的な場で両者の関係を調整する際に欠かすことのできない重要な問題が見過ごされることになった。在来知も近代科学もそれぞれの担い手がそれぞれの目的のために制作して維持したり変化させたりする知識であり、知識の制作は世界を知るという純粋に知的な目的のためだけに行われるのではない。何らかの状況に対して意志決定を行うためのシステム全体に知識制作は常に組み込まれている。したがって、次のベルケスのことばにあるように、この二つの知識を共同管理のような意志決定の場で対等に扱うということは、それぞれの担い手がそれぞれの政治・経済・社会的なコンテキストのなかで意志決定を行いながら、それぞれの知識を制作して維持したり変化させたりするシステムの全体を相互に尊重し合い、それぞれのシステムの担い手が意志決定の場で権力を対等に分かち合うことのはずである。

かつては、西欧の科学だけが生物学的で生態学的な洞察、すなわち、資源管理や自然保全、開発プラン、環境アセスメントの基礎となる知識を提供してきた。伝統的な生態学的知識［在来知］をこうした領域に応用する段階について考えてみるならば、先住民とその先住民が保持している知識も以上にあげた諸分野に何らかの貢献をするに違いないと言ってもよいであろう。しかし、そうであるからと言って、伝統的な知識はあくまで西欧の科学と相互に補い合う相補的関係にあるのであって、西欧科学に取って代わるわけではない。しかし、いったいどのような伝統的な生態学的知識［在来知］がそうした諸領域に貢献することができるのだろうか、そして、どのように伝統的な生態学的知識［在来知］を運用するべきなのだろうか。また、どのようにすれば、科学的知識と伝統的な生態学的知識［在来知］を統合することができるのだろうか、あるいはまず何よりも、そうした統合は望ましいのだろうか。このような問題が依然として残されている。異なった世界観に根ざしており、背後にある政治力の基盤が対等ではないため、これら二つの知識体系を結びつけることは決して容易なことではない。この二つのシステムを統合する真剣な試みは、必然的に意志決定の場において［これら二つのシステムの保持者たちが］いかに権力を共有してゆくべきなのかという問題に直面することになる。（Berkes 1993: 6.［　］は筆者加筆）

しかし、在来知の諸研究は近代科学と在来知をあくまでも認識論的なパラダイムとしてとらえ、それぞれの知識が意志決定のために制作されて維持されたり変化させられたりするシステムの全体をとらえ損なってきた。その結果、在来知をもう一つのパラダイムとして尊重する機運をもたらしつつも、意志決定の場で在来知を近代科学と対等に扱うために不可欠な問題、すなわち、在来知の担い手が近代科学の担い手と対等な権力を共有するためにはどうすればよいかという問題を見過ごすことになってしまったのである。

共同管理制度で噴出する問題

こうした在来知研究の問題点が具体的なかたちで表面化しているのは、皮肉なことに、その在来知研究が実現のために努力した共同管理の現場である。

一九八〇年代後半以来、近代科学に従って展開されてきた環境開発が深刻な環境汚染を誘発するなど、欧米近代の知のシステムが綻びをみせるなか、近代科学に対して欧米の主流社会が不信感を抱くようになっていたことも追い風になり、在来知の研究者がイヌイトと協力して設立に尽力してきた共同管理制度はカナダ極北圏に急速に普及していった。こうした共同管理制度では、野生生物資源管理や環境開発計画、環境アセスメントのために行われる調査、分析、政策決定の全過程に、イヌイトが国家や地方自治体の行政組織と対等の資格で参加することが保証され、その調査と分析の過程で近代科学とイヌイトの在来知が対等な資格で協力すべきであることがうたわれている。しかし、実際に共同管理制度が運営されるようになると、その問題点が明らかになりはじめる。在来知に精通しているイヌイトのハンターと科学者が協力する態勢が整備され、一見するとそうした態勢が機能し、理想的な状況にあるようにみえる共同管理制度でも、その理想的状況はあくまで形式的な外観だけであることが明らかとなっていった（Collings 1997; Freeman 1985, 1997; Hensel & Morrow 1998; Morrow & Hensel 1992）。実際には、イヌイトのハンターの意見が黙殺され、科学者の独断で環境管理が進められる場合が少なくなかったのである。

たとえば、コリングス（Collings 1997）によれば、一九九二年にカナダのホルマン（Holma）周辺地域で発生したカリブーの個体数の減少をめぐって一九九〇年代半ばに展開された共同管理では、調査・分析と政策決定の全過程にイヌイトが参加する理想的な共同管理が実現されているようにみえながら、在来知に基づくイヌイトの意見は事実上黙殺され、科学者の独断によってカリブーの禁猟が決定されたという。その会議では、長年の詳細な観察とイヌアのルート・メタファーに基づいて、ホルマン近隣地域でのカリブーの個体数の減少について、その地域へのジャコウウシの進出を嫌ったカリブーの群が他地域へ移動したためであると説明するイヌイトの意見は、事実上無視された。共同管理に参加した行政官や生態生物学者は、イヌイトの熟練ハンターに型通りのインタビューを行っただけで、その意見に耳を傾けることなく、近代科学の基準で行われた航空機観測や統計調査、科学的推論の結果に従って、カリブーの減少をイヌイトの乱獲によるものと判定したのである。

その結果、カリブーの増加が認められるまでイヌイトのカリブー猟を禁止することが、イヌイトと準州政府の行政官と科学者が参加する会議で決定された。イヌイトの熟練ハンターの多くはこの決定に不服であり、自分たちの意見が科学者から相手にされなかったことに抗議する意味で、その会議をボイコットしていた。しかし、そうした反対派のハンター以外のイヌイトが参加することで、会議は成立してしまった。一見すると調査と分析と政策決定の全過程にイヌイトが参加している理想的な共同管理のようにみえながらも、その会議での禁猟の決定はイヌイトのハンターの意見を封じ込めてなされたのである。この禁猟の決定はイヌイトの熟練ハンターと科学者の間に不信の種を植え込み、イヌイトの間では、イヌイトの生業活動離れをうながして同化しようとする政府の陰謀ではないかとする噂まで流れたという（Collings 1997: 50）。

また、一九九一年にアラスカのクスコクウィム（Kuskokwim）川でのサケ漁を禁止するかどうかをめぐって展開されたユッピクと科学者と行政官の交渉について、その会議の記録を会話分析の手法によって分析したモローとヘンセル（Morrow & Hensel 1992）は、イヌイトの発言が近代科学の基準から逸脱していることを根拠にいかに排除されていくのかについて検証している。こうした環境管理や環境開発をめぐる交渉の場では、近代科学の基準に従った術語や話法や論理が尊重され、科学者の報告が信頼されるのに対して、在来知に従った術語や話法や論理で語る古老には型通りの発言の機会が与えられるだけで、その発言が政策決定に影響を与えることはほとんどないという。

この会議では、ユッピクの古老はクスコクウィム川流域の広大な地域についての詳細な情報と、イヌアのルート・メタファーに基づいて、サケの分布地域や移動パターンを説明した。そして、この流域で報告されているサケの減少はサケの移動ルートが変わったためであって、サケの個体数が減ったからではなく、いずれまたサケはこの流域に戻ってくると主張した。しかし、行政官たちはこの古老の発言を溜息混じりに聞き流してしまう。他方で、数年間の定点観測という限定された地域と時間で実施された科学的調査の定量的な報告には熱心に耳を傾けた。そして、サケの個体数が減っているのでイヌイトのサケ漁は一時的に禁止されるべきであるという科学者の勧告が、そのまま採用されることになった。

こうした事例は、欧米の主流社会が在来知に対して敬意を払っているかのようによそおいつつも、その実は、近代科学の基礎となっている経験実証性と客観性の基準を盾に、環境開発や環境管理の主導権を保持しつづけようとしていることを端的に示している（Bielawski 1996; Collings 1997; Freeman 1985, 1997）。近代科学と在来知が対等な立場で協力し合う制度として考案された共同管理制度の場においてさえ、近代科学が政策決定の正当な根拠を提示する立場を独占し、イヌイトの在来知は依然として排除されているのである。政策決定に影響を及ぼすのはあくまで近代科学の分析結果であり、イヌイトの在来知はよくても単に近代科学にデータを提供するにすぎず、在来知に基づく見解がそのままのかたちで政策決定の根拠として認められることはほとんどない。たとえイヌイトの在来知に従った主張が認められることがあったとしても、その主張には近代科学による経験実証的で客観的な立証が常に要求される。政策決定の場では依然として近代科学が主導権を握りつづけているのである。

もちろん、在来知の諸研究がさかんに行われている今日では、環境管理や環境開発にかかわる行政官や科学者も、イヌイトが自然環境について精確な知識をもっていることを知らないわけではない。極北圏で自然科学的な調査を行っている科学者を対象に一九八九年から一九九一年にかけて調査を行ったビエラウスキー（Bielawski 1996）によれば、生物生態学者をはじめとする自然科学者の大部分は、イヌイトの在来知が自己の研究と関係があり、場合によっては有用であることを認めている。また、「我々の任務は伝統的な知識と科学を統合することである」（De Cotret 1991: 8 : Bielawski 1996: 217より引用）というカナダ環境大臣の発言にみられるように、一九九〇年代にはイヌイトの在来知を近代科学に統合することの重要性が認識されるようになってきた。しかし、大部分の科学者はイヌイトと共同研究を行うどころか、接触したことすらなく、極北の生態環境についてイヌイトに教示を仰ぐことは皆無に近かったと報告されている（Bielawski 1996）。

本質主義の陥穽──在来知研究の問題点

このような現状、すなわち、共同管理の場においてもイヌイトの在来知が排除され、近代科学の一極支配がつづいている状況の背景にあるのは、この二つをあくまで認識論的なパラダイムとして描いてきた在来知研究の視点である。

意志決定の場で在来知と近代科学を統合するということは、この二つのパラダイムを一つにまとめるということではなく、先に検討したように、それぞれの知識が制作されるシステム全体を相互に尊重し合い、それぞれの知識制作のシステムの担い手が対等な権力を共有することのはずである。その意味で、意志決定の場で在来知と近代科学を統合するために必要なのは、これら二つの知識制作のシステムの担い手をめぐる政治・経済・社会的な権力関係に焦点をあてることである。しかし、アグラワル（Agrawal 1995）が批判しているように、在来知研究はこの二つの知識をその政治・経済・社会的なコンテキストから切り離し、純粋に認識論的なパラダイムであるかのように描き出すことで、在来知の担い手と近代科学の担い手をめぐる政治・経済・社会的な権力関係を覆い隠してしまった。その結果、意志決定の場で先住民が欧米の主流社会と同等な権力を確保するためにはどうすればよいのかという問題から目がそらされてしまったのである。

しかも、さらに悪いことに、在来知研究は在来知を不変に凍結したパラダイムとして描くことで、科学者や行政官に在来知を無視する口実を与えてしまうことにもなった。コリングス（Collings 1997）は、共同管理に参加している多くの科学者や行政官がイヌイトの在来知になかなか耳を傾けようとしない理由の一つとして、次のような科学者や行政官の偏見をあげている。彼らの目には、イヌイトの在来知は一九六〇年代以来の社会・文化の急激な変化の結果として消滅しつつあり、高性能ライフルやスノーモービルなどによって高度に機械化され、人口の増加や資本制経済の導入などによって複雑化した現在のイヌイト社会では効果を発揮しない時代遅れの知識体系のように映る。そして、多くの科学者や行政官は、過去の遺物として消えつつある在来知の代わりに、イヌイトに近代科学を習得させるべきであり、共同管理を成功させるための最低限の条件は、イヌイトのハンターが十分に訓練された科学者になることであると考えているのである（Collings 1997: 51）。

また、このように在来知が急速に消滅しつつあるとみなす偏見は、イヌイトが先住民権の根拠として主張する「大地」との絆は「かつて」のような実質的な基盤を失った政治的レトリックにすぎないとする批判につながってゆく（スチュアート 1996; Wenzel 1991）。在来知を失ってしまった今日のイヌイトにとって生業活動は単なる娯楽にすぎず、生業活動を通して経験される「大地」との一体化という言説には、在来知に裏づけられた真正さが欠けており、そうした言説は表面的な虚構もしくは政治的レトリックにすぎないと決めつけられるまでになってしまった。こうした科学者や行政官の偏見に対して、在来知研究はその偏見を助長こそすれ、有効な反論を展開することができなかった。イヌイトの在来知を変化のない凍結した知識体系として描き、一九六〇年代以来の社会・文化の変化の結果、次第に失われつつあるかのように描いてきたのは、在来知研究自身だったからである。

こうした問題を引き起こしている在来知研究の理論的前提こそ、ポストモダン人類学とポストコロニアル人類学によって批判されてきた本質主義に他ならない。本章の冒頭で検討したように、文化分析の第一の契機を忘却することで、人々の働きかけを超えた第二の本能であるかのように永遠に凍結した不変のパラダイムとして文化を描き、そこからの逸脱を民族の本質の喪失として描いてきた近代人類学の理論的前提が本質主義だった。その本質主義の場合と同様に、在来知研究では、イヌイトが在来知を再生産し変化させ創り出しつつあること、すなわち、在来知という文化が人間の産物であるという文化分析の第一の契機が忘却されてきた。その結果、古老や熟練ハンターの語る在来知が正典化されて固定されてしまい、太古から不変に凍結した在来知が一九六〇年代以来の社会・文化の急激な変化の過程で消滅しつつあるかのように描かれることになってしまったのである。

また、この文化分析の第一の契機の忘却は、イヌイトの在来知も近代科学も、それぞれの担い手によってそれぞれの知識制作のシステムで制作された結果であるという事実の忘却にもつながった。その結果、意志決定の場でイヌイトの在来知と近代科学を統合することはそれぞれの担い手が対等な権力を共有することであり、その実現のためには、この二つの知識制作のシステムの担い手をめぐる政治・経済・社会的な権力関係に目を向けねばならないということが見失われてしまった。たしかに在来知研究はイヌイトの在来知を尊重する機運を盛り上げた。しかし、そこで尊重されたのは、在来知の担い手として今このときを生きているイヌイトでも、そのイヌイトが今このときに在来知を制作して維持したり変化させたりしている知識制作のシステムのダイナミズムでもなく、在来知研究が永遠に不変な認識論的パラダイムとして凍結してしまった抽象的な知識体系にすぎなかった。

こうして在来知研究は図らずもイヌイトを在来知という凍結したパラダイムに縛りつけつつ、意志決定の場でイヌイトが欧米の主流社会と実質的な権力を共有するチャンスを阻害してしまうことになった。たしかにイヌイトの在来知は近代科学と並ぶもう一つのパラダイムとして尊重されはする。しかし、そこで尊重される在来知は太古から不変に凍結したパラダイムであり、もはや時代遅れで、現在失われつつある過去の遺物にすぎない。今日の状況に合わせて在来知を変化させてゆきたくても、その変化は真性な在来知からの逸脱とみなされてしまい、むしろ在来知の喪失の証拠とされてしまう。イヌイトが真性な在来知を主張すれば時代遅れとされ、今日の時代状況に合わせて在来知を変化させようとすれば、真性な在来知からの逸脱とみなされてしまい、事実上、イヌイトは凍結した過去の真性な在来知に縛られて立ち往生する他にない。しかも、時代遅れな知識とされるにせよ、真性な在来知からの逸脱とみなされるにせよ、どちらに転んでも、意志決定の場でイヌイトが主張することに正当な根拠が認められることにはならない。

こうした状況こそ、本章の冒頭で検討したアイデンティティの政治という支配と管理の装置に好都合な状況であると言えよう。ひとたびイヌイトの在来知が太古から不変の知識体系として凍結されてしまえば、その凍結した在来知にイヌイトが自らすすんで自己同一化しようとすればするほど、イヌイトは自らに対して、時代の状況に対応できない懐古主義に陥っているか、真性な在来知から逸脱しているか、これら二つの否定的な判断のどちらか一方を下すしかなくなる。そうなれば、意志決定の場でイヌイトが在来知に基づいた主張を行いにくい状態が生じる。さらに悪いことに、イヌイトの在来知は近代科学とは対照的に合理的でも分析的でも客観的でもないとされるため、その在来知にイヌイトが自己同一化すればするほど、イヌイトは合理的でも分析的でも客観的でもないと自己規定してしまうことになる。しかも、共同管理の現場など、意志決定の場での判断の基準は依然として合理性や客観性のままであるため、イヌイトは自らすすんで意志決定の場にそぐわない者になってしまうことになる。イヌイトの在来知を称揚し、イヌイトが在来知に自己同一化してくれるように仕向けさえすれば、欧米の主流社会は労せずして意志決定の場からイヌイトを閉め出し、支配と管理の対象にすることができるのである。

こうした状況を避け、イヌイトが意志決定の場で欧米の主流社会と対等な権力を共有することができるようにするために必要なのは、知識制作に基づいて意志決定を行うためのシステムとしてイヌイトの在来知をとらえなおすことであろう。在来知が制作されて維持され変えられながら意志決定が行われてゆくシステム全体を明らかにし、そのイヌイトの知識制作のシステムを近代科学という知識制作のシステムと対等な意志決定のシステムとして認めるのである。そのうえで、イヌイトの在来知と近代科学という二つのシステムそれぞれが提出する判断を相互に調整する場として、共同管理制度を整備しなおさねばならない。しかし、在来知研究には、こうした道に踏み出す余地が残されていなかった。在来知研究は在来知も近代科学もあくまで認識論的なパラダイムであるととらえてしまい、知識制作に基づいた意志決定のシステムとして考えてこなかったからである。この意味で、相対主義的な視点を提示してイヌイトの在来知を復権した在来知研究も、本質主義的な近代人類学と同様に、イヌイトを固定的なカテゴリーに縛りつけて管理するアイデンティティの政治に、民族誌という表象を通して結果的に荷担してきたという誹りを免れることはできない。

六　極北人類学の功罪――「もう一つのパラダイム」という名の神話

本章では、極北の先住民であるイヌイトについて概観するとともに、前世紀後半から今日にいたる極北人類学の学史のなかで、イヌイトの知識と世界観がどのように扱われてきたかを振り返り、その成果と問題点について検討してきた。

イヌイトの知識と世界観に関する本格的な研究をはじめ、その知識と世界観が人類の普遍的な認知構造を基礎に、近代科学とは異なる原理に基づいて構築されていることをはじめて明らかにしたのは、民族科学研究であった。しかし、民族科学研究はイヌイトの知識と世界観を自文化中心主義的で普遍主義的な視点から裁断して評価してしまう傾向が強く、近代科学と肩を並べる知的所産としてその正当性を認めることはなかった。欧米近代の「科学／非科学（宗教、呪術、迷信）」や「自然／人間（社会、文化）」、「自然／超自然」などの民俗分類や合理性の価値観に基づいて、イヌイトの知識と世界観は合理的で客観的な「民族科学」と非合理的で主観的な「宗教」に分割され、そのうちの民族科学だけが研究の対象とされた。そのうえで、イヌイトの民族科学は極北の環境へのイヌイトの生態適応を支えるために開発されてきた知的な「前適応」の手段とされたため、いつまでも実用性と具体性に縛られたまま近代科学になり損なった「未開の科学」として描かれることになってしまった。

こうした民族科学研究の自文化中心主義的で普遍主義的な視点を修正し、欧米近代の世界観や価値観を保留してイヌイトの視点に寄り添った分析を打ち出したのが、一九七〇年代後半以来、今日までさかんに行われている在来知研究である。イヌイトの在来知を近代科学のパラダイムに還元することなく、イヌイトの視点から十全に理解しようとする相対主義的な視点の登場である。この在来知研究は、イヌイトの在来知が「民族科学」と「宗教」に分けることができない世界理解のための一貫したパラダイムであり、近代科学と異質ではあるが、説明力や妥当性の点で近代科学に引けを取らないことを明らかにしてきた。そして、欧米近代の二元論的な世界観と価値観に無反省に従っていた従来の極北人類学の研究では説明することが難しかった現象に、一貫した説明を与えることに成功した。また、そうした学術的な成果に加えて、在来知研究はイヌイトの知識と世界観の正当性を実証的に明らかにすることで、その知識と世界観に基づいて自らに固有の権利を主張するイヌイトの先住民運動に知的基盤を提供することになった。

しかし、こうした貴重な成果をあげながらも、在来知の諸研究は、イヌイトが在来知を再生産し変化させ創り出しつつあること、すなわち、在来知という文化が人間の産物であるという文化分析の第一の契機を忘却していたために、本質主義的な近代人類学と同様、あたかも太古から永遠に不変であるかのようにイヌイトの在来知を凍結することになってしまった。たしかに、イヌイトの在来知をイヌイトの視点に寄り添って理解しようとする相対主義的な分析は、イヌイトが在来知に基づいて主張する先住民権の正当性を立証してきた。しかし、この相対主義的な立場から明らかにされたのは、社会・文化の急激な変化の影響下にある若者の在来知を排除し、古老や熟練ハンターが語る在来知のみに焦点を合わせることによって再構成された真正な在来知であって、今このときを生きているイヌイトの在来知の現実ではなかった。

こうして在来知研究は、真正な在来知が失われつつある現在のイヌイト社会では、イヌイトが先住民権の回復のために主張する「大地」との絆は、実質的な知的基盤に欠けた政治的なレトリックにすぎないという批判に反論することができなくなってしまった。凍結した真性な在来知には変化の余地がはじめから排除されているため、政治・経済・社会的な環境の変化に合わせてイヌイトが在来知のあり方を創造的に変革しながら柔軟に更新してゆく姿をとらえることができなくなってしまっていたのである。しかも、このように在来知を凍結してしまうことは、意志決定を行うためのシステム全体に在来知が埋め込まれていることを見逃すことにもつながった。イヌイトが在来知を制作して維持し変えながら意志決定を行ってゆくシステムの全体が見失われてしまい、在来知はイヌイトの働きかけを超えてイヌイトの世界認識と理解を型取る認識論的なパラダイムであるかのように描かれるようになってしまったのである。

その結果、在来知研究は次の二つの問題を引き起こしてしまった。一つには、在来知と近代科学の違いはそれぞれのシステムで知識が制作された結果にすぎず、どちらも人類に共通の能力に基づいていることが見失われてしまい、その差異が共約不可能で相互に理解不可能な認識論的パラダイムの絶対的な差異に還元されてしまったことである。そのため、在来知と近代科学の間の断絶が深められてしまっただけでなく、あたかもイヌイトが合理的でも分析的でも客観的でもないかのように描かれてしまい、依然として合理性や客観性を判断の基準としている共同管理の意志決定の場からイヌイトを閉め出す口実が生み出されてしまった。そして、もう一つには、共同管理などの意志決定の場で在来知と近代科学を対等に扱うためには、イヌイトが欧米の主流社会と対等な立場で権力を共有せねばならないという重要な問題が見失われてしまったことである。在来知研究は近代科学と在来知をあくまでも認識論的なパラダイムとしてとらえ、それぞれの知識が意志決定のために制作されてゆくシステムの全体をとらえ損なってきたため、それぞれの知識が対等に扱われるということは、それぞれの知識を生み出すシステムの担い手が対等に扱われることであるということを見逃してしまった。

したがって、在来知研究は今このときを生きているイヌイトの現実を見えなくしてしまう「もう一つのパラダイムとしての在来知」という神話を生み出すことで、近代科学とは永遠に異質で太古から不変に凍結された在来知にイヌイトを縛りつけ、イヌイトが共同管理の意志決定の場で欧米の主流社会と対等に権力を共有するチャンスを結果として阻み、アイデンティティの政治によって支配され管理される素地をつくってしまったと言えるだろう。近代科学になり損なった「未開の科学」という民族科学研究の偏見を正し、イヌイトの在来知を近代科学と肩を並べる対等な「もう一つのパラダイム」として認めながらも、イヌイトが在来知を再生産し変化させ創り出しつつあることを忘却していたために、本質主義的な近代人類学と同様に、イヌイトの在来知を「もう一つのパラダイム」という名のもとに「民族」の本質として凍結し、その凍結されたパラダイムにイヌイトを縛りつけてしまったのである。「未開の科学」という名の神話は葬られても、その代わりに「もう一つのパラダイム」としての在来知という新しい神話が生み出されてしまったのである。

第二章　交差点としての民族誌──文化の綜合的分析へむけて

古典的な観点では、文化は一貫性のあるパターンからなる完結した統一体であるとみなしているが、その観点とは対照的に、文化とはおそらく異なったさまざまな過程がその境界線の内部からも外部からも縦横に行き交う、透過性の高い交差点の連続と捉えることができるだろう。（ロサルド 1998: 36）

重要なのは、頭のなかにある知識の構成が、頭の外である社会的世界と複雑な関わり方をしているということではなくて、どうにも分けることの不可能なあり方で社会的に組織されているということである。（レイヴ 1995: 1）

一　綜合的な文化分析──「伝統」を解凍する鍵

前章では、極北人類学の歴史のなかでイヌイトの知識がどのように扱われてきたかを振り返り、これまでの在来知研究の成果と問題点について検討してきた。そして、これまでの在来知研究がイヌイトの在来知を近代科学と対等な知的所産として認める相対主義的な視点を提示してきた一方で、イヌイトが在来知を再生産し変化させ創り出しつつあることを忘却していたために、在来知を太古より不変な閉じたパラダイムとして凍結してしまった経緯を検討してきた。「文化が人間の産物である」という文化分析の第一の契機を忘却していた本質主義的な近代人類学と同様に、イヌイトの働きかけによって在来知が変化してゆくことを等閑視していたために、在来知を近代科学とは永遠に異質なまま凍結したパラダイムとして神話化してしまい、その神話の陰にイヌイトの未来への可能性を覆い隠してしまったのである。

相対主義的視点の正当性

もちろん、こうした問題が在来知研究にあるとしても、イヌイトの在来知が近代科学とは異質であるという指摘自体が間違っているわけでも、そうした異質な在来知をイヌイトの視点から理解しようとする在来知研究の相対主義的な視点に問題があるわけでもない。そもそも、在来知研究が本格化するきっかけとなったフリーマン指揮下の「イヌイトの土地利用及び居住に関する調査プロジェクト」(Freeman ed. 1976) ではじめて指摘されたイヌイトの在来知の近代科学との異質性は、イヌイトへのインタビューの現場で人類学者がしばしば直面したコミュニケーションのすれ違いという事実に基づいて指摘されたのであって、人類学者が創り出した虚構ではない。

このプロジェクトの報告書では、約八〇ページ (Freeman ed. 1976: 19–100) が調査方法に関する考察に割かれ、そこで方法論上の問題点が検討されている。そして、近代科学の基準に基づいてイヌイトのインフォーマントから在来知を採集して記述しようとした調査者がどのような困難に直面したかが詳細に報告され、その困難がイヌイトの在来知と近代科学の異質性に起因していたことが示されている (Freeman 1976: 47–59)。たとえば、このプロジェクトは次の二つのことを目的に実施されたが、この二つの目的はうまく両立しなかったという (Freeman 1976: 53)。その目的の一つはコンピュータと地図を使ってイヌイトの土地利用のデータ・ベースをエティックに制作することであり、もう一つはイヌイトの土地利用や環境認識のあり方をエミックに把握することだった(50)。しかし、データ・ベース化するためのエティックな基準とイヌイトの知識のエミックな基準がかけ離れていたために、データ・ベース化された情報はイヌイトの在来知の豊かな細部を取り逃がす結果となってしまった。

また、地図とコンピュータによるデータ・ベース化のために特定の動物種を狩るためのテリトリーを確定しようとする人類学者に対して、イヌイトのインフォーマントは実際に自分がその動物をしばしば狩った狭い地点やルートだけを指し示し、人類学者が想定していた一般的なテリトリーの存在を否定することさえしばしばあったという（Freeman 1976: 53–54）。さらに加えて、近代生物学の動物分類とイヌイトの動物分類の基準の違いがインタビューの障害になった（Freeman 1976: 53）。たとえば、アゴヒゲアザラシ猟のテリトリーについての質問は、アゴヒゲアザラシを成長段階ごとに細分化してその段階ごとに異なった猟法をとるイヌイトにとって漠然としすぎており、イヌイトは回答に窮してしまったという。一般に、イヌイトの在来知を欧米近代の生態学の概念に従って組織しなおして記述することは困難であり（Brody 1976: 203–216）、近代科学の基礎である脱コンテキスト化による一般化や法則化は、細部とコンテキストに重点を置くイヌイトの在来知になじまない（Brody 1976: 216）。そのため、人類学者の質問とイヌイトのインフォーマントの回答はうまくかみ合わなかったのである。

したがって、在来知研究が結果的には在来知という名の神話を創り出してしまうことになったのだとしても、イヌイトの在来知が人類学者の前提とする近代科学とは異質であるという指摘には十分な実証的根拠があると言える。そして、そうしたイヌイトの知識の異質性をイヌイトの独自性として認め、その異質な知識をイヌイトの視点から理解しようとする在来知研究の相対主義的な視点が妥当であることに疑いはない。少なくとも、前章で検討したように、イヌイトの知識と世界観を近代科学の基準に従って裁断し、科学になり損なった「未開の科学」に貶めてしまった民族科学研究の自民族中心主義的で普遍主義的な視点に較べれば、在来知研究が打ち出した相対主義的な視点がはるかに適切な視点であることに間違いはないだろう。

文化分析の三つの契機の綜合——本質主義を克服する鍵

むしろ、在来知研究で問題だったのは、前章で明らかにしたように、イヌイトが在来知を再生産し変化させ創り出しつつあることが忘却されていたために、在来知が太古より不変な閉じたパラダイムとして凍結されてしまった点だった。したがって、在来知研究の問題点を解決するために必要なのは、イヌイトの働きかけによって再生産されながら変化してゆくものとして在来知をとらえなおし、イヌイトの働きかけを超えて永遠に不変であるかのように凍結されて神話化されてしまった在来知を解凍することであると言えよう。

しかし、だからと言って、在来知研究のすべてを否定し、これまでとはまったく異なる研究プランを一から立てなおす必要があるわけではない。在来知研究が相対主義的な視点を提示することによって成果をあげたこともたしかであり、その成果はむしろ積極的に評価されるべきである。前章冒頭のバーガーとルックマンのことばで言えば、文化分析の第二と第三の契機に注目し、イヌイトが客観的な現実である在来知によっていかに型取られているかを描き出すこと自体に問題があるわけではない。むしろ、在来知研究の問題点が文化分析の第一の契機を忘却して隠蔽してしまった本質主義にあるからと言って、文化分析の第一の契機を強調するだけでは本質主義を克服することにはならないだろう。第一の契機を強調する一方で他の二つの契機を等閑視してしまえば、そうした文化の分析も本質主義的な近代人類学と同様に歪んだ分析となってしまうからである。

こうしたアンバランスな研究戦略を実際に採ることで人類学の危機をさらに深めてしまったのが、本質主義批判によってその幕を開けたポストモダン人類学だった。ポストモダン人類学は、忘却と隠蔽のメカニズムによって文化を「民族」の「本質」として自然化する本質主義的な人類学へのアンチテーゼとして登場し、本質主義が忘却し隠蔽していた「文化が人間の産物である」という事実に光をあてることで人類学の危機を乗り越えようとしてきた。しかし同時に、文化分析の第二の契機、すなわち「文化が客観的な現実である」という事実を拒絶してしまったため、民族誌の実践を不可能にするだけでなく、あらゆる文化の真正性を社会的に構築された虚構として否定することになってしまい、人類学の危機を乗り越えるどころか、かえって混迷の様相を深めてしまった（小田 1996a, 1996b, 1997; 松田 1996a, 1996b）。

ポストモダン人類学は、人間が生み出したすべての文化は社会にはりめぐらされた権力作用を隠蔽するために社会的に構築された虚構にすぎず、その虚構を現実と思い込むことは単なる錯誤にすぎないとして、文化の客観的な現実性を拒絶してしまう。「民族」というカテゴリーのみならず、子ども、世代、性、家族といった人間分節の基本単位をはじめ、民族の伝承、民族的風俗、民族的制度など、さまざまな社会において先験的で固定的な実在とされているさまざまな文化は、懐疑や意識化を封じ込めてしまう先験的な「自然」を装った固定的なカテゴリーに人々を縛りつけて支配するために、それぞれの社会が近代化されてゆく過程で政治的に捏造されてきた虚構であるとし、文化の現実性をすべて否定してしまったのである。

その結果、ポストモダン人類学は人間の行為に伴う「あらゆる経験、あらゆるエッセンス、あらゆる権力作用を拒絶する歯止めのない虚無」（松田 1996b: 27）に陥ることになる。人々が紡ぎ出すあらゆる文化を政治的な支配と管理のために構築された虚構として解体の対象としてしまい、あらゆる文化の真正性を否定してしまう虚無主義に陥ることになってしまったのである。その結果、文化が客観的に実在するという主張はもちろん、ある特定の文化について記述すること自体が、その文化の背後に隠蔽された権力作用を正当化する反動的で植民地主義的な本質主義として粛正の対象となってしまい、文化を記述する民族誌の実践もそうした植民地主義の権化として否定されてしまった。文化分析の第一の契機に光をあてることによって人類学の危機を乗り越えようとしたポストモダン人類学も、文化分析の第二の契機を拒絶してしまったために、種類が異なっているとはいえ、歪んだ分析になってしまった点では近代人類学と何ら変わりはなかったのである。

したがって、本質主義を克服して在来知研究の問題点を解決するための鍵は、在来知研究の成果を否定することなく、むしろ、その成果に基づいたうえで、イヌイトが在来知に働きかけてゆく過程を分析に組み込み、凍結されてしまっていた在来知を解凍することにあると言えるだろう。前章で触れたクルプニクとヴァフチン（Krupnik & Vakhtin 1997）がすでに主張しているように、イヌイトの間で進行しつつある在来知の変化に注目し、その変化の原動力であるイヌイトの創造力に光をあてることによって、イヌイトが客観的な現実としての在来知に型取られながらも、その在来知を再生産しながら変化させてゆく動的な過程の全体を分析の射程に入れること、つまり、文化分析の三つの契機を綜合することが求められているのである。

それでは、そのためにどのような分析デザインを設計すればよいだろうか。この問題については、実践の理論をはじめ、近代人類学の本質主義の克服を目指した人類学者たちが検討を重ねてきた。そして、文化分析の三つの契機を綜合し、文化と個人が交わすダイナミックな相互作用の全体を把握するための分析デザインが提案されている。ここでは、こうした試みのなかでも、日常的実践のなかでの認知の問題をとりあげたレイヴ（1995［1988］）の研究デザインに注目し、その研究デザインを検討することでイヌイトと在来知の相互作用を綜合的に把握するための分析デザインを考えてゆこう。

二　日常的実践のダイナミズム——実践の理論と文化の綜合的分析

一九八〇年代半ば以来、近代人類学が陥った本質主義を克服するために、「文化は人間の産物であり、文化は客観的な現実であり、人間は文化の産物である」という文化分析の三つの契機を綜合することを狙った研究戦略が提示されてきた。こうした研究戦略には、実践の理論をはじめ、戦術的リアリズム、戦略的本質主義、反—反本質主義など、さまざまな立場がある。しかし、これらの立場はいずれも、日常生活の場で個人が展開する実践の創造力に注目し、文化と個人の双方向的な相互作用が実際に絶え間なく生じている日常の生活実践の場に分析の焦点を据えることによって、文化分析の三つの契機を綜合しながら本質主義を克服しようとする点では共通している。

綜合的な文化分析の試み——実践の理論の展開

ブルデューによる『実践の理論の概要（*Outline of a Theory of Practice*）』（Bourdieu 1977）を発端に、一九八〇年代以来さかんになってきた実践の理論（Sahlins 1981; 田辺 2002, 2003; 田辺編 1989; 田辺＆松田編 2002など）は、オートナー（Ortner 1984）が要約しているように、社会構造や文化に束縛された個人が日常的な生活実践のなかで社会構造や文化に対して創造的に働きかけながら、その社会構造や文化を再生産あるいは変化させてゆくという文化分析の三つの契機すべてを射程に入れることによって、一九七〇年代以前の人類学の歪みを是正しようとしてきた(51)。

一九七〇年代以前の人類学では、社会構造や文化は人間の制御を超えた独自の力学をもつ客観的な実在として分析され、その社会構造や文化によって人間がいかに型取られているかについてさかんに研究されてきた。しかし他方で、前章で検討したように、人間の産物としての社会構造や文化が人間によって再生産されながら変化してゆくことについては等閑視されてきた。こうした一九七〇年代以前の人類学の歪み、すなわち、社会構造や文化に対する人間の作用を忘却し、人間からの働きかけを超えて永遠に不変のまま凍結された社会構造や文化が人間を一方的に規定しているかのように描き出してしまった近代人類学の歪みこそ、ポストモダン人類学によって批判された本質主義に他ならない。

こうした近代人類学の本質主義的な歪みを修正するために、実践の理論は近代人類学の成果を否定してしまうのではなく、その成果を認めたうえで、その成果に社会・文化に対する人間の作用に関する分析を加えようとする。その際に実践の理論が注目するのが、日常生活の場で個人が展開する実践の創造力である。客観的な現実としての文化によって規定されつつも、単に文化によって一方的に型取られてしまうだけでなく、文化に対して能動的に働きかけることもできる積極的で創造的な個人が文化と相互作用を交わす場こそ、日常の生活実践の場だからである。

実践の理論が明らかにしてきたように、日常生活のルーティンは「それ自体のなかに、時間的、空間的、社会的秩序に関する基本的概念を含んでおり、それが全体としての［社会・文化］体系の基礎をなし、組織している」（Ortner 1984: 154）。そのため、日常生活のルーティンを実践することによって、社会のなかの個人は社会構造や文化によって型取られ、社会的規範や価値観を内面化する社会化と文化化を恒常的に経験する。しかし同時に、そのルーティンを実践することで、社会のなかの個人は社会構造や文化を再生産したり（Bourdieu 1977; ブルデュー 1988, 1990など）、そのルーティンの実践に際して生じる「ずれ」を通して社会構造や文化を変化させたりもしている（Sahlins 1981）。この意味で、社会構造や文化による個人の型取りも、個人による社会構造や文化への働きかけも、日常生活でのルーティンの実践に組み込まれている。実践の理論はこうした日常的実践の過程に注目し、社会のなかの個人が日常的なルーティンの実践によって社会構造や文化による型取りを受けると同時に、社会構造や文化を再生産したり変化させたりする過程に焦点をあてるのである。

また、文化分析の第二の契機を本質主義として否定してしまったポストモダン人類学への批判から出発し、一九九〇年代に打ち出されてきた戦術的リアリズム路線（Abu-Lughod 1991; Lavie, Narayan & Rosaldo 1993; 松田 1996a, 1996b, 1997, 2001, 2009; 小田 2001; 杉島編 2001など）や戦略的本質主義（古谷 1996など）などの研究戦略も、実践の理論と同様、文化分析の三つの契機を綜合することによって本質主義を乗り越えようとする（松田 1996b; 小田 1997; 箭内 1994）。これらの立場では、本質主義は否定されるべきものではなく、記述の出発点として戦術的に利用されるべきものであり、日常の生活実践のなかで人々が文化をいかに再生産しながら変化させてゆくかを分析するための出発点となる。「確定した対象を実在するものとして記述することを可能」（松田 1996b: 39）にする本質主義的な視点を暫定的に認め、その視点を戦術的に活用することによってまずは文化の記述を行おうとするのである。

そのうえで、これらの立場は、「共有された文化的習慣をある共同体のメンバーが自分たちにとって意味のあるやり方で、内部から変革してゆく活動」（松田 1996b: 40）の創造性に注目する。社会のなかでの個人が「一見すると強力な伝統的表現形式に縛られて活動しているように見えながら、それを自身の都合と状況にあわせて少しずつ工夫しながら変えていく」（松田 1996b: 40）日常の生活実践に焦点をあわせるのである。日常の生活実践こそが、文化に縛られた個人がそのときどきの状況にあわせながら当意即妙に文化に手を加え、少しずつではあっても文化を変えてゆく媒体であり、文化に縛られた個人が自己を縛る文化に作用を与えるもっとも有効な手段に他ならない（Lavie, Narayan & Rosaldo 1993など）。このような意味で、実践の理論と同様、これらの立場は暫定的に本質主義の視点に立って文化の記述を行いながら、その文化に対して人々が及ぼす作用を分析することによって、分析の出発点で暫定的に採った本質主義的な視点を自ら解体する研究戦略であると言える。これらの研究戦略も個人と文化の相互作用の動的な過程の全体を分析の射程に入れることによって本質主義を克服しようとするのである。

このように、実践の理論をはじめ、近代人類学の本質主義を克服するために提示されてきたさまざまな試みでは、一見すると個人を超えた本質として個人を束縛しているようにみえる文化も、個人によって繰り返し再生産されることによってはじめて安定的に存続することが可能な動的な体系としてとらえなおされる。また、一見すると文化に従っているだけにみえる個人も、文化に従いつつその文化を再生産しながら変化させてゆく創造的な主体としてとらえなおされる。こうした意味で、これらの試みでは、永遠に凍結した文化によって一方的に決定づけられているかのように人間を描いてきた本質主義の問題が発展的に解消されていると言えるだろう。

日常の生活実践の実相――スーパーマーケットでの買い物から

こうした研究戦略を採る人類学者のなかでも、日常の生活実践で展開される認知の問題をとりあげたレイヴ（1995）は、認知人類学に潜んでいた本質主義的な理論的前提を批判するとともに、そうした理論的前提を是正するためには、認知人類学の方法に実践の理論を導入することが有効であると論じている。本質主義的な前提のために、認知人類学が文化の変化を説明することも、社会の内部に実際にみられる文化のさまざまな変異を説明することも、個人が文化に及ぼす能動的な作用について説明することもできない「一律主義者のジレンマ」[52]（レイヴ 1995: 18）に陥ってしまった経緯を明らかにし、このジレンマから抜け出すためには、個人と社会・文化システムが日常の生活実践のなかで交わす関係に焦点を合わせる必要があることを示したのである（レイヴ 1995: 1-32, 111-139）。

まず、レイヴは近代人類学の本質主義に該当する理論的前提を「機能主義」[53]と呼び（レイヴ 1995: 11）、この本質主義＝機能主義に従っていた認知人類学が「社会化の過程を受動的なものとして扱い、文化を情報のプールとして、ひとつの世代から次の世代へと正確に伝授されるもの」（レイヴ 1995: 12）ととらえてきたために、一律主義者のジレンマに陥ってしまった経緯を明らかにしている。

レイヴ（1995: 9-20, 130-138）によれば、本質主義＝機能主義的な認知人類学では、社会と個人がそれぞれ自律した分析単位として分離され、社会は「マクロ構造のひとつの集まりがある所であり、そこに生まれた個々の人間が内化すべきひとつの既成事実である」（レイヴ 1995: 11）とされる。そして、「個人は社会化によって規範に支配された社会的役割や実践の行為者として型取りされる」（レイヴ 1995: 131）とされる一方で、社会の変化は進化論的問題であるとして、調査が行われる短い時間幅のなかでは社会は事実上不変な定数とされる。このように個人は社会化の過程を通して社会からの作用を受けるが、社会は不変であるとされているため、個人が社会に働きかけて社会を変化させてゆく余地はない。社会と個人の間には、社会が個人を型取りするという一方向の関係しか想定されておらず、個人から社会への作用は想定されていないからである。しかも、こうした社会による個人の社会化の過程は、その社会に一様に共有されている情報のプールもしくは知識としての文化を内化することですすむとされる（レイヴ 1995: 11-12, 36, 132）。そのため、文化は社会化によって個人に一方的にプログラムされる社会の本質と考えられることになる。

このように文化は不変な社会の本質として社会の成員に共有されるべき情報のプールあるいは知識とみなされて

きたため、文化は個人の制御を超えて個人を一方的に決定づける不変の知識体系として凍結されることになってしまった。本質主義＝機能主義的な認知人類学は、「能動的に社会のなかで行為する者が、特定の時間と空間のなかで、生活している場としての、また同時に形作る対象としての世界に反省的、再帰的に働きかけているという理論を練り上げていくための理論的装置をもっていない」（レイヴ 1995: 12）ために、文化は事実上不変で、社会の成員に一様に共有され、社会の成員を一方的に型取っている固定的な知識体系とみなすようになってしまったのである。こうして本質主義＝機能主義的な認知人類学は、文化の変化を説明することも、社会の内部にみられる文化のさまざまな変異を説明することも、個人が文化に及ぼす作用について説明することもできない一律主義者のジレンマに陥ってしまった（レイヴ 1995: 9–20）。

さらにレイヴ（1995: 143–256）は、こうした理論的な考察に加えて、スーパーマーケットでの買い物やお買い得計算、ダイエットのためのカロリー計算、家庭内での金銭管理など、日常の生活実践を調査することによって、こうした本質主義＝機能主義の理論的前提に実証的な根拠がないことを明らかにする。レイヴによれば、実際の日常的実践の現場では、本質主義＝機能主義が想定していたように、学校教育や家庭内教育などの社会化の過程を通して画一的な文化のプログラムを組み込まれた個人が、そのプログラムに従って行動しているわけではない(54)。

そもそも、スーパーマーケットでの買い物などの日常的実践では、そのときどきの状況が同じであることはないため、日常的実践を行う個人が画一的な文化のプログラムによって行為するという仮定に現実性がない。たとえば、買い物をしている人は、自分が食べたいもの、家族が食べたいものがあり、できることなら、おいしいものやブランド品がよいけれども、自分の収入が一定であり、節約をしなくてはならず、しかも、どのようなかたちであっても、そのスーパーマーケットで売っている品物のなかから、あらかじめ決められた価格の品物を買わなければならないなど、その人が埋め込まれている社会・文化システムによってかたちづくられるジレンマによって動機づけられている。また、同時に、その人の買い物は、前回の夕食はカレーだったから今日の夕食は別の料理にしようとか、前回の買い物で買いすぎて余っているジャガイモをうまく活用できるような買い物をしようとか、その人が以前に行った料理や買い物などによっても動機づけられている。

このように、そのときどきの買い物を動機づけている問題は、その人が以前に行ったことをはじめ、その人の食事に対する価値観、家族の構成、社会的立場、経済状態、スーパーマーケットの販売戦略、スーパーマーケットを成立させている政治・経済構造、商品を文化的に価値づけている記号体系など、その人が埋め込まれているコンテキストのさまざまな要素が複雑に絡み合うことによって生成される。個々の買い物では、買い物をすることによって解決されるべき問題がそれぞれの状況に固有なものとしてそのときどきに構築されるのであり、その動機もコンテキストも一つとして同じであることはない。

そのため、スーパーマーケットで何を買うかは、自分の好きな食べ物は何か、今日の食事は何にするのか、今日の食事は何人分なのか、冷蔵庫の在庫の状態はどうなのか、使える現金はいくらか、買ったものを家まで持ち運べるか、大安売りをしている品物はないかなど、そのときどきによって多様に異なるコンテキストを参照したり利用したりしながら、その買い物を動機づけている矛盾や対立を解消するようなかたちで決められてゆくことになる。その個人はそのときどきの自己をめぐるコンテキストによって生み出された矛盾や対立に動機づけられるとともに、そのコンテキストに臨機応変に対応しつつ、そのコンテキストを利用しながら何を買うかを創造的に決めているのである。

また、「お買い得」であるかどうかを決める場合にも、学校算数の応用問題のように単位当たりに換算したり、以前の経験からの類推によって目分量で決めたり、同じ分量にした場合の価格を比較してみたり、そのときの予算や冷蔵庫の在庫の状態によって決めたりするなど、そのときどきの状況に合った多様な方略がその状況ごとに臨機応変に創り出される。このように、実際に観察される日常的実践では、文化のプログラムを組み込まれた個人がそのプログラムに従って行為しているわけではなく、社会・文化的コンテキストに埋め込まれた個人が、そのコンテキストに孕まれた矛盾や対立に動機づけられ、その矛盾や対立を解決するために、それぞれのコンテキストに臨機応変に対応しながら、そのコンテキストを利用したり、多様な方略を創り出したりしているのである。

もちろん、このように臨機応変で創造的な日常的実践でも、実践主体の個人にはいつもの決まったやり方を実践していると感じられる場合が多い。しかし、レイヴ（1995: 283-288）によれば、いつもの決まったやり方も規範的な文化のプログラムに従った行為ではありえない。実践主体をめぐる状況が同じであることは決してなく、しかも、実践が進行するに伴って「何を買うか」をめぐる問題自体が変化してゆくからである。

たとえば、ある料理の食材を買うことに決めてしまえば、別の料理の食材を買う意味がなくなってしまい、決めた料理に必要だが、不足している食材を探す必要にせまられる。あることをすれば、その活動によって、その活動を動機づけた問題をはじめ、その活動が置かれたコンテキストも変わってしまい、その結果として新たな問題が生じ、さらなる活動が動機づけられる。そのときどきの状況が同じであることはなく、活動が進展するに従って解決すべき問題自体も多様に変化してゆくため、ルーティンの繰り返しのように思われる実践も、実際にはその実践をめぐって刻々と変化してゆく多様な状況に相伴って創造的に構築されている。そうした創造的な実践が決まったルーティンのように感じられるのは、その実践の過程がその実践の当初に個人が抱いた期待から外れていないからであって、プログラムに従っているからではない。

個人と社会・文化の弁証法的関係――綜合的な文化分析の基礎

このように、個人が展開する日常的実践は、本質主義＝機能主義が想定していたように、個人に一方的に内化された情報のプールもしくは知識としての文化に従って展開されているわけではない。むしろ、日常的実践は、それぞれの実践ごとに、一回的なコンテキストのなかで、その実践を動機づける一回的な問題を解決するために、一回的に構築される。しかも、こうした日常的実践を通して、実践主体である個人は多様な方略を生み出し、その実践を動機づけたジレンマを解決するだけでなく、間接的なかたちではあれ、そのコンテキストに働きかけ、そのコンテキストを構成している社会・文化システムを変化させてしまう。たとえば、買い物の実践は、長期的にみれば、スーパーマーケットの販売戦略やスーパーマーケットの社会・経済的位置づけや文化的意味など、社会・文化システムを変えてゆく。スーパーマーケットの販売戦略は買い物客の行動パターンの観察に基づいており、買い物客の行動パターンはスーパーマーケットの販売戦略や社会的位置づけ、文化的意味に影響を与えるからである（レイヴ 1995: 284-285）。

したがって、文化は本質主義＝機能主義が想定していたような個人に内化される知識ではない。文化は、社会構造や政治・経済構造などの社会的に構築された制度とともに社会・文化システムを構成し、社会的に構築された制度との矛盾や対立を通して、個人に一回的な方略を構築しながら日常的実践を展開するように動機づけるとともに、その一回的な方略がそのときどきに構築される際に、その方略を構築するための資源として利用され、さらに、その実践によって間接的な影響を受ける記号体系である。

たとえば、お買い得計算では、記号体系によって文化的に価値づけられた好ましい食べ物を買いたいが、家族の構成や収入の状態などによって使える金額が限られており、また、そのスーパーマーケットで売っている品物の種類にも限りがあり、その品物の値段もあらかじめ決まっているなど、記号体系としての文化、社会構造、政治・経済構造などの社会・文化システムから生み出されるジレンマによって個人は動機づけられる。このジレンマを解決するために、算数という記号体系をはじめ、そのときの予算や自宅の冷蔵庫の状態、大安売りなどのスーパーマーケットの状態を利用しながら、そのときの一回的な方略が構築される。さらに、その方略に基づいて展開される実践によって、そのときどきの状況において好ましい食べ物が選ばれると、その食べ物を価値づけていた文化という記号体系にも間接的な影響が及ぼされることになる。

また、このように文化が社会の本質として個人に内化される知識体系ではない以上、知識も本質主義＝機能主義が想定してきたように、ある特定の社会に共有され、社会化を通して個人に内化される固定的な情報のプールではない。知識は個人が日常的実践に伴って記号体系としての文化を資源に刻々と構築して更新してゆく世界の姿であり、あくまでも個人的で生成的なものである。「知識は事実にもとづく事実の要約ではなく、また、エキスパートとして知っている人は百科事典ではない」（レイヴ 1995: 265）のであり、「知識の特徴は知ることの過程」（レイヴ 1995: 265）にこそある。すなわち、知識の特徴は、「世界との相互的な関係のなかで、意識が活発に関わり合うことであり、そのようにして常に、同時に世界を知ることと変えていくこととに巻き込まれている」（Warren 1984: 67; レイヴ 1995: 265より引用）ことにある。

たとえば、スーパーマーケットについての知識は、それぞれの個人がスーパーマーケットで買い物をしながらスーパーマーケットと関わり合うことによって常に新たに創り出されて更新されてゆく。しかも、買い物の日常的実践は間接的にではあっても社会・文化システムに影響を与えるため、その実践に相伴って生成するスーパーマーケットの知識は、スーパーマーケットを成立させている社会・文化システムを変えてゆくことと連動している。文化と知識は異なるものであり、文化は日常的実践を動機づけるとともに、その日常的実践で利用される社会・文化的コンテキストを構成する一方で、知識は日常的実践の展開に伴って個人が世界と関わりあいながら構築してゆくものなのである。

このように日常的実践の実相を検討することによって、レイヴは社会化の過程を通して知識としての文化が一方的に個人に組み込まれるとする本質主義＝機能主義の理論的前提に実証的な根拠がないことを明らかにし、社会と文化と個人が日常的実践を軸に相互に相互を構成する関係にあることを明らかにした。日常の生活実践で実際に観察されるのは、社会・文化システムと個人が相互に相互を構成しあいながらさまざまな活動を生み出しつつ相伴って変化してゆく過程であって、社会化によって植え込まれた文化のプログラムに従って行動する個人ではない。

たしかに、現実の日常的実践では、社会・文化システムに常に埋め込まれている個人は、その社会・文化システムによって動機づけられ、社会・文化システムに臨機応変に対応したり、社会・文化システムを利用したりすることによってはじめて実践を展開することができる。その意味で、個人は社会・文化システムによって構成されている。しかし、また同時に、社会・文化システムは、間接的にではあっても、個人の実践によって常に影響を受けるという意味で、個人によって構成されている。社会・文化システムと個人は、どちらか一方が他方を決定づけているわけではなく、相互が相互を構成しあいながらさまざまな活動を次々と生み出しつつ展開してゆく動的な関係にあり、「その構成要素が二つのものの相互のつながりにおいてのみ生み出され、存在するようになったときにはじめて成り立つ」（レイヴ 1995: 217）弁証法的関係にあるのである。

レイヴはこうした実証的な根拠に基づいて、実際に展開される日常の生活実践を分析するためには、個人の実践を軸にダイナミックに展開してゆく社会・文化システムと個人の弁証法的な関係として社会と文化と個人の関係を再構築するべきであると論じ、そのために必要な概念の整備と具体的な分析モデルを提示している。こうしたレイヴの提案している研究戦略こそ、「在来知」という名の神話を解体するために必要な研究戦略、つまり、文化分析の三つの契機を綜合するために必要な研究戦略に他ならない。文化の変化を説明することも、社会の内部にみられる文化のさまざまな変異を説明することも、個人が文化に及ぼす能動的な作用について説明することもできない一律主義者のジレンマこそ、イヌイト個人の制御を超えた永遠に不変な知識体系として在来知を凍結してしまった極北人類学の諸研究の問題点だからである。

それでは、レイヴは社会・文化と個人の関係を綜合的に分析するための具体的な方法として、どのような分析モデルを提案しているのだろうか。次に、「在来知」という名の神話を解体し、文化と人間の相互作用のダイナミクスを綜合的に分析するための方法論を考察するために、レイヴが提案している分析モデルについて検討してみよう。

三　レイヴの分析デザイン——社会・文化システムと日常の経験世界

レイヴは本質主義＝機能主義の理論的前提によって引き起こされた一律主義者のジレンマを克服し、日常の生活実践で展開される社会・文化システムと個人のダイナミックな関係を分析できるようにするために、次のような弁証法的関係として社会・文化と個人の関係を再定義している（レイヴ 1995: 143-290）（次ページの図２‐１参照）。

二つの分析レベル——「構成的体制」と「経験された日常世界」

まず、レイヴは、実践主体からみた経験のレベルの違いに応じて、分析モデルの基本となる二つの分析レベルを設定する（レイヴ 1995: 268-272）。その分析レベルの一つは、社会的に構築された客観的な所与の制度として個人の関与が直接には及ばない「構成的体制」である。この構成的体制は、個人に先だって存在し、個人が常にすでに埋め込まれ、個人の実践を動機づけ、その実践によって間接的な作用を受けるが、個人が直接にその全体を把握することも、直接に作用を与えることもできない現実の制度的な側面である。そして、もう一つは、そうした構成的体制に埋め込まれた個人が日常的実践を展開するに伴って主観的に構築する「経験された日常世界」である。この経験された日常世界は個人が直接に経験する世界であり、個人が実際に日常的実践を展開する具体的な場である。このように、構成的体制は現実の客観的で制度的な側面を構成し、日常世界は個人によって生きられた現実の主観的な側面を構成しており、この二つのレベルは実践を展開する個人からみて異なった経験のレベルにあるため、そのそれぞれに対応する分析様式が必要とされるのである[55]。

この二つの分析レベルに基づいて、社会と文化と個人は次のように再定義される（レイヴ 1995: 268-288）。まず、

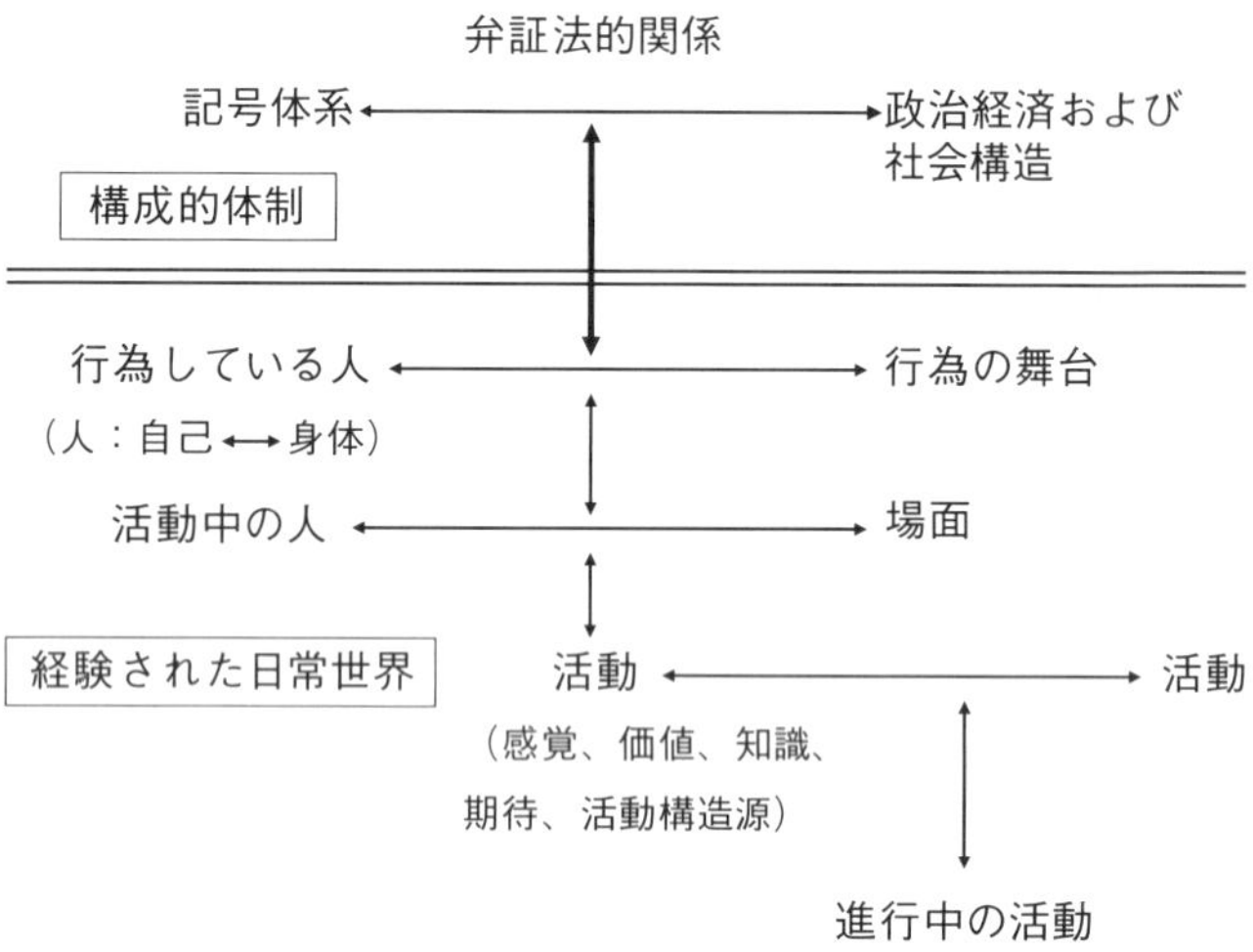

図2－1　レイヴが提案した分析デザイン（弁証法の観点からの実践問題の分析モード）（レイヴ 1995: 271）

従来は社会化によって個人に内化されるべき情報のプールとされてきた文化は、社会的に構築された「記号体系」として定義しなおされる。そして、この記号体系として再定義された文化は、「政治経済および社会構造」としての社会とともに構成的体制の分析レベルにあるとされる。さらに、社会化の過程で一方的、受動的に文化を内化されるとみなされてきた個人は、構成的体制に動機づけられることによって、経験された日常世界で日常的実践を絶え間なく展開し、その日常的実践を通して構成的体制に影響を及ぼす「行為している人」として再定義される。つまり、実践主体である行為している人からみた経験のレベルに応じて、記号体系としての文化と政治経済および社会構造としての社会は構成的体制という分析レベルにあるものとして、他方で、行為している人としての個人は経験された日常世界の分析レベルにあるものとして再定義されるのである。

さらに、このように「記号体系」と「政治経済および社会構造」と「行為している人」として再定義された文化と社会と個人は、構成的体制と経験された日常世界という二つの分析レベルを基礎に、次のような弁証法的関係にあるものとしてとらえなおされる（レイヴ 1995: 268–288）。

構成的体制——「記号体系」と「政治経済および社会構造」の弁証法的関係

まず、構成的体制の分析レベルにおいては、「記号体系」と「政治経済および社会構造」が弁証法的関係にあり、その弁証法的関係から個人の日常的実践を動機づけるさまざまな信念が生成する。構成的体制を構成する記号体系と政治経済および社会構造は、コインの表と裏のように相伴って社会的に構築され、相互が相互を構成しあう弁証法的関係を通して、個人の実践を動機づけるさまざまな信念を生み出す（レイヴ 1995: 269–271）。

たとえば、レイヴ（1995: 180–188, 270）が例にあげているように、学問や学校という制度は、欧米近代社会の記号体系における学問や学校という概念の位置との弁証法的関係を通して、合理性にかかわる信念や価値観をはじめ、専門家は普通の人よりも世界をより正確に理解することができるという信念を生成している。学問や学校が欧米近代社会の政治経済および社会構造のなかで制度化されていなければ、学問や学校という概念は生じない。また、学問や学校という制度は、学問や学校という概念が欧米近代社会の記号体系のなかに位置づけられていなければ、何の意味ももたない。しかも、合理性や専門家にかかわる信念や価値観は、学問や学校が欧米近代社会の政治経済および社会構造のなかで果たしている役割がその記号体系のなかでの学問や学校の意味づけと相伴うことによってはじめて生じる。同様に、欧米近代社会における産業資本制経済の制度も、産業資本制という概念が欧米近代社会の記号体系のなかでもつ意味と相互に相互を構成しあう弁証法的関係を通して、功利主義をはじめとする産業資本制にかかわるさまざまな信念や価値観を生成している。

こうした合理性に対する信念や功利主義にかかわる価値観など、構成的体制で生成されるさまざまな価値観や信念は、それぞれ単独で個人の実践を動機づけるだけでなく、さまざまな信念の間に生じる矛盾や対立によっても個人の実践を動機づける。たとえば、「西欧文化には、お金は、その家庭内での家族の結びつきや良い暮らしを表現したり、創り出したりするために使うという信念がある」（レイヴ 1995: 199）。しかし、こうした信念は、「売買の功利主義的性質を支える価値観や、世界中で広く行われている売り手と買い手の敵対関係と矛盾する。その結果、このことがどのようにして入金、家庭内でのお金の回し方、支出といったことを調整していくかというジレンマを家族のなかに持ち込んでいる」（レイヴ 1995: 199）。構成的体制において生成されるさまざまな信念は、功利主義の信念と家族にとっての金銭の価値に関する信念が矛盾し対立しているように、さまざまな矛盾や対立を引き起こし、その矛盾や対立を通して個人の実践を動機づけるのである。

「行為する人」と「行為の舞台」の弁証法的関係

次に、「経験された日常世界」の分析レベルでは、「行為する人」と「進行中の活動」が次のような複雑な弁証法的関係のなかにあるとされる（図2－1参照）。レイヴがあげているスーパーマーケットで買い物活動をする人を例にすれば、この弁証法的関係は次のようになる（レイヴ 1995: 143-290）。

まず、行為している人が、一部は構成的体制において生成されたさまざまな信念や価値観によって、一部は自分がすでに行った活動によって動機づけられ、ある行為を行おうとすると即座に、その「行為の舞台」が生じる。この行為の舞台は、経験された日常世界のなかで行為している人が、構成的体制における政治経済および社会構造と記号体系の弁証法的関係を翻訳して具体的に実現したものであり、「個という存在の外にあり、しかも個を取り巻き、そのなかで場面が構成される高次の制度的な枠組み」（レイヴ 1995: 224）としてあらわれる。したがって、この行為の舞台は、行為する人が意図する行為の制度的で物理的な制約として行為する人の意図と対立する。

ただし、行為している人は、ある行為を意図した途端に、その行為の舞台との弁証法的関係に入り、行為の舞台と相伴ったかたちで構成されるため、舞台から切り離された自律した自己としてではなく、舞台というコンテキストと相伴ったかたちで構成される。そのため、行為している人と舞台は、身体の表面できっちりと分離されている「自己」と「舞台」の関係としてではなく、「自己」と「身体」と「舞台」とが相互に絡まりあいながら生成する弁証法的関係にあるものとしてあらわれる（図2－1参照）。行為している人は、相互に相互を構成する自己と身体と舞台の弁証法的関係として構成されるのである。また、この行為している人が抱く意図は、構成的体制で生成される信念や価値観によって動機づけられているため、その意図が生じる当初から社会・文化的に価値づけられている。

たとえば、買い物という行為をしている人は、自分が食べたいもの、家族が食べたいものがあり、できればおいしいものやブランド品がよいけれども、自分の収入が一定であり、節約をしなくてはならないなど、構成的体制で生成されたさまざまな信念や価値観によって動機づけられる。また同時に、前回の夕食はカレーだったから今日の夕食は別の料理にしようとか、前回の買い物で買いすぎて余っているジャガイモをうまく活用できるような買い物をしようとかなど、その人が以前に行った料理や買い物によっても動機づけられ、買い物という行為を行おうとする。しかも、たとえば、何をどのくらいどのように買うかという買い物をする人の意図は、その人が常にすでに埋め込まれている構成的体制で生じるさまざまな信念、たとえば、ブランド品が好ましいという信念をはじめ、節約はよいことであるという信念、あるいは、それらの信念の間で生じる矛盾、たとえばブランド品が欲しいけれども節約もしなくてはならないというジレンマなどに動機づけられるため、生成する瞬間から社会・文化的に価値づけられている。

このように買い物をしようとする人の価値づけられた意図が構成されると即座に、スーパーマーケットは買い物という行為の舞台となる。もちろん、行為する人が買い物をしようとしなければ、スーパーマーケットは買い物の舞台とはならない。そして、このように買い物をしようとする人の意図に応じて構成されるスーパーマーケットという舞台は、買い物をするうえで利用される資源となるが、それと同時に、商品に一定の価格が付けられていたり、一定の順番で商品が並べられていたりするなど、買い物をする人が買い物をするうえで従わざるをえない制度的な制約となる。また、このスーパーマーケットという買い物の舞台は、構成的体制における政治経済および社会構造のなかで制度化されているとともに、記号体系としての文化によって意味づけられており、その生成の当初より社会・文化的に構成されたものとしてあらわれる。

ただし、このスーパーマーケットという買い物の舞台は、買い物をしようとしている人から分離可能なものではない。たしかにスーパーマーケットは買い物客がいなくても物理的に実在するが、それは買い物客がそこで買い物をしようと意図してはじめて買い物の舞台となり、買い物という行為の制約かつ資源としてあらわれる。もちろん、長期的にみれば、そもそも、買い物をしようとする人が存在しなければ、スーパーマーケットという物理的実在自体が生まれない。また、スーパーマーケットがなければ、スーパーマーケットで買い物をしようという買い物客の意図も生じないため、買い物をする人もスーパーマーケットという買い物の舞台と切り離せない。このように買い物をする人とスーパーマーケットという買い物の舞台は、相互に相互を構成しあう弁証法的関係にある。

「活動中の人」と「場面」と「活動」の弁証法的関係

さらに、行為している人と行為の舞台との弁証法的関係からただちに、その行為の舞台をうまく利用しながら「期待」を構築する「活動中の人」が構成されるとともに、その期待に応じて即座に「場面」[56]が構成され、同時に、その活動中の人の期待と場面の対立から具体的な個々の「活動」が生み出される。また、この活動中の人と場面の対立による活動の弁証法的な生成に伴って、「感覚」を通して世界が経験され、「知識」が生成されるとともに、ある活動を行なうという決断のかたちで「価値」が生成される（図2－1参照）。

たとえば、買い物をする人と買い物の舞台が弁証法的に構成されるとただちに、買い物をする人はこれからどのように買い物をするかについて期待を構成するとともに、その期待に基づいて買い物の舞台を自分なりに組織化した場面に変換しつつ、期待を実行して活動を生み出す。たとえば、何を買うかをあらかじめ動機づけられた買い物をする人は、その買い物の舞台であるスーパーマーケットにおける商品の陳列の順序と自分の買い物リストを照合し、その商品の陳列の順序をうまく利用しながら、どのような順番で買い物をするかについて期待を構築する。また同時に、そのスーパーマーケットを移動してゆくルートを設定することによって、自分が直接に関与して商品の並べ方を変えることはできないスーパーマーケットという所与の舞台を自分にとってなじみのある場面に変換しながら、買い物活動を展開してゆく。

ただし、①買い物をどのように行なうかという期待、②舞台の場面への変換、③実際の買い物活動は、それぞれに自律した単位として切り離すことはできない。どのように何をどのくらい買うかという期待は、スーパーマーケットを移動する順序の構築と相伴っており、しかも、その期待は活動によって具体化され、その実際の活動によって場面の組織化は影響を受けるからである。期待と場面と活動は相互に相互を構成しあい、相伴って変わってゆく弁証法的関係にある。こうした「期待」と「活動」と「場面」の弁証法的関係は、レイヴが指摘しているわけではないが、認知心理学者が言うところの「予期図式」と「活動」と「知覚」の循環的な関係に該当しており（ナイサー 1978）、期待を予期図式に、活動を探索活動に、場面の構成を対象の知覚に置き換えると理解しやすい（図2-2参照）。

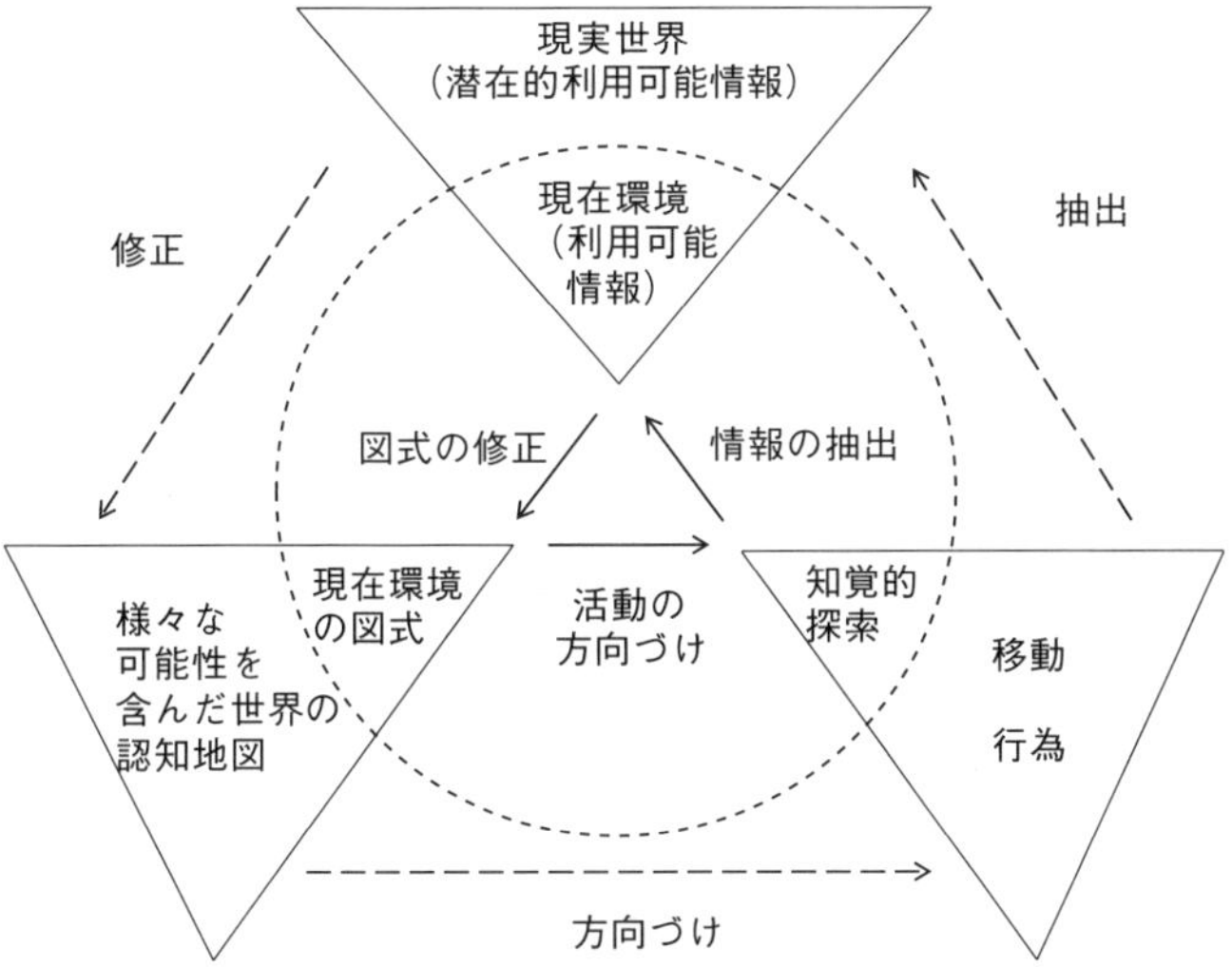

図2-2　知覚循環（認知地図に組み込まれている図式）
（ナイサー 1978: 119）

「見る」というもっとも単純な活動においてさえ、「その時々に知覚者はある種の情報を受け入れる予期状態を構成して」（ナイサー 1978: 20）おり、そうした「他の情報に比べてある特定の情報を選択的に受け入れ、それによって見る活動をコントロールする、いわば準備状態」（同書：20）である予期図式（期待）に従って、「眼や頭、そして身体を動かすことによって、情報を有効なものにするために、積極的に光学的配列を探索」（同書：20）する探索活動を行う。「われわれは探し方を知っているものしか見ることができないので、何が知覚されるかを規定するのは、（現に利用し得る有効な情報とともに）、このような図式である」（同書：20）からである。そして、その「探索の結果はもとの図式を修正」（同書：21）し、「修正された図式は、さらに次の探索を方向付け、さらに多くの情報を取り入れる準備を整え」（同書：21）、さらに「図式―探索―対象―図式―…と続く」（同書：21）「知覚循環」（同書：20-24）が形成される。この予期図式と探索活動と知覚は循環的関係のなかで一体化されており、切り離すことはできない[57]（図2－2参照）。

この知覚循環と同様な過程で、行為している人は舞台のなかで活動することによって、その時々の場面を知覚対象として構築しながら、「何が起こったか、何が起こっているのか、何が起こりそうなのか」（レイヴ 1995: 280）をめぐる期待を次から次へと絶え間なく構築してゆく。この期待はさまざまな活動をその期待の実行というかたちでうながすと同時に、その活動によって修正されて変化してゆく。知覚による場面の構築と同時に構築される期待によって活動がうながされ、その期待が活動として具体化された瞬間に、今度はその活動によって期待が修正を受け、それと同時に、知覚によって構築された場面も修正される。このように期待と活動と場面は、相互に依存する循環的な関係のなかで一体化されている。

こうした弁証法的関係にある期待と場面と活動の循環的な展開のなかで、感覚を通してスーパーマーケットという舞台が直接に経験され、その舞台が場面に変換されることを通してスーパーマーケットに関する知識が構築されながら、「あるものを買う、買わない」という決断を通して価値が生成される。ここで重要なのは、これら「感覚」と「知識」と「価値」は、それらを生成する期待と場面と活動の循環的な過程と分かち難く結びついており、それぞれに自律した要素として切り離すことができないことである。

活動中の人と場面の弁証法的関係から生成し、期待の構成と実行というかたちをとってあらわれる活動は、感覚を通してその時々の日常世界を経験し、その現在の経験と過去の経験を統合しながら知識を構築してゆくことを同時に伴っている。期待の構成と実行としての活動は、行為している人の身体化された自己に記憶として刻み込まれた過去の経験を基礎に、その時々の社会・文化的コンテキストとの弁証法的関係のなかで構築される知識を前提としている。しかし、また同時に、活動の結果として感覚を通して抽出される知覚情報は、その期待の前提となった知識に常に刻々と組み込まれてゆくため、知識は活動に伴う感覚によって常に再構築されてゆく。知ることとは「世界との相互的な関係のなかで、意識が活発に関わり合うことであり、そのようにして常に、同時に世界を知ることと変えていくこととに巻き込まれている」（Warren 1984: 67; レイヴ 1995: 265より引用）ことであり、①期待の構成と実行としての活動、②感覚による世界の経験、③知識の構築は、統合的な認知のプロセスを構成している。

また、このように循環的に統合されている期待と活動と感覚と知識には、価値と感情が常に伴っている。先にみたように、期待の構成と実行としての活動は、活動中の人と場面の弁証法的関係から生み出されるが、この弁証法的関係は行為している人と舞台のレベルを経由した構成的体制との弁証法的関係から生成されるので、その生成の瞬間から常に社会・文化的に価値づけられている。「行為はそれを駆り立て、意味を与える環境のなかで構成されているので、活動とその価値は同時に生成される」（レイヴ 1995: 280）。また、感覚による日常世界の経験と知識の構築も、そうした活動の生成と展開に伴って生じ、その活動と一体化しているので、その生成の瞬間から価値づけられている。「行為における認知というものは、価値を表現したり創り出したりすることから切り離せないので、本質的に感情と融合している」（レイヴ 1995: 275）。

たとえば、買い物の舞台の一部である売場が、スーパーマーケットの販売戦略に従って毎日5時から「大売り出し」用に変わったことがわかれば、その舞台の変化に合わせて、買い物のリストや順路や手順などの期待が変更されながら活動のあり方が変えられてゆき、そのスーパーマーケットに関する知識が変更される。また、そうした「大売り出し」に敏感に反応して期待としての活動を再編成する人もいれば、無視する人もいるが、その反応のあり方それ自体に社会・文化的な価値が含まれている。活動中の人と場面は、相互に相互を構成しあいながら期待とその実行である活動を生みだしてゆく弁証法的関係にあり、その弁証法的関係から生み出される活動は、感覚による経験と知識の構築を伴っているだけでなく、その生成の瞬間から価値づけられているのである。

さらに、このように活動中の人の期待と場面の弁証法的関係によって生成される活動は、その活動が生成される以前から展開されていたいくつかの活動と対立しつつ、それらの諸活動を構造化する「活動構造源」となる。そして、その活動構造源の活動を軸にいくつかの同時進行する諸活動が複合的に束ねられて、「進行中の活動」が組織される（図2－1参照）。たとえば、買い物活動中の人の期待と場面の弁証法から生成された買い物活動は、単独で行われるわけではない。スーパーマーケットで買い物活動を展開中の人は、大売り出しや期間限定販売など、そのときどきのスーパーマーケットという舞台の違いに留意しながら、何かよいものはないかを探したり、知り合いと挨拶したり、ときには知り合いと情報交換したりするなど、いくつかの活動を同時に並行して展開している。そのため、はじめに意図された買い物活動は、同時に進行している諸活動と弁証法的関係に入り、さまざまな諸活動が複合的に統合された進行中の活動に組織される[58]。あらかじめ構築されていた買い物リストに沿って買い物をしながら、旬のものやお買い得なものを探したり、知り合いと情報交換したりするという複合的な活動が展開されるのである。

「経験された日常世界」のダイナミクス

このように諸活動が組織化された進行中の活動が生成された瞬間に、この進行中の活動は活動中の人の期待と場面に影響を及ぼし、新たな期待を構成する活動中の人と場面を生み出す。また同時に、進行中の活動の生成とともに生じる活動中の人と場面の新たな編成によって、行為している人の動機づけにも影響が及び、新たな行為が動機づけられるとともに、その新たな行為の意図に応じて即座に新たな行為の舞台が生成される。進行中の複合的な活動の進行は次々に新たな問題を生みだし、あらかじめ意図された買い物活動に変更を与えてゆくからである。そして、この新たな進行中の活動によって生成された行為している人の新たな意図とその行為の舞台の対立から、ただちに活動中の人の期待と場面が生成され、さらに新たな活動が生み出されるとともに、新たな進行中の活動が編成される。

たとえば、買い物活動中の人が、あらかじめ今日の夕食は豚カツにしようと思っていたが、スーパーマーケットで白身魚の大安売りをしていることがわかった場合、買い物する人は今日の夕食を豚カツにするか白身魚のフライにするかのジレンマに入る。このジレンマはただちに買い物をする人の動機づけに影響を及ぼす。また、豚肉の代わりに白身魚を買うことに決めてしまえば、どのように買い物をするかについての期待が変わってしまう。豚肉の代わりに白身魚を買うことに決めたことによって、今日の夕飯の献立は白身魚のフライに変わってしまい、当初に考えていた豚カツの材料ではなく、白身魚のフライの材料を買うように期待を変更し、それにあわせて場面も変わる。そして、このように進行中の活動によって再編成された①買い物する人の動機づけ、②買い物の舞台、③活動中の人の期待、④場面によって、白身魚のフライのための買い物活動という新たな活動が生成される。このように買い物活動中の人があるものを買うことに決めればもちろんのこと、食べたい旬のものがあったり、大安売りのものがあったり、知り合いからうまい料理の仕方を教わったりすれば、新たな動機づけが形成され、当初の期待も場面も変更されてしまう。

このように経験された日常世界では、①構成的体制で生成されるさまざまな信念や価値観をはじめ、それらの信念や価値観の間で生じる矛盾や対立、さらには、すでに自分が行った活動や進行中の活動によって動機づけられた行為する人、②その行為の舞台、③活動中の人がこれからどのように行為を展開するかについて構成する期待、④その期待に応じて構成される場面、⑤その期待と場面の弁証法的関係によって生成する諸活動、⑥諸活動同士の弁証法的関係から生成される進行中の活動が、図2－1にあるような複雑な弁証法的関係のなかで、次々と新しいジレンマや問題を生成しつつ、無限に進行中の活動を生成してゆく。ただし、これら諸要素は、個々の要素がまず自律したものとして成立し、その後に相互作用が生じるような関係にあるわけではない。経験された日常世界の諸要素は、進行中の活動を生成すると同時にその進行中の活動によって構成されるのであり、相互に相互を構成しあいながら常に新たに構成されてゆく弁証法的関係にある。こうした複雑な弁証法的関係を通して、①感覚を通した世界の経験、②世界に関する知識、③社会・文化的な価値が生成されてゆく。

しかも、こうした経験された日常世界における進行中の活動の展開は、多くの場合、いつもの同じことの繰り返しであるルーティンのように思われることが多いが、実際には同じことの繰り返しであることはない。活動をめぐる状況が同じであることはなく、行為している人はすでに自分が展開したさまざまな活動によっても動機づけられ、しかも活動が進展するに伴って解決すべき問題自体も多様に変化してゆくため、たとえいつものような決まり切ったルーティンを展開しようとしても、一回ごとの進行中の活動を創造的に構築する必要にせまられる。買い物のように同じことの繰り返しのように思われるルーティンでも、その活動をめぐって刻々と変化してゆく多様な状況に相伴って、一回ごとの進行中の活動が創造的に再生産されている。こうした創造的な進行中の活動が決まったルーティンのように感じられるのは、その活動の過程が、その実践の当初に個人が抱いた期待から外れていないからである。

「構成的体制」と「経験された日常世界」のダイナミクス

このように行為する人と進行中の活動が複雑な弁証法的関係のなかで自己生成的に無限に展開されてゆく「経験された日常世界」は、それだけで単独に成立するわけではなく、「構成的体制」との弁証法的関係のなかではじめて成立する（図2－1参照）（レイヴ 1995: 268-272）。「構成的体制」は、そこで生成されたさまざまな信念や価値観を通して「経験された日常世界」で行為している人を動機づけるとともに、その行為の制度的な制約である行為の舞台を形成するかたちで、経験された日常世界が構築される源となっている。しかし、だからと言って、行為している人は構成的体制によってただ一方的に決定づけられてしまうわけではない。むしろ、行為している人は構成的体制の制約のもとで構成的体制をうまく利用しながら、創造的に進行中の活動を生み出してゆく。そして、多くの場合、そうした創造的な進行中の活動はいつもの決まったルーティンとして組織化され、構成的体制を再生産するが、その再生産がうまくいかなくなったり、行為している人が構成的体制を変える意図をもって活動を展開したりすると、構成的体制に変化が生じる。構成的体制と経験された日常世界は相互に相互を構成しあいながら、行為する人の進行中の活動を無限に生み出しつつ相伴って変化してゆくのである。

このように文化と社会と個人を「記号体系」と「政治経済および社会構造」と「行為する人」として再定義し、それらの関係を「構成的体制」と「経験された日常世界」という二つの分析レベルに基づく弁証法的関係としてとらえなおしたうえで、レイヴは次のような三つの分析様式からなる分析デザインを提案する（図２－１参照）（レイヴ 1995: 268-272）。

まず、社会的に構築された所与の制度として個人の関与が直接には及ばない「構成的体制」の分析レベルが設定されるとともに、個人が日常的実践を展開するに伴って主観的に構築する「経験された日常世界」の分析レベルが設定され、その二つの分析レベルに基づく三つの分析様式が構想される。一つ目の構成的体制のレベルの分析様式では、①記号体系と②政治経済および社会構造の弁証法的関係が分析の対象となる。二つ目の経験された日常世界のレベルの分析様式では、①行為している人、②行為の舞台、③活動中の人、④場面、⑤諸活動、⑥進行中の活動が、相互に相互を構成しつつ自己生成的に絶え間なく変化しながら進行中の活動を無限に生成してゆく循環的な過程が分析される。そして最後に、三つ目の分析様式として、構成的体制と経験された日常世界という二つのレベルが、日常的実践で展開される進行中の活動を生成しながら、相互に相互を構成しつつ相伴って変化してゆく弁証法的関係の分析が設定される。

四　交差点としての民族誌――レイヴの研究デザインの可能性

以上に簡単にスケッチしてきたレイヴの分析デザインでは、個人が創造的に実践を展開してゆく「経験された日常世界」から、個人の関与を超えて個人の実践を方向づける「構成的体制」としての社会・文化システムにいたるまで、人間の社会的行動をめぐるミクロな分析領域とマクロな分析領域の全体が、個人の実践に伴って生じる複雑な弁証法的関係の連鎖として一貫して把握されている。また、この分析デザインでは、社会・文化システムと個人の間で展開される双方向的な作用に焦点があてられ、個人が制度的な現実としての社会・文化システムに条件づけられる過程のみならず、個人が創造的に実践を展開しながら社会・文化システムに影響を与える過程が同時に視野に入れられている。

このような意味で、レイヴの分析デザインは、社会と文化と個人の関係のすべてを日常の生活実践を軸に展開される弁証法的関係の連鎖として綜合的に把握し、制度的な現実としての社会・文化システムと個人の主体的な創造力が交錯しながら動的に展開してゆく過程の全体を射程に入れようとする野心的な分析デザインであると言える。バーガーとルックマンのことばで言えば、この分析デザインは、「社会・文化システムは人間の産物であり、社会・文化システムは客観的な現実であり、人間は社会・文化システムの産物である」という社会・文化分析の三つの契機を綜合しており、近代人類学の本質主義的な歪みを是正する可能性を孕んでいる。

開かれた文化分析――レイヴの分析デザインの可能性

こうしたレイヴの分析デザインの有効性は、この分析モデルの次のような開放性からも確認することができる。

まず、レイヴの分析デザインでは、構成的体制という社会・文化システムのレベルの分析でも、経験された日常世界のレベルの分析でも、分析の枠組みがあらゆる可能性に開放されている。たとえば、構成的体制のレベルにある社会・文化システムは、親族集団や地域集団といった小規模の人間集団のレベルからグローバルな世界システムにいたるまで延長が可能である。また、経験された日常世界のレベルでは、進行中の活動は社会・文化システムとの弁証法的関係によって方向づけられてはいるが、決定されているわけではなく、個人が独創的な実践を展開する可能性に開かれている。しかも、経験された日常世界は社会・文化システムと弁証法的関係にあるため、個人の創造力によって生じる経験された日常世界の変化は必然的に社会・文化システムに影響を及ぼすことになる。この意味で、このデザインには、個人の独創的な実践が社会・文化システムを変化させてゆく可能性も組み込まれている。特定の「民族」の本質としての文化に人々を縛りつけてしまっていた本質主義的な近代人類学の場合とは対照的に、レイヴの分析デザインでは、社会・文化システムが特定の人間集団に限定されてしまうことも、個人の実践の可能性が社会・文化システムの条件の限界内に閉じこめられてしまうこともない。

また、この分析デザインでは分析の枠組みが歴史に対しても開かれている。そこでは、個人は構成的体制のレベルで生成されるさまざまな信念や価値観に動機づけられて日常的実践を展開するが、それと同時に、その個人の日常的実践は次々と新たな問題を生み出し、構成的体制に影響を与えながら、その個人のさらなる実践の展開を駆動してゆく。こうして個人の日常的実践と構成的体制は、相互に相互を構成する弁証法的関係のなかで次々と問題を生成して実践を駆動しながら変化してゆく自己生成的な運動のなかで、歴史を紡ぎ出してゆく。社会と文化を事実上不変なものと仮定していた本質主義＝機能主義の理論的前提が歴史に対して閉じてしまっていたのとは対照的に、この分析デザインでは、個人の日常的実践と構成的体制は次々と実践を生み出しながら変化してゆく常態的な運動のなかにあるものとしてとらえられており、その分析の枠組みが歴史に対して開かれている。

さらに、この分析デザインでは、近代人類学が抱えていた本質主義＝機能主義の問題はあらかじめ封じ込められている。本質主義＝機能主義的な近代人類学では、社会と個人が分離されたうえで、社会とその本質である文化は事実上不変なものとして凍結され、その不変な文化が社会化を通して個人に内化されるという仮定のもとに、個人は永遠に凍結した文化に縛りつけられてしまっていた。しかし、レイヴの分析デザインでは、社会と文化と個人は相互に相互を構成しあいながら問題を生み出し、その問題を駆動力に日常的実践を無限に生成しつつ相伴って変化してゆく動的な弁証法的関係にあり、社会も文化も個人も相互に分離不可能な全体として同時にあらわれる。社会と文化と個人は相互の関係性のなかで相伴って生じ、相伴って変化してゆく動的な関係にあり、これらの要素のどれかが他を決定するわけではない。この分析デザインでは、社会と文化と個人は、そうした相互的で動的な弁証法的関係のなかで相伴って変化してゆくため、決して凍結されることはなく、自己生成的な無限の変化に対して開かれている。

しかも、こうしたレイヴの分析デザインの開放性は、分析の対象に限られているわけではない。舞台と場面という実践主体をめぐるコンテキストには、当然のことながら、実践主体の傍らでその実践を観察している人類学者が含まれている。つまり、このデザインには人類学者の関与が組み込まれており、その意味で分析の射程が観察者と被観察者の相互作用にも開かれている。[59] 人類学者の関与を「客観性」や「科学性」の名の下に隠蔽していた本質主義的な近代人類学の場合とは対照的に、この分析デザインでは、人類学者の対象社会への関与は白日の下にさらされており、調査の結果である民族誌が人類学者の産物であるという事実が隠蔽される余地はない。また、このデザインの構成的体制のレベルの分析様式はグローバルな世界システムの分析を含むことが可能であり、人類学者の社会と対象社会の関係をはじめ、人類学者がフィールドワークを行う意味、民族誌がもつ意味など、人類学者が対象社会に関与する背景を分析の射程に入れることができる。[60]

こうしたレイヴの分析デザインの開放性は、本質主義を克服して民族誌の信用性を回復するにあたって重要な意味をもっている。観察者である人類学者の対象社会への関与が分析のなかに明瞭に位置づけられているレイヴの分析デザインには、本質主義的な近代人類学では人類学者の社会と対象社会の間の非対称な権力関係を正当化する政治装置となってしまっていた民族誌のあり方を修正し、民族誌の信用性を回復させる可能性が秘められているからである。

第一章の冒頭で触れたように、人類学の危機の端緒となった『文化を書く』（クリフォード＆マーカス 1996）の寄稿者たちの「民族誌リアリズム」批判は、従来の人類学が文化分析の第一の契機を等閑視して文化をあたかも第二の本能であるかのように固定化していたことに対してだけではなかった。人類学者の実践を通して民族誌が生み出されたという事実が「客観性」や「科学性」の名の下に隠蔽され、人類学者が対象社会の人々を一方的に記述することを可能にしていた権力が隠蔽されてしまうことに対する批判でもあった。人類学者が書く民族誌はフィールドワークでの人類学者の個人的で部分的な主観的経験に基づくものにすぎない。そうであるにもかかわらず、あたかも唯一人類学者だけが対象社会の全体を見渡す特権的な「アルキメデスの点」に立っているかのように、民族誌の語りが「客観主義」や「科学主義」の名の下に対象社会の本質として全体化され客観化されることは、人類学者が属する欧米近代社会と対象社会の間の非対称な権力関係を正当化する政治的行為に他ならないと批判されたのである。

ロサルドが「さまざまな社会関係や人間の知識のおりなす相互の条件づけから、自分を解き放つことのできるアルキメデス的な地点など存在しない」（ロサルド 1998: 250）と指摘しているように、フィールドワークを行っている人類学者は、いかに対象社会から距離を置いていたとしても、その社会と何らかのかたちでかかわり、観察している社会現象に巻き込まれている。しかも、人類学者は無垢な白紙の状態にあるわけではなく、すでに自己が属する社会の文化によって型取られ、自己の社会と対象社会の間の権力関係に絡め取られている。人類学者も「位置づけられた主体」（ロサルド 1998: 250）であるという点で対象社会の人々と同じであり、対象社会から離脱してその全体を一望することができる「アルキメデスの点」からの客観的で中立的な観察などありえない。民族誌の語りも対象社会の人々の語りと同じレベルの語りであり、民族誌だけを「客観性」や「科学性」の名の下に特権化し、対象社会の人々の語りよりも上位に置いてしまうことは、「民族誌リアリズム」批判が明らかにしたように、対象社会の人々を知的に支配することに他ならない。

しかし、「民族誌リアリズム」批判を展開した『文化を書く』の寄稿者たちが従来の民族誌に代わる新たな形式として提案した対話モードや多声モードの実験的民族誌のように、人類学者の語りと対象社会の人々の語りを民族誌のなかに並列するだけで民族誌の政治性が消えてなくなるわけではない。いかに対話モードや多声モードの民族誌であっても、フィールドワークの現場で語られるすべての語りを網羅しているわけではない（杉島 1995）。また、そうした実験的民族誌でも、書き手の人類学者によって言説が取捨選択されて編成されており、「結局のところ、場の設定と処理は人類学者によって行われるし、そもそも異文化という対象を疑いようのない差異の体系として表象すること自体が（つまり民族誌を何モードであれ書くという行為自体が）、結局のところ、ポストモダニズムとリアリズムの折衷にすぎない」（松田 1996b: 27）。つまり、民族誌の政治性は温存されたままである。しかし、急進的な「反リアリズム」のように民族誌からリアリズムを放逐し、民族誌を人類学者の主観的な解釈としてしまえば、「すべての民族誌的記述は何らかの解釈であるゆえに、解釈の正当性の否定がすべての記述の正当性の拒否というニヒリズムに陥る」（小田 1996a: 836）。

結局のところ、あらゆる社会的実践と同様、フィールドワークを行って民族誌を書くという実践もさまざまな社会関係や権力作用の網の目に取り込まれており、どのような記述方法を採ろうが、民族誌をめぐる社会的背景と政治・経済的背景が消えてなくなることはない。本質主義的な近代人類学のように民族誌をめぐる背景を「科学性」や「客観性」のもとに隠蔽しようが、人類学者の語りと対象社会の人々の語りを並列する実験的民族誌のように両者の関係を対面的で対等な関係に還元し、その背後にある人類学者の社会と対象社会の非対称な権力関係を黙殺しようが、急進的な「反リアリズム」のようにあらゆる解釈を権力作用の結果として否定しようが、民族誌が「位置づけられた主体」としての人類学者の産物であるという事実が消えることはない。したがって、重要なのは、ロサルドが「分析家と行為者の両方がもつさまざまなかたちの社会的知識を論じるさいには、かれらの社会的立場を考慮にいれなければならない」（ロサルド 1998: 250）と指摘しているように、民族誌をめぐる社会関係や権力作用を民族誌に明示し、フィールドワークを行って民族誌を書くという実践それ自体も分析対象として民族誌に組み込むことであろう。

こうした民族誌の政治性をめぐる問題は、観察者と被観察者の相互作用に対して開かれているレイヴの分析デザインでは解決される可能性がある。その分析デザインには、観察者である人類学者と被観察者である対象社会の人々との関係が分析に組み込まれており、民族誌が「アルキメデスの点」に立つ人類学者の一方的な語りではなく、あくまで「位置づけられた主体」としての人類学者が対象社会に関与した結果であることが、分析それ自体に示されているからである。レイヴの分析デザインに基づいて生産される民族誌は、「客観的」で中立的な「神の視点」に立つ人類学者の一方的な語りとしてではなく、人類学者が対象社会と自己の社会の政治・経済的な関係を背景に直接参与観察やインタビューなどを通して対象社会に関与してゆく過程それ自体としてあらわれる。

たしかに、レイヴの分析デザインの場合でも、民族誌が書かれるときには、書き手の人類学者は自己と対象社会の人々の関わり合いの全体を見通す地点に立っている。その意味では、この分析デザインに従って生産される民族誌も、特権的な位置に立つ人類学者の語りであることに変わりはない。しかし、この分析デザインでは、グローバルな世界システムまでも含む社会・文化システムのなかで民族誌が社会・文化的な意味を担うようになる過程が示されており、民族誌の語りの特権性が消滅してしまうことはないにしても、少なくともその特権性の背景が白日のもとにさらされることになる。本質主義的な近代人類学やポストモダン人類学の実験的民族誌や急進的な「反リアリズム」とは異なり、民族誌の背景にある社会関係や政治・経済的関係が隠蔽されたり否定されたりしてしまわずに民族誌に示されるという点で、レイヴの分析デザインには現実に対するごまかしのない対峙の姿勢が堅持されている。その意味で、この分析デザインには、民族誌の信用性を回復させる可能性が秘められていると言えよう。

このような可能性を秘めたレイヴの分析デザインは、さまざまな過程が縦横に行き交う交差点として民族誌を再生させる構想であると言うことができる。そうした交差点としての民族誌では、社会・文化システムと個人が弁証法的関係のなかで相互作用を交わし合う過程が浮き彫りにされると同時に、観察者と被観察者を含め、さまざまな社会・文化的関係や政治・経済的関係に位置づけられた人々の交わりがあぶりだされる。たしかに、この交差点としての民族誌も、書き手の人類学者の産物であることに変わりはない。しかし、そこでは、人類学者と対象社会の人々の間で交わされる相互作用の過程も分析の対象となっており、民族誌は人類学者と対象社会の人々の交差の軌跡としてあらわれる。こうした交差点としての民族誌において民族誌というかたちで定着されるのは、対象社会の人々を縛りつけてしまう固定的な情報のプールではなく、「位置づけられた主体」としての人類学者を含むさまざまな人々が社会・文化システムとの弁証法的関係のなかでダイナミックに交わし合う相互作用の軌跡である。そうした交差点として再生される民族誌は、常に未来の変化に向かって、また、さまざまな人々の関与に向かって開かれている。

こうした可能性を秘めているレイヴの分析デザインが、極北人類学における在来知研究の問題点を解決するにあたっても有効な枠組みを提供してくれるであろうことはもはや明らかだろう。イヌイトの在来知を太古より不変な閉じたパラダイムとして凍結して変化の可能性を奪ってしまった要因は、在来知研究の本質主義的な理論的前提にあったからである。それでは、こうした在来知研究の本質主義的な理論的前提を修正し、永遠に不変なパラダイムとして凍結されていた在来知を解凍してイヌイトとの相互作用のなかに位置づけなおすためには、どのような記述の方法を採ればよいだろうか。次に、レイヴの分析デザインに従って在来知研究のあり方を再構築し、凍結されて神話化されてしまっていた在来知を解凍するための記述と分析の方法を具体的に提示しよう。

五　在来知のダイナミクス――在来知の再定義と記述の方法

イヌイト個人が在来知に型取られながらも在来知を日常の生活実践のなかで再生産しながら変化させてゆく動的な過程の全体を分析の射程に入れることができるようにするためには、レイヴの分析デザインに従って在来知研究の背後にある本質主義＝機能主義の理論的前提を修正し、在来知を再定義する必要がある。第一章で検討してきたように、在来知研究がイヌイトの働きかけを超えた第二の本能であるかのように太古より不変な閉じたパラダイムとして在来知を凍結してしまうことになったのは、文化を情報のプールもしくは知識とみなし、その文化が社会化によって個人に内化され、個人の実践を決定づけるという本質主義＝機能主義的な理論的前提に基づいていたからである。それでは、レイヴの分析デザインに従って、どのように在来知を定義しなおし、どのような記述と分析の方法を構想することができるだろうか。

これまでの在来知の定義の問題点

第一章で検討したように、これまでの研究では、在来知は知識と信念と実践の統合体として定義され、動植物名や地名などによる生態環境の分類体系、動植物の分布や行動学的特徴に関する知識、動植物種間の関係に関する知識、動植物に対する規範や禁忌などの社会的規範、イヌイトが実際に展開する生業活動や言説など、生態環境に関するさまざまな知識と信念と実践が、「人間ではない人物」というイヌアのルート・メタファーを軸に統合された全体としてとらえられてきた。そして、情報のプールもしくは知識として個人に内化された文化によって個人の実践が決定づけられるとする本質主義＝機能主義的な理論的前提に基づいて、その知識と信念がイヌイト社会の人々に一様に内化されて共有され、その知識と信念に従ってイヌイト個人の実践が産出されると暗黙に仮定されてきた。

たとえば在来知の一部をなす民俗分類体系や社会的規範を例にとれば、まず、「客人としての動物」というイヌアのルート・メタファーを軸に秩序立てられた分類カテゴリーや規範の束、つまり情報の束がイヌイトに共有され、イヌイト個人の記憶に貯蔵されていると仮定される。そして、イヌイトが生業活動で展開する行為やインタビューで語る言説はイヌイト個人が内面化して記憶している情報の束に従って産出されるという機能主義＝本質主義の理論的前提に基づいて、その分類体系や規範がインタビューや直接参与観察によってイヌイトの言説や行為から抽出されて記述される。こうした機能主義＝本質主義の前提があったからこそ、これまでの在来知研究では、インタビューや直接参与観察によって知識と信念を抽出して記述するという方法が、ごく自然な方法として行われてきたのである。

しかし、レイヴが日常的実践の実相の検討を通して明らかにしたように、個人が展開する実践は、個人に一方的に内化された情報のプールもしくは知識としての文化に従って展開されるわけではない。個人の実践は、それぞれの実践ごとの一回的なコンテキストのなかで、その実践を動機づける一回的な問題を解決するために、記号体系と政治経済および社会構造からなる構成的体制を資源に創造的に展開され、その結果として、個人の知識の産出を引き起こしつつ、構成的体制を再生産したり変化させたりしている。

したがって、インタビューや直接参与観察から得られる一次データとしての言説と行為は、イヌイトが記憶に貯えている情報のプールを話したり演じたりすることで生じたわけではない。むしろ、イヌイト個人が実践の度ごとに、イヌイト語や民俗分類体系という構造化された記号体系、「大地」との絆についての信念、イヌイト社会の社会構造など、構成的体制としての社会・文化システムを参照しながら構築した創造的な活動であり、情報のプールとしての知識によって決定づけられているどころか、むしろ逆に、イヌイト個人による知識の構築をうながしている。

また、文化は個人に内化される知識ではない。文化は政治経済および社会構造とともに構成的体制を構成する記号体系である。この記号体系としての文化は、政治経済および社会構造との弁証法的関係から生成される信念や価値観を通して個人の日常的実践を動機づけるとともに、その実践を構築するための資源として個人によって利用され、その実践によって間接的な影響を受ける。また、信念も個人に内化される知識ではない。信念は記号体系としての文化と政治経済および社会構造の弁証法的関係から生じ、個人の実践を動機づけるとともに制限して条件づける制度的な現実である。さらに加えて、知識も、ある特定の社会の人々に共有され、社会化を通して個人に内化される固定的な情報のプールではない。知識は個人が日常的な生活実践を展開するなかで記号体系としての文化を資源に刻々と構築してゆく世界の姿であり、あくまでも個人的で生成的な主観的構築物である。

そもそも、レイヴの分析デザインに明瞭に示されているように、「記号体系としての文化」と「文化と政治経済および社会構造の弁証法的関係から生じる信念」と「実践に伴って構築されてゆく知識」は、前者二つは制度的な現実としての「構成的体制」、後者一つは主観的に生きられる「日常の経験世界」という二つの異なった経験のレベルにある。実践を展開している個人からみたとき、文化と信念は、その個人に先だって存在し、個人が常にすでに埋め込まれ、個人の実践を動機づけ、その実践によって間接的な作用を受けるが、個人が直接にその全体を把握することも、直接に作用を与えることもできない現実の制度的な条件を構成する。他方で、知識は個人が日常的実践を展開するに伴って刻々と主観的に構築してゆく世界の姿であり、実践主体の個人が生きている現実の一つの側面である。

したがって、これまでの在来知研究では、次のように質の異なる三つの要素が「文化＝情報のプール＝知識と信念」として混然と一つにまとめられたうえで、その「文化＝情報のプール＝知識と信念」がイヌイト個人に内化されて個人の実践を決定づけると仮定されてきたことがわかるだろう。

（1）記号体系としての文化：動植物名や地名などによる生態環境の分類体系をはじめ、イヌアのルート・メタファーや世界観など。

（2）信念：人間がさまざまな野生生物と互恵的関係を結んでいるとする信念、「夏＝陸＝俗／冬＝海＝聖」のリズミカルな反復が世界を秩序づけているという信念、「大地」との絆がイヌイト社会の基礎になっているという信念など。

（3）知識：動植物の分布や行動学的特徴に関する知識、動植物種間の関係に関する知識、地理学的知識、気象学的知識など、イヌイト個人がそのときどきの実践に伴って記号体系としての文化を利用することによって主観的に構築してゆく世界の姿。

このように「文化＝情報のプール＝知識と信念」として混然と一つにまとめられた文化と知識と信念が、一方的に個人に内化されて個人の実践を決定づけていると仮定されてしまったために、在来知は個人の制御を超えて個人を一方的に決定づける不変の体系として凍結され、その不変の体系によって決定づけられるイヌイト個人の実践も画一的な情報のプールに従って永遠に同じように繰り返されるものとされてしまったのである。イヌイトの若者たちの間で進行しつつある在来知の変化が、古老や熟練ハンターの知識から導き出された正統な在来知からの逸脱とみなされてしまった原因も、ここにある。情報のプールとしての「文化＝知識と信念」が一方的に個人に内化されて個人の実践を決定づけると仮定されてきたために、在来知の変化を説明することも、イヌイト社会にみられる在来知のさまざまな変異を説明することも、個人が在来知に及ぼす作用について説明することもできない一律主義者のジレンマに陥ってしまったのである。

在来知の再定義――記号体系と信念と実践と知識の循環生成過程

したがって、従来の諸研究の本質主義＝機能主義的な理論的前提を修正し、永遠に不変なパラダイムとして凍結されていた在来知を解凍してイヌイトとの相互作用のなかに戻すためには、次のように在来知を再定義する必要があるだろう。

まず、「知識と信念と実践の統合体」として定義されてきた在来知は、弁証法的関係にある「記号体系」と「信念」と「知識」と「実践」という四つの要素の綜合体として再定義されたうえで、実践主体からみた経験のレベルの違いに応じて、次のような二つの分析レベルに整理される。その分析レベルの一つは、社会的に構築された客観的な所与の制度として個人の関与が直接には及ばない「構成的体制」であり、この構成的体制に記号体系と信念が位置づけられる。そして、もう一つのレベルは、そうした構成的体制に埋め込まれた個人が日常的実践を展開するに伴って主観的に構築する「経験された日常世界」であり、この経験された日常世界に実践と知識が位置づけられる。この経験された日常世界は、個人が直接に経験する世界であり、個人が実際に日常的実践を展開する具体的な場である。

次に、以上のように二つのレベルに整理された記号体系と信念と知識と実践のそれぞれは、次のように再定義される。まず、「記号体系」は、イヌイト個人に先だって存在し、イヌイト個人が常にすでに埋め込まれている構成的体制の一つとして個人の実践を動機づけるとともに、イヌイト個人の実践で利用され、イヌイト個人の実践によって間接的な影響を受けて変わってゆく制度として定義される。次に、「信念」は、構成的体制において記号体系と政治経済および社会構造との弁証法的関係のなかで生成され、イヌイトの実践を動機づけるとともに制限しながらも、その実践によって変わってゆくものとして定義される。さらに、イヌイト個人が展開する「実践」は、構成的体制で生成される信念もしくは信念間の矛盾に動機づけられたイヌイト個人が、構成的体制を利用することによって知識を産出しながら展開するものとして定義される。最後に、「知識」は、イヌイト個人が生業活動や言説などの実践を展開するに伴って記号体系を利用しながら生成してゆく個人的な構築物として定義される。これを以下のようにまとめることができる。

（Ⅰ）制度：構成的体制の分析レベル

（1）記号体系：社会的に構築された制度（イヌアのルート・メタファーによって組織化された動植物名や地名などによる生態環境の分類体系など）。

（2）信念：記号体系と社会・政治・経済構造（政治経済および社会構造）との弁証法的関係から生じる信念や価値観（人間がさまざまな野生生物と互恵的関係を結んでいるとする信念、「夏＝陸＝俗／冬＝海＝聖」のリズミカルな反復が世界を秩序づけているという信念、「大地」との絆がイヌイト社会の根本を支えているという信念など）。

（Ⅱ）生活世界：経験された日常世界の分析レベル

（1）実践：イヌイト個人が実際に展開する生業活動や言説。

（2）知識：イヌイト個人が実践に伴って記号体系を利用しながら主観的に構築してゆく世界の姿（動植物の分布や行動学的特徴に関する知識、動植物種間の関係に関する知識、地理学的知識、気象学的知識など）。

このように記号体系と信念と実践と知識によって構成されるイヌイトの在来知の全体は、イヌイト個人を軸に次のような循環的な生成過程として定義される。

制度のレベルにある記号体系と政治・経済・社会構造の弁証法的関係から生じる信念もしくは信念間の矛盾によって駆動されるイヌイト個人が、それら制度（記号体系と政治・経済・社会構造）の条件下でそれら制度を資源として活用することで、自らの生活世界のレベルで実践を展開しつつ知識を構築しながら、制度（記号体系と社会・政治・経済構造）を再生産もしくは変化させてゆく循環的な過程。

このようにイヌイト個人を軸とする循環的な生成過程として在来知を再定義すれば、従来の諸研究では永遠に不変な知識体系として凍結されてきた在来知を解凍し、イヌイトの人々との相互作用のなかに戻すことができるだろう。この再定義では、在来知はイヌイト個人の実践によって絶えず変化してゆく動的な過程としてとらえなおされているからである。イヌイト個人は、記号体系と信念が位置する構成的体制によって動機づけられるという意味で構成的体制としての社会・文化によって構成されているが、決して決定づけられているわけではない。イヌイト個人は構成的体制の制約下にありながら、その構成的体制を利用して創造的に実践と知識を構築し、その実践と知識の創造的な構築を通して構成的体制に影響を及ぼしてゆく。このようにイヌイト個人が構成的体制と相互に相互を構成しあう弁証法的な関係のなかで相伴って変わってゆく過程として再定義される在来知は、常なる変化の過程にあるものとして決して凍結されることはない。

在来知のダイナミクス——在来知の記述と分析の方法

それでは、このように記号体系と信念と実践と知識の循環的な生成過程として再定義された在来知のダイナミクスをその動態を損なうことなく記述して分析するためには、どのような方法を採ればよいだろうか。ここで最後に、そのための方法として、次のような二つの分析レベルを基礎とした四つの分析様式からなる記述と分析の方法を提案しよう[61]。

（Ⅰ）制度（構成的体制）の記述と分析

（1）制度の一つとしてイヌイト個人の実践を条件づけ、その実践で利用される記号体系の記述と分析。
（2）記号体系と政治・経済・社会構造との弁証法的関係のなかで生じる信念や価値観などの記述と分析。
（Ⅱ）生活世界（経験された日常世界）の記述と分析
（1）制度（記号体系と政治・経済・社会構造）で生成される信念や信念間のジレンマに動機づけられるとともに、その制度を利用しながら展開されてゆくイヌイト個人の実践の記述と分析（個人の実践がいかに動機づけられ、どのように展開され、その結果として、どのように構成的体制に影響を及ぼしてゆくかに関する分析）。
（2）イヌイト個人が実践を展開する度ごとに記号体系を利用しながら主観的に構築してゆく知識の記述と分析（個人の知識が制度の制約下にありながら、その制度を利用していかに構築され、さらに、どのように制度に影響を及ぼしてゆくかに関する分析）。

（Ⅰ）制度（構成的体制）の分析

記号体系の記述と分析

この一つ目の分析レベルにおいては、まず一つ目の分析様式として、イヌイト個人に先だって存在し、イヌイト個人が常にすでに埋め込まれ、政治経済および社会構造との弁証法的関係を通してイヌイト個人の実践を動機づける信念や価値観を生み出し、イヌイト個人の実践によって間接的な作用を受けるが、イヌイト個人が直接に作用を与えることができない記号体系の記述が行われる。具体的には、ここでは、動植物名や地名などによる生態環境の分類体系をはじめ、野生生物の分類体系の基礎となっている「夏＝陸＝俗／冬＝海＝聖」という世界理解の枠組み、イヌアのルート・メタファーなど、記号同士の対立、カテゴリー間の関係など、記号体系それ自体がもっている独自の原理が分析の対象となる。

信念の分析――記号体系と政治・経済・社会構造の弁証法的関係

次に、二つの目の分析様式においては、一つ目の分析様式で明らかにされた記号体系が、政治経済および社会構造との弁証法的関係を通してどのような信念を形成しているかが分析される。レイヴが指摘しているように、記号体系としての文化は、政治経済および社会構造と相互が相互を構成しあう弁証法的関係のなかにあり、その弁証法的関係から生じる信念を通して個人の実践を動機づけるため、そうした政治経済および社会構造との弁証法的関係の分析なくして、記号体系を的確に分析することも、在来知における個人と文化の相互作用を的確に分析することもできない。たとえば、モース（1981）が指摘し、その後、在来知の諸研究によって詳細に検討されてきたように、野生生物の分類体系の基礎となっている「夏＝陸＝俗／冬＝海＝聖」という世界理解の枠組みは、分散と集結という二つの社会形態をはじめ、生業活動、居住形態、法体系、道徳体系、家族経済、宗教生活など、イヌイト社会の社会構造や政治経済構造と相互が相互を構成しあう弁証法的関係のなかで、この季節周期のリズミカルな反復が世界を秩序づけているという信念を生み出している。

また、イヌアのルート・メタファーは、在来知研究が明らかにしてきたように、生業経済の構造と相伴いつつ人間と野生生物の関係に関するさまざまな信念を形成する。「人間ではない人物」というイヌアのルート・メタファーは、狩猟・漁労・採集という生業経済の構造がなければ生じないという意味で、野生生物の捕獲と分配によるイヌイト社会の再生産という生業経済の原理が前提となっているが、同時に、生業経済を人間と野生生物というイヌア種社会間の互恵的関係として組織化している。そして、この生業経済の原理との弁証法的関係のなかで、特定の野生生物と人間の間に互恵的な関係が結ばれているという信念など、野生生物と人間の関係に関するさまざまな信念が形成される。

もちろん、このような二つの分析様式からなる構成的体制の分析においては、カナダという国民国家や国際社会、産業資本制経済の世界システムにおけるイヌイト社会の位置についても考慮されねばならない[62]。イヌイト個人が埋め込まれている親族集団や地域集団は、カナダという国民国家や国際社会、産業資本制経済の世界システムに埋め込まれているからである。また同様に、この構成的体制の分析では、イヌイトの在来知における記号体系が、近代科学における記号体系など、他の種類の記号体系とどのような関係にあるかが分析されねばならない。カナダという国民国家に編入され、学校教育やテレビなどのマス・メディアを通してさまざまな記号体系にさらされている今日のイヌイト社会では、イヌイト個人が利用することができる記号体系は在来知の記号体系だけではない。

たとえば、第一章で指摘したように、イヌアのルート・メタファーに基づく「大地」との絆という信念は、二元論的な世界観に基づく欧米近代の土地に対する信念との対照を示す信念として、イヌイトの先住民運動で重要な役割を果たしており、イヌイト社会がカナダという近代国民国家や産業資本制経済の世界システムと交わす政治・経済・社会的関係と深い関係にある。したがって、そうした「大地」との絆という信念を的確に分析するためには、イヌアのルート・メタファーと欧米近代の二元論的な世界観との差異に関する分析をはじめ、カナダという国民国家や産業資本制経済の世界システムにおけるイヌイト社会の政治・経済・社会的位置についての分析が必要となる。

また、本書で展開する分析をここで先取りすれば、誇るべき在来知を継承して守っていかなければならないとするイヌイトの信念は、イヌイト社会が政治・経済的には欧米主流社会に対して従属的な位置にあるが、イヌアのルート・メタファーをはじめとする在来知の記号体系は、欧米主流社会の近代科学のパラダイムに劣っていないというイヌイトの認識に支えられている。したがって、こうした在来知に対する信念を分析するためには、イヌイト社会が欧米の主流社会との間に結ぶ政治・経済的関係をはじめ、在来知の記号体系と近代科学の記号体系との関係についての分析が欠かせない。

また同様に、こうした構成的体制の分析では、イヌイト社会と人類学の関係についても分析されなければならない。人類学という制度も、イヌイト社会をめぐるカナダという近代国民国家や産業資本制経済の世界システムの一部として、イヌイトの在来知をめぐるさまざまな信念の生成にかかわっている。たとえば、第一章で検討したように、在来知に対するイヌイトの誇りをはじめ、近代科学に勝るとも劣らない在来知を野生生物の共同管理に近代科学と同等な資格で利用すべきであるというイヌイトの信念は、極北人類学の諸研究が、近代科学とは異なってはいるが対等な世界理解のパラダイムとして在来知を積極的に評価してきたことと無関係ではない。

このように制度のレベルにおける二つの分析様式では、在来知における記号体系の記述と分析に加え、その記号体系が制度のさまざまな要素と結ぶ関係について分析される。記号体系がもっている独自の力学と慣性が分析され、その記号体系が近代科学などの他のさまざまな記号体系とどのような関係にあるかが分析されるとともに、その記号体系が、カナダという近代国民国家や産業資本制経済の世界システムに埋め込まれたイヌイト社会の政治・経済・社会構造との弁証法的関係を通して、個人の実践を動機づける信念や価値観をいかに生み出しているかが分析されるのである。こうした一つ目と二つ目の分析様式である記号体系と信念の分析は、バーガーとルックマンのことばで言いなおせば、客観的な現実としての社会・文化を分析する社会・文化分析の第二の契機に該当する。

(Ⅱ)生活世界(経験された日常世界)の分析

実践の分析

この二つ目の分析レベルにおける一つ目の分析様式では、まず、イヌイト個人の実践がいかに動機づけられ、どのように展開されてゆくかが分析される。具体的には、生業活動をはじめ、インタビューに対する回答など、イヌイト個人の一回ごとの実践がどのような信念や価値観に動機づけられ、その実践を通してどのようなジレンマを解決しようとしているかが分析される。たとえば、イヌイト個人が展開するそれぞれの生業活動が、人間がさまざまな野生生物と互恵的関係を結んでいるとする信念をはじめ、「夏＝陸＝俗／冬＝海＝聖」のリズミカルな反復が世界を秩序づけているという信念、「大地」との絆がイヌイト社会を支えているという信念、出会った獲物を狩らずに見逃すことはその動物への最大の侮辱にあたるとする信念、正しい心をもつハンターが適切なやり方で狩れば狩るほど、狩られた動物のイヌア種社会の再生産はうながされ、その動物のイヌア種社会の人口は増えて繁栄するとする信念など、どのような信念に動機づけられているかが分析の対象となる。また、この実践の動機づけに関する分析においては、イヌイト個人が以前の実践によっていかに動機づけられ、どのようなジレンマを解決しようとしているかについても分析される(63)。

具体的には、イヌイト個人が展開する個々の生業活動が、そのイヌイト個人が以前に行ったことをはじめ、そのイヌイトの食事に対する価値観、家族の構成、社会的立場、経済状態、イヌイト社会の政治・経済構造、獲物を文化的に価値づけている記号体系など、そのイヌイトが常に埋め込まれている構成的体制のさまざまな要素が複雑に絡み合うなかで生成するジレンマによって、いかに動機づけられているかが分析の対象となる。たとえば、すでにスチュアート(1995a, 1996)によって指摘されているように、ウィークデイにはサラリーマンとして働きながらウィークエンドに生業活動を行うウィークエンド・ハンターは、生業活動の高度な機械化や欧米の消費文化の流入などに対応するために定期的な現金収入が必要だが、イヌイトのエスニシティの表徴としての生業活動も積極的に行いたいなど、制度のさまざまな要素が絡み合うことで生成するジレンマに動機づけられている。あるいは、ある日にホッキョクイワナを主な獲物の対象として意図された生業活動は、家族がホッキョクイワナを食べたがっているにもかかわらず、その前日に行った漁であまり収穫があがらなかった、しかも、ハンターとしての腕の見せ所であるイッカククジラ猟をして参与観察に同行している人類学者を喜ばせたいが、イッカククジラを探索、追跡、捕獲するに十分なガソリンは来週の給料日まで買うことはできないなど、制度で生成するさまざまなジレンマによって動機づけられていることだろう。

もちろん、こうした実践の動機づけの分析には、イヌイト個人と人類学者の関係についての分析も含まれる。たとえば、そのイヌイトはその日はイッカククジラ猟に本当は行きたいが、イッカククジラ猟に出るに十分なガソリンを買う現金がなく、その日にインタビューに応えて人類学者から謝金をもらい、その謝金でガソリンを買って次の日にイッカククジラ猟に行こうと考えるかもしれない。あるいは、その人類学者はあまりに先入観が強く頑固なのでインタビューに応えるのは面倒くさいが、誰に対しても寛大な態度で接し、困っている人がいれば助けなくてはいけない、しかも、その人類学者と協力関係を結んで自分の知識を記録してもらい、欧米の主流社会に紹介してもらうこともできるし、自分の子供たちや孫たちに自分の知識を伝えるための手段にすることもできると考えるかもしれない。この実践の動機づけの分析では、人類学者とイヌイトをめぐって生成され、イヌイトを動機づけるジレンマも分析の対象となる。

そして次に、以上のように制度において生成される信念や価値観に動機づけられ、さまざまなジレンマを解決するために、イヌイト個人が制度の制約のもとでその制度をうまく利用しながら、いかに実践を展開するかが分析される。たとえば、定期的な現金収入が必要だが、イヌイトのエスニシティの表徴としての生業活動も積極的に行いたいというジレンマによって動機づけられるウィークエンド・ハンターは、スチュアート（1995a, 1996）が指摘しているように、定職に就くことによって現金収入を確実なものとする一方で、ウィークデイには生業活動をあきらめ、むしろ現金収入をウィークエンドの短期間に集中して生業活動を高度に機械化して効率化し、生業活動を集約的に行おうとする。つまり、現金収入の必要性という制度における経済構造の制約下にありながら、その経済構造をうまく利用することによって生業活動を展開しているのである。このように実践の分析では、イヌイト個人が制度の制約下にありながら、その制度を巧みに利用しつつ、いかに具体的な実践を組み立ててゆくかが明らかにされる。

また、本書での分析をここで先取りして示せば、イヌイト個人が展開する一回ごとの生業活動が、記号体系によって組織化され、イヌイト社会をめぐる政治・経済・社会構造との関係で構造化された「大地」という舞台の制約のなかで、その「大地」という舞台をうまく利用しながら、いかに展開されてゆくかが分析される。この分析では、一見すると同じことの繰り返しのようにみえるルーティン化した生業活動も、いかに巧みに創造的に展開されているかが明らかにされることだろう。

もちろん、この実践の分析にも、イヌイトと人類学者の関係に関する分析が含まれる。たとえば、人類学者のインタビューに対するイヌイトの言説が、人類学者の設定するインタビューの枠組みに制約されつつ、そのインタビューという対話のあり方をうまく利用しながら、いかに構築されてゆくかも分析の射程に入れねばならない。本書での分析を先取りすれば、合理性に対する信念など、欧米近代の学問をめぐる信念に基づいてインタビューを行う人類学者に対して、その人類学者の信念との対照性を明瞭に打ち出す語りを行うことによって、いかにイヌイトが自己のイヌイトらしさを強調しているかなど、イヌイトがインタビューの場で人類学者と関係を交わしながら、いかに自己の言説を組み立ててゆくかが明らかにされるだろう。

また、この実践の分析においては、在来知における記号体系だけでなく、近代科学の記号体系や近代国民国家の法律をはじめとする他の記号体系も考慮されねばならない。イヌイトは生業活動を展開したり、自己の生業活動について語ったりするに際して、イヌアのルート・メタファーなどの在来知の記号体系だけではなく、野生生物の管理という近代科学の術語をはじめ、禁猟期や捕獲量の制限などにかかわるカナダの法律に制約されるとともに、それらの記号体系を利用する。たとえば、生業活動を展開してゆくイヌイトが、禁猟期などの法律を意志決定の根拠とする場合がこれにあたる。あるいは、こうした他の記号体系の利用としては、イヌイトが自己の生業活動について語る際に、人類学者に理解しやすいように在来知の記号体系を近代科学の記号体系に翻訳したりする場合も考えられるだろう。

知識の分析

次に、この二つ目の分析レベルにおける二つ目の分析様式として、イヌイトが個々の実践を展開するに伴って個人的に構築してゆく知識が記述される。ここでは、動植物の分布や行動的特徴に関する知識、動植物種間の関係に関する知識、地理学的知識、気象学的知識など、イヌイトが実践を展開する度ごとに記号体系を利用しながら主観的に構築してゆく知識が記述され、その知識がいかに構築されているかが分析される。

ただし、この知識は、これまでの在来知研究が想定してきたようなイヌイトに共有されている集合的な情報のプールを意味しているわけではない。これまでに検討してきたように、知識はあくまでもイヌイト個人が実践の度ごとに記号体系を資源に個人的に構築してゆく主観的な構築物である。したがって、認識人類学や在来知研究のように、複数のイヌイトに調査と分析を行って、その人々の言説と行動から抽出されるさまざまな個人の知識を寄せ集めたり、そこから共通点を抽出して一般化したりしても、文化を抽出することにはならない。文化は個人の知識の構築を条件づけるとともに、その知識の構築に際して利用される記号体系であって、知識それ自体ではない。イヌイトに集団的に共有されている情報のプールなど、はじめから存在しないのである。この知識の記述と分析で明らかにされるのはあくまで実践のそのときどきに構築される個人的な知識であり、この記述によって明らかにされる複数の個人の知識を寄せ集めたり一般化したりすることは慎むべきである。

むしろ、知識があくまでも動態的な個人の構築物である以上、知識の分析では、それぞれのイヌイト個人が構築する知識の多様性にこそ注目し、そうした知識の多様性がいかに生み出されているかが分析されねばならない。認識人類学や在来知研究のように知識が静態的に記述されるだけでなく、どのような社会的個人によって、どのような社会・文化的コンテキストのなかで、どのような実践に伴って、どのような知識がどのように構築されてゆくのか、さまざまなイヌイト個人がそれぞれの実践に伴ってそれぞれに多様な知識をさまざまに構築してゆく動的過程が、分析の射程に組み込まれねばならない。

たとえば、それぞれに異なった経験をもつイヌイトは多様な知識を構築するだろうし、生業活動が一回行われるたびに、その経験から加えられる新たな情報や修正によってイヌイトの知識は更新されてゆくだろう。知識は人々に集団的に共有されている固定的な情報のプールではなく、それぞれの個人が構築してゆく主観的な構築物であり、知識を抽出して固定的に記述するだけでは、知識の多様性や動態が見失われてしまう。この知識の分析においては、イヌイトがそれぞれの舞台でそれぞれに多様な活動を展開しながらそれぞれに多様な知識を構築してゆくメカニズムも分析の射程に入れねばならない。

さらに、この知識が構築される過程の分析においては、イヌイトがイヌイトの在来知の記号体系だけでなく、近代科学の記号体系など、他の記号体系を利用する可能性についても考慮せねばならない。カナダという近代国民国家に編入され、学校教育やテレビなどのマス・メディアを通してさまざまな記号体系にさらされている今日のイヌイト社会では、イヌイトが利用することができる記号体系は在来知の記号体系だけではない。イヌイトが近代科学の記号体系を在来知の記号体系と結びつけながら知識を主観的に構築している可能性は十分にある。イヌイトの知識を的確に分析するためには、イヌイトの在来知の記号体系のみならず、近代科学の記号体系など、さまざまな記号体系がどのように利用されているかも分析の射程に入れねばならない。

日常の経験世界と制度の弁証法的関係の分析

最後に、実践と知識の分析からなる分析レベルでは、このようにイヌイトが展開して構築してゆくさまざまな実践と知識が制度にどのような影響を与えるかが分析される。具体的には、イヌイト個人が構築して展開する個々の生業活動や言説、多様な知識などが、いかに制度を再生産しているか、あるいは、いかに制度を変化させてきたのか、そして、いかに変化させる可能性があるかが分析される。

たとえば、これまでに指摘されてきたように、現金収入の確保とエスニック・アイデンティティの保持のジレンマをウィークエンド・ハンターになることで解決しようとするイヌイト個人の実践は、イヌイト社会の産業資本制の世界システムへの依存度を高めるとともに、生業活動の機械化が高度に進展するに伴って生業の経済性を下げ、生業活動のエスニシティの表徴としての側面を強化してきた（スチュアート 1995a, 1996）。ウィークエンド・ハンターとしての生業活動の実践は、イヌイト社会の経済構造を変えるとともに、生業活動の文化的な意味を変えてきたのである。

あるいは、イヌイト個人が禁猟期にホッキョクグマと遭遇してしまったような場合、出会った獲物を狩らずに見逃すことはその動物への最大の侮辱にあたるという信念に従うべきか、法律に従うべきかというジレンマに入るが、もしその個人が前者の信念に従った場合には、この信念を生み出しているイヌアのルート・メタファーが再生産される可能性が高いだろう。逆に、もし法律に従った場合には、たとえば、イヌイトと野生生物の互恵的関係を禁猟期の法律と両立させることができるように、記号体系が変えられてゆく可能性が生じる。もちろん、こうしたジレンマを解決するために行った決断についてイヌイトが語る場合にも、その語りという実践によって制度に影響が及ぼされる。たとえば、イヌアのルート・メタファーに基づく信念に従った実践を正しいものとして語れば、その信念は再生産されて強化されるだろう。逆に、法律に従った自分の実践について、法律に従わねばならないという信念をイヌアの信念と両立可能なかたちで釈明すれば、イヌアという記号体系に変化がもたらされる可能性が生じるだろう。

また同様に、イヌイトがイヌアなどの在来知の記号体系だけを使って野生生物の知識を構築しつづければ、在来知の記号体系が再生産される可能性は高いだろうし、近代生物学の記号体系を在来知の記号体系と結びつけながら野生生物の知識を構築すれば、在来知の記号体系に近代生物学の記号体系と融合するような変化がもたらされる可能性が生じるだろう。あるいは、今日のイヌイト社会にみられるように、イヌゾリではなく、スノーモービルが主な移動の手段となっているような場合、イヌに関する知識は、イヌゾリを主な移動の手段としていた時代のイヌイト個人のイヌに関する知識とは異なってくるだろうし、その結果として、在来知の記号体系におけるイヌの位置も大きく変わっている可能性がある。

このように実践と知識の分析においては、イヌイトが制度との弁証法的関係のなかでいかに動機づけられ、制度の制約下で制度を利用しながら、いかに個々の実践を展開しつつ、それぞれの個人ごとに多様な知識を主観的に構築し、その構築を通していかに制度を再生産したり変化させたりしているかが分析される。こうした実践と知識の分析は、バーガーとルックマンのことばで言いなおせば、「人間は社会・文化の産物であり、社会・文化は人間の産物である」という社会・文化分析における第一と第三の契機に該当する。

六　交差点としての民族誌——文化の綜合的分析へむけて

本章では、レイヴの分析デザインに従って在来知研究の本質主義的な理論的前提を修正して在来知を再定義しながら、太古より不変な閉じたパラダイムとして凍結されて神話化されてしまっていた在来知を解凍するための記述と分析の方法を提示してきた。

この新たに再編成された在来知の記述と分析の方法では、在来知は、「制度のレベルにある記号体系と政治・経済・社会構造の弁証法的関係から生じる信念もしくは信念間の矛盾によって駆動されるイヌイト個人が、それら制度の条件下でそれら制度を資源として活用することで、自らの生活世界のレベルで実践を展開しつつ知識を構築しながら、制度を再生産もしくは変化させてゆく循環的な生成過程」と再定義される。そして、この循環的な生成過程のダイナミクスの動態を損なうことなく記述と分析を行う方法として、二つの分析レベルにおける四つの記述と分析の様式を示し、そこで記述・分析されるべきことについてアウトラインを描いてきた。

このように在来知を記号体系と信念と実践と知識の循環的な生成過程としてとらえなおす視点は、人間の認知や行為を制御するプログラムとして文化をとらえる本質主義的な近代人類学の「文化＝プログラム」観でも、社会的に共有されている意味のネットワークに従って読解されるべきテクストとして文化をとらえる解釈人類学の「文化＝テクスト」観でもない視点である。この視点では、記号体系としての文化は、物理的な資源と同様にそれ自体の力学と慣性をもち、日常的な実践を展開する個人の認知と行為を方向づけるが、その個人による創造的な活用によって絶え間なく更新され、その更新を通してより豊かに開発されてゆく資源としてとらえなおされる。この意味で、本章で提示した在来知の定義と記述と分析の方法は、「文化＝資源」観とでも呼ばれるべき理論的前提に基づいている。

こうした「資源としての文化」観に基づく在来知研究は、本章の第五節で示したように、あらゆる人間の関係に対しても、未来の変化に対しても、個人の創造力に対しても開かれている。「民族」の「本質」として凍結された在来知にイヌイトを縛りつけてしまっていたかつての本質主義的な在来知研究とは対照的に、記述と分析の対象がイヌイト社会という人間集団の範囲に限定されてしまうことも、個人の実践の可能性が制度の条件の限界内に閉じこめられてしまうこともない。また、この新たに再編成された在来知研究には、かつての本質主義的な在来知研究では不問に伏され、むしろ隠蔽されていた観察者とイヌイトの関係のみならず、観察者の社会とイヌイト社会の間にある政治・経済・社会的な関係が分析の一部分に組み込まれている。その意味で、この新たな在来知研究の方法は、観察者とイヌイトの相互作用にも開かれている。

こうした開かれた記述と分析を目指して本書で構想した在来知の記述と分析の方法は、レイヴの分析デザインと同様に、さまざまな過程が縦横に行き交う交差点として在来知研究を再生させる構想である。たしかに、このように再編成された在来知研究も、その書き手の人類学者つまり私の経験の産物であることに変わりはない。しかし、そこでは、イヌイト個人と制度が弁証法的関係の循環的な過程のなかで相互作用を交わし合うプロセスが浮き彫りにされると同時に、観察者と被観察者の区別なく、さまざまな社会・文化・政治・経済的関係のなかに位置づけられた人々の交わりが軌跡のかたちであぶりだされる。こうした交差点として再生される在来知研究において民族誌のかたちで定着されるのは、イヌイトを縛りつけてしまう凍結した情報のプールではなく、「位置付けられた主体」としての私を含むさまざまな人々が、制度との弁証法的関係を背景に動的に展開する相互作用の軌跡であり、未来の変化に向かって、また、さまざまな人々の関与に向かって開かれている。

こうした交差点としての民族誌という構想に基づいて、本書では、記号体系と信念と実践と知識を無限に生成する循環的過程として再定義された在来知のなかでも、イヌイトのナヴィゲーションをめぐる在来知に焦点をあて、ナヴィゲーションという日常の生活実践を軸に、イヌイト個人の創造力が制度と弁証法的関係を交わしながら、記号体系と信念と実践と知識を無限に産出してゆく動的過程を明らかにしてゆく。

まず、次の第三章では、過去の研究と私のフィールドワークに基づいて、イヌイトのナヴィゲーションを概観しながら、その制度的な側面を浮き彫りにする。そして、ナヴィゲーションで利用される資源としての文化、すなわち、ナヴィゲーションにあたってイヌイト個人が参照する記号体系を記述するとともに、ナヴィゲーションが実践される政治・経済・社会的背景を明らかにしてゆく。さらに、第四章では、第三章で明らかにした制度を背景に、イヌイトのナヴィゲーションがどのように実践されているかを検討し、イヌイト個人が制度と相互作用を交わしながら周囲の環境空間を「大地」として構築するとともに、「イヌイトのやり方」と呼ばれている「伝統」を再生産してゆく過程を追跡する。そして、イヌイト個人が資源としての文化によって方向づけられると同時に、その文化を資源として利用しながら、「大地」にかかわる実践と知識を産出することを通して、文化を再生産しつつ変化させてゆく過程を明らかにする。そうすることによって、ナヴィゲーションをめぐるさまざまな実践を軸に、「大地」というイヌイトが生きる場所が生成されて再生産されてゆく過程を民族誌のかたちで定着してゆく。

もちろん、こうした民族誌のかたちで定着されるのは、イヌイトの文化とイヌイト個人の創造力が交わり合いながら「大地」を生成してゆく過程だけでない。イヌイトという社会集団を超えたグローバル・ネットワークのなかでイヌイト個人と私が交わす関係も、そこには含まれることになるだろう。ナヴィゲーションをめぐるさまざまな実践を展開するイヌイト個人の傍らで参与観察とインタビューを行っている私自身も、その実践の舞台の一部としてイヌイトの実践の展開と知識の構築に参加している。本書で試みるのは、グローバル・ネットワークのなかに位置づけられたイヌイト個人と私が、それぞれの制度を背景にフィールドワークという相互行為の動的な過程を通して「大地」という生活世界を生成させて再生産してゆくプロセスを民族誌のかたちで定着することである。したがって、本書はイヌイトの実践と知識を「客観」的に記述した科学的な記録でも、私の主観的な解釈でもない。本書は私とイヌイト個人が交錯した軌跡であり、イヌイトの人々と私がそれぞれの制度を背景に交錯した交差点としてイヌイトの在来知を提示する試みである。

第三章　「大地」との絆――ナヴィゲーションの制度的背景

ウタックはふいに何処からか姿をあらわし、橇《そり》をとめて待っているように合図した。そして、ふたたび姿を消した。どれほどの時間がたったのか、私にもよくわからない。一秒が一時間にも思われた。もしウタックがこのまま行方不明になってしまったら、自分たちはいったいどうなるのだろうと思うと、はげしい恐怖にとりつかれた。ウタックは右手に見覚えのある岩があるかどうか、確かめに行ったのだ。エスキモーたちは彼らだけが知っている目印によってその方角を定める。フランスの農夫たちが「ねじれた枝」や「雷の落ちた樫」などを目印にするのと同じだ。最前までウタックはまっすぐ南に進んでいた。方角を決めるのに羅針盤や星を頼りにしていた私は「ばかな奴だ」と内心思っていたものだ。ところが、磁極から一五〇マイルしか離れていないこの地方では、指針が狂って羅針盤は使えないし、星は出ていないときている。（ド・ポンキン 1957: 38）

わたしは、わたし自身や同胞の子どもたちが狩猟に出かける姿を見るのがとても好きだし、彼らに狩猟のやり方を学んで欲しいと思う。子どもたちは自分たちが何者なのか、意識すべきなのだ。わたしたちにはわたしたち自身の生き方がある。わたしたちは、若者たちがハンティングに出かけ、狩猟のやり方を身につけている限り、大地で暮らしつづけることができるし、また同時に、南の文化で生きることもできる。（ケープ・ドーセットのピーター・アニングミオックのことば（Brody 1976: 234））

イヌイトが詳細で精確な地理学的知識と卓越したナヴィゲーションの技術をもっていることは、大西洋から太平洋へ北極海経由で抜けるための北西航路（Northwest Passage）を一九世紀に探索した多くの探検家によって指摘されてきた。遭難したフランクリン探検隊などの一部の例外を除いて、こうした探検隊はイヌイトと頻繁に接触し、当時欧米では未知の領域であったカナダ中部極北圏と極北諸島の地理的情報について助言を求めており、イヌイトが彼らの水先案内をつとめることも多かった。

一八二一年から一八二三年にかけてハドソン湾西岸を探索したパリー（Parry 1824）とその同行者ライオン（Lyon 1824）、一八二六年にアラスカ沿岸を探索したビーチー（Beechey）探検隊のヒュイシュ（Huish 1836）、一八二九年から一八三三年まで中部極北圏のブーシア半島を探索したロス（Ross 1835）、一八四六年に中部極北圏を探索したレー（Rae 1850）、中部極北圏で一八四八年に遭難したフランクリン（Franklin）探検隊の捜索にあたったホール（Hall 1865, 1879）やクルチャック（Klutschak 1881）、一八五八年にバッフィン島を探索したマックリントック（McClintock 1859）、一九〇三年～一九〇五年に北西航路を史上はじめて踏破したアムンゼン（Amundsen 1908）、中部極北圏を旅したド・ポンサン（1957）などが、イヌイトの鋭い観察力と豊かな知識、卓越したナヴィゲーションの技術について報告している。

さらに、カナダ中部極北圏のバッフィン島で一八八三年から一八八四年にかけてボアズ（Boas 1888, 1901–1907）がはじめて体系的な民族誌的調査を行い、極北人類学が本格的な幕開けを迎えると、多くの民族学者が調査を行うようになり、そうした民族誌でナヴィゲーションについても報告されるようになっていった。ボアズはその著書『セントラル・エスキモー』（Boas 1888）に「科学と技芸」（Science and the Arts）という章（pp. 235–250）をもうけ、イヌイトの地理に関する知識、ナヴィゲーションの技術、地図、天文学的知識について簡単に紹介し、そうした知識と技術がいかに卓越したものであるかを報告している。

その後、ビルケット＝スミス（Birket-Smith 1929）、ステファンソン（Stefansson 1912）、グブサー（Gubser 1965）、

ネルソン（Nelson 1969）などの民族誌にもイヌイトのナヴィゲーションは記録され、さらに、カーペンター（Carpenter 1955, 1973; Carpenter, Varley & Flaherty 1959）、ギャグネ（Gagne 1968）、スピンクとムーディー（Spink & Moodie 1972, 1976）、シメオン（Simeon 1982）、フォーテスキュー（Fortescue 1988）、大村（1995b, 2004b, 2006a）、マクドナルド（MacDonald 1998）など、ナヴィゲーションを中心テーマにとりあげる調査や研究が行われてきた(64)。

それでは、イヌイトのナヴィゲーションは、どのような技術であり、どのような制度的背景のもとで実践されているのだろうか。そして、ナヴィゲーションの日常的実践のなかで、イヌイトが知識を創造的に産出してゆく際に利用し、その利用を通して再生産してゆく資源としての文化とは、どのようなものなのだろうか。本章では、次章でナヴィゲーションの実態を検討するための準備作業として、これまでに行われてきた研究と、私がヌナヴト準州クガールク村で行った調査に基づいて、イヌイトのナヴィゲーションを概観しながら、ナヴィゲーションの制度的背景を明らかにする。

そのために、まず本章の前半では、イヌイトのナヴィゲーションを定義し、その特徴を概観したうえで、ナヴィゲーションにかかわる記号体系(65)としての文化について検討する。さらに後半では、イヌイト社会の歴史的背景と政治・経済・社会的背景について概観し、ナヴィゲーションがどのような制度のもとで展開されているかを明らかにしてゆく。そして、ナヴィゲーションや生業活動を動機づけるとともに、それらによって再生産されている「大地」との絆という信念が、一九六〇年代の定住化以来、欧米の主流社会への同化と統合の流れのなかにありながら、その変化してゆく政治・経済・社会的状況に主体的に対応してきたイヌイト社会でいかに醸成されてきたのか、その背景を探ってゆく。

一　ナヴィゲーション――エスニシティの表徴としての日常的実践

ナヴィゲーションの定義(66)

まず、これまでの研究に基づいてイヌイトのナヴィゲーションを定義し、本書の分析の対象をはっきりさせよう。

本書では、オセアニアの伝統航海術について研究を行った秋道の航海術の定義、すなわち「広義の航海術は海上を移動するための人類の知識と技術の体系をあらわすが、狭義には海上における位置と方位に関する空間認識の方法をさす」（秋道 1995: 42）という定義のなかでも、その狭義の定義を下敷きに、シメオン（Simeon 1982）によるイヌイトのナヴィゲーションの分析を参考にしながら、イヌイトのナヴィゲーションを次のように定義する。

陸上および海上において自己の現在地を特定し（オリエンテーション）、現在地と目的地の空間的位置関係を把握したうえで（目的地の特定）、それらの間の地形的特徴や生態的特徴などの多様な条件を考慮して現在地から目的地への適切なルートを選び、そのルートを維持する方法（ルートの選択と正しい道筋の維持）。

このように秋道の狭義の定義を下敷きにしたのは、本書の主題が環境空間をめぐるイヌイトの在来知であり、広義の定義に含まれるイヌゾリなどの製作方法や操作方法など、移動の道具や手段を対象としていないからである。序論で触れたように、本書の目的は、イヌイトが社会・文化的に構築して再生産している日常の経験世界をイヌイトの視点から理解し、イヌイトが理想とする「大地」と一体化した生活が、日常の経験世界のなかでどのように構築されて維持されているかを明らかにすることである。この意味で、本書の分析は、イヌイトが環境空間を日常の経験世界として組織化するあり方、つまりイヌイトの空間認知に焦点を合わせている。

また、秋道の定義にある「海上における」を「陸上および海上において」に置き換えたのは、秋道が対象としたオセアニアの伝統航海術の場合と異なって、イヌイトの移動活動は海上に限られるわけではないためである。イヌイトのナヴィゲーションの舞台は、長い冬季には一面が氷雪に覆われ、陸海に関係なく移動が可能な環境である。そうした冬季はもちろん、海が開ける夏季においても、イヌイトは海上と陸上をそれぞれの条件を活かしながら移動する。むしろ、これから検討してゆくように、イヌイトのナヴィゲーションでは、海と陸それぞれの条件をうまく利用することが不可欠であり、ナヴィゲーションに必要な空間把握の技能は海上に限定されるわけではない。

さらに、秋道の狭義の定義に「現在地と目的地の間の地形的特徴や生態的特徴などの多様な条件を考慮して現在地から目的地への適切なルートを選び、そのルートを維持する方法」をつけ足したのは、イヌイトのナヴィゲーションは、山や丘や川、島や湾や海峡、クレバスやプレッシャーリッジ（乱氷）など、移動の障害になったり、逆に利用すべき有利な条件になったりする多様な環境を舞台としているからである。シメオン（Simeon 1982: 28–40）は、イヌイトのナヴィゲーションが次の四つの要素からなる複合技術であることを明らかにしている。（1）オリエンテーション、（2）ルートの選択、（3）正しいルートの維持、（4）目的地の特定。海上のように、ある程度均質な条件下で行われるオセアニアの伝統航海術や近代航海術とは異なって、イヌイトのナヴィゲーションは、空間を認知して位置と方位を特定するだけでなく、現在地と目的地の間にある多様な環境条件を回避したり利用したりする方法も含むのである。

なお、イヌイト語に「ナヴィゲーション」にあたることばはない。このことばは研究者によるもので、イヌイト自身はナヴィゲーションを独立した活動や技術としてとらえてはいない。ナヴィゲーションは生業活動という日常的に行われる複合的な活動に組み込まれており、そこからそれだけを取り出すことには無理がある。次章で検討するナヴィゲーションの実例が生業活動の展開のなかに位置づけられているのは、こうしたナヴィゲーションの性格のためである。また、次節で検討するように、イヌイトのナヴィゲーションが非体系的で非専門的な特徴を示すのも、ここに理由がある。なお、本書で使っている「ナヴィゲーション」という名称は、マクドナルド（MacDonald 1998）の命名に従っている。

日常的実践としてのナヴィゲーション——非体系性、非専門性、エスニシティの表徴

このように定義されるイヌイトのナヴィゲーションは、私たち中緯度地帯に暮らす者には何の目印もないように見える広大なツンドラを数一〇〇キロにわたって自在に移動するための技術であり、オセアニアの広大な外洋を自在に移動するための伝統航海術や近代航海術を彷彿とさせる。しかし、イヌイトのナヴィゲーションは、制度化も専門化もされていないという点で、オセアニアの航海術や近代航海術と異なっている（MacDonald 1998: 162; Spink & Moodie 1972: 21-28, 1976: 42）。

本書のプロローグでも触れたように、イヌイトのナヴィゲーションは、エタック・システム[67]や星座コンパスに代表されるようなオセアニアの伝統航海術の技術体系にくらべて体系性を欠いており、制度化もされていない。地図やコンパスなどの補助器具が利用されることもなく、その習得方法も「見て学ぶ」や「やって学ぶ」といった経験的な体得であり、伝統航海術や近代航海術にみられるような制度化された特別な訓練やマニュアルも存在しない。もちろん、そうした制度化された専門的な技術体系がないからといって、イヌイトが優れたナビゲーターであり、そのナヴィゲーションが熟練を要する技術であることに変わりはない。ただ、イヌイトのナヴィゲーションが、一般化して体系的に記述することができるようなかたちをとっていないだけである。

こうしたイヌイトのナヴィゲーションの非体系性と非専門性は、ナヴィゲーションがイヌイトにとってごく当たり前な日常の生活技術であることと関係がある。一九六〇年代に定住化する以前には季節周期的な移動生活を営

み、定住化している今日においても狩猟・漁労・罠猟・採集の生業活動のために移動する機会の多いイヌイトにとって、ナヴィゲーションは日常の移動活動を支えるもっとも基本的な日常技術である。そうした日常技術であるため、イヌイトのナヴィゲーションには、オセアニアの伝統航海術にみられる専門性や儀礼的な要素がみられないことが指摘されてきた（Carpenter 1955, 1973; Carpenter, Varley & Flaherty 1959; MacDonald 1998, 大村 1995b, 2004b, 2006a; Spink & Moodie 1972, 1976）。そのため、ナヴィゲーションの能力の優劣は性差や社会的地位と関係がなく、経験の有無と関係があり（Spink & Moodie 1972: 21-28, 1976: 42-43）、経験豊かな女性が優れたナビゲーターとして欧米の探検隊の水先案内をつとめた事例も報告されている（Parry 1824: 185; Ross 1835: 261など）。

写真3－1 スノーモービルで冬の湖氷上を走る熟練ハンター
（2005年2月、カナダ、ヌナヴト準州クガールク村）

このように経験に左右されるイヌイトのナヴィゲーションでは、個人差の幅も大きく、個人の経験の違いによって少しずつ異なった技術が使われている（MacDonald 1998: 6,162）。もちろん、共通の言語や地名など、共通の記号体系が参照されるため、ナヴィゲーションの方法には個人の経験差を越えた共通性が多いこともたしかである。しかし、そうした記号体系を運用する方法については個人差が大きく、どのような状況でどのような方法が有効であるかについても、人によって見解が食い違う（MacDonald 1998: 6,162）。イヌイトのナヴィゲーションは、一定の制度化されたマニュアルに従った技術というよりは、個人の経験や技能に左右される個人的性格の強い技術なのである。

また、このようにごく当たり前の日常的実践であるため、イヌイトのナヴィゲーションは、オセアニアの伝統航海術や近代航海術のように航海や移動という単一の目的のために統合され、他の活動から切り離された専門的な活動として独立しているわけではない。次章で詳しく検討するように、イヌイトの移動活動は単独で行われることはほとんどなく、多くの場合、生業活動などのさまざまな日常の活動と同時に並行して行われる。そして、並行して行われる諸活動の進展に伴って目的地が次々と変わってしまうというように、それら諸活動から影響を受けて目的が多義的に変化してゆく。イヌイトのナヴィゲーションは、生業活動の季節周期パターンや生業技術など、多様な諸活動から構成される日常の生活技術全体のなかに不可分に埋め込まれているのである。

このように基本的な日常技術でありながらも、あるいは、そうであるが故に、ナヴィゲーションの技術を身につけることは、生業技術や社交の技術を習得することと同様に、「イヌイトらしさ」や「大人らしさ」を表す表徴となっており（MacDonald 1998: 160–161; Nelson 1969: 100,124; Simeon 1982: 46–47; スチュアート 1995a: 53）、「イヌイトのやり方」と呼ばれる「伝統」の中核の一つとしてイヌイトの肯定的なエスニック・アイデンティティを支えている。ナヴィゲーションの能力に劣ることはイヌイトとしての基本的な生活技術が欠落していることを意味しており、道に迷うことは生命の危険につながるのみならず、成人として当然もつべき能力に欠けているという意味で不名誉なことである（Nelson 1969: 100）。また、その技術はイヌイトにとってはごく当たり前の日常技術でありながら、イヌイトでない者にとっては驚異的な技術であり、欧米の主流社会の賞賛と驚嘆の的となってきた。そのため、序章でも紹介したように、ナヴィゲーションはイヌイトの肯定的なエスニック・アイデンティティの支柱の一つともなってきた（スチュアート 1995a: 53）。

こうしたことは、ナヴィゲーションの技術が「イヌイトのやり方」を具現する理想的な自己像、「真なるイヌイト（*inuinnaqtuq*）」に必須の属性の一つであることにもうかがうことができる（Brody 1975: 125–144, 1976: 189–202）。第一章で紹介したように、「賢明さ」（*ihuma*–）や「慈愛」（*naglik*–）という理想的パーソナリティによって特徴づけられる「真なるイヌイト」（Briggs 1968: 49–53, 1970: 358–364）とは、生業活動に必要な技術に長け、その技術を駆使して「大地《ヌナ》」（*nuna*）と一体化した生活をおくる人物である（Brody 1975: 125–144, 1976: 189–202, Fienup-Riodan 1986: 261–269, 1990a: 37–48, 71–80, 167–175, Stairs 1992: 117–118）。そうした「大地」と一体化した生活をおくるためには、ナヴィゲーションの技能は欠かせない。ナヴィゲーションは、イヌイトがかくあれかしと自らに望む理想の自己像に不可欠な技能として尊ばれているのである。

　こうしたイヌイトのナヴィゲーションの特徴は、行政村落に定住化し、一年のほとんどを定住村落で過ごすようになった今日においても変わっていない。次章で検討するように、現在でもイヌイトは、生業活動や他村落に定住している親族への訪問などのために、半径一〇〇～二〇〇キロにわたる広大なツンドラの地を頻繁に移動する。たしかに、かつてのイヌゾリやウミアック（*umiaq*：皮張りボート）がスノーモービルや船外機付きの金属製ボートに取って代わられるなど、移動のための装備が機械化された結果、移動時間が短縮されるなどの変化はみられる。しかし、その移動を行うためには、環境を読みとって目的地までの正確なルートを見いだすナヴィゲーションが必要とされることに変わりはない。

　このようにイヌイトのナヴィゲーションは個人的性格が強く、非体系的で非専門的な日常の生活技術であり、それを画一的に記述することは難しい。しかし、そうであるからといって、ナヴィゲーションで参照される共通の記号体系など、個人差を越えた共通性がないわけではない。そうした記号体系など、イヌイトのナヴィゲーションにみられる共通性については、スピンクとムーディー（Spink & Moodie 1972, 1976）、シメオン（Simeon 1982）、フォーテスキュー（Fortescue 1988）、大村（1995b, 2004b, 2006a）、マクドナルド（MacDonald 1998）などが明らかにしてきた。そこでは、空間を構造化するために使われる方位や地名などの記号体系、オリエンテーションとルート選択のために使われる環境の指標、ルートを維持して定針するために使われる環境の指標などが報告されている。次の二つの節では、こうした記号体系と環境の指標、つまり、ナヴィゲーションにかかわる記号体系としての文化について検討してゆこう[68]。

二　空間の構造——環境を構造化する記号体系

これまでの研究によって、[69] イヌイトに限らず、イヌイト／ユッピクのすべての地域集団に、方位や地名など、環境空間を構造化するための記号体系が共通してみられることが指摘されてきた。もちろん、こうした記号体系には地域集団による多様性があり、その細部は近隣の地域集団でもかなり異なっている。しかし、絶対方位と相対方位の組み合わせによる方位、地名のネットワークを構成する地名をはじめ、空間を構造化する記号体系とその構造を環境から読み取るための指標が使われている点では共通している。ここでは、環境空間を秩序づける枠組みとしてナヴィゲーションの基礎となり、オリエンテーションやルートの選択にあたって参照される記号体系と環境の指標について検討してゆこう。

相対方位と絶対方位

これまでに報告されているすべてのイヌイト／ユッピクの地域集団のオリエンテーション・システムについて比較検討したフォーテスキュー（Fortescue 1988）は、地形的特徴に対応した相対方位と卓越風による絶対方位からなる方位が、環境空間を秩序づけるための凡イヌイト／ユッピクの基本的枠組みとして、シベリアからグリーンランドにいたるまで共通にみられることを明らかにしている（Fortescue 1988: 5–6）。

（1）上／下（陸からみて海岸線や河川岸から離れる方向が上、海岸線や河川岸に近づく方向が下）

（2）左／右（海岸線あるいは河川岸に正対して）

（3）卓越風の方向

たとえば、マクドナルド（MacDonald 1998）が報告しているイグルーリク村（Igluulik）の場合、フォーテスキューの分析とドレ（Dorais 1978）によるイグルーリク方言の分析を重ね合わせると、相対方位と絶対方位の組み合わせからなる次のような環境空間の枠組みを推定することができる（図3－1）。

まず、おおむね北西から南東に向かう海岸線を横軸に、北西方向が上記2の「右」にあたるアヴンガ（*avunga*：原義は「あそこへ」）、南東方向が上記2の「左」にあたるカムンガ（*qamunga*：原義は「内へ」）、そして、北東から南西に向かう縦軸に、北東方向つまり海方向が上記1の「下」にあたるウヌンガ（*ununga*：原義は「下へ」）、逆の南西方向つまり内陸方向が「上」にあたるパウンガ（*paunga*：原義は「上へ」）という相対方位が設定される。さらに、この相対方位に重ねられるように、海岸線に沿った［アヴンガ（*avunga*：北西方向）―カムンガ（*qamunga*：南東方向）］の軸線上に［オアングナック（*uangnaq*：北西風）―ニゲック（*nigiq*：南東風）］の軸が、［ウヌンガ（*ununga*：北東方向＝海方向）―パウンガ（*paunga*：南西方向＝内陸方向）］の軸線上に［カナングナック（*kanangnaq*：北東風）―アキンナック（*akinnaq*：南西風）］の軸が設定される（MacDonald 1998: 173-182）。この卓越風による2軸4方位の絶対方位のうち優勢なのは、年間にわたって夜間に安定して吹くニゲック（*nigiq*：南東風）と昼間に強く不安定に吹く冷たいオアングナック（*uangnaq*：北西風）からなる

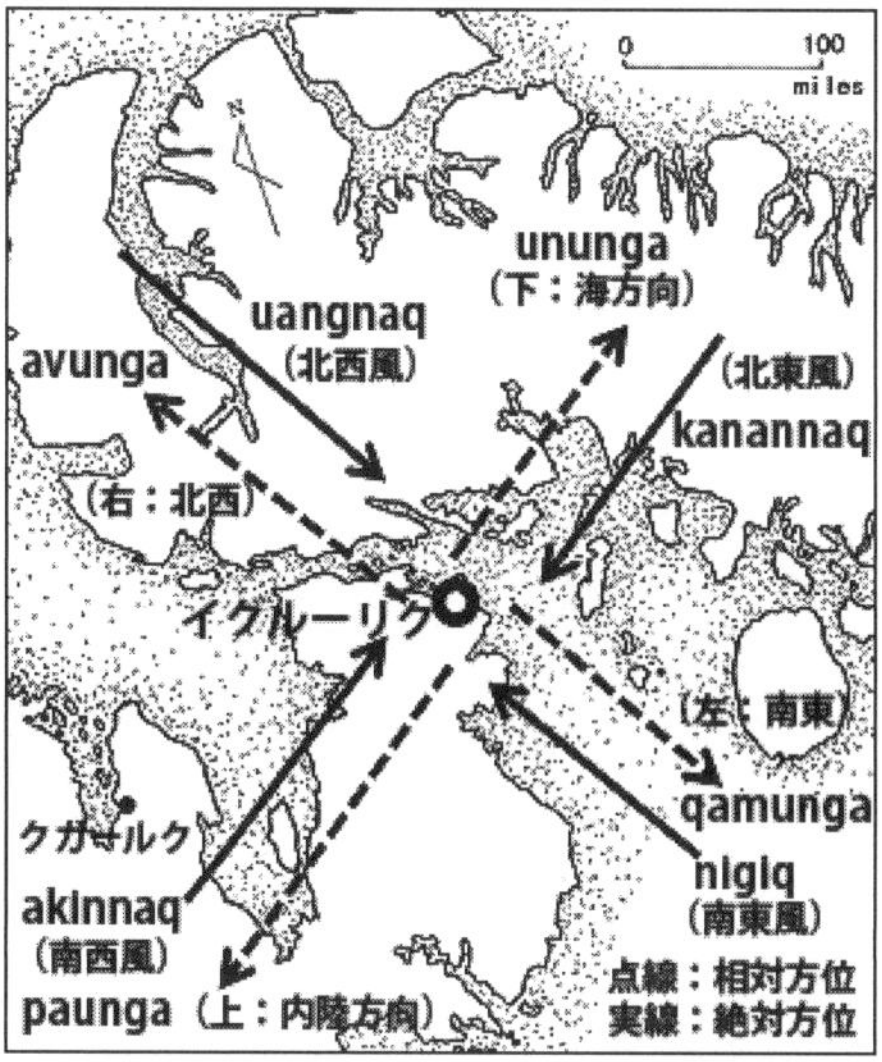

図3－1　イグルーリク村における相対方位と絶対方位（卓越風）

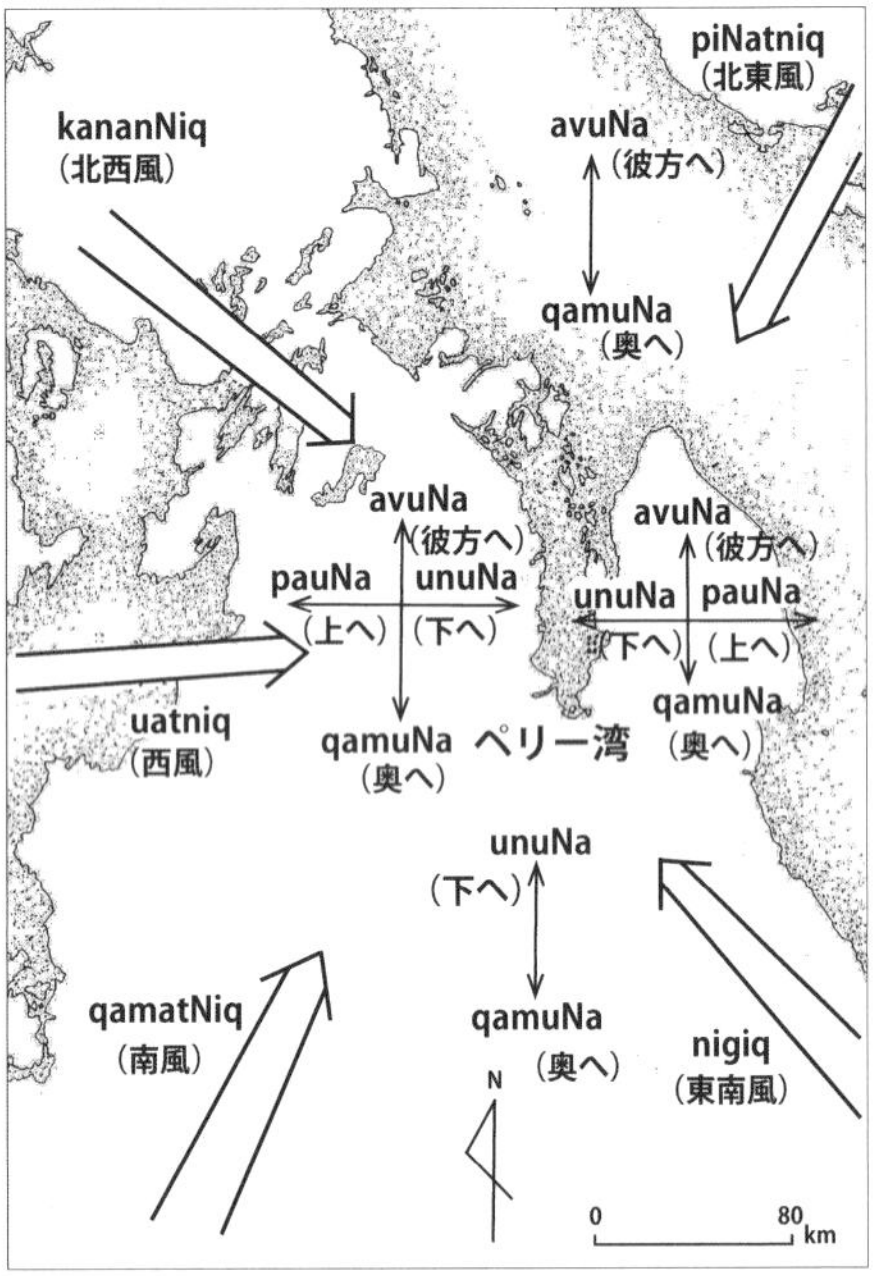

図3－2　クガールク村における相対方位と絶対方位（卓越風）

［南東風―北西風］の軸であり、この軸がイグルーリクの方位の基本軸となっている（MacDonald 1998: 180-181）。

また、私が調査を行ったクガールク村（Kugaaruk）の場合、この空間の枠組みは、地形的特徴に応じた相対方位と卓越風による絶対方位という二つの要素からなる点では同じだが、図3－2に示したようにもう少し複雑な様相をみせる。まず、この地域でもっとも大きなランドマークであるペリー湾に向かう方向が上記1の「下」にあたるウヌンガ（*unuNa*：原義は「下へ」）、その逆の方向が上記1の「上」にあたるパウンガ（*pauNa*：原義は「上へ」）となる。この［ウヌンガ（*unuNa*：湾方向）―パウンガ（*pauNa*：陸方向）］の軸と直交する軸の上に、湾口あるいは北極海に向かう方向が上記2の「右」にあたるアヴンガ（*avuNa*：原義は「あそこへ」あるいは「彼方へ」）、湾奥あるいは内陸に向かう方向が上記2の「左」にあたるカムンガ（*qamuNa*：原義は「内へ」あるいは「奥へ」）とされる。この相対方位はペリー湾を中心としており、ペリー湾の東岸と西岸では［アヴンガ（*avuNa*：湾口あるいは北極海方向）―カムンガ（*qamuNa*：湾奥あるいは内陸方向）］は一定だが、［ウヌンガ（*unuNa*：湾方向）―パウンガ（*pauNa*：陸方向）］は逆転する。

この相対方位の上に、卓越風によって定められる絶対方位が重ねられる（図3－2）。すなわち、ペリー湾を中心に東南がニゲック（*nigiq*：東南風）、西がオアッネック（*uatniq*：西風）、北西がカナンゲック（*kananNiq*：北西風）、南がカマッンゲック（*qamatNiq*：南風）、北東がピンガッネック（*piNatniq*：北東風）と呼ばれる。この五つの風のうち四つの風の方位は、近隣の定住村落の方位とおおむね一致しているとされ、それぞれニゲック（*nigiq*：東南風）はリパルス・ベイ（Repulse Bay）から、オアッネック（*uatniq*：西風）はジョー・ヘイブン（Gjoa Haven）から、カナンゲック（*kananNiq*：北西風）はスペンス・ベイ（Spence Bay）から、ピンガッネック（*piNatniq*：北東風）はイグルーリク（igluulik）から吹いてくるとされる。

イグルーリク村の場合と同様に、この卓越風による二軸五方位の絶対方位のうち優勢なのはニゲック（*nigiq*：東南風）とオアッネック（*uatniq*：西風）であり、この二つの卓越風による絶対方位がクガールク村における方位の基本軸となっている。このクガールク村の事例は、ペリー湾を中心とする放射状の構造になっており、相対方位の原義である「上—下」と「彼方—奥」を考慮すれば、口が湾口になるように仰向けに置かれた巨大な半縦割りの容器に卓越風が流れ込んでいるものとして理解することができる（図３－３）。

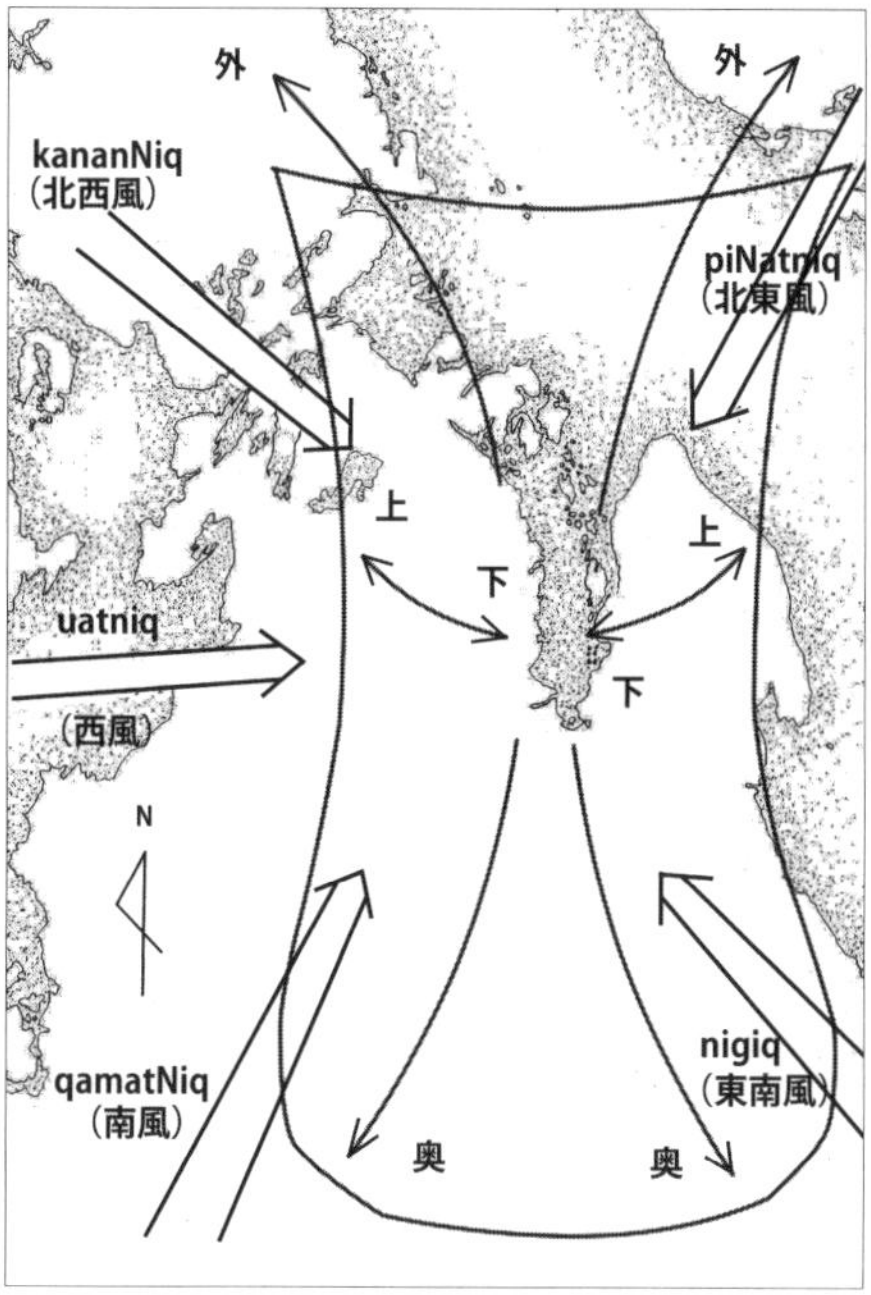

図３－３　相対方位と絶対方位で構造化されたクガールク村周辺地域の空間構造

もちろん、卓越風によって決められる絶対方位は、絶対方位とは言っても、それぞれの地域における優勢な風を基準としており、それぞれの地域に限れば、安定した方位軸を提供するが、別の地域に移れば変わってしまう。ペリー湾の東岸と西岸とで逆転するクガールク村の相対方位の事例のように、地形的条件に左右される相対方位が海岸線や河川の湾曲や蛇行に伴って変わってしまうのに比べて、卓越風による絶対方位は、地形に左右されずに一定の軸線を提供するという意味で絶対方位であるにすぎない。

しかし、こうした卓越風の名称は、フォーテスキュー（Fortescue 1988: 21）が明らかにしているように、イヌイト／ユッピクのすべての地域集団でほぼ共通しており、それぞれの地域ごとに少しずつ変わってゆく卓越風の方位を修正してゆけば、交易などの目的で他の地域集団と接触するための長距離の旅行が可能である。つまり、イヌイト／ユッピクのいかなる地域集団の成員も、この絶対方位を使えば、グリーンランドからロシアまで、自己の位置と方位を失うことなく旅することができる。また、そうした凡イヌイト／ユッピク的な規模の移動は現在でもほとんどなく、イヌイトが日常的に移動する最大でも数一〇〇キロの範囲内では、卓越風の方向はほぼ一定と考えて差し支えない。卓越風による方位は、環境空間の基本的枠組みとしてナヴィゲーションの基本マトリクスになっているのである。

ただし、相対方位と絶対方位のうち、日常生活で頻繁に使われるのは相対方位である。絶対方位は、地形的特徴に左右される相対方位を定位するナヴィゲーションの基本軸として重要な役割を果たすが、日常会話で触れられることはあまりない。他方で、相対方位は指示副詞で表されており、「ここ」や「あそこ」などの言い方の延長として頻繁に使われる。たとえば、私が調査したクガールク村では、村内で誰かの所在を尋ねたり、どこへ行くかを尋ねたりすると、普通はたった一語の指示副詞が返ってきて、それで終わりであり、また、それで十分である。「どこへ行くの？（*humunNaumiagaviit?*）」に対して、「下へ（*unuNa*）」つまり「ペリー湾へ」、あるいは「上へ（*pauNa*：つまりペリー湾から離れる陸側へ）」と返答され、卓越風による絶対方位が使われることはない。

このように日常生活では相対方位が一般的な空間認知の枠組みとして用いられ、地形的特徴の変動に左右されずにオリエンテーションを行う場合に卓越風による絶対方位が使われる。日常の空間を秩序づける記号体系としては、地形の変異に左右されはするが、指示副詞の延長である相対方位が使われ、その変動しやすい相対方位を不変の枠組みに定位する場合に限って、卓越風による絶対方位が使われるのである。

地名のネットワーク

もちろん、こうした相対方位と絶対方位は、環境空間を秩序づける大雑把な枠組みでしかない。先にナヴィゲーションの定義でみたように、多様な環境の条件を回避したり利用したりする必要があるイヌイトのナヴィゲーションでは、こうした方位による枠組みだけでは不十分であり、その枠組み内部をさらに細かく構造化する装置が必要である。そうした記号体系が、凡イヌイト／ユッピク的に存在する地名のネットワークである。

これまでに多くの人類学者によって[70]、イヌイト社会において地名が「大地」との絆の表徴として重要な役割を果たしていることが指摘されてきた。地名によって喚起される記憶の連想を通して「大地」との親密さを語るイヌイトの姿をはじめ（Briggs 1970: 34など）、地名と連動する記憶によって彩られた「メモリー・スケープ」（Nuttall 1992: 38）が「大地」との絆を具現していることが報告されている。また、記憶を起動する地名は、神話や物語のみならず、ナヴィゲーションの方法を逸話化して伝達する際の核ともなっている（Broddy 1976: 195–202; Correll 1976: 173–186; MacDonald 1998: 162–163, 188–190）。

このように地名が重要な役割を担うのは、地名が「ヌナッカチギート（*nunagatigiit*：「大地」を共にする者たち）」と呼ばれる地域集団のテリトリー（生活域）を構造化しているためである。地域集団のテリトリーはそれぞれの地域集団の方言で名づけられた地名の分布域と一致しており、その内部は地名のネットワークによって構造化されている（Brody 1976; Correll 1976; MacDonald 1998）。カリブー・イヌイト（Caribou Inuit）に分類されるさまざまな地域集団の地名について分析したコレル（Correll 1976: 174–176）によれば、それぞれの地域集団のテリトリーはそれぞれの方言で名づけられた地名の分布域と一致しており、形態論的に単純な地名ほどテリトリーの中心域に分布する傾向にある。地名にあらわれる方言差や地名の言語学的特徴によって、テリトリーが構造化されているのである。

また、コレルは、ナヴィゲーションに使われるルートに沿って地名を暗唱する子どもの早口遊びがあり、その早口遊びがナヴィゲーションの習得で重要な役割を果たしていると報告している（Correll 1976: 178）。それぞれの地

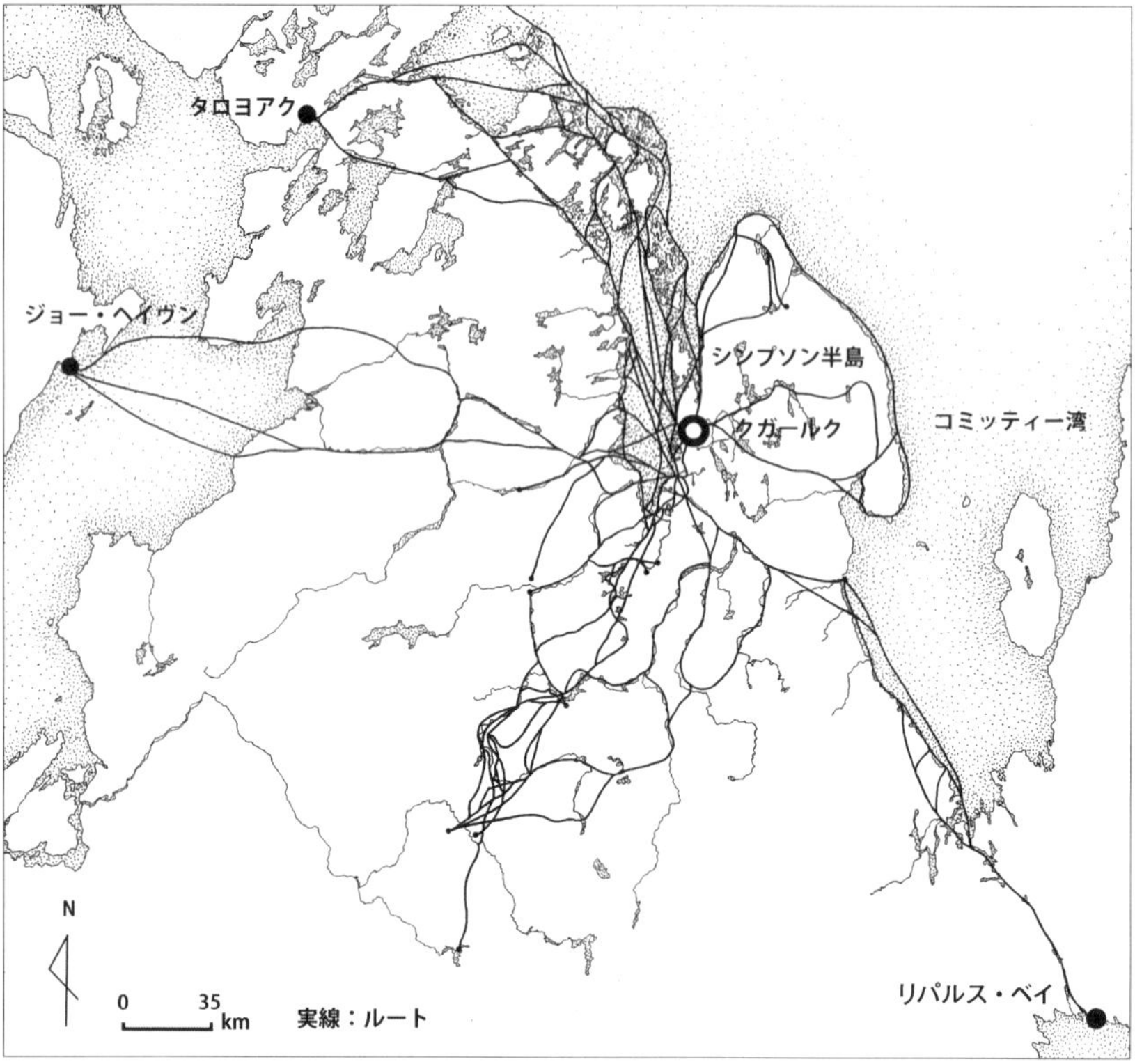

図3－4　クガールク村周辺地域に張り巡らされたルートのネットワーク

域集団のテリトリーの内部は、地名の連鎖によるルートのネットワークで構造化されており、早口遊びを通してそのネットワークを憶えることが、ナヴィゲーションにあたって参照される基本的な空間構造を習得する基礎となっているのである。

　これと同じような地名による環境空間の構造化は、私が調査を行ったクガールク村にもみられる（図3－4参照）。イヌイトのインフォーマントは、地名の方言差がテリトリーの外延を示していること、地名の覚え歌など、環境空間を構造化する地名のネットワークが存在することを示唆しており、実際、地名に関するインタビューでは、ルートに沿って地名を暗唱してくれた。旧北西準州の全域で調査を行ったブロディ（Brody 1976: 195-202）も、同様の地名のネットワークが凡イヌイト的に存在し、ナヴィゲーションにあたって重要な役割を果たしていることを指摘している。

このようにルートのネットワークとして空間を構造化している地名の多くは、名づけられた場所の地形的特徴や生態的特徴を表しており、この地名の意味がナヴィゲーションで重要な役割を果たしている（Brody 1976; MacDonald 1998; Muller-Wille 1983, 1984, 1987, 1996; Spink & Moodie 1972, 1976; Vezinet 1975）。イヌイトの地名には人名や事件などを記念する名称が少なく、そのほとんどが「大きな島」、「平坦な島」、「塩水湖」、「真水のあるところ」、「白身魚がいるところ」、「近道の水路」など、地形的あるいは生態的特徴を表しており、地名それ自体にナヴィゲーションや生業にかかわる情報が含まれている。そのため、地名の連鎖はルートに沿った移動で生じる地形的景観の連鎖を表すことになり、地名の連鎖によるルートのネットワークは環境空間を秩序づけるだけでなく、ナヴィゲーションに必要な基本的な地理的情報も提供することになる。たとえば、クガールク村から隣村のリパルス・ベイ村までのルートの一つにあらわれる地名の連鎖を日本語に直訳すれば、次のようになる。

「小さな川（*kugarRuk*）」—「高い（*kiNiktuq*）」—「平坦（*haalruq*）」—「大きな岬（*tikirarRuaq*）」—「とても大きな岬（*tikirarRuararRuk*）」—「濁っている（*ihuqtuq*）」—「内反りの崖（*kitiNuRaaq*）」—「大きな川のたまり（*qamanirRuaq*）」—「溪谷（*ilutuuq*）」—「川の水源（*aariaq*）」—「ライチョウの糞（*qiluqLuk*）」—「大きな待合い場所（*utaqqivigRuaq*）」—「大きな崖（*itnarRuaq*）」—「川幅が狭くなったところ（*qunNuarRuk*）」—「小さな頭（*niaqurnaq*）」—「大きなツンドラのボコボコ（*niaquptarRuaq*）」—意味不明（*inirRuararRuk*）—「川が大きく曲がるところ（*avalaqhaniq*）」—意味不明（*inirRuit*）—意味不明（*avalitquarRuk*）—意味不明（*piqqiq*）—「カモメがたくさんいるところ（*naujaalik*）」—「岸に沿って大きな岩が立ち並ぶ（*tatniq*）」—「たくさんのよい岩（*ujarattaat*）」—「内反りの崖（*kitiNuRaaq*）」—「大きな島（*qikiqtanajuk*）」—意味不明（*hunNurRuaq*）—「内反りの崖があるところ（*kitiNuRaalik*）」—「たくさんのヤナ（*haputit*）」—「陸封性のイワナがいる湖（*iviitaaruqtuuq*）」—「アザラシ

がいるところ（*nattilinajuk*）」―意味不明（*amithunajuk*）―「陸封性のイワナをとる場所（*iviitaaruqhiurvik*）」―意味不明（*aniggUqLik*）―意味不明（*amittujiuaq*）

この一例からも、地名の連鎖がそのままでナヴィゲーションの基本情報を提供していることがわかるだろう。ルート状に構造化された地名のネットワークは、先にみた相対方位と絶対方位によって設定される環境空間の枠組み内部を地理的情報と連動するルートのネットワークとして構造化しているのである。

空間を構造化するその他の記号体系

これまでに検討してきた相対方位と絶対方位、地名のネットワークに加えて、イヌイト語をはじめとするエスキモー語派の諸言語には、ナヴィゲーションのためだけに使われる記号体系ではないが、発話者と対象物あるいは対象物相互の空間的な位置関係を示す指示副詞など、空間の構造化に使われるさまざまな記号体系がある。これらの記号体系は日常会話で発話者が自己と対象の位置関係を構造化するために広く使われるが、ナヴィゲーションにかかわる情報について伝達する場合にも頻繁に使われる。そして、相対方位と絶対方位、地名のネットワークによって構造化された地理空間の内部で、ナヴィゲーションの実践主体と対象物あるいは対象物相互がどのような位置関係にあるかを示す。

（1）空間的位置関係を示す副詞的な名詞格

ユッピク語の名詞には、絶対格（absolutive）、関係格（relative）、位格（locative）、向格（allative）、奪格（ablative）、移動格（translocative）、等格（equalitive）の七種の格があり（宮岡 1978: 124–134）、イヌイト語の場合には、絶対格（absolutive）、関係格（relative）、位格（locative）、向格（allative）、奪格（ablative）、移動格（translocative）、

等格（equalitive）、様態格（modalis）の八種の格がある（Dorais 1990: 27）。このなかでも、位格、奪格、向格、移動格の四つの格は副詞的に用いられて、対象物の位置や話者と対象物の位置関係を示す。

たとえば、私が調査を行ったクガールク村のアッグヴィリグユアック（Arviligiuaq）下位方言の場合、位格、奪格、向格、移動格は、それぞれ、-mi、-min、-mun、-kkun という接尾辞で示され、「〜に位置する」、「〜から」、「〜へ向かって」、「〜を経由して」という意味を副詞的に表す。たとえば、「クガールク村で」は、クーッガーッグロッグミ（*KuuraarRurmi*：*KuuraarRuq* ＝クガールク村の地名＋-mi ＝位格）、「クガールク村からケレット川を経由してリパルス・ベイ村に向かって」は、クーッガーッグロッグミン（*KuuraarRurmin*：*KuuraarRuq* ＝クガールク村の地名＋-min ＝奪格）クーックン（*Kuukkun*：*Kuuk* ＝ケレット川＋-kkun ＝移動格）ナウヤーニムン（*Naujaanimun*：*Naujaani* ＝リパルス・ベイ村＋-mun ＝向格）となる。

この副詞的に用いられる四つの格は位置関係を表すもっとも基本的な記号としてしばしば使われ、先に紹介した地名の連鎖で示されるルートは、この四つの格のうち奪格と移動格と向格の三つの格を示す接尾辞を地名につけて並べることで表示される。

（2）指示副詞

これまでに多くの極北言語学者によって指摘されてきたように（Bergsland 1951, 1955, 1973; Denny 1980a, 1982; Dorais 1977, 1993; Fortescue 1988; Gagné 1968; 宮岡 1978, 1987; 大村 1995b, 2004b, Vezinet 1975）、エスキモー＝アリュート語族の諸言語は、方言による多様性はあるものの、高度に細分化された指示詞のシステムを発達させてきた。この指示詞から派生する指示副詞が、話者と対象物あるいは対象物相互の相対的な空間的位置関係を表すために頻繁に使われる。

たとえば、クガールク村のアッグヴィリグユアック下位方言では、私の調査によって表３－１のようなシステム

表３－１：クガールク村のアッグヴィリグユアック方言の指示詞

<table>
<tr><td colspan="2"></td><td colspan="2">視点の位置→</td><td colspan="2">発話主体</td><td colspan="2">発話主体以外</td></tr>
<tr><td colspan="2">対象の位置
↓</td><td colspan="2">対象の形態→</td><td>まとまりのある限定的な物体</td><td>拡がりのある非限定的な空間や平面</td><td>まとまりのある限定的な物体</td><td>拡がりのある非限定的な空間や平面</td></tr>
<tr><td colspan="2">視点に近い</td><td colspan="2"></td><td>uv-</td><td>hap-</td><td>taap-</td><td>tahap-</td></tr>
<tr><td rowspan="6">視点から遠い</td><td rowspan="5">空間</td><td colspan="2">水平方向</td><td>ik-</td><td>ak-</td><td>taik-</td><td>taak-</td></tr>
<tr><td rowspan="2">垂直方向</td><td>上</td><td>pik-</td><td>pak-</td><td>tatpik-</td><td>tatpar-</td></tr>
<tr><td>下</td><td>kat-</td><td>uk-</td><td>tatkat-</td><td>tauk-</td></tr>
<tr><td rowspan="2">内／外</td><td>外</td><td>kik-</td><td>qak-</td><td>tatkik-</td><td>tatqak-</td></tr>
<tr><td>内</td><td colspan="2">ikin-（外から内）qap-（内から奥に）</td><td colspan="2">taikin-（外から内）tatqap-（内から奥に）</td></tr>
<tr><td>時間</td><td></td><td></td><td colspan="2">ip-</td><td colspan="2">taip-</td></tr>
</table>

＜範例＞

una	これ（発話者の近くにある個体） uvani　発話者からみてこの地点に uvva!　ほら、これだよ！
taamna	これ（発話者から離れた別の視点（対話者や仮想された地点）からみて） taavva!　それだよ！（対話者からみて遠くにある個体）
hamani	発話者からみてこの周辺に
tahamani	発話者から離れた視点（対話者や仮想された地点）からみてこの周辺に
iNna	あれ（発話者からみて遠くにあるまとまりのある） ikka!　ほら、あれだ！
aNna	あれ（発話者からみてあの広がりのある）
taika	あれ（対話者からみて遠くの個体） taika! tuktu　ほら、あそこにカリブーだ！ taikani　発話者から離れた別の視点（対話者や仮想された地点）からみて水平方向に離れたあそこの地点に
piNna	あれ（発話者からみて上方向）
taparna	対話者などからみて上にあるあのあたり
uNna	発話者からみて下方向のあの広がりのあるもの
tatkinna	あれ（対話者などからみて下にある）
kinani	建物などの内側にいる発話者からみて外側のあそこの地点に
qamani	建物などの内側にいる発話者からみて、さらにその建物の内奥のあそこ周辺に
imna	あれ（目の前にはない過去のものや出来事を指して）
taiphumani	過去に、昔に

をなす二六の指示詞語幹が確認された。この指示詞語幹から派生する指示副詞が、話者と対象物あるいは対象物相互の相対的な空間的位置関係を表すために使われる。このアッグヴィリグユアック下位方言の場合、指示詞のシステムは、（1）指示主体と指示対象の相対的位置関係、（2）指示の基点の位置（指示の基点位置が発話者の場合／指示の基点位置が発話者以外の場合）、（3）指示対象の形状（指示対象がまとまりのある物体の場合／指示対象が拡がりのある平面や空間の場合）という三つの弁別素性によって体系づけられている。そのため、このシステムでは、それぞれの指示副詞によって、指示主体と指示対象の相対的な空間的位置関係と指示対象の形状が同時に表される。

たとえば、ウヴァニ（*uvani*）は「発話者からみてこの地点に」、ハマニ（*hamani*）は「発話者からみてこの周辺に」、ターマニ（*taamani*）は「発話者から離れた別の場所（たとえば、対話者や仮想された地点）からみてこの地点に」、タハマニ（*tahamani*）は「発話者から離れた別の場所（たとえば、対話者や仮想された地点）からみてこの周辺に」、タイカニ（*taikani*）は「発話者から離れた別の場所（たとえば、対話者や仮想された地点）からみて水平方向に離れたあそこの地点に」、ピカニ（*pikani*）は「発話者からみて上方向のあそこの地点に」、ウナニ（*unani*）は「発話者からみて下方向のあそこの周辺に」、キナニ（*kinani*）は「建物などの内側にいる発話者からみて外側のあそこの地点に」、カマニ（*qamani*）は「建物などの内側にいる発話者からみてさらにその建物の内奥のあそこ周辺に」を指す。

この指示副詞のシステムは、指示主体と指示対象の細かな空間的位置関係と指示対象の形状を同時に表すため、日常会話はもとより、ナヴィゲーションの情報を伝達する際にも、細かな位置関係を伝達する有効な記号体系としてしばしば使われる。なお、先にみた相対方位は、この指示副詞のシステムのうち、ak-（発話者からみてあそこの周辺）、qap-（建物などの内側にいる発話者からみてその建物の内奥のあそこ周辺）、uk-（発話者からみて下方向のあそこ周辺）、pak-（発話者からみて上方向のあそこ周辺）という四つの指示副詞が応用されたものである。

こうした名詞格や指示副詞に加えて、エスキモー語派の諸言語には空間的な位置関係を表現するためのさまざまな語彙がある。たとえば、私が調査を行ったクガールク村のアッグヴィリグユアック下位方言には、確認しただけで約五〇の空間的な位置関係を表示する語彙がある（Omura 1997）。これらの語彙も、日常会話はもとよりナヴィゲーションの情報を伝達する際に、細かな位置関係を伝達する記号としてしばしば使われる。

三　環境を読む鍵——ナヴィゲーションに利用される環境の指標(71)

これまでに検討してきたように、空間を構造化する方位と地名という二種類の記号体系がナヴィゲーションにあたって参照される基本的な空間の枠組みであり、この二種類の記号体系によって地理的空間に定位されるルートのネットワークに従えば、ルートの選択に困ることはほぼない。卓越風による絶対方位を軸に地形的特徴に応じた相対方位が設定され、その相対方位によって秩序づけられた環境空間が地理的情報を組み込まれた地名のルートのネットワークで覆われており、あたかも鉄道の路線図のように環境空間が構造化されている（一五六ページの図3－4参照）。むしろ、こうした地名のルートのネットワークは、地理的情報がすでに地名に組み込まれているため、人名や事件に由来する駅名が多い鉄道の路線図よりもはるかに便利なシステムである。

しかし、どんなに空間が緻密に構造化されていたとしても、ナヴィゲーションの実践主体の現在地がこうした空間の枠組みに正しく定位され、的確なルートが維持されねば、移動を行うことはできない。それでは、ナヴィゲーションを行うイヌイトは、方位と地名の記号体系によって構造化された空間に、どのように自己を定位し、どのように針路を維持しているのだろうか。ここでは、オリエンテーションの方法とルートの選択と定針の方法について概観し、そのために利用される環境の指標について検討しておこう。

オリエンテーションに利用される環境の指標

ナヴィゲーションにあたっては、記号体系によって秩序づけられた環境空間の構造のなかに自己を定位し、進むべき針路を特定するオリエンテーションの技術が必要になる。ここでは、このオリエンテーションの技術について概観し、そのために環境のどのような指標が読みとられているかについて検討してみよう。

(1) ルートに沿ったランドマークの記憶

当然のことながら、ナヴィゲーション、とくにオリエンテーションにあたってもっとも重要なのは、自己が移動してきた経緯を正確に把握しておくことである。先にみたように、それぞれの地域集団のテリトリーは相対方位と絶対方位の上に定位されたルートのネットワークで構造化されており、そのルートのネットワークから外れなければ、方位を失うことも道に迷うこともない。こうしたルートは長年にわたって使われてきたルートであり、移動効率のよい地形がすでに選ばれているため、移動手段がスノーモービルに移った今日でも、効率性と安全性に優れた信頼性の高いルートである (MacDonald 1998: 188-189)。

こうした主要ルートには、冬季にはソリやスノーモービルの轍《わだち》が多数残っている。もちろん、そうした轍には、間違ったルートをとった轍や猟で獲物を追いかけた轍もある。また、さまざまなルートが網の目のように交差しているので、轍を盲目的に辿れば迷ってしまう。しかし、そうした轍は大雑把な指標としては役に立つ。また、ルートは地形的特徴と連動した地名の連鎖としてあらわれるので、地名＝ランドマークの連鎖を順に辿ってゆくことでナヴィゲーションは自然に行われる。もちろん、先に触れた早口遊びや覚え歌などを通していかに地名を暗唱していたとしても、その記憶された地名＝ランドマークの連鎖が移動に伴う景観の連鎖と一致しなければ意味がない。オリエンテーションの基本は、このルートのどこに自己が位置しているかを把握することであり、その際に重要なのは、移動してきた経緯を正確に把握することである。

実際、イヌイトのナヴィゲーションでは何よりもルートを辿ることに重点が置かれている（MacDonald 1998: 188–191; Nelson 1969: 100–104）。また、はじめてのルートでは往路で地形的特徴の推移が徹底的に記憶される（Nelson 1969: 101–102）。私が調査を行ったクガールク村とケベック州のイヌクジュアク村（Inukjuak）の古老も、往路で地形的特徴を記憶することが重要であると指摘し、道に迷ったときには、よく知っている地形に出会うまで往路に覚えたルートを逆に辿ると証言している。また、北アラスカで調査を行ったネルソン（Nelson 1969: 103）によれば、往路の景観の連鎖が記憶されるだけでなく、地名＝ランドマーク間にかかる時間が時計や天体現象で計られて記憶され、復路でのルートの間違いが所要時間の違いで判断されるという。

一般に、夜間やブリザードで視界が悪くなり、ランドマークが見えなくなる場合には、目的地がどんなに近くても移動をやめ、天候が回復して視界がよくなるまで待つのが原則である（Nelson 1969: 103）。私も熟練ハンターや古老たちから、ブリザードや深い霧に遭遇して周囲の景観を視認することができなくなるような状況に直面した場合、冬季にはイグル（雪の家）をつくり、夏季にはテントをはって、周囲の景観がよく見えるようになるまで現在地を動かないように再三戒められた。また、ボートを流してしまうような強い風が吹きはじめた場合には、ボートを安全な場所に避難させ、風が止むまで待つことが最善の策となる。周囲の状況がわからないままに動き回れば、迷ってしまうだけでなく、燃料と体力を消耗してしまう。また、強い風が吹いているときにボートで移動しようとすれば、風に流されてしまうだけでなく、ボートが転覆して水死してしまう。

実際、周囲の状況が確認できないブリザードや霧のなかで無理に移動しようとしたために道に迷い、燃料を失って遭難した若者の話をしばしば耳にした。たとえば、二〇〇二年の八月に船外機付きボートでイッカククジラ猟に出ていた若者のハンティング・パーティは、深い霧にもかかわらず村まで帰ろうとして遭難してしまったという。深い霧がはっていても水面近くの岸辺は視認できるため、彼らはその視認できる岸辺に沿って島づたいに村に帰れるだろうと考えた。しかし、村付近の海岸に着くはずの時間になってもいっこうに村は見えず、最後には燃料がつきてしまった。しばらくして霧が晴れたのでまわりを見渡してみると、自分たちが出発点と同じ場所にいることがわかった。彼らは島づたいに村に向かっているつもりで、同じ島の周りを何回もまわっていただけだったのである。

また、ある若者は二〇〇一年の一二月に、スノーモービルでクガールク村の隣村のタロヨアクからその隣村のジョー・ヘイブン（図3-7、一八四頁参照）に向かう途中で、ブリザードに見舞われたにもかかわらず、無理に旅をつづけようとして遭難してしまったという。彼はGPS（全地球位置測定システム）をもっていたため、ブリザードのなかでもGPSに従っていれば道に迷うことはないと考えた。しかし、GPSの読み方を間違えて、正しい進路から九〇度ずれたルートをとってしまった。最後にはスノーモービルの燃料がつきて立ち往生してしまい、無線で助けを呼び、救助されたという。このように若者がブリザードや深い霧のなかでむやみに旅をつづけようとして遭難してしまった例は多く、こうした例をひきながら、古老や熟練ハンターはブリザードや深い霧に襲われたら現在地に留まることがもっとも適切であると繰り返した。

こうしたことからも、ナヴィゲーションに使われる基本的な指標がルートに沿ったランドマークであることをうかがうことができる。オリエンテーションの基礎は、まずルートを地名の連鎖として憶え、そのルートにあらわれる地名＝ランドマークと実際の景観を対応させながら、その対応関係が移動に伴って移ってゆく様子を記憶することである。実際、次章で検討するように、たとえ何十年前のルートであっても、イヌイトは自分が移動したルートの一つ一つを物語のかたちで詳細に記憶している。ルートを地名の連鎖としてだけでなく、景観や出来事の推移として記憶することがナヴィゲーションの基本なのである。

（2）雪紋（サスツルギ：sasturugi, snowdrift）

オリエンテーションにおいてルートに沿ったランドマークの記憶の次に重要な役割を果たすのが、卓越風によって形成される雪紋（気象学の術語でサスツルギと呼ばれる）である（Boas 1888; Carpenter 1973; Fortescue 1988; MacDonald 1998; Nelson 1969; 大村 1995b, 2006a; Spink & Moodie 1972, 1976; Simeon 1982）。

「ハンターはソリの上に座り、風を受けない方向に顔を向け、前を見たり息をしたりするための小さな穴を除いて、すっかりパーカーを閉じてしまうのが普通である。それでも、ハンターはパーカーに吹きつける風で自己の位置を確認し、同じ方向を保ちつづけている」というカーペンター（Carpenter 1955: 11, 1973: 23）の記述にあるように、かつての研究では、イヌイトのナヴィゲーションにおける風の重要性が強調されてきた（Boas 1888; Carpenter 1955, 1973; Carpenter, Varley & Flaherty 1959; Fortescue 1988; Nelson 1969; 大村 1995b; Spink & Moodie 1972, 1976; Simeon 1982など）。しかし、風向きは変わりやすいため、風それ自体はナヴィゲーションに適さない。

実際、多くのイヌイトは風そのものにたよることの危険性を指摘している（MacDonald 1998: 173–182）。たしかに、風のなかでも卓越風の風向は、長い時間幅でみれば一定であり、絶対方位を定位する基準として重要である。しかし、いかに卓越風といえども天候の推移に伴って風向きが刻々と変化するため、卓越風そのものにたよるのは危険である。しかし、その卓越風によって生じる雪紋は、風向きの一時的な変化と関係なく卓越風の方向に沿って成形されるため、卓越風による絶対方位を知るための有効な指標となる。

マクドナルド（MacDonald 1998: 173–182）とネルソン（Nelson 1969: 104–105）は、オリエンテーションの有効な指標となる雪紋に次の二種類があることを報告している（図3－5参照）。

その一つは、障害物のない平坦な平原や海氷上にできる雪紋で、マクドナルドが調査を行った中部極北圏のイグルーリクでは、オッカルッガック（*uqalurraq*：原義は「舌のようなもの」）（MacDonald 1998: 174）、ネルソンが調査を行った北アラスカではカイウフラク（*kaiuhulak*）（Nelson 1969:105）と呼ばれている。マクドナルドによれば、このオッカルッガックは、イグルーリクにおいてもっとも冷たい風、オアングナック（*uaNnaq*：北西風）によって生じる舌のような形状の雪紋である。その舌の先は風が吹いてくる北西方向に常に向いており、次のようなプロセスで形成される。

まず、冬のはじめに積雪をもたらすニゲック（*nigiq*：東南風）のブリザードによってウルアングナイト（*uluaN-nait*：原義は「頬のようなもの」）と呼ばれる大きな柔らかい雪の小山ができる。その後、冷たいオアングナック（*uaNnaq*：北西風）によって、このウルアングナイトが細長く浸食されると同時に固められ、舌のような形状に整形される。このオッカルッガックの舌先は、イグルーリクではその舌先の形状を整形するオアングナック（北西風）が吹いてくる北西を、ネルソンが調査を行った北アラスカでは北東を向いている。

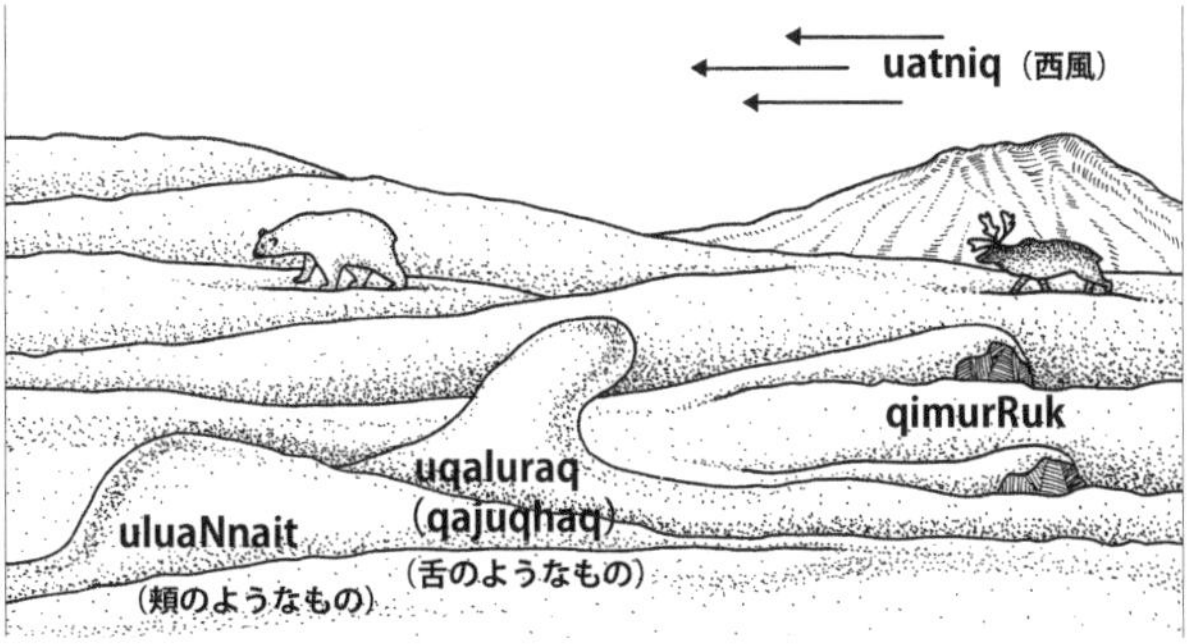

図3－5　クガールク村でのさまざまな雪紋（サスツルギ）

もう一種類の雪紋は、障害物の風下に生じる先細りの細長い雪紋であり、イグルーリクではケムグユク（*qimugjuk*：原義は「畝」）、北アラスカではマウヤ（*mauya*）と呼ばれる。この雪紋も、空間構造の基本軸となる卓越風、つまり、イグルーリクではオアングナック（北西風）、北アラスカでは北東風によって生じる雪紋である。ただし、その先細りの先端は、上記のオッカルッガックあるいはカイウフラクの舌先が向いている方向とは逆方向、つまり、イグルーリクでは東南、北アラスカでは南西を向いている。

私が調査を行ったクガールク村でも、イグルーリクの場合とほぼ同じ雪紋を使ったオリエンテーションが確認された。ただし、オッカルッガックはカヨックハック（*qajuqhaq*）という名称で、ケムグユクはケモッグルク（*qimurRuk*）という名称で呼ばれている。また、クガールク村では、卓越風の軸線が東西であるため、雪紋はイグルーリクでの「北西―東南」の軸線ではなく、「東―西」の軸線を示している。

このように卓越風による絶対方位を表示する二種類の雪紋は、オリエンテーションにあたって重要な指標となる。この雪紋を見つけだせば、その雪紋を軸線に目的地の方位を割り出すことができる。しかし、この雪紋を見つけだすことは容易なことではない。極北圏にできる雪紋は、卓越風によって整形され、卓越風による絶対方位を示す雪紋ばかりではない。さまざまな方向から吹いてくる突発的なブリザードによって一時的に整形される多様な方向を向いた雪紋もある。突発的なブリザードの風向きは卓越風の風向きと同じであるとは限らず、実際、表雪上にはさまざまな方向の雪紋が刻まれる。したがって、オリエンテーションにあたっては、そうした一時的に整形される多様な方向を向いた雪紋から卓越風を示す雪紋を見わけねばならない。

その識別は次のように行われる。卓越風による絶対方位を示す二種類の雪紋はどちらも、積雪がはじまる冬季のはじめに冷たい卓越風によって堅く整形された根雪でできている。その結果として、一時的なブリザードで生じる雪紋よりもはるかに堅い（MacDonald 1998: 174-175; Nelson 1969: 105）。そのため、ごく最近のブリザードによる柔らかい表雪を除去し、突発的なブリザードによって柔らかい表雪の上に生じたさまざまな方向の柔らかい雪紋を取り除くと、絶対方位を示す根雪でできた堅牢な雪紋があらわれる（MacDonald 1998: 174-175）。こうした識別方法は、私が調査を行ったクガールク村でもみられた。一人の熟練ハンターによれば、雪紋を足で蹴ることで、その堅さを判断することができるという。

もちろん、こうした雪紋の種類を見わけるためには、根雪と表雪の雪質の違いはもちろん、その年々の初積雪をもたらすブリザードの風向き、毎日の風向きの微妙な違いなど、毎日の気象状態の変動を知っていなければならない。こうした詳細な観察が必要であるという意味で、正しい雪紋を見わけることは決して簡単なことではない。表3-2（一八一頁）に示したように、イヌイト語では雪質の違いが細かく表され、雪紋の見わけはもちろん、さまざまな目的のために雪質や風向きを表すための記号が準備されている。雪紋を見わけるためのみならず、さまざまな目的のために、雪質や風向きの微妙な違いに注意を払うことがイヌイトにとっていかに重要であるかが、ここに示唆されている。また、次章でも紹介するように、折をみては頻繁に風向きや積雪や降雪の状態などの気象現象を入念にチェックするイヌイトの姿が報告されている（MacDonald 1998: 180–181）。地味な作業ではあるが、雪紋の見わけに限らず、天候の予測など、さまざまな目的のために、日々の天候の微妙な違いに絶えず注意を払うことが重要なのである。

もちろん、こうした日々の観察に基づいて、表雪上にできる一時的な雪紋をオリエンテーションに使うこともある。とくに積雪が十分でなかったり、根雪の雪紋が未成長であったりするような場合、その日毎の風で生じる小さく壊れやすい一時的な雪紋（カングチクルイト：*kanngutikuluit*）をはじめ、海氷の表面にブリザードによって細かく刻まれた筋（イパクユガイト：*ipakjugait*）が利用される（MacDonald 1998: 178）。

いずれの雪紋の場合も、絶対方位を確実に示す信頼性の高い指標ではあるが、さまざまな気象条件によって微妙に変動するため、雪紋を正確に読みとることは易しいことではない。この雪紋のイヌア（*inua*：人物）が意地悪であるとされていることにも（Rasmussen 1929: 73）、この読みとりの難しさがよくあらわれている。さまざまな雪紋を見わけてオリエンテーションに利用することには、気象学的な現象の観察と分析に基づいて状況に合わせた方略を考え出すことが要求されるのである。

（3）天体現象

太陽、月、星などの天体現象をオリエンテーションに利用するかどうかには個人差が大きい（MacDonald 1998: 164-173）。これまでに検討してきたように、オリエンテーションの基本はルートに沿ったランドマークの記憶と雪紋の読みとりであり、天体現象の利用はあくまでもこの二つの基本的な指標の補助手段である（MacDonald 1998: 173）。

高緯度にある極北圏では白夜と長夜があり、日の出と日の入りの地点は日毎に大きく移動するため、天体の出没地点は、雪紋にあらわれる卓越風の絶対方位ほど安定性がない。また、ケベック州のような低緯度極北以外では、北極星も天頂近くに位置するため、信頼性の高い指標とはならない（MacDonald 1998: 169-173）。さらに、極北圏の空は雪靄がかかっていたり曇っていたりすることが多く（MacDonald 1998: 12）、天体にたよることができない場合も多いという。このように理由はさまざまであるにせよ、星にたよって遭難した人々の物語が記録されているなど（Carpenter 1973: 22）、天体現象は信頼性の高い指標とは考えられていない（Gubser 1965: 195; Lyon 1824: 342; Simeon 1982: 42）。

もちろん、ランドマークが視界にない海氷上や外海に流れ出した浮氷上で、緊急の措置として天体現象がオリエンテーションに使われる場合もある。季節による太陽や月や星の位置と運動の違いを把握していれば、おおよその方位を知ることができるからである。たとえば、クガールク村のハンターの一人は、太陽を利用してブリザードのなかを村に無事に帰り着いた経験を語ってくれた。

彼は二〇〇二年の二月にスノーモービルでカリブー猟に出かけた帰路、突然ブリザードに襲われた。一般にブリザードに襲われた場合、即座にイグルーをつくり、その地点でブリザードがおさまるのを待つのが最善の策だが、このときには、現在地と村との距離が短いことがわかっていたので、そのまま帰ることにした。周囲は白い闇で覆われ、スノーモービルの轍すら見えなかったが、ブリザードを通して太陽だけはぼんやり見えた。しかも、時計をもっており、二月のその時間に太陽がだいたい村の方角にあることがわかっていたので、ぼんやりと見える太陽を目標にすすみつづけた。しばらくスノーモービルですすむと緩やかな上り坂になり、その坂を上りきったところで、自分がハッレックと呼ばれる場所にいることに気づいた。このハッレックはペリー湾東岸の岸辺一帯の高台で、その高台の南側を降りたところに村に通じるクガールク川があることを知っていた。そこで、その地点で左に曲がり、太陽を右四五度に見ながらすすんだ。すると、予想通りにクガールク川に出たので、その川を下って無事に村に帰り着いたという。

こうした緊急の場合に使われる天体には、この事例にある太陽（*hiqiniq*）と月（*taqiq*）はもちろんのこと、大熊座（*Tukturjuit*：原義は「たくさんのカリブー」）、双子座と御者座（*Quturjuuk*：原義は「鎖骨」）、オリオン座の三ツ星（*Ullaktut*：原義は「走る者たち、追いかける者たち」）、北極星（*Nuututtiuq*：原義は「決して動かない」）、プレアデス星団（*Sakiattiak*：原義は「胸骨」）、牛飼い座（*Sivulliik*：原義は「先頭の二人」）、オリオン座（*Akuttujuuk*：原義は「遠く離れた二つのもの」）、シリウス（*Singuuriq*：原義は「明滅するもの、震えるもの」）などがあり、ここに列挙した順によく使われる（MacDonald 1998: 168）。これらの星や星座はいずれも、よく目立つ明るい天体であり、イヌイトに広く知られている神話を伴う。ただし、先にも述べたように、こうした天体をナヴィゲーションに使うのはあくまで緊急の場合であり、利用する場合も、日毎に移ろってゆく天体の運動を計算に入れねばならない（MacDonald 1998: 164–173）。

たしかに、イグルーリクでは北極星がオアングナック（北西風）の絶対方位を探すために使われたり（MacDonald 1998: 170）、南バフィン島地域では陸の見えないバフィン島南方海域にいる場合、大熊座がバフィン島の方位を知るために使われたりするなど、天体現象をオリエンテーションに利用する事例がいくつか報告されている（MacDonald 1998: 169）。しかし、著名なイヌゾリ使いのハンターでありながら、北極星を知らない古老がいたり、オリエンテーションの手段として天体にまったく信用をおいていない古老も数多くいたりする（MacDonald 1998: 170–172）。

むしろ、天体現象は周期的な運動を示すため、季節や時間の測定に重要な役割を果たす。また、そうした天体の運動を計算に入れたうえで、ルートを維持して定針するための手段として使われる（MacDonald 1998: 164–173）。このことは私が調査を行ったクガールク村にもあてはまる。私がインタビューを行った古老によれば、天体はオリエンテーションのためではなく、季節を知ったり針路を維持したりするために使ったという。

（4）オーロラ（*aqsarniit*）

北アラスカでは、オーロラが東―西にわたって空を横切ることが多いため、オーロラが東西を示す指標としてオリエンテーションに使われる（Nelson 1969: 138）。ただし、マクドナルド（MacDonald 1998: 185）によれば、オーロラが南の空にあらわれるイグルーリクでは、あまり使われない。クガールク村でもオーロラの利用は確認できなかった。

（5）空に映った地図（sky-map: *tunguniq*）

均一な色彩の雲が空一面にかかっているときには、その表面に地上の様子が映ることがある。雪のない地面と開けた海は黒色、真っ白な海氷は白色、雪に被われた地面は灰色で雲の上に映るので（Stefansson 1912: 298）、その様子を観察すると、かなり遠方まで地形の様子を知ることができる。この空に映った地図はナヴィゲーションに有効で、空の地図を使うイヌイトの姿を初期の探検家はしばしば目撃している（Parry 1824: xx, 378; Spink & Moodie 1972: 24）。また、今日でもイグルーリクでは、空に映った地図が使われているという（MacDonald 1998: 184）。ただし、クガールク村で私はその利用を確認することができなかった。

（6）蜃気楼（*puikkaqtuq*：原義は「ひょっこりあらわれる」）

極北圏ではしばしば蜃気楼が見られる。この蜃気楼もナヴィゲーションに使われるという（MacDonald 1998: 185）。蜃気楼は開氷面や海氷面の上に水平線下の地形の逆像が浮かび上がる現象であり、使い方は空に映った地図と同じである。この蜃気楼についても私はクガールク村で確認することができなかった。

(7) 海流

雪紋や天体などの指標が使えないときや海氷上を移動するとき、海流がオリエンテーションに有効な指標として使われるという(MacDonald 1998:183-184)。この際、海流の方向を知るために「ケッコアック」(*qiqquaq*：ケルプ)と呼ばれる海草がよく使われる(MacDonald 1998: 183)。ケルプは軽い根の部分が水面に浮き、重い上部の組織が水面下に沈んで海流にたなびく。そのため、この上部組織のたなびく方向が海流の流れてゆく方向を示すことになる。こうしたケルプがない場合、銛《もり》の柄を流して海流の流れを見ることもあるという(MacDonald 1998: 184)。

ただし、オリエンテーションに海流を使う場合には、その海域の地形的特徴、水深、海流の方向などについて精度の高い詳細な情報が必要とされる。こうした海流の知識はとくにアザラシやセイウチなどの海棲哺乳類の狩猟に不可欠なため、イヌイトは海流に詳しい(Brody 1976: 210)。オリエンテーションでの海流の利用は、こうした生業と結びついた知識の応用である。また、陸に固定されている定着氷(land-fast ice)から沖合にすすむにつれて、陸側方向、なぎ、沖合方向という三つの段階を経て、海流の方向が変わることが知られている。この海流の方向の違いを読んで、浮氷から無事に定着氷に移り、一命をとりとめた人々の物語も伝えられている(MacDonald 1998: 184)。私が調査を行ったクガールク村でもアザラシを主とする海棲哺乳類の狩猟はさかんであり、クガールク村のイヌイトもペリー湾周辺海域の海流をナヴィゲーションに利用していることが予測される。しかし、この点については未調査であり、参与観察でも確認することはできなかった。

(8) 動植物の習性

これまでに紹介してきた指標が使えない場合、動物の行動習性がオリエンテーションのための指標に使われることがある(MacDonald 1998: 186)。陸を視認することのできない海上で、アビやホッキョクアジサシなどの海鳥が採餌のために陸上の巣から海上に出て引き返す運動を利用し、巣に戻る海鳥を追跡することで陸に辿り着いたハンターの逸話をはじめ、北風が吹くと陸方向に移動するセイウチを追跡することで陸に辿り着いたハンターの逸話が報告されている（MacDonald 1998: 186）。こうした動物の行動習性を利用したオリエンテーションは、海流の利用と同様に、生業と結びついた知識の応用である。私が調査を行ったクガールク村でも、この方法が使われている可能性があるが、確認することはできなかった。ただし、植物は風向きになびくかたちで生えるため、雪紋が使えない夏季には植物のなびきが雪紋の代わりになるという話を何度か聞いたことがある。

（9）イヌ（*qinmiq*）による補助

今日では移動手段の主流はイヌゾリからスノーモービルに移っているが、イヌゾリで移動する場合には、優れたイヌがナビゲーターとして頼りになる（Nelson 1969: 100–101）。優れたイヌはルートや定住村落の位置を覚えており、嗅覚を使って往路を正確に引き返すこともできる。私もクガールク村とイヌクジュアク村で、イヌがナビゲーターとして頼りになるという話を何度も耳にした。イヌゾリの場合、アザラシの肉や魚など、イヌの餌が大量に必要になり、その餌をさまざまな方法で補給しなければならない。また、移動速度も遅く、イヌの訓練と操作にも手間と技術が必要である。しかし、ガソリンやメンテナンスに現金が必要となるスノーモービルにくらべて現金経費がかからず、ナビゲーターや緊急の食料になるという点で、イヌはスノーモービルに勝るとも劣らないという。ただし、現在でもイヌゾリ・チームは存在するが、移動手段の主流ではない。

（10）氷河の痕跡（*naqsak*）

ケベック州のイヌクジュアク村で、ナックサク（*naqsak*）と呼ばれる氷河の痕跡がオリエンテーションに使われているという話を古老から聞いたことがある。ヌナヴィク（Nunavik：極北ケベック）全域の岩盤上には、かつて氷河によって削られた痕跡が北西—南東に向かって筋状に残っており、この筋状の岩盤をオリエンテーションに使うという。ただし、こうした氷河の痕跡によるオリエンテーションをクガールク村では確認できなかった。氷河の痕跡を利用するオリエンテーションは、ヌナヴィクの地形的特性を活かしたオリエンテーションであると推定される。

（11）イヌクシュク（*inukhuk*：原義は「人間のようなもの」）

イヌクシュクとは「人間のようなもの」という意味であり、低いものは四〇〜五〇㎝、高いものでも一七〇㎝程度の高さの石積みである（次頁の写真3－2参照）。イヌクシュクはカリブーの追い込み猟では、ハンターの「寡黙な協力者（silent partner）」（スチュアート 1990b: 77）として人間の代役をつとめ、カリブーの群の針路を誘導するためにも使われるが、道標として使われることもある（Hallendy 1994; MacDonald 1998; Simeon 1982; スチュアート 1990b）。

道標として使われるイヌクシュクは、目立ったランドマーク、とくに島や山の頂上に築かれていることが多い。極北圏では森林がないため、こうしたイヌクシュクは遠方からでも視認することができる。一般にイヌクシュクは古くからあるものとされ、古いとされるものには、神話的な先住民族であるトゥニト（*Tunit*）によって造られたとされるものもある。ただし、私が調査を行ったクガールク村では、こうしたイヌクシュクには、二〇世紀前半に宣教師がランドマークの随所に建造した目印や十字架なども含まれる。最近では、ドラム缶を組み立てた新素材のイヌクシュクをはじめ、迷いやすい平原や大きな湖氷上にルートに沿ってドラム缶を並べた列状のイヌクシュクなどもある。

また、先発のハンティング・パーティがイヌクシュクの上に方向を指す石を置き、後続のハンターや家族に行く先を残したり、道具や食料の貯蔵場所を示したりする場合もある（MacDonald 1998: 190; スチュアート 1990b: 76-77）

写真３－２　クガールク村の裏にあるイヌクシュク
（カナダ、ヌナヴト準州、クガールク、2011年３月、杉山由季撮影）

（図３－６参照）。この場合、イヌクシュクのように大がかりなものを建造するだけでなく、雪を盛り上げた雪塚にホッキョクヤナギの枝や長い棒などを正しい方向に傾けて刺すなど、さまざまな方法が使われる（Nelson 1969: 103-104）。迷った時に引き返すべきルートの目印を残しておいたり、後続のパーティに針路を教えたりするために、このようなさまざまな方法で重要な岐路に標識をつけることは広く一般に行われている。私もインタビューで図３－６にみられるようなマーキングの事例をしばしば耳にした。

また、イグルー（*iglu*：ドーム状の雪家）の頂上でアザラシの脂のランプに点灯し、キャンプの位置を知らせたり、岩盤上で燃料となる植物（*ikLu*）を燃やしてのろしをあげ、現在地を知らせたりする方法も耳にした。のろしは私自身もイヌイトと一緒にあげたことがある。ただし、現在では、ハンティング・パーティは無線機を常備し、ペリー湾周辺に展開中のすべてのハンティング・パーティが無線を通して絶え間なく連絡をとっており、後続のパーティに針路を教える場合には、無線を使うのが一般的である。

（12）その他の新しい指標

これまでに紹介してきた指標以外にも、一九六〇年代以来の社会・文化の変化に伴って新しく取り入れられた指標がいくつか報告されている。

　とくに一九五〇年代以後に激化した冷戦のもと、北米大陸極北圏に張り巡らされた合衆国空軍とカナダ空軍の早期警戒システム（DEW Line）のレーダー・サイトやアンテナ群は、遠くからでも視認できる目立ったランドマークとして頻繁に利用される（MacDonald 1998: 190–191, Nelson 1969: 137–138）。私が調査を行ったクガールク村でも、ペリー湾周辺でもっとも標高の高い山上にレーダー・サイトが建設されており、よく目立つランドマークとして使われている。これらレーダー・サイトやアンテナ群には夜間にビーコンが点灯するため、これら空軍の施設は夜間の指標としても頻繁に利用される。また、今日ではイヌイトが暮らす定住村落も電化され、村落には飛行場が付随しているため、夜間には家々や街灯の灯り、飛行場のビーコンや探照灯などで村落の上空はかなり明るくなり、夜間に定住村落に帰るハンティング・パーティには有効な目標となる。

図３－６　道標として使われるイヌクシュク
（クガールクのイリンニアックチチリが1993年に描いてくれた描画。先行したハンターの後を家族がイヌクシュクをたよりに追いかけている）

　また、ほぼすべてのハンターにゆき渡っているさまざまな種類の無線機とアンテナを、パッシヴ・レーダーと同じ要領でナヴィゲーションに利用するという話も聞いたことがある。今日ではすべての定住村落にラジオ放送局や無線通信機があり、定住村落からは常に電波が発信されている。指向性アンテナを三六〇度旋回させながら定住村落からの電波の強弱を計測すれば、定住村落にアンテナを向けたときに受信の強さが最大となるため、その方向が定住村落を指すことになる。さらに、今日では、人工衛星からの信号によって精確に現在地を特定して目的地の方位と距離を割り出すGPS（全地球位置測定システム）が、イヌイトの間でも使われるようになっている。

ただし、私が知る限り、GPSはあまり使われることはない。たしかに私がしばしば行動を共にしたハンティング・パーティの若者の一人は通販でGPSを購入し、ハンティングに持ち歩いていたが、使ってはおらず、熟練ハンターの多くはGPSに興味を抱くことすらなかった。むしろ、そのようなものを使わずとも自在に移動することができると誇りをもって語る。また、今日では、ほぼすべてのハンターがカナダ資源省作成の一／二五〇〇〇〇地形図を持っている。次章で詳しく検討するように、多くのイヌイトは地形図を読むことを好み、自宅でハンティングの様子を話すときに頻繁に地形図を使う。しかし、地図をハンティングに持ち歩くイヌイトを見たことは一度もない。もちろん、磁極に近いクガールク村では、本章冒頭にあげたド・ポンザンのことばにあるように、コンパスは役に立たない。

ルートの選択と定針の方法

ナヴィゲーションにあっては、オリエンテーションによって自己の位置を確認して針路を決めるだけでなく、決めた針路を維持しなければならない。とくに冬季には一面が氷雪に覆われてモノクロームの世界になる極北圏では、針路を一定に保つのは易しいことではない。イヌイトに限らず、人間が移動する場合には、直進することはめったになく、直進しているつもりでも針路は右か左にずれてしまう。一般に道に迷うと同じ場所に戻ってしまうと言われるが、直進しているつもりでも右か左にずれて大きく環を描いてしまうためである。とくに広大な雪原では、こうした針路の湾曲はよくおきるため、定針するためには何らかの基準が必要となる。もちろん、直進のための定針は時間と燃料の節約の点からも重要な意味をもっており、経済的で効率的な移動を行うためには欠かせない。

また、このように定針して直進するだけでなく、場合によっては臨機応変に針路を変更して危険な場所を回避する必要もある。海氷は均一な厚さではなく、氷が薄い場所もあり、そうした危険な氷上を避けねばならない。また、夏季でも水上の移動では浅瀬や暗礁を避ける必要がある。ここで最後に、海氷や雪や水面下の状態を知るための方法をはじめ、ルートを選択して定針するための方法について検討しておこう。

(1) ランドマークと天体現象による定針

昼間は遠方の山頂などのランドマークを使った定針が、夜間は天体を使った定針が行われる(MacDonald 1998: 164-173)。この定針に使われるランドマークと天体には決まったものはなく、針路を固定するために適したものがその時々に選ばれて使われる。遠方の尖った山頂や地平線に近い明るい天体など、針路を固定しやすいものが選ばれる。よく使われる天体はオリエンテーションに使われる天体と同じであり、神話を伴う明るい天体が多い。

定針の方法としては、進行方向正面に定針の基準となるランドマークをもってくることもあれば、定針の基準を進行方向に対して九〇度あるいは二七〇度の位置に置くこともある。後者の場合には、定針の基準となるランドマークや天体が常に右手あるいは左手にあるように針路を固定することになる。ただし、天体を用いる場合には、先にも触れたように、時間の経過につれて天体が地平線に沿って移動してしまうため、この移動を打ち消すために、一定の時間ごとに定針の基準となる天体を逆時計回りに徐々に変えてゆかねばならない。かつて時計がない時代には、天体を定針に使う場合、自己の移動時間を天体の運動と連動させる高度な技術が必要とされた。今日では、このためにもっぱら時計による時間の計測が行われる。

定針のためだけでなく、往路と復路の所用時間の違いでルートの間違いを判断したりするため、ハンティングの間、イヌイトは時間に几帳面であり、私が行動を共にした熟練ハンターは時計の所持を怠らなかった。また、私がフィールド・ノートに時間の記録をつけていることが彼に知られると、地名＝ランドマーク間にかかった所要時間を頻繁に聞かれることになり、一時期、私のフィールド・ノートはナヴィゲーションの道具となっていた。

（2）氷雪の状態によるルートの選択

よく知られているように、イヌイト語では氷雪を表す語が細分化されており（宮岡 1978, 1987; Nelson 1969; Dorais 1990, 1993; 大村 1996a; Omura 1998）、氷雪の状態を示すための精妙な記号が準備されている。たとえば、ヌナヴィク（Nunavik）のイヌイト語方言では、二五種類の異なった状態の雪それぞれを示す語彙があり（Dorais 1990: 205; 1993: 73-74）、私が調査を行ったクガールク村にも多様な氷雪の状態を表す語彙がある（表3－2）。また、私が行った色彩語彙の調査では、微妙な色合いを区別するために、一〇種類以上の異なった氷雪や水の状態を示す語彙が比喩として使われていることが明らかになった。イヌイトは氷雪や水の状態の違いを微妙な色彩の差異で見わけているのである（大村 1996a: Omura 1998）。

一般に薄くて危険な海氷は黒っぽく、厚く安全になるに従って明るい灰色になることが知られており、この違いを見わけることがルートの微調整にあたって重要になる（Nelson 1969: 16-20）。また、私がインタビューした古老は黄色がかった明るい緑をヒクルクトック（*hikuluktuq*：原義は「悪い海氷」）、青をヒクギクトック（*hikugiktuq*：原義は「良い海氷」）と呼んでおり、海氷の明るさからだけでなく、色彩からも海氷の状態が読まれていることが示唆されている。実際、私は海氷の色合いから氷の状態を判断して移動のルートを定めるイヌイトの姿をしばしば目にした。色彩を手がかりに氷雪の状態を見わけ、その微妙な違いから通行に危険か安全かを判断しているのである。

これまでにイヌイトのナヴィゲーションで使われる記号体系と環境の指標について概観し、極北の環境空間が方

表3-2　クガールクのアッグヴィリグユアック方言の氷雪をめぐる語彙の事例

aijuraq	氷の割れ目（潮や風の影響で冬の海氷が割れて開き、その後に氷がもう一度はる氷の割れ目、凍っては開き、開いては凍るを繰り返す）
ainniq	海や湖や川の氷の割れ目（凍って閉じることなく、開きつづける）
aittuq	開氷面（真冬）
akiluit	破氷の山（割れた氷が風と汐で一つに圧縮されてできた氷の山）
aliguq	氷（できたての透き通った）、新鮮な氷
aniu	雪（水をつくるための）
aNmaniq	開氷面（春）：aNmaRuq（春の氷の割れ目）
apiRuq	雪で覆われている
aput（aputi）	雪（積雪）
aqilluqaq	雪（新しく降りたての柔らかい雪）
aukkarniq	水位の変化のために生じた開氷面
auktuqtuq	雪や氷が溶ける、霜解けする、氷解する
auviq	雪の塊、雪ブロック（イグルーの建築材料）
harliq	氷山（上が平らで丘がいくつもあるラフな氷山）
hiku	氷：hikuaqtuq（氷が張りつつある、凍りはじめた氷）
hikugiktuq	透明な氷（湖と川だけ；海は塩水なので透明にはならない）
hikuliaq	氷（できたての若い新しい氷で、流氷のような漂氷）
hikuluktuq	透明ではない氷
illauRaq	キャンドル雪
ivuniraarRuk	海岸に密集した圧縮された乱氷
ivvuit	プレッシャー・リッジ（氷丘脈：海氷や湖氷の膨張と収縮の繰り返しによって生じる亀裂）
mahak	溶けかけの雪：mahaktuq（雪が溶けつつある）
maniRuq	湖岸の氷上の水（氷が岸から離れた結果できる開氷面）
miNuliq	雪（降りつつある粉雪）：miNuliqtuq（粉雪が降っている）
natiruviaqtuq	地表や氷表を這う雪風が吹いている
nilaq	氷（結晶状）：nilaq qurluaq（つらら）
patuk	霜（白霜）、霜柱、地面の上の少しの雪
piqalujak	氷山
piqhiqtuq	雪嵐、吹雪、ブリザード
pittaq	氷穴（自然もしくは人工）
pukak	雪（砂糖雪、砂糖のようにきめ細かく白い雪）
puktaaq	氷山（山状）
qajukhaq	雪溜まり（形状がカモの頭に似ている）
qanniq	降雪、雪片： qanniqtuq（軽く柔らかい雪が降る）
qimurRuk	長い雪溜まり、雪土手、雪堤
qulluqhimaRuq	薄い湖氷の割れ目
qurluNniq	氷と氷がぶつかってできる小山（海や湖）
qutniq	厚い湖氷の割れ目
tuvaq	氷原、浮氷（平坦）、陸に繋がっている氷原

位と地名のネットワークによっていかに構造化されているのか、そして、オリエンテーションとルートの選択および定針にあたって、その構造化された環境空間のどのような指標が読みとられているかについて検討してきた。見慣れない者には茫漠とした拡がりにしか見えない極北の環境空間は方位によって構造化され、地名のネットワークで網の目のように覆われており、そこにはオリエンテーションとルートの選択および定針に使われる指標がちりばめられているのである。

もはやここまでくれば、イヌイトのナヴィゲーションが、記号体系によって高度に構造化された環境空間の枠組みに自己を定位し、周囲の環境から地理学的要素や気象学的要素や生態学的要素など、さまざまな要素が複雑に絡み合った多様な情報を読みとり、その読みとった情報を総合的に判断することで展開される複雑な知的活動であることは明らかだろう。ナヴィゲーションは、環境空間を高度に構造化する記号体系に精通し、積み重ねられた経験によって微細な情報を環境から読みとる熟練を要求される技術であり、そうであるからこそ、成人としての成熟度を計る基準となり、イヌイトの肯定的なエスニック・アイデンティティの支柱となっているのである。

それでは、こうしたナヴィゲーションは、イヌイト社会のどのような歴史的背景と社会・政治・経済的背景に位置づけられているのだろうか。本章の後半では、次章でナヴィゲーションの実態を明らかにするための準備作業として、私が調査を行ったクガールク村を中心に、ナヴィゲーションをめぐる歴史的背景と社会・政治・経済的背景を概観し、ナヴィゲーションという日常の生活実践がエスニシティの表徴になる背景を明らかにしてゆこう。

四　クガールク村のアッグヴィリグユアッグミウト――ナヴィゲーションの歴史的背景

私がナヴィゲーションに関する調査を行ったのは、カナダのヌナヴト準州（Nunavut Territory：調査当時は北西準州Northwest Territories）にあるクガールク村（Kugaaruk：調査当時はPelly Bay）である。このクガールク村は北緯六八度三二分、西経八九度四九分に位置し（図3－7参照）、主にアッグヴィリグユアッグミウト（*Arviligjuarmiut*）と呼ばれる地縁共同体の人々が暮らしている。この人々の話す言語は、イヌイト語のネツリク方言（Natsiling-miutut）の下位方言の一つであるアッグヴィリグユアック下位方言（Arviligjuaq）である（この下位方言の音素体系と本書でのアルファベット表記法は一八四頁の表3－3参照）。このクガールク村で私は一九八九年より延べ九回、約一六ヶ月間にわたって民族学的調査を行ってきた。

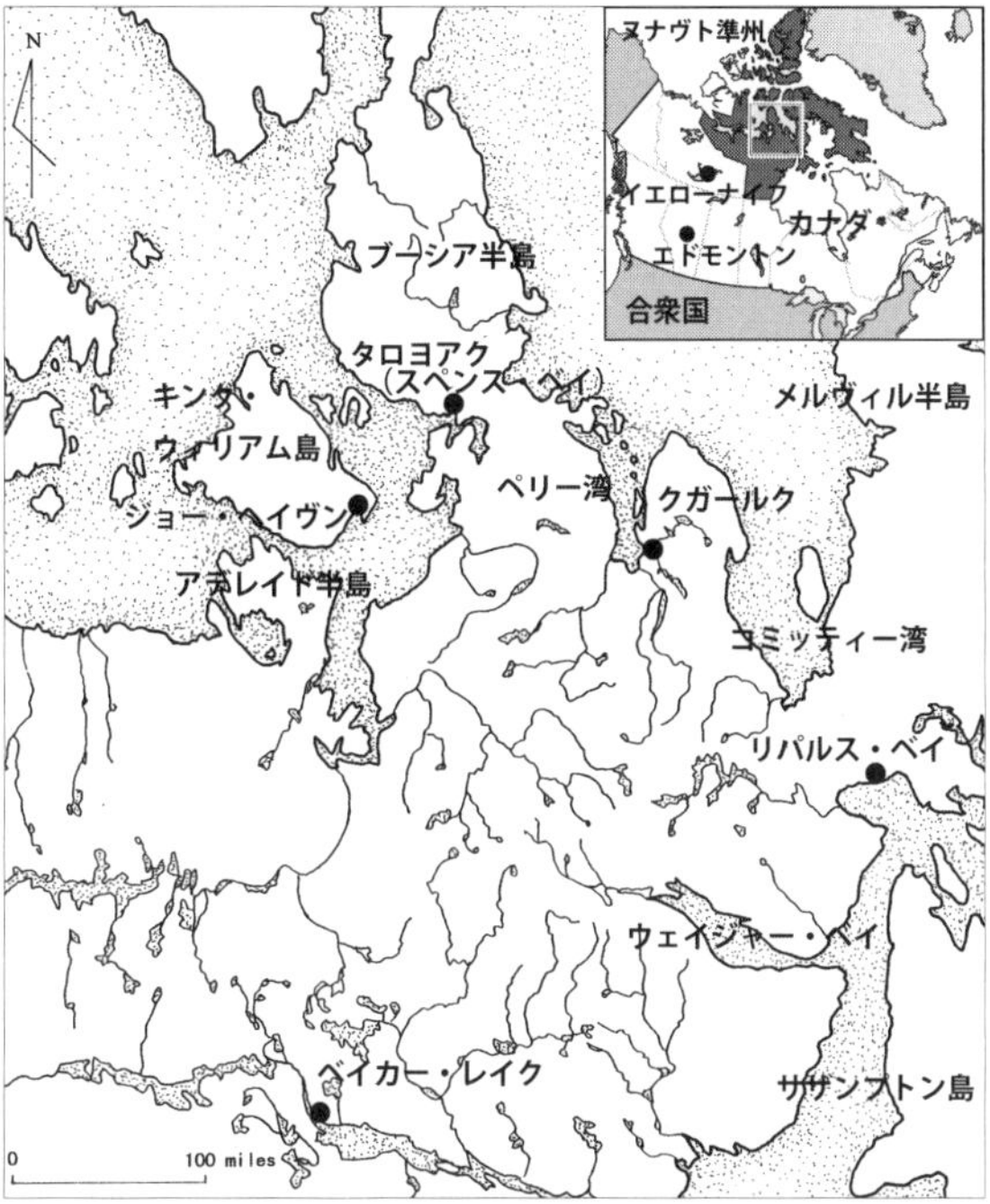

図3－7　ヌナヴト準州のクガールク村の周辺地域

アッグヴィリグユアッグミウトはクガールク村に一九六〇年代に定住化する以前には、現地方言でアッグヴィリグユアック（*Arviligjuaq*：大きなホッキョククジラ）と呼ばれているペリー（Pelly）湾周辺の半径一五〇km～二〇〇kmにおよぶ地域を生活領域（テリトリー）とし、そこで狩猟・漁労・罠猟・採集からなる生業経済と季節周期的な移動を柱とする生活を営んでいた。この定住化以前のアッグヴィリグユアッグミウトの社会と文化については、今世紀前半にペリー湾周辺で民族学的調査を行ったラスムッセン（Rasmussen 1931）、定住化以前の社会と文化を再構成するために一九六〇年代にクガールク村で民族学的調査を行ったバリクシ

表３－３　アッグヴィリグユアック方言の音素体系（Omura 1998; Stewart & Omura 2007）

（A）母音		前舌	中舌	後舌
	狭	/i/		/u/
	広		/a/	

（B）子音	両唇音	唇歯音	歯茎音	そり舌音	口蓋音	軟口蓋音	口蓋垂音	声門音
無声閉鎖音	/p/		/t/			/k/	/q/	
有声摩擦音		/v/				/γ/	/R/	
無声摩擦音								/h/
有声摩擦わたり音				/r/	/j/			
有声摩擦側音			/l/					
無声摩擦側音			/ł/					
鼻音	/m/		/n/			/ŋ/		

＜本書でのイヌイト語表記＞

母音：/i/=i, /a/=a, /u/=u

子音：/p/=p, /t/=t, /k/=k, /q/=q, /v/=v, /γ/=g, /R/=r, /m/=m, /n/=n, /ŋ/=N, /j/=j, /r/=R, /l/=l, /ł/=L, /h/=h

(Balikci 1964, 1970, 1978, 1984) をはじめ、多数の研究が行われてきた[72]。

とくにバリクシは過酷な自然環境に対するアッグヴィリグユアッグミウトの見事な適応の機構を生態人類学の立場から明らかにした。このバリクシによる生態人類学的な研究の成果が教育映画 (Balikci 1968) として発表されたこともあって、アッグヴィリグユアッグミウトの定住化以前の生活は「イヌイトの典型的な生活様式」として学界の内外に広く知られている。ここではまず、これまでの調査と研究が明らかにしてきた定住化以前のアッグヴィリグユアッグミウトの生業と社会構造についてまとめておこう[73]。

冬と夏のサイクル——生態環境、生業活動、社会構造

アッグヴィリグユアッグミウトが定住化以前に暮らしていた地域はカナダ中部極北圏のツンドラ地帯にあり、その気候は低温低湿の典型的な極北サバク気候である。長く寒い冬（一月の平均気温：マイナス三二℃）と短く涼しい夏（七月の平均気温：一〇℃以下）、少ない降水量（年間降水量：二三〇㎜）によって特徴づけられ、一年のうちの約一ヶ月間は、太陽の沈まない白夜と太陽の昇らない長夜である。長い冬季には地表と海面はほぼ一面氷雪に覆われ、短い夏季にあらわれる地表にも高木は生育しない。地衣類と限られた種類の

植物以外には、永久凍土層上の湿原と岩肌が露出するツンドラの光景が広がる。土壌はほとんど堆積しておらず、先カンブリア時代のカナダ楯状地が優勢であり、標高三九〇ｍの山はあるものの、地形は概して平坦である。ただし、湾を囲い込むように連なる山々、数多くの川や湖、海岸線の起伏、湾に浮かぶ数多くの島々など、それなりに多様な地形が形成されている。

こうした気候と地形のもとに、カリブー（北米トナカイ）、ジャコウウシ、ジリス、ホッキョクグマ、オオカミ、クズリ、タビネズミなどの陸上哺乳類、ワモンアザラシ、アゴヒゲアザラシ、シロイルカなどの海棲哺乳類、ホッキョクイワナ、シロマス、マスなどの魚類、カモ、ガン、ハクチョウ、ライチョウ、カモメなどの鳥類が繁殖しており、これらの多種多様な動物の肉や内臓や卵、数種類のベリー類が人々の食卓にのぼっていた。

このような環境のなかで、一九五〇年代に定住化する以前、アッグヴィリグユアッグミウトは狩猟・漁労・罠猟・採集からなる生業経済を営み、環境や獲物の周期的な変動に合わせた季節周期的な移動生活を送っていた。そうした定住化以前に展開されていたアッグヴィリグユアッグミウトの生業活動と社会生活の年間周期（次頁の図3－8参照）は、一二月ごろから六月ごろまでの冬季と六月から一一月ごろまでの夏季のサイクルとしてとらえることができる。

冬季（*ukiuq*）には、海氷上でのアザラシ猟と若干のホッキョクグマ猟が行われ、陸上で生業活動は行われなかった。この時季の住居は海氷上に造られたイグルー（*iglu*）と呼ばれる雪の家であり、ほとんどの生活が海氷上ですごされていた。この冬季には、夏季から秋季にかけて分散していた二〇人～三〇人ほどの限定イラギート（*ilagiimariktuq*：字義通りの意味は「真なるイラギート」）と呼ばれる拡大家族集団がいくつか集まり、六〇人～一〇〇人ほどからなる冬のキャンプ集団がいくつか形成された。限定イラギートは、最年長の有能な男性ハンターでイホマタック（*ihumataq*）と呼ばれるリーダーによって率いられていたが、このイホマタックの影響力は限定イラギート内に限られ、冬季キャンプを統括するリーダーは存在しなかった。

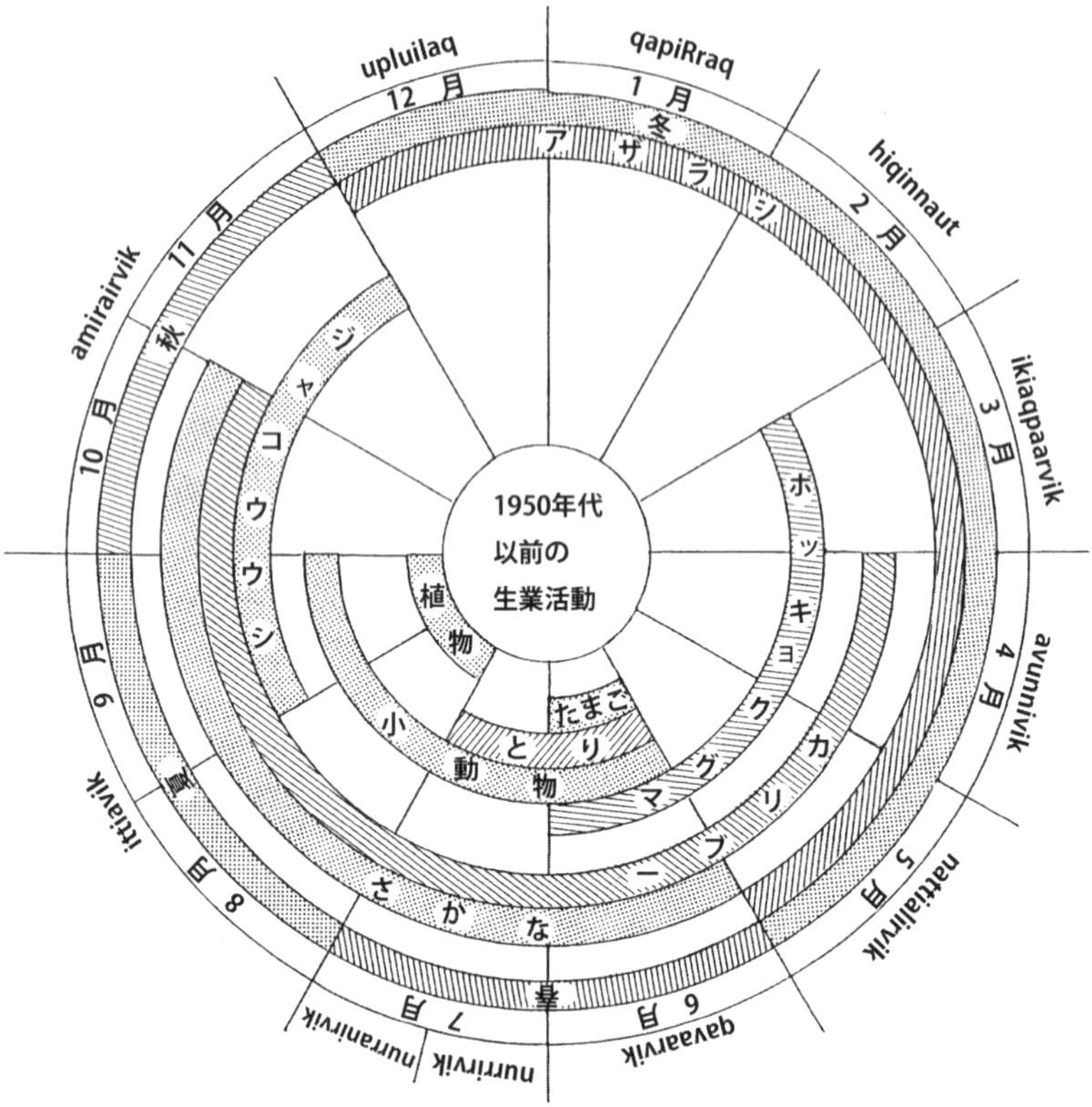

qapiRraq：一年中で最も寒い　hiqinnaut：太陽の暖かさが感じられてくる　ikiaqpaarvik：太陽が長く留まりはじめる時期　avunnivik：早生まれのアザラシが生まれてすぐ死ぬ時期　nattialirvik：仔アザラシが生まれる時期　qavaarvik：アザラシの毛が白から黒に生えかわる時期　nurrirvik：仔カリブーが生まれる時期　nurranirvik：メスのカリブーが仔カリブーを連れている時期　ittiavik：鳥の羽が生え変わる時期　amirairvik：仔カリブーの枝角の皮がはげ落ちる時期　upluilaq：陽光がなくなる

魚：ホッキョクイワナ、マス、ホワイトフィシュ
小動物：ジリス、ウサギ、タビネズミ（レミング）
鳥：ケワタガモ、ガン、アビ、ツル
植物：コケモモなどのベリー類

図3－8　1950年代以前の生業カレンダー

この冬季キャンプは年間を通じてもっとも大きいキャンプであった。この時季のアザラシ猟には、多人数のハンターの協働が必要だったからである。アザラシは哺乳類であるためにエラをもたず、水中では呼吸することができないため、氷の比較的薄い部分に、海面に出て呼吸するための呼吸穴をつくる。冬季のアザラシ猟では、この呼吸穴でハンターがアザラシを待ち伏せて狩るが、この呼吸穴は無数につくられるため、同時に多数の呼吸穴で待ち伏せせねばならない。そのために多数のハンターの協働が必要とされる。この冬季には、必要に応じて夏季に陸上の石造貯蔵施設に蓄えた干し魚や干し肉も食べられたが、主食は生や煮たアザラシだった。また、この冬季のキャンプには公共の大きなイグルーが造られ、そこでドラム・ダンスや会食、シャマンによる儀礼などが行われた。

七月上旬に海氷が急速に溶けだし、陸上の雪があらかた消えて湖と川の氷が溶けだすと、海氷上のアザラシ猟は終わりを告げて春（*upiNaq*）の漁労がはじまる。冬季のキャンプは解散し、二〇～三〇人前後の限定イラギートごとに湖や川の漁場の近くに移動する。湖の氷が溶けはじめると開水面が生じるが、そこに集まるマスをヤスで採ったり、湖から海に群れをなして下るホッキョクイワナを川に築いたヤナで採ったりするのである。この時季には、南の森林地帯からカリブーが北上してくるため、カリブー猟も行われた。しかし、この時季のカリブーは痩せていて脂が少なく、毛が抜けて毛質が悪いため、積極的に狩られることはなかった。春は漁労の季節であり、採った魚はその場で食べられたり、三枚におろされて天日で干され、冬の保存食として貯蔵されたりした。この時季の食の中心は生魚つまり刺身（皮をとっていない生）であった。

この春を境に夏季（*auRaq*）がはじまり、一一月ごろの秋（*ukiaq*）にいたるまで、陸上で多様な生業活動がくりひろげられた。海にはアザラシも多数いるが、海上のアザラシは狩るのが難しいため、アザラシ猟は行われなかった。その代わり、海に戻っていた多数のホッキョクイワナが産卵のために群れをなして川を遡上する八月と九月にかけて、ヤナでの漁労が本格化する。それと同時に、ツンドラに分散したカリブーが弓矢で狩られるようになる。弓矢は射程距離が短いため、猟法は待ち伏せと忍び寄りが主だったが、カリブーは警戒心が強いため、猟は容易ではなかった。カリブーはそれほど採れるわけではなかったが、それでも大量に採れる魚とともに、この時季によく食べられた。また、ライチョウやカモメが狩られ、その卵やこの時期に実るコケモモやクロイチゴなどのベリー類が採集されて食べられた。そのため、主食は魚でありつづけたが、食の内容はかなり多様で、調理法も魚や肉のスープやカリブー肉の石焼きなど多様であった。

九月下旬に初雪が降ると、ツンドラに分散していたカリブーが二五〜一〇〇頭の群れをなして南への季節移動をはじめ、その移動は一〇月中旬に湖や川が凍りはじめると本格化する。この秋が本格的なカリブー猟の時季である。大群で移動するカリブーの群れは、川が狭くなっているところをはじめ、湖に突き出した岬など、泳ぎ渡る距離が短くなる場所に殺到する。ハンターはこうした場所で待ち伏せしたり、湖にカリブーを追い込んで泳いでいるカリブーにカヤックで接近したりする方法を駆使しながら、槍や弓矢でカリブーを狩った。この方法は効率的で、多い時には一回の猟で数十頭のカリブーをしとめることもできた。こうして採られたカリブーはそのままで、あるいは煮られたり石焼きにされたりして食べられたが、天日で干されて保存食として貯蔵もされた。この季節にも漁労はつづけられ、若干のジャコウウシ猟も行われたが、ジャコウウシはこの地域には少なかったため、大きな比重を占めなかった。この時季の主食はカリブーと魚であった。

一〇月下旬から一一月にかけて生業活動はほぼ停止し、さまざまな猟場や漁場を点々と移動してきた限定イラギートは、服作りのためのキャンプを海岸に設営する。春から秋にかけて漁労とカリブー猟が行われている間、また、海氷上に移ってから三月にアザラシが仔を産むまでの間は、針仕事がタブーとなり、この海岸キャンプで一年分の衣服をつくらねばならない。また、この時季は人々が服作りの合間を縫って踊りや歌やゲームに興じる時季でもあった。生業活動は行われなかったが、春から秋にかけて大量に採れた魚やカリブーの蓄えがあり、年間を通じてもっとも食料が豊かな時季であった。こうして再び冬が訪れ、人々は海氷上の冬季キャンプに戻っていった。もちろん、こうした季節移動の時期はその年々の気象条件や獲物の多寡によって変動するが、こうした生業活動や社会生活のパターンは基本的には変わらなかった。

このように定住化以前のアッグヴィリグユアッグミウトの社会は、かつてモースが指摘したように、イラギートと呼ばれる親族を核とする社会組織が、冬季と夏季のサイクルに従って増減を繰り返すシステムとなっていた。その社会組織は血縁と婚姻によって形成され、系譜関係に基づく親族関係を基礎としていた。こうした親族関係に加えて、配偶者交換関係、養子縁組関係、同名者関係、助産人関係、婚約者関係、アザラシ肉分配関係、歌のパートナー関係、冗談のパートナー関係、名前回避のパートナー関係など、二人一組を基礎とする擬制親族関係も結ばれていた。これら擬制親族関係は、キャンプの成員間の平等な食べものの分配をうながしたり、親族関係にない拡大家族集団を統合したりするなどの役割を果たしていた。また、二〇世紀前半にイヌイトがキリスト教に改宗する以前には、イヌアの世界理解のパラダイムに従って生業活動や社会生活に多様なタブーが課せられており、宗教的な権威者としてシャマンが病気や災害に対処し、社会を統合する役割を果たしていた。

アッグヴィリグユアッグミウトの歴史

現在、こうしたアッグヴィリグユアッグミウトの大多数はクガールク村と呼ばれる定住村落に定住しており、季節移動生活をつづけているアッグヴィリグユアッグミウトはいない。アッグヴィリグユアッグミウトを含むイヌイトの定住化は、第二次大戦後の冷戦の勃発とともにカナダ極北圏の戦略的重要性が増すと同時に極北圏の資源への関心が高まった一九五〇年代以後、カナダ連邦政府が極北圏の領有を確立するために推しすすめたイヌイトの国民化政策に伴って生じ、イヌイト諸社会に急激な社会・文化の変化をもたらすきっかけとなった。クガールク村の場合、一九五五年頃、この村の現在地に造られたカトリックの宣教所の周囲にアッグヴィリグユアッグミウトの一部が半定住するようになったことが端緒となった。

ただし、ここで注意しておかねばならないのは、定住化以前にアッグヴィリグユアッグミウトの社会・文化に変化がなかったわけでも、アッグヴィリグユアッグミウトが周囲の諸社会から隔離されていたわけでもないことである。これから紹介するように、今から約一〇〇〇年前にアラスカから東進してきたチューレ（Thule）文化が、カナダ極北圏に分布していたドーセット（Dorset）文化にとって代わり、そのチューレ文化を母胎に三〇〇～四〇〇年ほど前に現在のイヌイト社会が出現するなど、定住化以前にも社会・文化の変化がおきていた（デュモン 1982; マッギー 1982; McGhee 1990; スチュアート 1985, 1995a）。また、欧米人が極北圏に進出する以前から、イヌイトは周囲のアメリカ先住民諸集団と交易などを通して交流しており（スチュアート 1989）、そうした交流を通してローカル・ネットワークの一部をなしていた。

ここでは、現在クガールク村に住んでいるアッグヴィリグユアッグミウトを中心に、カナダ・イヌイトの歴史について簡単に紹介しておこう[74]。イヌイトの歴史は次の五つの時代に分けられるのが一般的である（岸上 1996: 15-17）。欧米社会と接触する以前の「伝統[75]」時代、欧米社会との接触がはじまる「接触期」時代、欧米社会との交流が毛皮交易を中心に展開される「毛皮交易」時代、定住生活がはじまってカナダという近代国民国家に統合され、産業資本制経済の世界システムへの依存度が高くなり、かつてない急激な社会・文化の変化が生じると同時に、先住民権を回復するための先住民運動が活発化する「現代第Ⅰ期」時代、そして、先住民運動の結果として連邦政府との間に先住民権をめぐる政治協定が締結された後から現在にいたる「現代第Ⅱ期」時代である。

〈伝統時代〉

「伝統」時代はカナダ・イヌイトが欧米人と接触する以前の時代の総称である。

極北考古学の成果によって、現在のイヌイトは一〇〇〇年ほど前にアラスカからカナダとグリーンランドに進出し、それ以前、四〇〇〇年ほど前からカナダ極北圏で暮らしていたパレオ・エスキモーの人々（ドーセット文化の担い手と推定される人々）にとって代わったネオ・エスキモーの子孫であることが明らかにされてきた（岸上 1998; Maxwell 1985; Wenzel 1991）。この現在のイヌイトの直接の祖先と推定されている人々の生活様式はチューレ文化と呼ばれており、ホッキョククジラなどの大型海棲哺乳類の狩猟を中心的な生業に大規模な集落での定住生活を営む海洋適応型の生活を送っていた。当時、現在に比べると温暖だった極北圏の北極海沿岸部は、冬季でも海面が海氷で完全に覆われてしまうわけではなく、ホッキョククジラなどの大型海棲哺乳類が回遊していた。このホッキョククジラを追って、チューレ文化の担い手の人々はアラスカから中部および東部極北圏、さらにはグリーンランドにまで拡がっていったのである。

その後、今から五〇〇年前に大規模な気候変動である小氷期が主に北半球を中心におき、イヌイトの祖先であるチューレ文化の担い手の人々は急激な社会・文化の変化を経験することになる（McGhee 1990; Wenzel 1991）。この気候変動によって極北圏が寒冷化し、海氷が進出するようになって海が閉ざされ、それまでの主要な生活資源であったホッキョククジラをはじめとする大型海棲哺乳類がイヌイトのテリトリーに到達することがなくなった。その結果、大規模な集落での定住生活が難しくなり、アザラシやセイウチなどの中小型海棲哺乳類や魚類、カリブーなどの陸棲哺乳類を生活資源に小規模な集団で季節周期的な移動生活を送るようになった（岸上 1998; McGhee 1990; Wenzel 1991）。現在広く知られる典型的に「イヌイトらしい」生活様式がはじまるのは、この時代からである

〈接触期〉

その後、イヌイトが欧米の極北探検隊や漁民や捕鯨業者と散発的に接触しはじめる一六世紀後半になると「接触期」時代がはじまる。カナダではイヌイトと欧米人の接触がはじまる時期は地域によるばらつきが大きい[76]。クガールク村のアッグヴィリグユアッグミウトの場合、大西洋から太平洋へ北極海経由で抜ける北西航路を探索していたジョン・ロス（John Ross）率いるイギリス海軍の艦隊がブーシア半島付近でアッグヴィリグユアッグミウトを含むネツリク・イヌイトと接触した一八三〇年が、欧米人との接触のはじまりである（岸上 1996; Remie 1983; Savelle 1985）。以後、イヌイトがホッキョクギツネの毛皮交易に積極的にかかわるようになる二〇世紀初頭までが「接触期」時代にあたる。

アッグヴィリグユアッグミウトの場合、一九三〇年のロスとの接触以後、一八四七年に探検家のジョン・レイ（John Rae）と接触、さらに一八四七年に付近で遭難したフランクリン（Franklin）探検隊の消息を求めて訪れた多くの探検家と次々に接触した。一八五四年にはジョン・レイが、一八六四年にはホール（Hall）が、一八七九年にはシュワトカ（Schwatka）がアッグヴィリグユアッグミウトと接触した。また、北西航路を踏破する途上、一九〇三年〜一九〇五年にかけてクガールク村の隣村のジョー・ヘイブン（Gjoa Haven）で越冬したアムンゼン（Amundsen）も、アッグヴィリグユアッグミウトと接触している。また、すでに一八八〇年代には、リパルス（Repulse）湾周辺に出没するようになった欧米の捕鯨船とも散発的に接触していた。こうした散発的な接触を通して、アッグヴィリグユアッグミウトに鉄製品や銃器とともに伝染病が流入していった。

〈毛皮交易時代〉

一九世紀のおわりになると、ハドソン湾会社（Hudson's Bay Company）をはじめ、英仏米の毛皮交易会社がホッキョクギツネの毛皮を求めて極北圏に進出し、極北圏各地に交易所を設けてイヌイトと毛皮交易をはじめるようになる。この毛皮交易にイヌイトが積極的に参加する二〇世紀初頭からイヌイトの定住化がはじまる一九五〇年代おわりまでの時代が「毛皮交易」時代である。この毛皮交易では、ホッキョクギツネの毛皮がイヌイトから購入され、イヌイトにはライフル、弾薬、木造の小舟、鉄製品、布地、テント用キャンバス布、紅茶、小麦粉などが販売された。この毛皮交易がはじまる時期も地域によるばらつきがあり(77)、アッグヴィリグユアッグミウトの場合、おおむね一九一〇年代以後が「毛皮交易」時代にあたる。

クガールク村周辺では、一九一一年にチェスタ・フィールド・インレット（Chesterfield Inlet）に、一九二〇年にリパルス・ベイに、一九二三年にキング・ウィリアム（King William）島（一九二七年にジョー・ヘイブンに移動）にハドソン湾会社の交易所が開設され、一九二七年にはジョー・ヘイブンにカナラスカ交易会社（Canalaska Trading Company）の交易所が開設された。こうした交易所での毛皮交易を通してアッグヴィリグユアッグミウトは産業資本制経済の世界システムに編入され、そこで獲得したライフルなどの導入によって生業と移動の技術革新を経験することになった。ライフルの導入によって生業の効率が上がり、イヌのための食料が十分に確保されるようになった結果、多数のイヌを確保して大型のイヌゾリ・チームを持つことが可能になり、移動の効率性が向上した。また、ライフルを使ったカリブー猟など、新しいかたちの生業も行われるようになった。

さらに、この時代にはキリスト教の宣教師がイヌイト社会で活発な布教活動を展開し、ほとんどのイヌイトがキリスト教に改宗していった。アッグヴィリグユアッグミウトの場合、一九三五年にローマ・カトリックの献身会士であるピエール・アンリ（Pierre Henry：イヌイト語名 *KajuaRuk*）神父が、一九三八年にはヴァン・デ・ヴェルデ（Van de Velde）神父も加わって、現在のクガールク村の位置に宣教所を開設してキリスト教の布教を行った。また、一九四〇年代には宣教所に小規模な交易所が設けられ、主に福祉目的の交易がはじめられるようになる。この宣教師たちが主導した交易では、毛皮に加えて石やセイウチの牙の彫刻が交易の対象になりはじめる。これらの彫刻は、一九五〇年以後に欧米社会でブームを引き起こし、毛皮交易に代わる主要な産業となる「イヌイト・アート」の先駆となった(78)。

写真３－３　20世紀前半に建てられたクガールク村の石造の教会。現在は傷みが激しいため、補修作業が行われている
（カナダ、ヌナヴト準州、クガールク、2011年３月）

また、宣教師は病人や身体障害者の世話を行うとともに、文字表記や簡単な計算などの初等教育をイヌイトの子どもたちに行った。こうした宣教師の活発な活動を通して、女子嬰児殺し、棄老慣習、配偶者交換、シャマニズムに関係するドラム・

ダンスやタブーなど、反キリスト教的な慣習やタブーが禁止されていった。その結果、キリスト教宣教師はシャマンに代わる宗教的なリーダーの地位を確保するようになり、一九三五年以後一九六〇年代後半にいたるまで、クガールク村のイヌイトにもっとも影響力のある存在となった。また、一九三〇年代には、外部社会との接触によってもたらされた結核などの伝染病が蔓延し、カナダ連邦政府の医療介入が開始されるようになった。また、この時期からカナダ連邦警察（Royal Canadian Mounted Police）のイヌゾリ巡察隊が中部極北圏を一年に一回パトロールするようになった。

〈**現代第Ⅰ期**〉

カナダ連邦政府によるイヌイトの国民化政策に伴ってイヌイトが定住化を開始する一九五〇年代になると、「現代第Ⅰ期」時代がはじまり、イヌイトが先住民権をめぐる政治協定を政府と締結するまでつづく。政府との政治協定が地域別に締結されたため、この「現代第Ⅰ期」から次の「現代第Ⅱ期」への移行の時期はカナダ国内でも多様である。北ケベックにおいてはケベック州政府と「ジェームズ湾および北ケベック協定」が結ばれた一九七五年、北西準州西部のイヌビアルイト社会では連邦政府と「イヌビアルイト協定」が結ばれた一九八四年であるが、クガールク村があるヌナヴト準州では連邦政府と「ヌナヴト協定」が結ばれた一九九三年である。したがって、クガールク村のアッグヴィリグユアッグミウトの場合、一九六〇年代から一九九三年までの時期が「現代第Ⅰ期」の時代となる。この「現代第Ⅰ期」時代に、アッグヴィリグユアッグミウトは学校教育、医療・福祉制度、法制度、貨幣制度などの浸透を通してカナダという近代国民国家へ同化・統合され、毛皮や手工芸品などの販売や賃金労働を通して資本制経済の世界システムにますます強く依存するようになっていった。

一九六〇年代前半にアッグヴィリグユアッグミウトの定住化が完了するのと並行して、一九五〇年代に設立されたカナダ北方省の同化政策に従って一九六二年に政府の学校と看護所が開設され、一九六七年に現在のクガールク村が行政村落（hamlet）として認定された。こうして教育、住宅、福祉、行政などのサービスが連邦政府から提供されるようになり、そうしたサービスを通してアッグヴィリグユアッグミウトはカナダという近代国民国家に編入されていく。また、一九五〇年代にはカナダ極北圏を東西に縦断する早期警戒レーダー網（DEW Line）が張り巡らされ、一九五五年にはクガールク村近郊にもそのレーダー・サイトの一つが建設された。また、一九六〇年代にはクガールク村に飛行場が建設されて小型飛行機による空路が開かれ、海路による砕氷貨物船の寄港は一九九二年までなかったものの、この空路でさまざまな物品が流入するようになる。さらに一九六六年には生活協同組合（Koomiut COOP）が開設され、アッグヴィリグユアッグミウトは資本制経済の世界システムにますます深く組み込まれていった。

写真３－４　冬のクガールク村
（カナダ、ヌナヴト準州、クガールク、2009年２月）

また、一九六〇年代にはスノーモービルが導入され、かつてのイヌゾリにとって代わる。その後、スノーモービルや四輪駆動バギー、船外機付きの金属製や木造のボートなどが導入され、移動の主要な手段となっていった。こうした移動技術に加え、高性能ライフル、ナイロン製の魚網、工業製品のルアーや釣り竿など、生業活動にも新しい技術が導入され、生業の機械化がすすんでいった。こうして行政サービスや生活協同組合の店舗の開設、飛行場や行政設備の建設に伴って賃金労働が生じると同時に、生業活動が高度に機械化されて、ガソリン費用や機械の維持費など、生業のために現金が必要となったため、生業活動と賃金労働の兼業がすすみ、ウィークエンド・ハンターが増加していった。

こうして一九六〇年代の定住化以後、イヌイト社会をめぐる状況が大きく変わってゆく。定住化以前は、季節周期的な移動生活のなかで食べものなどの生活資源の必要に応じて野生生物と接触するのとちょうど同じように、必要に応じて産業資本制の世界システムに接続するだけだったという意味で、極北圏に点在する世界システムのグローバルなネットワークの端末（交易所など）は、イヌイトの季節移動生活のパターンに取り込まれていた。しかし、官公庁や企業や生協組織などを通してネットワークに常時接続された行政村落で生活するようになった定住化以後は、逆にイヌイトの生活のパターンがそのネットワークに取り込まれるようになってゆく。

定住化以後にすすんだ生活時間の変化に端的にあらわれているように（岸上 1993b）、生業活動の合間など、自らの生態的な時間の都合に合わせて産業資本制経済の世界システムのネットワークに接続するのではなく、学校や行政組織や商業施設などが従っているネットワークの時間に自分たちの生活を合わせねばならなくなる。こうして平日は賃金労働を行い、ウィークエンドやバケーションに生業を行う兼業が増えてゆき、生業の合間に自分の都合に合わせて世界システムのネットワークに接続するのではなく、自らが常時接続されているネットワークの都合に合わせて生業を断続的に行わねばならなくなってゆき、以後、世界システムのネットワークに依存する生活に急速に移行していったのである。

こうした逆転を引きおこした大きな理由の一つが、定住化するようになったことで猟場までの距離が遠くなり、定住地から猟場に到達するまでの移動に手間がかかるようになったことだった（岸上 1996, 2007; スチュアート 1992a, 1995a）。かつて獲物を追って季節周期的に移動する生活を送っていた時代には、イヌイトは生業カレンダーに従って広大な地域を移動していたため、季節ごとの猟場や漁場は常にイヌイトのキャンプの近くにあった。しかし、行政村落に定住するようになると、猟場や漁場のいくつかは定住村落から遠く離れてしまうことになり、そこに到達するための手段が必要になる。また、それまでとは比較にならないほど多人数のイヌイトが一カ所の定住村落に集住するようになり、定住村落の周辺で狩猟や漁労が集中的に行われるようになった結果、定住村落の周辺で野生生物資源が枯渇しはじめ、定住村落から遠く離れた猟場や漁場で狩猟や漁労を行う必要性が大きくなってゆく。この傾向は、それまでにない大きな人口が定住村落に集住した結果としてはじまった定住村落周辺の環境汚染によって、さらに強くなっていった（岸上 2005）。

こうした問題を解決するために、イヌイトの生業は高度に機械化されてゆくことになる。一九七〇年代から一九八〇年代にかけて、遠距離にある猟場や漁場を行き来する移動手段として、スノーモービル、船外機付のボート、四輪駆動バギーが導入され、それらが生業に必須の装備になってゆく（岸上 1996, 2007; スチュアート 1992a, 1995a, 1996）。もちろん、こうした装備には、その購入費に加えて、修理費などの維持費、燃料費が必要になる。結果として、生業をつづけるためにイヌイトは現金を手に入れねばならなくなり、定住化以前とは比較にならないほど、産業資本制経済の世界システムに深く組み込まれてゆくことになった。以前からつづいていたホッキョクギツネ、クズリ、ホッキョクグマの毛皮がさかんに交易され、一九五〇年代に誕生したイヌイト・アートの彫刻が制作されて販売されるようになり、役場の職員や公共工事の作業員、生協の事務員や作業員など、定住化によって生じた職に就いて、そうした職とハンターを兼業するイヌイトが増えてゆく。こうしてさまざまな職を兼業するようになっていったイヌイトは、そうした職を通して世界システムに組み込まれ、そのネットワークの秩序に従わざるをえなくなっていったのである。

さらに一九七〇年代後半には、ラジオ放送と電話が普及するようになる。とくに一九八〇年代に衛星放送によって開通したテレビを通して、アッグヴィリグユアッグミウトはカナダ南部や合衆国の情報と直接接触するようになり、英語や欧米主流社会の高度消費経済の価値観から多大な影響を受けるようになっていく。こうした欧米主流社会への同化と統合の流れのなかで、一九七〇年代以後、第一章でも紹介したように、そうした同化・統合への反発を原動力にカナダ極北圏全域で先住民運動がさかんになっていった。クガールク村でも、従来は地域に限定されていたアイデンティティが拡大し、カナダ極北圏全域さらには環極北圏全域の先住民全体への帰属意識に拡がっていった。

〈**現代第Ⅱ期**〉

こうした先住民運動の果実として一九九三年にカナダ連邦政府と「ヌナヴト協定」が結ばれ、現在のヌナヴト準州では「現代第Ⅱ期」の時代の幕が開く。その協定の結果、一九九九年四月一日にヌナヴト（Nunavut）準州が設立され、クガールク村のアッグヴィリグユアッグミウトもヌナヴト準州の一員として、準州政府の制度づくりをはじめ、観光産業の育成、環境資源の管理と開発などに主体的に取り組み、カナダという近代国民国家にとどまりつつも、「イヌイト」という新しい集団として自律してゆくための生き方を模索している。

五　アッグヴィリグユアッグミウトの現在――ナヴィゲーションの社会・政治・経済的背景

こうした歴史を経てきたクガールク村のアッグヴィリグユアッグミウトは、現在、どのような生活を送っているのだろうか。ここでは、今日のアッグヴィリグユアッグミウトの社会と日常生活を概観し、ナヴィゲーションの社会・政治・経済的背景を検討してゆこう。

クガールク村の現在――社会構造、政治・経済、日常生活(79)

現在のクガールク村のイヌイトの人口は私が調査を開始した一九九二年現在で三九三名であり、一〇の限定イラギートと呼ばれる拡大家族集団を基礎とする六九の世帯が認められた（二〇〇～二〇一頁の図３－９と表３－４）（岸上＆スチュアート 1994: 417–422）(80)。この六九世帯のうち六〇世帯は核家族であり、全般に核家族化が進行しているが、現在でも一〇の拡大家族集団は、村内政治や生業活動など、村内のさまざまな社会関係の基礎的な単位となっている。議員や名誉職の配分、賃金労働職の配分、ハンティング・パーティの編成、食料の分配、機械の貸借や力仕事の協力、面倒事の相談などの相互扶助は、この拡大家族関係に基づいて行われる（岸上 1991: 7-12, 1996: 35-37; 岸上&スチュアート 1994: 430-445）。

こうした拡大家族関係に加えてかつては重要な役割を果たしていた擬制親族関係は、現在では養子縁組関係などの一部を除いて認められない（岸上&スチュアート 1994: 427-430）。配偶者交換、幼児期の婚約関係、アザラシ肉の分配、パートナー関係、同年齢者関係、愚弄敵対関係、交易者関係、ダンス・パートナー関係などはほぼ完全にみられなくなり、忌避関係や冗談関係はその名残がみられる程度であるが、養子縁組関係は現在でも一般的にみられる（岸上&スチュアート 1994: 427-430）。一九九二年現在、クガールク村のイヌイト人口三九三名のうち養子は五三名であり、総人口の一三％を占めている（岸上&スチュアート 1994: 427）。

写真3-5 クガールク村で私がお世話になっている拡大家族
（カナダ、ヌナヴト準州、クガールク、2009年2月）

ただし、多くの場合、この養子縁組は拡大家族関係の範囲のなかで行われ、親族関係を重複したり複合化したりするもので、拡大家族関係のネットワークの拡大が意図されているわけではない。この意味で、社会関係の核となっているのはあくまでも拡大家族関係である。なお、この養子縁組関係では、養子／養父母の関係は、血縁関係が存在しなくても真の親族関係とみなされ、実子／実父母の関係と何ら変わるところがない。このように核家族化がすすみ、擬制親族関係の多くは消えてしまってはいるものの、社会関係の原理は定住化以前と同様に拡大家族関係を核としており、現在のクガールク村のイヌイト社会には定住化以前から

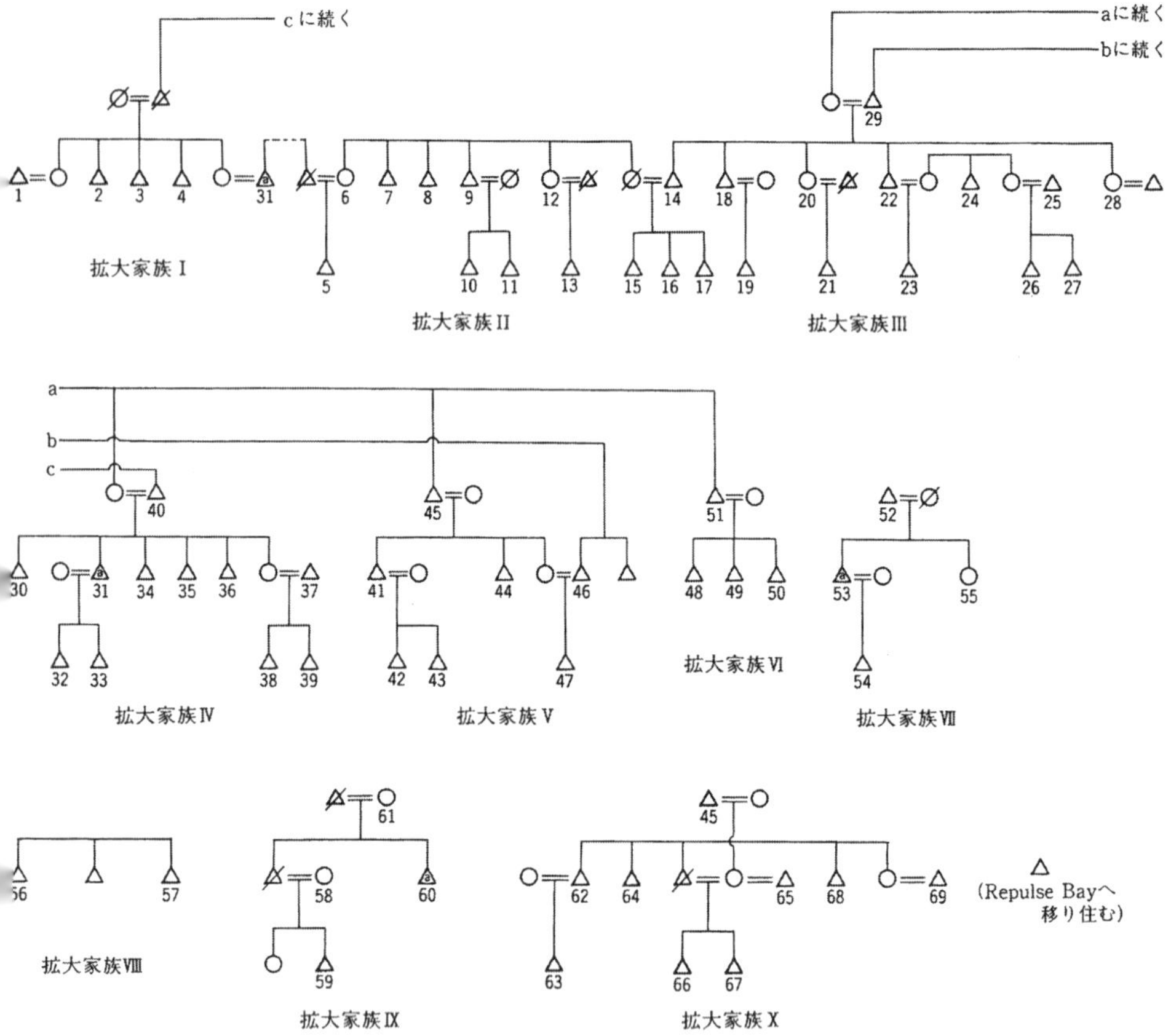

図3－9　親族関係図（岸上＆スチュアート 1994: 420）

（○△の記号の下の数字は、表3－4の世帯番号に該当）

△：男性　　○：女性

表3－4 クガールクの世帯構成（1992年9月24日現在）（岸上＆スチュアート 1994: 418）

世帯番号	世帯員数	世帯構成	世帯番号	世帯員数	世帯構成
1	6	A=b-c, d, e, f	36	3	A=b-c
2	4	A-b/b-C, d（C と d は b と b の前夫の子ども）	37	9	A=b-c, D, E, (e), G, (H)/c-i
			38	3	A=b-c
3	8	A=b-C, d, E, f, g, H	39	6	A=b-c, D, E, f
4	9	A=b-C, d, e, f, g, H, I	40	5	A=b-c, (d), (e)
5	6	A=b-C, D, e, f	41	7	A=b-C, D, E, f, (g)
6	11	A-B, C, D, E, F, (g)/B=h-i, j, k	42	4	A=b-C, d
7	8	A=b-(C), (d), (e)/(C)=f-G, h	43	6	A=b-C, D, E, f
8	7	A=b-C, d, e, f, G	44	8	A=b-c, d, e, (F), g, H
9	3	A=b/b-D	45	10	A=b-c, D, e, F, (G), (h)/c-I/D=j
10	6	A-b-c, d, e, f	46	5	A=b-c, D, E
11	6	A=b-C, d, E/F（F は A のイトコ）	47	3	A-b, D
12	3	A-(B), (c)	48	6	A=b-C, D, E, f
13	2	A, b	49	5	A=b-c, (d), e
14	3	A-B/C（C は A の孫息子）	50	8	A=b-c, D, e, F, g, h
15	4	A=B-C, D	51	6	A=b-C, (D), e/C=f
16	2	A-b	52	7	A-(B), (C)/(B)=d-E, f/(c)=g
17	7	A=b-c, D, e,(f), G	53	5	a-b, C/b-E, F
18	5	A=b-C, (D), (e)	54	4	A=b-c, D
19	5	A=b-C, D/A, E	55	6	a-B, c, d, E, (F)
20	6	a-B, c, (D), E, (f)	56	7	A=b-C, D, E/C=f/G（G は A の兄弟の息子）
21	4	A=b-C, d			
22	6	A=b-C, D, e, F	57	6	A=b-C, d, e/F（F は A の兄弟の息子）
23	3	A=b-(c)			
24	7	A=b-C, d, e, F, G	58	3	a-(b), (C)
25	8	A=b-c, d, e/c=F-g, H	59	5	A=b-C, d, E
26	5	(A)=b-C, D, e	60	7	(A)=? b-c, D, E, F, (g)
27	7	A=b-C, D, e/F-b, G	61	3	a-(b), (C)
28	5	a-b, C, d, (E)	62	10	A=b-C, D, E, f, (g), H, (i), (j)
29	6	A=b-(C)/(C)=b-E, F	63	4	A=b-c/b-D
30	5	A=b-(C), d, E	64	6	A=b-(c), D, E, F
31	8	(A)=b-c, d, e, f, G, (h)	65	5	A=b-C, d/A-e
32	5	A=b-C, d, E	66	5	A=b-C, D/A, E
33	5	A=b-C, D/d, E	67	4	A=b-C/D（D は A の義理の兄弟）
34	8	A=b-(C), (D), (e), f, (G)/A, h	68	7	(A)=b-C, D, E, (f), (g)
35	6	A=b-c, D, (e), (F)	69	6	A=b-c, D, (E), (F)

＜記号の説明＞

＝：婚姻関係　大文字：男性　小文字：女性　－：親子関係

,：兄弟関係　／：核家族の区分　（ ）：養子

の持続性がみられる（岸上＆スチュアート 1994: 443-445）。

こうしたアッグヴィリグユアッグミウトの人々が暮らしているクガールク村は、カナダ極北圏に点在するイヌイトの行政村落のなかでも比較的小規模な村落である。しかし、毎日一便双発プロペラ機の定期便が発着し、生協などに物品を運ぶチャーター便が週に一回以上発着する空港、生活協同組合（Koomiut COOP）の店舗（政府からの福祉金の窓口やトラベラーズ・チェックなどの両替の窓口になるなど、銀行業務の代替の役割も果たしている）、ホテル、郵便局、一八歳以上の村人の直接選挙によって選ばれた村長一名と八名の議員からなる村議会、行政機構としての村役場、コミュニティーセンター、ホッケー用のアイス・アリーナ、小・中・高等学校、アークティック・カレッジ（Arctic College）の分校、衛星通信のパラボラ・アンテナ、ラジオ放送局、郵便局、発電所、燃料集積所とガソリン・スタンド、医療看護所、連邦警察の派出所、カトリック教会など、一通りの公共施設が整っている。

写真３-６　クガールク村を訪れる飛行機の定期便
（カナダ、ヌナヴト準州、クガールク、2011年３月）

ただし、医療看護所に医者は常駐しておらず、医者は定期的に巡回して診察するだけなので、治療を要する病気や出産のためにはイエローナイフ（Yellowknife）あるいはエドモントン（Edmonton）の病院に出向く必要がある。急病人やけが人は空港から小型ジェット機でこれらの都市の病院に搬送される。また、リクリエーション委員会、狩猟罠猟師組合、厚生委員会、住宅組合、教育委員会、生活協同組合、婦人会、教会理事会、青少年会、人命救助委員会、ラジオ協会など、村民の生活に直接かかわる一一の互助団体があり、その互助団体からさまざまなサービスが提供されている（岸上＆スチュアート 1994: 441）。また、こうした公共施設を運用するための人員、たとえば、役所の事務官や学校の教員、生協のマネージャー、連邦警察の警官、看護士、カトリック宣教師などとして、英語を主要な言語とする英系カナダ人や欧系カナダ人が二〇名ほどクガールク村に暮らしている。

また、一九九二年には、それまで唯一の輸送手段であった空路に加えて、砕氷輸送船による航路が開かれた。それ以後、一年に一回二隻程度の砕氷輸送船による燃料や物品の輸送が行われるようになり、すでに一九六〇年代から開かれている空路と並んで、村へさまざまな物資を搬入する重要な輸送手段となっている。この空路と海路で搬入される各種燃料から、生野菜や果物、冷凍肉類、缶詰やレトルト食品などの加工食品、高性能ライフルや弾薬、スノーモービル、四輪駆動バギー、船外機エンジン、アルミニウム製ボート、ナイロン製の魚網、鉄製罠、工具などの狩猟・漁労・罠猟の道具、合成繊維製のTシャツやパーカーなどの衣料品、寝床用のマットレスや毛布などの日用雑貨、タバコなどの嗜好品、ビデオ、テレビ・ゲームなどの娯楽品にいたるまで、さまざまな物品が生協の店舗で購入される。ただし、輸送コストがかかるため、物価はカナダの他の地域に比べて約二倍である（日本の物価と同程度）。もちろん、テレビの通販番組や通販雑誌など、通販を通してあらゆる物品を購入することができる。ただし、クガールク村では住民投票により禁酒条例が定められており、酒類の持ち込みと販売は禁止されている。(81)(82)

写真３-７　クガールク村に入港する砕氷貨物船
（カナダ、ヌナヴト準州、クガールク、2012年９月）

このクガールク村でも、ヌナヴト準州の他村落の場合と同様、すべてのイヌイトは、セントラル・ヒーティング、システム・キッチン、水洗トイレを完備し、完全電化された耐寒仕様のプレハブ住宅に暮らしている。ただし、上下水道は寒冷地のためにひかれておらず、配水と排水は給水車と汲み取り車で行われる。こうした世帯のすべてに、複数のテレビ（一九九九年にはケーブル・テレビが導入）とビデオ、CDステレオ、テレビ・ゲーム、ウォークマン、電話[83]、洗濯機と乾燥機、冷凍庫と冷蔵庫、電子レンジ、コーヒー・メーカー、ソファーや食卓などの家具一式が普及している。床で車座になって食事をとる習慣をはじめ、ベッドではなく、床の上にマットレスをひいて寝る習慣などは根強く残っているものの、生活様式全般は欧米社会の標準的な生活様式と大差ない。また、各世帯には、スノーモービル、四輪駆動バギー、船外機付きアルミニウム製ボート、木製のソリ、数丁の高性能ライフル、複数の無線機、ナイロン製魚網、複数の鉄罠、カンバス製テント、携帯用ガスコンロや寝袋、カキバク（*kakivak*）と呼ばれるヤス、ナオリガック（*nauligaq*）と呼ばれる魚用の槍、ウナー（*unaa*）と呼ばれる銛など、移動や狩猟の装備一式が完備されている。

別の村に住んでいる親族や村内での連絡の手段としては電話が、村内と村外のハンティング・パーティの間の連絡には無線機が多用され、とくに親族がハンティングで出ている間、無線機はつけっぱなしにされる。別の村に住んでいる親族とは、郵便によって物品やビデオ・レターなどがさかんに交換される。また、パソコンの各世帯への普及率も高く、役所の業務はパソコンによって処理される。学校では教育にパソコンが使われ、コミュニティーセンターでは成人向けのパソコンの講習会も開かれている[84]。村外の狩猟地へ移動するための交通手段としては、夏季は四輪駆動バギーと船外機付きボート、冬季にはスノーモービルとソリが主流である。いくつかのイヌゾリ・チームがクガールク村にもあるが、実用的な移動手段として使われているわけではない[85]。また、隣村の親族を訪問する際には、飛行機の定期便やチャーター機を利用することもあるが、冬季のはじめや春季のはじめに、スノーモービルとソリによる隣村への訪問がしばしば行われる。

日常的に身につけられる衣料は、合成繊維製のTシャツや下着、羽毛パーカー、羽毛の耐寒ズボンなどである。

冬季にはカリブーやアザラシの毛皮製のズボンやパーカーが着られることもあるが、合成繊維製の軽量な衣料品が好まれる傾向にある。食生活においては、現在でも活発に行われている狩猟・漁労・採集によって得られる肉や魚やベリー類などの「伝統食」が、「真なる食物」として好まれてはいる。しかし、とくに三〇代以下の若者の間では、生協でさまざまな加工食品を購入して食べる習慣が一般化している。すでに二〇世紀初頭には一般化していた紅茶を飲み、タバコを吸う習慣に加え、今日では、コーヒーやペプシ・コーラなどの清涼飲料水を飲む習慣、果物や野菜を食べる習慣などが浸透しつつある。

とくに二〇代以下の幼児や若者の間では、清涼飲料水に加え、チップスやチョコバーなどの駄菓子、電子レンジで暖めるレトルト食品などに人気が集まっている。しかし、年齢を重ねるにつれて、肉や魚などの「伝統食」を好むようになる傾向があり、若年層でもマックタック（*maqtaq*）と呼ばれるクジラの皮やイグナ（*igna*）と呼ばれるアザラシの発酵脂肪などの「伝統食」を珍重する傾向にある。このように食生活は多様化してはいるが、「伝統食」を重んずる傾向は依然として強く、狩猟と漁労で得られる「伝統食」は食生活の中心的な位置を占めている。ただし、食の多様化と欧米化によって、定住村落からあまり外に出ないためにカロリー消費量が減った女性の間でとくに肥満が問題になり、また菓子の食べ過ぎによって幼児の間で虫歯が蔓延し、食塩や調味料のとりすぎによって成人病が増加するなど、食生活をめぐる健康上の問題が生じている（スチュアート 1992a, 1992c）。

各世帯に複数あるテレビは一日中つけられている。一日四時間程度のイヌイト語放送の番組にも人気があるが、カナダと合衆国で流されているニュース番組やソープ・オペラ、ドラマ、プロレスやアイスホッケーなどのスポーツ中継、アクション映画の人気はさらに高い。生協ではビデオの販売とレンタルも行っており、通販を通してビデオを容易に購入することができる。そのため、さまざまな映画をビデオで視ることが一般的な娯楽として定着し、幼児にディズニーのアニメ映画や日本のアニメ映画を見せることも一般化している。最近では、生協や通販を通して購入されるテレビ・ゲームの人気が高い。ただし、四〇代以上の中年層ではチェスやカード・ゲーム、女性の間ではカード・ゲームの人気が依然として高い[86]。一九九〇年代以後、若者の間では、イヌイト歌手によるイヌイト語のロックやカントリー、ポップスの人気が出てきたが、欧米のロックやポップスの人気には根強いものがあり、CDで欧米主流社会の音楽を聞く習慣が定着している[87]。

また、アイスホッケーの人気が高く、冬季には一九九五年に再建されたアイス・アリーナでさかんに行われ、地元のチームも結成されている。カナダ連邦結成記念日やクリスマスなどの機会には、村のリクリエーション委員会によってゲーム大会やイヌイト・ゲームの競技会、ダンス会などが開かれる。また、ラジオ協会がラジオ放送を通して週に二回チャリティ目的のビンゴ・ゲームを実施しており、大きな人気を集めている[88]。なお、このビンゴ・ゲームの収益はラジオ協会やリクリエーション委員会などの資金として運用される。

ただし、こうした新しい娯楽が流入する一方で、熟練ハンターや古老の間では、毎日の夕刻や悪天候のためにハンティングに出られない日に、それぞれのハンターの世帯を訪問しあって、紅茶やコーヒーを飲みながら、さまざまなことを語り合う訪問の習慣が根強くつづいている。この訪問談話は、娯楽としてのみならず、天候や狩猟や漁労にかかわる情報、村内政治の情報などが交換される機会としても重要な役割を果たしている。次章で検討するように、この訪問談話では、ハンティングにあたってどのようなパーティを組むのか、何をハンティングの対象にするのか、どの狩猟地に向かうのがよいかなどが語られることが多く、生業活動の方針を決める重要な場となっている。

変化と持続の諸相

これまでに紹介してきたように、社会の構成原理や「真なる食物」への嗜好、社交と情報交換の機会としての訪問談話の重要性などに定住化以前からの持続性が認められるものの、衣食住をはじめ、クガールク村の日常生活は概して欧米化している。とくに若者の間では、テレビをはじめとするさまざまなメディアを通して欧米主流社会の価値観が浸透しつつある。

しかし、こうした変化のなかにあっても、クガールク村ではイヌイト語は依然として日常的に使われる第一言語としての地位を保っている。たしかに四〇代以下の世代はイヌイト語＝英語の二言語併用話者であり、とくに定住化以前の生活を知らない（あるいは幼すぎて記憶していない）三〇代以下の世代では、同世代の親族間あるいは夫婦や友人の間で、また、子供との会話で、イヌイト語＝英語のコード・スウィッチングが頻繁にみられる。コード・スウィッチングとは無意識に発話の途中で言語を変える現象であり、クガールク村の場合は、会話のなかで英語とイヌイト語がめまぐるしく入れ替わる。また、幼稚園から小学校の子供のほとんどが友人や両親と会話するのに英語を使っており、なかにはイヌイト語を話せない子供もいる(89)。

このように英語との二言語併用が進んでいるものの、依然として五〇代以上の世代はイヌイト語の単一言語話者であり、イヌイト語が世代を越えた日常的なコミュニケーションの手段として重要であることに変わりはない。とくに古老のハンターがハンティング・パーティのイホマタック（リーダー）となる場合、ハンティングの場ではイヌイト語が主な言語として使われ、無線機を通した連絡ではもっぱらイヌイト語が使われる。また、地名については、世代に関係なく、カナダ資源省作成の地形図に載っている英語の地名を知っているイヌイトは少なく、イヌイト語の地名のみがもっぱら使われる。さらに現在では、幼児をもつ二〇〜三〇代の世代のなかには、子どもにイヌイト語を教えることの重要性を強く意識している両親が少なくなく、子どもたちにディズニー映画や英語のテレビ番組を見せながらも、イヌイト語で子どもに話しかけるように努力している。

また、今日のクガールク村では、ほぼすべてのイヌイトがカトリック教徒であり、かつてみられたシャマニズムは認められない。さらに加えて、テレビや学校教育を通して欧米近代の価値観が浸透した結果、第一章で検討したようなイヌアのルート・メタファーに基づいたタブーは影を薄くし、世界観や価値観は著しく欧米化しつつある。しかし、今日でもタブーの一部は実践されており、イヌイトの世界観や価値観が完全に欧米化してしまったわけではない（岸上 1996; スチュアート 1995a, 1996）。とくに生業活動やナヴィゲーションの実践を通して「大地」との絆を確認することの重要性は、表層においては欧米化してしまった今日のイヌイト社会でも、イヌイト自身によって強く認識されており、「イヌイトのやり方」（*Inuktun*）と呼ばれる「伝統」的な世界観や価値観は依然として社会・文化の深層で維持されている（岸上 1996; スチュアート 1995a, 1996）。現在のイヌイト社会は、おしよせる近代国民国家と資本制経済のシステムと定住化以前から持続してきた社会・文化システムをすりあわせながら、この二つのシステムを共存させる道を探っているのである。

また、今日でも、イヌイトは自分たちが欧米主流社会に埋没してしまったとは思っておらず、肯定的なエスニック・アイデンティティを維持し、イヌイトとして生き抜いてゆく自信と誇りをもちつづけている（大村 1998, 2003b, 2010, 2011a; Omura 2002）。こうした自信と誇りは、次にあげるいくつかのイヌイトのことばにあるように、クガールク村のイヌイトをはじめ、さまざまな地域や立場のイヌイトに広くみられる。

白人（*qaplunaat*）は我々や人々を助けてくれる慈愛をもったよい人間であり、恐れるべき人々ではない。本当に恐ろしいのはイヌイトである。なぜならば、イヌイトは大きな精神を持っているが、白人はそうではないからだ。（クガールク村の熟練ハンターのことば（大村 1998））

イヌイトを支配する者は誰もいないようだ。…しようと思えば、イヌイトは「白人」（*qallunaat*）よりはるかに沢山のことができる。なのに、「白人」が支配しているのさ。朝、「白人」は起きると、すぐまたデスクに向かう。彼が手にもつのはペンか鉛筆だけ。だから、「白人」はイヌイトを支配しようなんてしちゃいけないのさ。イヌイトなら、どんなに哀れで非力なイヌイトでも、寒い野外で過ごし、動物を獲って生き抜くことができる。カリブーを狩ったり、魚を獲ったり、キツネを獲ったりしてね。しかも、イヌイトなら、どんな哀れなイヌイトでも、ブリザードのときだって屋外で過ごすことができる。でもな、「白人」は、どんなにでかくて力があろうと、ブリザードのなかですぐに凍えちまうのさ。（イヌイトの熟練ハンターのことば（Brody 1976: 219））

イヌイトの文化は過酷な極北の環境で栄えてきたし、これからもグローバルな環境のもとで成長し、栄えてゆくことだろう。そのなかで変わらずに残ってゆくもの、過去と現在と未来を繋ぐものは、コミュニティとの一体感、互いにすすんでどこまでも助け合う精神、進取の気概と機知に富むこと、要するにイヌイトであること、つまり人間であることである。（ヌナヴト準州政府の官僚のことば（GN 1999: 1））

むしろ、一九九九年のヌナヴト準州発足などのかたちで実を結んできた先住民運動を通して、イヌイトの自信と誇りは一層の高揚をみせている。

さらに、「真なる食物」を得るためだけでなく、「大地」との絆を確認するためにも行われる狩猟・漁労・罠猟・採集からなる生業活動も活発に実践されており、「生業活動をしないイヌイトはイヌイトではない」とまで言われる（大村 1998; スチュアート 1995a: 1996）。もちろん、今日ではそのやり方は大きく変わってしまっており、多くのハンターは賃金労働と生業を兼業している。生業活動は高性能ライフルやスノーモービル、四輪駆動バギー、船外機付の金属製ボートなどの装備で高度に機械化されており、ガソリン代や弾薬費をはじめ、それら装備を調達して維持するための現金が必要だからである。ハンターの多くは生業活動と賃金労働の兼業ハンターであり、定職に就いている場合には、就労時間の後に生業活動を行うアフター・ファイヴ・ハンター、賃金労働が休みとなる週末や長期休暇などに生業を行うウィークエンド・ハンターやヴァケーション・ハンターが主流である。

ただし、クガールク村でイヌイトが就くことができる定職は四〇ほどしかなく、総世帯数よりもはるかに少ない。そのため、すべてのハンターが兼業ハンターであるわけではない。定職に就いていないハンターは、連邦政府や準州政府からの福祉金や生活補助金にたよる一方で、彫刻の制作販売、狩猟や罠猟で得た毛皮やイッカククジラの歯の販売、鉱山への二ヶ月単位での出稼ぎ、村内で夏季に行われる道路工事や空港の補修改修作業、家屋の建築などにかかわる季節労働、狩猟体験旅行などの観光、民族学者や生物学者のガイドなどによって現金を手に入れ、その現金を利用して生業をつづけている。こうした専業ハンターの場合、就労時間の制約に縛られることなく、平日でも生業活動を行うことができるが、それはあくまでもガソリンなどの燃料が手に入り、機械が故障していない場合に限られる。

現在の生業活動

こうした現在のクガールク村の中心的な生業活動は、カリブー猟、ワモンアザラシ猟、アゴヒゲアザラシ猟、ホッキョクイワナ漁であるが、これらの他にも一〇種類以上の陸獣、海獣、魚類、鳥類が、高性能ライフルやナイロン製魚網によって捕獲されている。ただし、定住化と機械化の影響で、現在の生業活動は獲物の種類や猟期の点で大きく変化している。その概略は次の通りである(図3-10参照)(90)。

陸獣についてはカリブー、ジャコウウシ、ホッキョクグマ、オオカミ、クズリが狩られるが、食料となるのはカリブーとジャコウウシとホッキョクグマである。オオカミとクズリの場合、その肉はほとんど食べられることはなく、現金収入源となる毛皮が目的である。ホッキョクグマの肉も食べられるが、ホッキョクグマ猟の主な目的はむしろ高額な現金収入源となる毛皮である。それぞれの猟期と猟の方法は次の通りである。

カリブーはほぼ一年中ペリー湾周辺で獲ることができる。夏季と秋季には四輪駆動バギーで、冬季にはスノーモービルで、単独あるいは二〜三人のパーティによる日帰りのライフル猟が行われる。夏季には船外機付きボートでペリー湾対岸に渡って猟を行うこともある。このように年間を通して日帰りのライフル猟で比較的たやすく獲ることができるカリブーの肉は、ワモンアザラシやホッキョクイワナとならぶ主食となっている。国際条約で保護獣

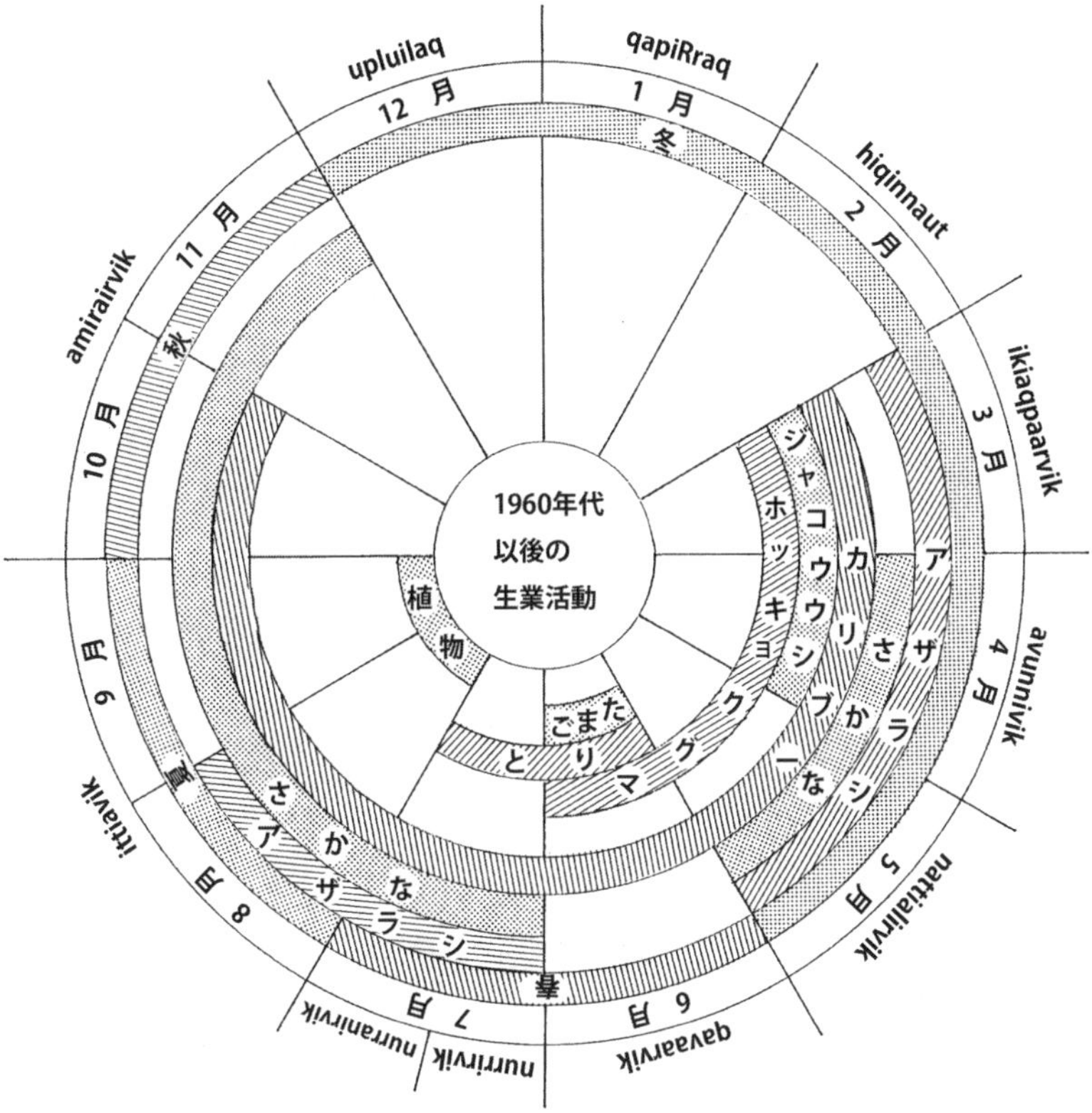

qapiRraq：一年中で最も寒い　hiqinnaut：太陽の暖かさが感じられてくる　ikiaqpaarvik：太陽が長く留まりはじめる時期　avunnivik：早生まれのアザラシが生まれてすぐ死ぬ時期　nattialirvik：仔アザラシが生まれる時期　qavaarvik：アザラシの毛が白から黒に生えかわる時期　nurrirvik：仔カリブーが生まれる時期　nurranirvik：メスのカリブーが仔カリブーを連れている時期　ittiavik：鳥の羽が生え変わる時期　amirairvik：仔カリブーの枝角の皮がはげ落ちる時期　upluilaq：陽光がなくなる

魚：ホッキョクイワナ、マス、ホワイトフィシュ
小動物：ジリス、ウサギ、タビネズミ（レミング）
鳥：ケワタガモ、ガン、アビ、ツル
植物：コケモモなどのベリー類

図3-10　1960年代以後の生業カレンダー

写真3－8　春の狩猟キャンプ。手前では幼児を背負った女性が食事の準備、奥のテントの前では女性の彫刻家が彫刻を彫っている（カナダ、ヌナヴト準州、クガールク、1992年6月）

となっているホッキョクグマについては、クガールク村への捕獲割当て[91]が年毎に制限されており（四～一五頭）、その猟の最盛期は一二月と三～四月である。ホッキョクグマはペリー湾口から北のブーシア湾周辺に棲息しており、そのライフル猟は二～三日を要するのが一般的である。一人でホッキョクグマ猟に出る場合もあるが、二～三人でパーティを組むことが多い。ホッキョクグマの肉は美味であるとしてさかんに食べられ、その毛皮は一枚一五〇〇～三〇〇〇ドルで毛皮業者に売りに出される。

ホッキョクグマと同様に保護獣であるジャコウウシも捕獲割当てが年間五頭程度に制限され、一〇月一日から翌年の四月三〇日までが猟期として定められているが、本格的な猟は一一～一二月と四月である。ジャコウウシの棲息域は隣村のジョー・ヘイブン周辺であり、最低一週間以上の日数を必要とし、通常は三人以上のパーティが組まれる。主に現金収入源となる毛皮のために行われるオオカミ猟の最盛期は三～四月であり、この時期に多数のハンターが罠やライフルで猟を行う。オオカミの毛皮は、良質な場合、一頭あたり約三〇〇～五〇〇ドルで売れるが、その肉は食べられない。オオカミ猟は一人で行われることも多いが、二～三人のパーティが組まれることもある。

海獣に関しては、ワモンアザラシ、アゴヒゲアザラシ、イッカククジラを高性能ライフルと銛で捕獲している。これらの海獣のうち、食料としてさかんに食べられるのは、ワモンアザラシとアゴヒゲアザラシである。イッカククジラは、主にマックタック（*maqtaq*）と呼ばれる皮と一本三〇〇～一〇〇〇ドル前後で売れる歯のために狩られ、その肉はあまり食べられない。この海獣猟の猟期と狩猟方法は次の通りである。

　ワモンアザラシの猟期は五～六月の時期と一一～一二月および四～六月の時期に分かれる。五～六月にはワモンアザラシ猟のために二～四週間のキャンプが拡大家族集団を基本的な単位に設営され、女性と子どもを含む一〇～二〇人のパーティで呼吸穴での銛猟をはじめ、海氷上で日光浴をするワモンアザラシをライフルで射止めるライフル猟が行われる。また、一一～一二月および四～六月には、定着氷縁で海上にあらわれるワモンアザラシをライフルで射止めるライフル猟や呼吸穴での銛猟が、五～六人のハンターだけのパーティで行われる。この期間のうち四

写真３-９　撃たれて逃げるカリブー
（カナダ、ヌナヴト準州、クガールク、1992年６月）

写真３-10　カリブーを解体して干し肉をつくるイヌイト。左の台の上に並べられているのが干し肉（ミプク）
（カナダ、ヌナヴト準州、クガールク、1992年６月）

〜五月には、ライフル猟や銛猟に加えて、海氷上の巣穴の仔アザラシを狩る猟も行われる。また、七〜九月には、海上を回遊するワモンアザラシを船外機付きボートから射止めるライフル猟もしばしば行われる。ワモンアザラシよりも大型のアゴヒゲアザラシについては、夏季に海上で回遊するアゴヒゲアザラシを船外機付きボートからライフルで射止めるライフル猟が主に九月に行われる。保護獣に指定されて捕獲割当てが年間一〇頭程度に限定されているイッカククジラは、九月にペリー湾口で回遊しているところを船外機付きボートからライフルと銛で狩られる。

写真 3-11　石造のヤナでの漁撈
（カナダ、ヌナヴト準州、クガールク、1991年8月、スチュアートヘンリ撮影）

写真 3-12　石造のヤナでの漁撈。古老は左手に獲物のホッキョクイワナ、右手にヤス（漁撈用の槍）をもっている
（カナダ、ヌナヴト準州、クガールク、1991年8月、スチュアートヘンリ撮影）

写真３-14　冬の河氷での網漁。河氷に開けた穴から網を引き出し、網にかかったホッキョクイワナをとる
（カナダ、ヌナヴト準州、クガールク、2009年２月）

写真３-13　ホッキョクイワナを三枚に捌いて干し魚（ピプヒ）をつくる
（カナダ、ヌナヴト準州、クガールク、1992年６月）

魚類で主に獲られているのはホッキョクイワナであり、カリブーやワモンアザラシとならんでアッグヴィリグユアッグミウトの主食となっている。ホッキョクイワナは遡上性の魚類であり、おおむね、春季のはじめに内陸の湖から群で川を下って海に出たのち、秋季に再び群で川を遡って内陸の湖に向かう。このサイクルにあわせて、四月半ばすぎから一一月末にかけて漁が行われる。その最盛期は九月末から一一月の末にかけて河氷上で行われる漁期であり、とくに一〇月初旬から一一月中旬にかけては、川の中流や湖で大量のホッキョクイワナが捕獲される。その一部が氷製の貯蔵箱に貯蔵され、冬季と春季の食料に供される。また、春季や夏季に獲られたホッキョクイワナは、三枚におろされて天日干しにされた干し魚（*piphi*）として保存されたり、各世帯に普及している冷凍庫のなかで凍りづけにされて保存されたりする。その他、ホッキョクイワナ漁の間、湖にいる白身の魚も獲られるが、捕獲量は多くない。

鳥類は中心的な食料ではないが、春季のはじめ

写真3－15　冬の河氷での網漁の獲物。スノーモービルの後ろに引かれるソリに積み込まれたホッキョクイワナ（カナダ、ヌナヴト準州、クガールク、2009年2月）

から夏季にかけてライチョウ、ガン、ケワタガモがライフルで撃ち取られ、単調な食生活に彩りを与える食料として珍重される。

このような現在のアッグヴィリグユアッグミウトの生業活動は、燃料費や機械の維持費などと獲物の獲得量を比較検討したスチュアート（1995a, 1996）によれば、第一章でも触れたように、他のさまざまなイヌイト／ユッピクの地域集団と同様、経済的に効率的であるとは言えない。むしろ、やりがいや充実感のために行われ、エスニシティの表徴として機能している。また、こうした生業活動は、ハンティング・パーティの編成や獲得した食料の分配などを通して社会関係の再生産をうながす機能も果たしており（Wenzel 1991）、現在でも社会の求心力を保つ活動として社会・文化的な重要性を維持している。ただし、これまでに検討してきたように、現在のアッグヴィリグユアッグミウトの生業活動は全般に集約化され、短時間の効率的な狩猟と漁労が主流になっている。こうした現在のアッグヴィリグユアッグミウトのテリトリーは図3－11にある通りである。

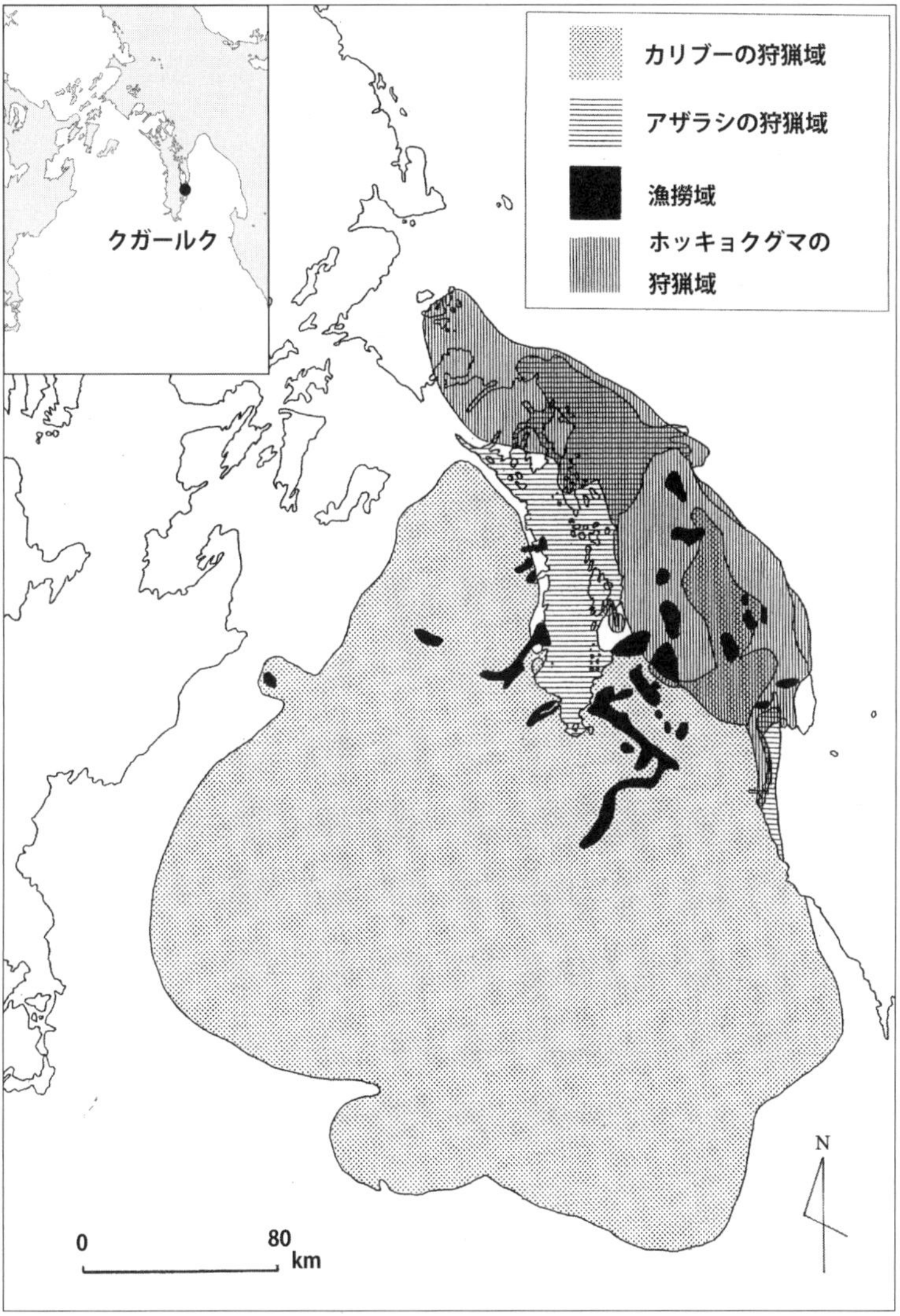

図3-11　1967年以後のアッグヴィリグユアッグミウトのテリトリー（生業活動域）（Freeman ed. 1976より抜粋してトレース）

六　「大地」との絆――エスニック・アイデンティティの礎

このように、クガールク村をはじめとする現在のイヌイト社会の深層には、社会の組織原理、生業活動を通した「大地」との絆、言語、価値観や世界観など、定住化以前の社会・文化のパターンが少なからず維持されつづけており、イヌイトは自分たちが欧米の主流社会に埋没してしまったとは考えていない。この意味で、イヌイトは社会・文化の持続している側面を核に肯定的なエスニック・アイデンティティを維持しながら、定住化以後の社会・文化・政治・経済的環境におおむね主体的に対処してきたと言える（Brody 1975, 1976; Dorais 1988, 1997; 岸上 1996; 岸上＆スチュアート 1994; 大村 1998, 2013c）。しかし、また同時に、イヌイト社会が一九六〇年代の定住化以来、資本制経済の世界システムと近代国民国家へ同化・統合され、急激な社会・文化の変化を経験してきたことも事実である。この意味で、現在のイヌイト社会には、かつて狩猟・採集民の典型として知られた生活様式の面影は薄い。

すでに、獲物を追って季節周期的な移動生活を営んでいた時代は、古老の記憶を通して語られる過去の物語である。スノーモービルや高性能ライフルで生業活動は高度に機械化され、セントラル・ヒーティングで暖められた家屋には、冷凍庫や冷蔵庫、洗濯機や乾燥機をはじめ、パソコンやケーブル・テレビ、ＤＶＤなどの電化製品が溢れている。発電所は二四時間稼働し、航空機や砕氷貨物船の定期便で、ハンバーガーやピザ、チップス、清涼飲料などの加工食品をはじめ、「南」[93]で生産された物品が運び込まれ、生協の店舗でいつでも購入することができる。子どもたちは日本のアニメに夢中になり、若者たちは通信販売に狂奔する。多くのハンターは政府のオフィスや工事現場などでの賃金労働を兼業し、カナダ政府からの福祉金や交付金、公共事業に依存しており、ニュースで報じられるカナダの政治・経済、さらにはグローバルな政治・経済の動向に一喜一憂する。

こうした生活を送っているイヌイトが産業資本制経済と近代国民国家に組み込まれていることに疑う余地はない。しかも、イヌイト社会はそうしたネットワークの末端であって中心ではなく、遠く離れた中心の動向からの影響を甘受する他にない。イヌイト社会はそうしたネットワークの末端であって中心ではなく、遠く離れた中心の動向からの影響を甘受する他にない。世界経済の景気が悪化してカナダ連邦政府の経済状態が悪化すれば、福祉金や交付金は削られ、官公庁のリストラや公共事業の縮減によって、いつ職を失うかわからない。第一章で紹介したように、欧米の企業のタテゴトアザラシの乱獲に端を発したアザラシの毛皮の不買運動にうながされ、ヨーロッパ共同体が一九八三年にアザラシの毛皮の輸入を禁止したことによって、重要な現金収入源の一つであったアザラシの毛皮の輸出が大打撃を受けたように、イヌイト社会の命運は世界経済の動向と近代国民国家の政策によって左右される状況にある。イヌイト社会はグローバルな産業資本制経済と国民国家に間違いなく従属しているのである。

「イヌイト」の誕生――先住民運動と新たなエスニック・アイデンティティ

こうしたイヌイト社会の現状をイヌイトも自覚している。すでに早くは一九七〇年代から報告されているように(Brody 1975: 125–165, 1976: 216–242)、イヌイトは同化・統合の流れのなかで欧米の主流社会に対して従属的な立場を余儀なくされ、社会・文化が大きく変化した結果、生活様式の欧米化がすすんでいることを自覚し、こうした現状に対して次のようなアンビヴァレントな感情を抱きつづけてきた(大村 1998, 2003b; Omura 2002)。

スノーモービルなどの機械装備や医療・福祉サービスなど、同化・統合による生活上の恩恵が肯定的にとらえられ、「昔に較べおおむね生活がよくなった」としばしば語られる。クガールク村でも幅広い世代のイヌイトの間で、「政府が助けてくれたおかげで昔よりも生活がよくなった」や「定住化以前には火をおこすことすら大変な仕事で、飢えや寒さに耐えるのは大変だったが、今の生活はとても便利で快適で安全だ」と語られ、おおむね現在の生活は肯定的に評価されている。しかし、また同時に、若者たちの生活スタイルや価値観の欧米化、幼児のイヌイト語ばなれ、野生生物の捕獲制限に対する不満など、同化・統合の負の側面もしばしば話題にのぼる。法律による規制、主流社会への政治・経済的従属性、若者たちの生活様式や価値観の欧米化など、同化・統合による負の側面が強く意識され、政治・経済的従属性への抵抗感と自己の民族的独自性への脅威が感じられているのである。

こうしたアンビヴァレントな感情を背景に一九七〇年代以来イヌイトが展開してきたのが、第一章で紹介したイヌイトの先住民運動である。イヌイトの先住民運動は、欧米主流社会への従属性を意識するようになったイヌイトが、一九六〇年代のアメリカ合州国の黒人解放運動や凡インディアン運動、アジア、アフリカの植民地解放運動などに刺戟を受けて、一九七〇年代以来進めてきた運動である（スチュアート 1997a, 1998a, 1998c）。この先住民運動では、イヌイト社会の従属的な現状を改善するために、イヌイトが本来もっていたはずの先住民権を回復すべきであると主張されてきた。

先住民権とは、イヌイトの生活圏の土地に対する土地権、その土地で狩猟・漁労・罠猟・採集などの生業を行う生業権、自らを自らで統治する自治権、自らの言語を話す言語権、自らの子どもを自ら教育する教育権など、イヌイトの生得的な権利であったにもかかわらず、同化と統合の過程で奪われてしまったとイヌイトが主張する諸権利のことである。そうした先住民権を回復することを通して、イヌイトは「未開」で「野蛮」な「原住民族」として欧米の主流社会によって同化あるいは温情的な保護の対象とされてきた「エスキモー」から脱皮し、「国家と対等な立場を前提に（中略）独自の権限や主権を有する」（スチュアート 1998a: 116）「イヌイト」という「先住民族」に変貌を遂げることを目指してきた。欧米の主流社会から一方的に同化・統合される従属的立場から脱し、欧米の主流社会と対等な立場で自身の社会・文化を主体的に築いてゆく権利を回復しようとしてきたのである。

こうしたイヌイトの先住民運動は、先にも紹介したように、北ケベックでは一九七五年にケベック州政府との間に結ばれた「ジェームズ湾および北ケベック協定」、北西準州西部のイヌビアルイト社会では一九八四年にカナダ連邦政府と結ばれた「イヌビアルイト協定」、クガールク村があるヌナヴト準州では一九九三年に連邦政府と結ばれた「ヌナヴト協定」のかたちで実を結んできた。これらの協定では、先住民権の完全な回復や完全な民族自治を実現するにはいたらず、むしろ完全なかたちでの先住民権を放棄し、カナダの主権を認めることにはなった。しかし、その代償として、金銭的な補償の他、あくまでもカナダの主権のもとではあるが、一般の市町村と同等な自治権、一定の面積の土地に対する権利、生業に関する特別の権利、公共の場でイヌイト語を使う権利、自らの子どもを自ら教育する権利など、先住民権を部分的に回復することに成功してきた（岸上 1990c, 1996; スチュアート 1997a, 1997b, 1997c）。

とくにヌナヴト協定の結果として旧北西準州のイヌイトのテリトリーが北西準州より分離して一九九九年四月一日に誕生したヌナヴト準州では、同準州の人口の八六％がイヌイトであるため、事実上のイヌイトの自治政府が誕生することになった[92]。たしかに、極北圏という特殊な環境条件のために経済的自立が難しく、イヌイトの教育水準が低かったために政府を運用するための人材を確保することが難しいなど、ヌナヴト準州の政治・経済的自立には多くの困難があることが指摘されている（スチュアート 1993d）。それでも、このヌナヴト準州の成立は先住民運動があげた大きな成果であることに疑いはない。また、ヌナヴト協定においても、土地とその近海に対する権利、生業に必要な野生動物を優先的に捕獲する権利、埋蔵資源や野生生物資源の管理を行う機関にイヌイトが主体的に参加する権利などが保証され、埋蔵資源の使用料がイヌイトに支払われることが決められている。カナダの主権を認めるという妥協をしつつも、あくまで部分的であるとはいえ、イヌイトは先住民権の一部をかちとったのである。

こうした先住民運動の過程で、第一章でも紹介したように、環極北圏に暮らしている先住民全体の連帯がうながされ、とくにカナダにおいては、主流社会との対立関係を通して「イヌイト」という新たな広域のエスニック・アイデンティティが生みだされてきた。かつてイヌイトが認識する共同体の単位は、血縁（養子縁組を含む）と婚姻で形成されて相互扶助義務が課されるイラギートという親族集団と、そのイラギートが集まった地縁共同体であり、こうした地縁共同体を超える広域のグループが意識されることはなかった。しかし、一九七〇年代以来イヌイトの先住民運動がさかんになり、極北の先住民が連帯する機運が高まりはじめた結果、イヌイト周極会議（Inuit

Circumpolar Conference）の開催など、イヌイトがロシアからグリーンランドにいたる極北圏に暮らす先住民全体を意識する機会が増え、カナダでは極北圏に住む「イヌイト」という広域のアイデンティティが形成されてきた。

クガールク村でも先住民運動の影響は大きい。たしかに今日でもイヌイトが第一に意識するアイデンティティは自己が属する親族集団や地域社会である。しかし、ヌナヴト準州やカナダの「イヌイト」全体、さらには環極北圏の先住民全体に対する帰属意識が浸透するようにもなっている。とくにヌナヴト準州の発足は、クガールク村のイヌイトに「イヌイト」としての自信と誇りをかつてないほどもたらしている。先住民運動を通して、社会・文化の持続性に支えられてきた地域的なアイデンティティが「イヌイト」という広域のアイデンティティに拡大されると同時に強化され、かつてないほどの肯定的なエスニック・アイデンティティの高揚がもたらされているのである。

イヌイト語地名の復興運動——先住民運動と日常生活のなかでの「大地」

こうしたイヌイトの先住民運動でイヌイトの社会・文化の存続と民族の存亡を握る重要な鍵であると叫ばれてきたのが、「大地」との絆である（Brody 1976; Nuttall 1992; スチュアート 1995a, 1996, 1997a, 1998c; Wenzel 1991）。第一章で紹介したように、先住民運動での政治的言説が強調しているのは、イヌイトにとって「大地」は、獲物の野生生物が分布する生業経済の資源基盤である以上にエスニック・アイデンティティの基盤であり、民族の母胎としてイヌイトと不可分の関係にあるということである。イヌイトにとって「大地」は、地所のように個人的に所有することができる物理的あるいは経済的な資源ではない。「大地」はイヌイト社会の個々人を結びつけ、その過去・現在・未来の紐帯を具現し、イヌイトが集団的に管理して次世代へ引き渡してゆくべき民族存立の基盤である（スチュアート 1995a, 1997a, 1998a）。イヌイトにとって「大地」は自己の一部、あるいは自己こそが「大地」の一部であり、「大地」なしにイヌイトは生きてゆくことができない。

こうした先住民運動の一環としてすすめられてきたイヌイト語地名の復興運動ほど、「大地」との絆の重要性を鮮明に象徴している動向はない。

ごく最近になるまで、欧米の主流社会が公的に発行してきた極北圏の地図にイヌイト語の地名はほとんど載っていなかった。あたかもはじめからイヌイト語の地名などなかったかのように、極北圏全域は英仏語の地名で覆い尽くされていた。欧米の主流社会が一七世紀に極北圏に進出して以来、極北圏を探検して切り拓いてゆく過程で、地図上からイヌイト語の地名を排除し、代わりに英仏語の地名を一方的に与えてゆく「命名」という実践を行ってきたためである。

大航海時代以来、多くの植民地でおきてきたように、こうした「命名」という実践は先住民の「地名の大量虐殺（genocide toponymique）」（Poirier 1979: 24, Muller-Wille 1984: 3より引用）であり、近代欧米社会による極北圏の「所有と領有の宣言であり、その土地に根ざした土着の文化や文明を無効化すること」（若林 1995: 196）に他ならなかった。英仏語の地名でイヌイトの地名を駆逐することで、イヌイトが「大地」と結んできた関係を無効化し、英仏語の地名の背後にある近代欧米社会の歴史と世界観をイヌイトに強要してきたのである。英仏語の地名で覆われた地図は、そうした欧米近代社会による極北圏の領有とイヌイトの「大地」の喪失を端的に象徴していた。

こうした歴史的事実を背景に、一九八〇年代以来、アヴァタック文化機構（Avataq Cultural Institute）やイヌイト伝統信託（Inuit Heritage Trust）など、イヌイトが主催する組織の監督下で人類学者の協力を得ながら、イヌイト語の地名の収集と記録が精力的に行われてきた（Muller-Wille 1987など）。その努力の結果、イヌイト語の地名はカナダの主流社会と政府に次第に認知されるようになり、従来は英仏語の地名しか載っていなかった極北圏の地図にイヌイト語地名が次々と登録され、英仏語の地名にとって代わりつつある。

一九八八年に公刊の地図に登録されたヌナヴィク（Nunavik：「大地のある場所」）、一九九九年に発足したヌナヴト（Nunavut：「われわれの大地」）準州は、こうした努力の成果を端的に象徴している。ヌナヴィクは、イヌイトが暮らしているケベック州北部全域を総称するためにイヌイト自身が創出した地域名であり、現在ではケベック地名委員会（Commission de Toponymie du Quebec）から公的に認可され、この地域に与えられてきた北ケベック（Northern Quebec）にとって代わっている（Muller-Wille 1996: 212）。また、ヌナヴト準州はかつて北西準州（Northwest Territories）の一部であったイヌイトのテリトリーが北西準州より分離して新しく発足した準州であり、まさに実際に地図が書き換えられた。クガールクという地名もこの例外ではない。一九九九年一二月、かつての英語名のペリー・ベイ（Pelly Bay）に代わって、この「小さな川」という意味の地名が公的な地名に登録されたのである。

こうした動向には、かつて欧米の主流社会によって英仏語の地名で勝手に「命名」され、地図上に一方的に客体化され支配され管理されてきた「大地」を再びイヌイトの手に取り戻そうとするイヌイトの希求が反映されている。多くの人類学者が指摘しているように（Brody 1975, 1976; Castonguay 1979; Collignon 1993; Lester 1979, 1980; Muller-Wille 1984, 1996）、地名は単なるラベルではない。イヌイトの「大地」に対する固有の権利、「大地」でイヌイトが営んできた歴史、そうした権利と歴史を支えている世界観など、イヌイトと「大地」の間に結ばれてきた関係の総体を刻印された象徴であり、その復権はイヌイトと「大地」の絆の復権を意味している。かつて欧米の主流社会が推しすすめてきた動向とは逆に、欧米社会の支配を象徴する英仏語の地名を駆逐しながら、イヌイト語地名を地図上に公的に登録し、地図を塗り替えてゆくことは、欧米の主流社会の一方的な所有と領有の宣言を無効化し、再びイヌイトの手に「大地」を取り戻すことを意味している。

もちろん、第一章でも触れたように、こうした先住民運動での言説には政治的レトリックが多分に含まれており、誇張されている部分が多いこともたしかである。しかし、そこで語られている「大地」との絆が虚言であるわけではない。このことは、これまでに検討してきたように、「大地」との絆を実現する生業活動が単なる経済活動としてではなく、エスニック・アイデンティティを維持して強化する活動として、経済効率を度外視してまでも執拗に行われつづけていることに明らかであろう（Smith 1991; スチュアート 1995a）。また、第一章で紹介したように、「大地に生きる」という「イヌイトのやり方」が「真なるイヌイト」の理想を具現する生き方として依然としてイ

写真 3 -16　学校で古老の話を聞く子供たち
（カナダ、ヌナヴト準州、クガールク、2010年 3 月）

ヌイトに人生の指針を与えていることにも、「大地」との絆が今日のイヌイト社会を支える求心力となっていることがわかる。

もちろん、今日の世界を生き抜いてゆくためには、「白人のやり方」（*qaplunaaqtun*）とイヌイトが呼ぶ「近代」的な生き方、すなわち、英仏語を話し、標準的な学校教育を受け、賃金労働者もしくは資本家として働くという生き方が不可欠であることは十分に承知されている。しかし、企業家や政治家などとして「白人のやり方」で成功することは評価されはするものの、それはあくまで「イヌイトのやり方」と両立している限りにおいてである（Bordenhorn 1997; Brody 1975, 1976; スチュアート 1998d）。「南」の高校を優秀な成績で卒業したにもかかわらず、「イヌイトのやり方」を習得する機会に恵まれなかった若者が、古老から認めてもらえずに苦悩する姿も報告されている（Bordenhorn 1997; Brody 1975, 1976; Nelson 1969）。本章冒頭に引用したように、「白人のやり方」を教える学校教育の重要性を十分に認識しつつも、イヌイトの親や古老たちは、子どもたちが学校で良い成績をとるだけでなく、「イヌイトのやり方」を習得し、「白人のやり方」と「イヌイトのやり方」を両立させることを望んでいる（Bordenhorn 1997; Brody 1975, 1976）。もちろん、イヌイトの若者たちも、マス・メディアを通して流入する欧米主流社会の価値観に影響を受けながらも、「イヌイトのやり方」を習得することの重要性を見失っていない。

このように「大地」との絆はイヌイトの先住民運動を支えている

だけでなく、「イヌイトのやり方」と呼ばれる「伝統」の中核として今日のイヌイト社会の活力と肯定的なエスニック・アイデンティティを支えている。「大地」が先住民運動の象徴となりえたのは、先住民権の一つである土地権と生業権の対象であったという実際的な理由はもちろんだが、「大地」を喪失することに対するイヌイトの切実な危機感が背後にあったためでもある。第一章で紹介したように、「大地」との絆を具現する生業活動はイヌイトにとって「人生」それ自体を意味しており、「大地」を失うことは「人生」を失うことを意味している。また、本章で検討してきたように、定住化以来、カナダという近代国民国家と資本制経済の世界システムに同化・統合され、急激な社会・文化変容を経験してきたにもかかわらず、イヌイトが肯定的なエスニック・アイデンティティと社会の活力を失うことがなかったのは、言語や社会の組織原理などとならんで、生業活動の実践を通した「大地」との絆を軸に「イヌイトのやり方」が維持されてきたからである。

このように「大地」との絆がイヌイトの先住民運動と肯定的なエスニック・アイデンティティを支える基盤となっているからこそ、本章冒頭にみたように、狩猟・漁労・採集などの生業活動とならんで、ナヴィゲーションがエスニシティの表徴として重要な役割を果たすことになる。ナヴィゲーションの技術がなければ、「大地」との絆を確認することはできない。また、イヌイト語地名の復興運動に代表されるように、ナヴィゲーションにあたって参照される記号体系は、先住民運動の軸である「大地」との絆を象徴している。こうした社会・文化・政治・経済的背景があるからこそ、ナヴィゲーションは「大地」との絆を再生産し、その再生産を通してイヌイトの肯定的なエスニック・アイデンティティを維持する媒体として重要な役割を果たしているのである。

七 「大地」との絆の信念――今日のイヌイト社会の制度的現実の要

本章では、これまでの研究の成果と私がヌナヴト準州クガールク村で行った調査の成果に基づいて、イヌイトのナヴィゲーションを定義し、その一般的な特徴を概観しながら、ナヴィゲーションをめぐる記号体系としての文化と社会・政治・経済的背景を浮き彫りにしてきた。その概要を次のようにまとめることができる。

まず本章の冒頭で、イヌイトのナヴィゲーションを定義し、その特徴を概観した。イヌイトのナヴィゲーションとは「陸上および海上において自己の現在地を特定し（オリエンテーション）、現在地と目的地の空間的位置関係を把握したうえで（目的地の特定）、それらの間の地形的特徴や生態的特徴などの多様な条件を考慮して現在地から目的地への適切なルートを選び、そのルートを維持する方法（ルートの選択と正しい道筋の維持）」である。このナヴィゲーションは、オセアニアの伝統航海術や近代航海術のように制度化されておらず、非体系的で非専門的な日常の生活技術として個人的な多様性を示すため、その全容を画一的に記述することは難しい。

しかし、ナヴィゲーションで参照される共通の記号体系など、個人差を超えた共通性がないわけではない。そこで本章の前半では、ナヴィゲーションで使われる記号体系と環境の指標について検討し、イヌイトがそれぞれに多様な技術と知識を生成する際に参照する記号体系としての文化を明らかにした。イヌイトのナヴィゲーションは、方位や地名などの記号体系によって高度に構造化された環境空間の枠組みに自己を定位し、その環境から地理学的要素や気象学的要素や生態学的要素が複雑に絡み合った多様な情報を読みとり、その情報を綜合的に判断することによって展開される複雑な知的活動である。そして、このように環境空間を構造化する記号体系に精通し、微細な情報を環境から読みとる熟練を要求されるからこそ、ナヴィゲーションは生業技術や社会生活での社交の技術などと並んで「イヌイトらしさ」や「大人らしさ」の表徴となり、イヌイトの肯定的なエスニック・アイデンティティを支えているのである。

本章の後半では、このようにナヴィゲーションがイヌイトのエスニシティの表徴となってきた歴史的背景について、私が調査を行ったクガールク村を中心に概観しながら検討し、一九七〇年代以来の先住民運動がその背景にあることを明らかにしてきた。

クガールク村のイヌイト社会は一九六〇年代に定住化して以来、資本制経済の世界システムと近代国民国家に従属的な立場で同化・統合され、急激な社会・文化の変化を経験してきた。たしかに、現在のイヌイト社会の深層には、社会の組織原理、生業活動を通した「大地」との絆、言語、価値観や世界観の構造など、定住化以前の社会・文化のパターンが少なからず維持されつづけており、イヌイトは自分たちが欧米の主流社会に埋没してしまったとは考えていない。また、クガールク村をはじめとするイヌイト社会は、こうした社会・文化の持続している側面を核に肯定的なエスニック・アイデンティティを維持しつつ、定住化以後の変化してゆく社会・文化・政治・経済的環境におおむね主体的に対処してきた。しかし、また同時に、今日のイヌイト社会がカナダという近代国民国家と資本制経済の世界システムに従属的な立場で組み込まれ、その結果として、その生活様式が表面的にはすっかり欧米化されてしまっていることも否定しようがない事実である

こうしたイヌイト社会の現状をイヌイトも自覚し、その現状に対してアンビヴァレントな感情を抱きつづけてきた。医療・福祉サービスなど、同化・統合による生活上の恩恵を肯定的に評価すると同時に、法律による規制、カナダ主流社会への政治・経済的従属性、若者たちの生活様式や価値観の欧米化など、同化・統合による負の側面を強く意識し、政治・経済的従属性に対する抵抗感と自己の民族的独自性に対する脅威を感じてきたのである。こうしたアンビヴァレントな感情を背景に、一九七〇年代以来イヌイトが展開してきたのが先住民運動であった。そこでは、イヌイト社会の従属的な現状を改善するために、イヌイトが本来もっていたはずの先住民権の回復が目指さ

れてきた。欧米の主流社会から一方的に同化・統合される従属的立場から脱し、主流社会と対等な立場で自己の社会・文化を主体的に築いてゆく権利を回復しようとしてきたのである。

こうした先住民運動の求心力を支えてきた信念こそ「大地」との絆である。イヌイトにとって「大地」は、獲物の野生生物が分布する生業経済の資源基盤である以上にエスニック・アイデンティティの基盤であり、「民族」の母胎としてイヌイトと不可分の関係にある。「大地」はイヌイト社会の個人を結びつけ、その過去・現在・未来の紐帯を具現し、イヌイトが集団的に管理して次世代へ引き渡してゆくべき「民族」存立の基盤である。「大地」は自己の一部、あるいは自己こそが「大地」の一部であり、「大地」なしにイヌイトは生きてゆくことができない。こうした主張のもと、イヌイト語地名の復興運動に象徴されるように、「大地」との絆は先住民運動の求心力を支えてきた。

もちろん、こうした先住民運動での政治的言説には、政治的なレトリックとして誇張されている部分がないわけではない。しかし、本章で検討してきたように、生活様式が表面的には欧米化している今日のイヌイト社会でも、生業活動は依然として活発に実践され、その生業活動の実践を通した「大地」との絆はたしかに活き活きと息づいている。「大地」との絆が社会の組織原理や言語などと共に維持され、「イヌイトのやり方」と呼ばれる「伝統」が再生産されてきたからこそ、近代国民国家と資本制経済の世界システムに従属的に同化・統合され、急激な社会・文化の変化を経験してきたにもかかわらず、イヌイトは肯定的なエスニック・アイデンティティと社会の活力を失うことがなかったのである。

このように「大地」との絆がイヌイトの先住民運動と肯定的なエスニック・アイデンティティを支える基盤の一つとなっているからこそ、生業活動と並んでナヴィゲーションがエスニシティの表徴となる。ナヴィゲーションは、イヌイトが「大地」を自在に移動し、生業活動を通して「大地」との絆を確認するために最低限必要な技術である。ナヴィゲーションの技術がなければ、「大地」との絆を確認することはできない。また、イヌイト語地名の復興運動に象徴されるように、ナヴィゲーションをめぐる記号体系は「大地」との絆の象徴として重要な役割を果たしている。

したがって、本書の主題であるナヴィゲーションがイヌイトの肯定的なエスニック・アイデンティティの表徴となってきたのは、地名などの記号体系としての文化とイヌイト社会をめぐる政治・経済・社会構造が相互に相互を構成する弁証法的関係のなかで、「大地」との絆という信念が生み出されてきたからに他ならないと結論づけることができる。一九六〇年代の定住化以後、カナダという近代国民国家と産業資本制の世界システムに同化・統合され、欧米の主流社会に従属することを余儀なくされつつも、イヌイト社会の深層に維持されてきた社会の構成原理や言語や生業活動を核に社会の求心力が維持されてきたという政治・経済・社会的な背景があるからこそ、地名をはじめとする記号体系が「大地」との絆の象徴としてはじめて機能する。また同時に、地名をはじめとする記号体系によって環境空間が構造化されて意味づけられているからこそ、「大地」との絆という信念が今日の政治・経済・社会構造のなかでイヌイト社会の求心力を維持する役割を果たすことができる。「大地」との絆という信念は、環境空間を構造化して意味づける記号体系としての文化と今日のイヌイト社会をめぐる政治・経済・社会構造が一つに絡み合うなかで生じ、その絡み合いを維持する要として機能し、その絡み合いを通して立ち上がるイヌイト社会の制度的な現実を支えている。「大地」との絆という信念には、今日のイヌイト社会の制度的な現実が一点に絞り込まれるように凝縮しているのである。

第四章　「イヌイトのやり方」の戦術――ナヴィゲーションをめぐる生活世界

たいていの日常的実践（話すこと、読むこと、道の往来、買い物をしたり料理したりすること、等々）は戦術的なタイプに属している。そればかりでなく、もっとひろく、大部分の「もののやりかた」もそうである。このうえない「強者」（権力者、病い、現実や体制の暴力、等々）を相手に「弱者」が成功をおさめるのもそうならば、うまい手をつかうのも、離れ業をやってのけるのも、「狩猟家」が罠をはるのも、臨機応変のかけひきも、変幻自在な擬態もそうであり、詩だろうと、戦争だろうと、あっと言わせるひらめきがそうである。このように事をあやつる仕業は、はるか昔の知に属している。ギリシアの人びとはそれを〈メティス〉とよんでいた。けれどもそれは、もっと遠い遠い昔、植物や魚たちが身につけていた擬態や狡知のはるかな知恵にまでさかのぼる。海洋の底からメガロポリスの街々にいたるまで、戦術は連綿とたえることなく、不易のすがたをみせているのだ。（ド・セルトー 1987: 26–27）

その土地固有の狩猟の物語は、獲物を探しだすのに文化的に重要だとみなされている特性に焦点を合わせている。つまり、予期せぬことに対応する猟師の能力である。鹿や野生の豚は求めに応じて姿をあらわすわけではないのだから、猟師はいつでもすぐに行動をとる準備ができていなければならない。（中略）この反応の良さという特質は、イロンゴット族が文化的に非常に高く評価しているものであり、そのため人びとは、ニシキヘビにイバラの上をひきずられたり、野生の豚に追われて木の上においやられたり、岩の割れ目から犬を追い出そうとしたりするときに、即座に対応する自分たちの能力について、よくできた「狩猟の物語」をする。実際、猟師は物語として語ることのできるさまざまな経験を探し求めているのだ。言い換えると、物語は単に人間の行動を反映しているのではなく、しばしばそれをつくりだしているのである。（ロキルド 1998: 194）

一　ナヴィゲーションの舞台と実践主体——調査の概況

前章では、これまでにイヌイト／ユッピクのさまざまな地域集団で行われてきた研究と私の調査に基づいて、イヌイトのナヴィゲーションについて概観し、ナヴィゲーションをめぐる記号体系と政治・経済・社会的背景を浮き彫りにしてきた。そして、イヌイトのナヴィゲーションがイヌイトにとってはごくあたりまえな日常の生活技術でありながら、環境を高度に構造化する記号体系に精通し、微細な情報を環境から読みとることによってはじめて可能になる高度な技術であり、生業技術や社会生活における社交の技術などとならんで「イヌイトらしさ」や「大人らしさ」の表徴になっていることを明らかにしてきた。生業活動やナヴィゲーションを通して確認される「大地」との絆の信念は、一九六〇年代の定住化以後、カナダという近代国民国家と産業資本制の世界システムに同化・統合され、欧米の主流社会に従属することを余儀なくされつつも、そうした政治・経済・社会的な状況に主体的に対応しようとしてきたイヌイト社会の求心力をエスニシティの表徴として支えているのである。

それでは、こうした政治・経済・社会的な状況を背景に、環境を構造化する記号体系を駆使しながら展開されるナヴィゲーションという日常技術は、イヌイトの日常生活のなかでどのように実践されているのだろうか。そして、その日常的実践を通して再生産される「イヌイトのやり方」の「伝統」とは、どのようなことなのだろうか。

本章では、ヌナヴト準州のクガールク村で私が行った調査に基づいて、ナヴィゲーションをめぐる三つの実践、すなわち、(1) ナヴィゲーションの実践、(2) ナヴィゲーションについての語り、(3) 地図描画について検討し、ナヴィゲーションを軸に構築されるイヌイトの日常的な経験世界において、「イヌイトのやり方」と呼ばれている「伝統」がいかに構築され再生産されているかについて考察する。その準備作業として、ここではまず、ナヴィゲーションに関する私の調査を概観し、ナヴィゲーションの実践主体と舞台を明らかにしておこう。

調査の概況――調査者の社会的立場

私は前章で紹介した現在のクガールク村（調査当時はペリー・ベイ村）のイヌイト社会で、一九八九年から民族学的な調査を行ってきた。[94] このうちナヴィゲーションに関する直接参与観察とインタビューを行ったのは、一九九六年から一九九七年にかけての二年間であり、冬季一回、春季一回、夏季二回の延べ四回、約五ヶ月間である。

この調査の間、私（調査当時二〇代末）はクガールク村の一〇の拡大家族の一つ、拡大家族Ⅲに属する世帯に下宿していた（二三五頁の図4-1参照）。この際に私が世話になり、ナヴィゲーションに関する参与観察を行ったのは、世帯二二の世帯主（調査当時五〇代後半）である（図4-1と表4-1参照）。私がインタビューを行ったり、世帯22の世帯主の息子たちとハンティングに出たり、さまざまなハンターの世帯を訪問したり、世帯22の世帯主が公用や会議に参加したりしているとき以外は、私はその世帯22の世帯主のハンターと毎日終日にわたって行動をほぼ共にした。

この世帯22の世帯主は妻（調査当時五〇代前半、故人）との間に四名の息子と一名の娘をもうけていた。そのうち長男（調査当時三〇代前半）と次男（調査当時二〇代半ば）は妻をもって独立し、それぞれ三名の娘と一名の養子の息子、一名の息子をもうけ、それぞれ核家族の世帯を構成していたが、三男（調査当時二〇代前半）と四男（調査当時一〇代後半）、長女（調査当時二〇代前半）は父母と同居していた。本書では、この世帯22の世帯主をイホマタックと呼び、その妻をアグナッチャウロック、長男をタキロック、次男をイヌッチャック、三男をハンゲロック、四男をヌタガック、長女をイナコナクトックという仮名で呼ぶ（表4－1と図4－1参照）。

調査当時、イホマタックは人命救助委員会の委員や狩猟・罠猟師組合の委員などを務め、会議や公務に対する若干の給与を受け取っていたが、定職には就いておらず、私が調査を行っている間の主要な収入は、私が支払う謝金と政府からの福祉金であった。ただし、イホマタックの妻のアグナッチャックは村内でもっとも有名な彫刻師であり、その彫刻の販売がイホマタック一家の補助的な現金収入源となっていた。[95] アグナッチャックには、観光客や一時滞在者から絶えずお土産用の彫刻の依頼があり、一つ三〇カナダ・ドル前後の装飾品から一つ一〇〇カナダ・ドル以上の置物にいたるまでさまざまな彫刻を制作して販売し、そこで得られる現金をスノーモービルやエンジンの資金にしたり、その現金で子どもや孫のための駄菓子や加工食品を購入したりしていた。[96]

長男と次男と三男は、生協の従業員として働いたり、夏季には空港拡張工事や道路工事、家屋の建築工事に従事したりしていた。長女はホテルや生協の従業員として働いていた。末の四男は中学生で、まだ働いていなかった。私は一九九六年の冬季と夏季、一九九七年の春季には次男のイヌッチャックの世帯に、一九九七年の夏季には長男のタキロックの世帯に下宿し、朝七時三〇分にイホマタックの世帯に出向き、夜一〇時頃まで終日にわたってイホマタックと行動を共にした後、下宿に戻る生活を送った。

なお、一九八九年以来の民族学的調査は私が単独で行った調査ではなく、スチュアート　ヘンリ（本多俊和：調査当時、昭和女子大学）を隊長とする「クガールク（ペリー・ベイ）調査プロジェクト」[97]の一環として行われた。イホマタックとの関係も、このプロジェクトの隊長のスチュアートが一九八八年にこのプロジェクトをはじめて以来築いてきた関係に基づいていた。この「クガールク調査プロジェクト」は、現在のイヌイトの社会・文化の変化している側面と持続している側面を総合的に把握することを目的に組織された調査プロジェクトであり、一九八八年より一九九九年までの一二年間に、考古学と民族学を専門とする一〇人以上の日本人が参加した。[98] 一九九六年から

表４－１　登場人物一覧

	調査当時の年齢	世帯番号	イホマタックとの関係
イホマタック	50代後半	22	本人
アグナッチャック	50代前半	22	妻
タキロック	30代前半	23	長男
イヌッチャック	20代半ば	22	次男
ハンゲロック	20代前半	22	三男
ヌタガック	10代後半	22	四男
イナコナクトック	20代前半	22	長女
イリンニアックチチリ	70代末	29	母
ナヌーク	80代半ば	29	父
アンガッコック	60代半ば	51	母方のオジ
ヒケネック	50代後半	41	母方のイトコ
トゥハーリ	40代半ば	28	義理の弟
アンゲロック	20代末	29	義理の弟
カゲタウラック	20代後半	43	母方のオイ

（世帯番号は下記の図４－１の親族関係図内の番号と一致。下の親族関係は1992年９月24日現在。岸上＆スチュアート 1994: 420）

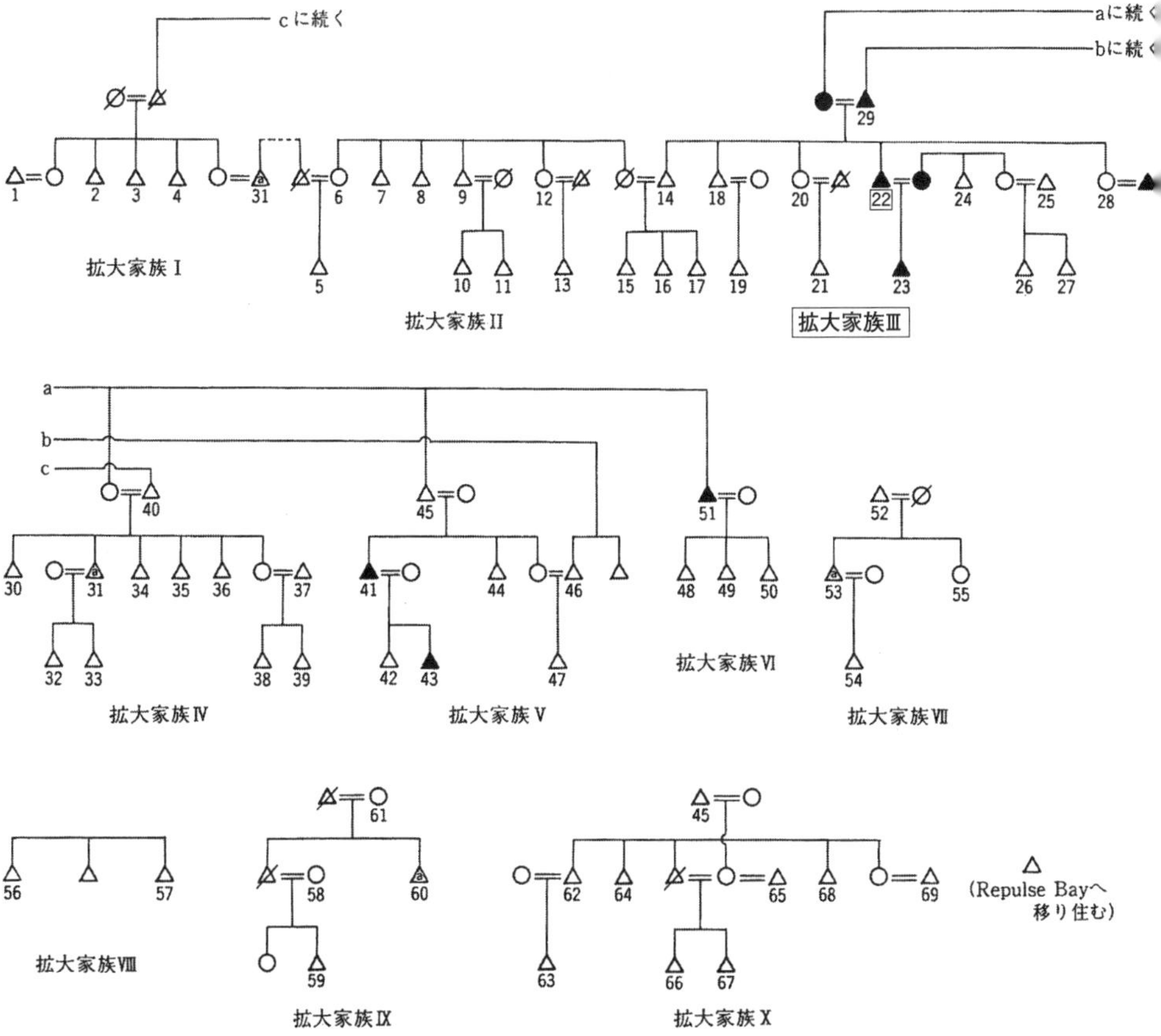

図４－１　親族関係図（岸上＆スチュアート 1994: 420）

（図内の番号は表４－１の世帯番号と一致、番号の上の人物が世帯主）

一九九七年の期間にも、私が単独で調査を行ったのは一九九六年の冬季と夏季、一九九七年の夏季で、一九九六年の春季にはスチュアートが別目的の調査のために私と共にクガールク村に滞在していた。

スチュアートによれば、イホマタックとスチュアートは義兄弟のような親しい関係にある。イホマタックは一九八八年以来一〇年近くつづいた「クガールク調査プロジェクト」のガイドとコーディネーターをつとめ、スチュアートに毎年下宿を提供してきた。私はそのスチュアートの部下としてイホマタックの家族に迎えられていた。このような意味で、イホマタックは、私のというよりは「クガールク調査プロジェクト」のガイドとコーディネーターを兼ねた役割を果たしており、その役割への報酬として、私が滞在している期間中二週間に四五〇カナダ・ドルの謝金を受け取っていた。この謝金には、私がナヴィゲーションを直接参与観察することへの謝金、つまり、イホマタックからみれば、私の教育費が含まれており、イホマタックやその息子たちのハンティングに同行する際にとくに謝金を支払うことはなかった。ただし、ハンティングに同行する場合、ガソリン代などの燃料費やスノーモービルやボートの補修費の一部を負担することもあった。また、私が下宿していた長男と次男には、下宿代として一泊(三食付き)五〇カナダ・ドルを支払い、インタビューを行う際には、インフォーマントには一時間三〇カナダ・ドル、通訳には一時間二五カナダ・ドルを謝金として支払った。

このように私とイホマタックの関係は、調査者と被調査者の関係あるいは友人関係というよりも、むしろ師弟関係に近い。また、スチュアートとイホマタックの間の義兄弟のような関係を考慮すれば、擬似的なオジ―オイ関係のような関係であるとも言える。いずれにしても、私とイホマタック一家の関係は曖昧な関係であったが、イホマタックの一家は私を含めた「クガールク調査プロジェクト」の目的を十分に理解し、現在のイヌイトの社会・文化を広く世界に紹介することがイヌイトにとっても重要であるという認識に立って、協力を惜しむところがなかった。もちろん、日本人の調査プロジェクトから支払われる謝金が、現金収入源として重要視されていたことは言うまでもない。

概して、私を含めた「クガールク調査プロジェクト」の参加人員は、スチュアートを中心にまとまった日本人の集団として理解され、その日本人の集団とイホマタック一家との間には、日本人が現金を提供することによってイホマタック一家を助け、イホマタック一家が日本人の世話と教育を行って日本人を助けるという相互扶助的な関係が成り立っているとみなされていた。この関係はクガールク村でも公認されており、調査の度ごとに村議会で調査プロジェクトの調査概況を説明した際には、調査プロジェクトがイホマタック一家に十分な謝金を払っているかどうかについてしばしば質問を受けた。

なお、イホマタック一家に限らず、クガールク村の人々は、スノーモービルや四輪駆動バギーのメーカーであるホンダとヤマハ、テレビ・ゲームのメーカーである任天堂が日本の企業であることを知っており、日本は金持ちの国ではあるが、物価が高くて国土が狭い国であるという認識をもっている。また、日本人とイヌイトの祖先はもともと同じであったとする俗説が流れており、「白人（*qaplunaat*）」と呼ばれる欧米人よりはイヌイトに近い存在として認識されているようである。私を含め、「クガールク調査プロジェクト」の参加者は、調査にあたってクガールク村議会の審査を受け、調査許可をもらわなければならず、毎年、村議会で調査の目的と概況について逐次報告し、調査成果を概報のかたちで提出してきたため、イヌイト社会における社会・文化の変化と持続の現状について調査するというプロジェクトの目的は、クガールク村の人々の間でも広く知られていた。

この日本人によるプロジェクトは、調査許可をめぐる行き違いなど、これまでにトラブルはあったものの、概して好意的に受けとめられてきた。私個人について言えば、私がクガールク村で話されているアッグヴィリグユアック方言の簡易辞書（Omura 1997）を調査概報として議会や学校に配布しており、それを学校で英系カナダ人の教員が利用していることもあって、私がイヌイト語やイヌイトの知識について調査していることは広く知られている。また、私は「クガールク調査プロジェクト」で唯一イヌイト語を話す日本人として知られており、奇妙なイヌイト語を話したり奇妙な質問をしたりする日本人として面白がられてもいた。なお、イヌイト語で日本人は「ヤパニーヒ（*japaniihit*）」と呼ばれている。

ナヴィゲーションの実践主体と舞台

このような状況下、私はイホマタック一家の生業活動や移動活動に同行して参与観察を行うとともに、イホマタックと関係の深い古老や熟練ハンターを対象にイヌイト語やナヴィゲーションに関するインタビューを行ってきた。ここで私が調査にあたってお世話になり、本章に登場するイヌイトの人々について簡単に紹介するとともに（表4－1と図4－1参照）、ナヴィゲーションとインタビューが行われた状況、すなわち、ナヴィゲーションの舞台について概観しておこう。

先にもみたように、私が常時行動をともにし、ナヴィゲーションに関する直接参与観察を行ったのは、イホマタックとその三人の息子たち（タキロック、イヌッチャック、ハンゲロック）である。イホマタックは一台のスノーモービル、一台の四輪駆動バギー、村内で唯一のディーゼル・エンジン付きの大型ボート（*umiaq*：全長約一〇メートル、幅約四メートル）、一台の木製ソリ、数丁の高性能ライフル、いくつかのナイロン製魚網、複数の鉄製罠、銛やヤスなどの狩猟・漁労の道具を完備していた。彼の四人の息子のうち、末子（ヌタガック）を除いた三人の息子たち（タキロック、イヌッチャック、ハンゲロック）は、それぞれ一台のスノーモービルと木製ソリ、専用のライフルを所有し、それらに加えて長男（タキロック）と次男（イヌッチャック）は自分の四輪駆動バギーを持っている。また、長男、次男、三男、長女は、共同で購入した二艘の船外機付きアルミニウム製ボート（*umianNaq*）を所有している。

イホマタックの大型ボート、長男（タキロック）の四輪駆動バギーとアルミニウム製ボートには、小型無線機が取りつけられ、また、イホマタックの世帯には携帯用の無線機が置かれ、一家の誰かがハンティングに出ているときには常につけっぱなしにされていた。また、イホマタック、長男（タキロック）、次男（イヌッチャック）、三男

（ハンゲロック）は、それぞれ一／二五〇〇〇〇の地形図を所有しており、次男（イヌッチャック）はGPS（全地球方位測定システム）の端末をもっているが、いずれもナヴィゲーションに使われたことはなかった。大型ボートはイホマタックの専用であるが、アルミニウム製ボートはイホマタックと息子たちが共同で利用している。また、「クガールク調査プロジェクト」は一台のスノーモービルを購入し、イホマタックに管理を委託しており、私を含め、プロジェクトの人員が冬季にハンティングに参加する場合には、このスノーモービルが利用された。

このイホマタック一家の生業活動に同行する参与観察だけでなく、イホマタックを含め、イホマタックと親族関

写真４－１　イッカククジラの解体のために集合した船外機付きボートの群れ
（カナダ、ヌナヴト準州、クガールク、2012年９月）

写真４－２　ディーゼル・エンジン付きの大型ボート
（カナダ、ヌナヴト準州、クガールク、1997年８月）

写真4－3　ディーゼル・エンジン付きの大型ボートの船首部分の内部（手前にみえるのは舵輪、その横下には燃料のジュリ缶がみえる。奥のスペースは宿泊スペースにもなる）
（カナダ、ヌナヴト準州、クガールク、1997年8月）

係にある古老や熟練ハンターに、ナヴィゲーションをめぐる知識や技術に関するインタビューも行った。そのインタビューに応えてくれたイヌイトの人々は、イホマタックを含めた以下の五名である（表4－1と図4－1参照）。イホマタック、イホマタックの母親であるイリンニアックチチリ（調査当時七〇代後半、故人）、イホマタックの父親であるナヌーク（調査当時八〇代、故人）、イホマタックの母方のオジであるアンガッコック（調査当時六〇代半ば）、イホマタックの母方のイトコであるヒケネック（調査当時五〇代後半）。

なお、私はイヌイト語で日常会話はできるが、イヌイト語でインタビューができるほどイヌイト語に堪能ではなかったため、インタビューを行う際には、次の四名のイヌイト語＝英語のバイリンガルのイヌイトに通訳をお願いした。その四名は、イホマタックの義理の弟であるトゥハーリ（調査当時四〇代半ば）とアンゲロック（調査当時二〇代末）、イホマタックの娘であるイナコナクトック、ヒケネックの息子のカゲタウラック（調査当時二〇代後半）である。インタビューはインフォーマントの自宅の居間で行われ、どのインタビューにおいても、その間は小さな子どもたちを部屋に入れないなど、インタビューの環境を整えるためのさまざまな配慮を受けることができた。

イホマタック一家をはじめ、参与観察とインタビューを行った古老やハンターたちは、前章で検討したように、イヌイト社会の制度的な側面で生じる「伝統」をめぐる信念の影響下にあり、「大地」との絆をはじめ、「イヌイトのやり方」と呼ぶ「伝統」がイヌイトであることにとって重要であるという信念に動機づけられていた。古老として敬意を表されているイリンニアックチチリとアンガッコックは村の学校の課外授業でさまざまな「伝統」技術や物語を毎週一回教えており、若い世代に「伝統」を伝えることの重要性を強く認識していた。また、イホマタックは、学校で教えられる「白人のやり方」が現代社会で生き抜くために不可欠であることを認識し、とくに末子のヌタガックや孫たちを遅刻せずに学校に毎日通わせるように努力していたが、他方で、学校の許可があるときにはヌタガックをハンティングに連れてゆき、「イヌイトのやり方」を教えることに余念がなかった。学校は一定の日数

写真4－4　四輪駆動バギー（イヌイト語で「ホンダ」と呼ばれる）に乗るハンター
（カナダ、ヌナヴト準州、クガールク、1997年8月）

写真4－5　ハンティング用のリー・エンフィールド小銃で射撃するハンター
（カナダ、ヌナヴト準州、クガールク、2009年1月）

の限度内で生業活動への同行を授業出席に振り替えることを認めており、その制度や長期休暇を利用して、ヌタガックは生業活動にしばしば同行していた。

調査を行った一九九六年の冬季と夏季、一九九七年の春季と夏季に私が参与観察を行ったイホマタック一家のハンティング・ルートを二四八〜二四九頁の図4-2と図4-3に示した。イホマタックは、ペリー湾奥一帯、とくに出生地で定住化以前に本拠地としていたイカーックタリク（*ikaaqtalik*）とイホックトック（*ihuqtuq*）とクーク（*kuuk*）河口部を「わたしの大地（*nunaga*）」と呼び、特別な愛着を寄せていた。彼は村内で唯一の大型ボートを持っていることもあり、夏季の海に詳しい。また、彼は村でも評判の高いガイドであり、英系カナダ人の観光客などのためにガイドをつとめた経験がある。

写真4-6　ハンティングに同行して調査中の筆者
（カナダ、ヌナヴト準州、クガールク、1997年8月）

私はイホマタックにナヴィゲーションについて学びたい旨を伝えていたため、調査期間中、私がインタビューを行うとき以外は、イホマタック一家の誰かが編成するハンティング・パーティにいつでも参加することができるように配慮を受けることができた。なお、前章で検討したように、イホマタックの猟場を含むペリー湾周辺は絶対方位と相対方位と地名のネットワークで構造化されており（一五三頁の図3-3と一五六頁の図3-4参照）、その構造化された環境空間が本章でこれから検討するナヴィゲーションの舞台になっている。

二　ナヴィゲーションの実相——「戦略」に組み込まれた「戦術」

このような舞台で、ナヴィゲーションの実践主体であるイヌイト個人は、どのようにナヴィゲーションを実践しているのだろうか。ここでは、一九九七年と一九九八年に私が直接参与観察を行った生業活動と移動活動について検討し、そこで展開されたナヴィゲーションの特徴を明らかにしながら、イヌイトのナヴィゲーションの実相を浮き彫りにしてゆこう。

一九九六年の冬季には、二週間ほどの滞在期間のうち五〜六回ほど、スノーモービルの習熟訓練のためにクークク（*kuuk*）河口部での罠猟に同行した。しかし、私は自動二輪の運転免許ももっていないほど、運転に関して素人であったため、運転の習熟訓練だけに明け暮れ、ナヴィゲーションの調査を行うどころではなかった。この一九九六年冬季には、雪紋が粗くうねっていたために路面の状態が悪く、真っ直ぐ走ることがもっとも大きな課題であった。また、曇天の日が多く、太陽の位置も低かったため、目標を見失うのみならず、先導のスノーモービルすらも見失い、柔らかい雪だまりに沈んだり、悪路に高速で突っ込んで吹き飛んでしまったり、独りで見当違いの場所に向かってしまったり、無数の失敗を繰り返した。このように一九九六年の冬季の調査は訓練とでも言うべきものであり、調査の記録も不完全である。調査が本格化し、詳細な記録を採ることが可能となったのは、一九九六年の夏季以後であり、とくに一九九七年になってからである。

調査が本格化した一九九六年と一九九七年の夏季には、イホマタックの大型ボートや船外機付きボートに偵察員かつ雑用係として乗り組み、ペリー湾口での猟に度々同行した。一九九七年の春季には、スチュアートと交代でスノーモービルを運転しながら、クーク川河口部での漁労やペリー湾内でのアザラシ猟のハンティング・パーティに

写真4－7　冬の海氷上でアザラシ猟のための仕掛け銃を準備するハンター（ハンターの前にあるのがアザラシの罠のために改造された仕掛け銃。カナダ、ヌナヴト準州、クガールク、2005年1月）

同行した。一九九六年と一九九七年の夏季にボートに乗り組んだ際には、錨や船外機の上げ下ろし、荷物の陸揚げ、紅茶沸かし、周囲偵察など、生業活動とボートの運用に必要なさまざまな雑役を手伝わねばならなかった。そのため、装備はできるだけ軽くし、小型カメラと野帳とペンを身につけていただけである。ただし、この小型カメラと野帳に常時記録をつけることを怠らなかった。春季には自分でスノーモービルを運転し、放送大学のテレビ授業のためにアザラシ猟とカリブー猟と漁労の様子をビデオに撮影するというもう一つの仕事も並行して行った。生業活動は日帰りで行われることが多かったが、これから紹介する事例にあるように二～三泊を要する場合もあった。この一九九六年から一九九七年にかけて私が参与観察を行ったハンティング・パーティの一覧は二四六～二四七頁の表4－2にあげた通りであり、その行動ルートが二四八～二四九頁の図4－2と図4－3に示されている。

ナヴィゲーションの二つの側面——環境空間の構造的把握と臨機応変な即興

これらハンティング・パーティに私は初心者として参加し、さまざまな雑役を担当するとともに、ナヴィゲーションの初歩的な教育も受けた。ただし、当然のことながら、ハンティングの間、次に何をするのか、あるいは、どうしてそうするのかについていちいち説明されることはなかった。ハンティングに出ている間、イヌイトは五感を駆使して周囲の状況に絶え間なく注意を払っており、寡黙である。また、ブリッグス（Briggs 1968, 1970）が明らかにしているように、イヌイト社会では相手に行動の意図を尋ねることは不躾なこととされるので、私から質問することはできる限り控えた。一度村を離れれば、その段階でハンティングははじまっており、村に帰るまで片時も緊張感が解けることはない。むやみに質問することはハンティングの邪魔にしかならない。

ただし、現在地はどこなのか、どこに向かっているのか、何を探しているのかなど、簡単な質問は随時行っていた。この質問や会話はもっぱらイヌイト語で行われた。ハンティングの間、イヌイト語の単一言語話者であるイホマタックと二人きりであることが多く、英語＝イヌイト語のバイリンガルである息子たちが同行している場合も、息子たちはハンティングに熱中しており、私がイホマタックとイヌイト語で意志疎通できることを知っていたこともあって、通訳してもらえることはなかった。また、ごく基礎的な訓練の一環として、村の方向を言い当てたり、現在地の地名を言い当てたりするゲームをイホマタックや息子たちから頻繁に仕掛けられた。イヌイト社会では、こうした方角当てゲームや地名当てゲームなど、初心者にクイズのような質問をするゲームは、ナヴィゲーションに限らず、生態系に関するさまざまな知識や社会関係に関する知識を含め、基礎的な知識や日常技術を教える初歩的な教育の方法である（Briggs 1991; Guemple 1991）。

図4－2と図4－3に明らかなように、これら私が参加したハンティングには一つとして同じハンティングはないものの、その推移にはおおむね同じパターンが認められる。そこで、ナヴィゲーションの実相を明らかにするには、ここにあげた事例で十分であると判断した。ここでは、これらの事例を検討しながら、ナヴィゲーションの特徴をまとめてゆこう。

図4－2と図4－3にあげた各ハンティング・パーティの移動ルートをルートのネットワーク（一五六頁の図3－4）と比較すればすぐにわかるように、実際のハンティングの移動ルートでは、地名の連鎖として構造化されたルートのネットワークが利用されている。たとえば、一九九七年の夏季の事例14の場合（図4－3右参照）、クガールク村からスペンス・ベイ村に向かうルートの一つに乗って島づたいに北上し、湾口付近の諸島部を遊弋した後、

番号と一致)

備考
ホッキョクイワナ約20尾、干し魚にする。
ホッキョクイワナ約20尾、干し魚にする、定置網引き上げ。
当初はイッカククジラ猟だったのが、中途でホッキョククジラと遭遇したため、ホッキョククジラの追跡に変わる。クジラは禁猟なので追跡するだけ。周辺にアザラシ多数を見るが追跡せず。獲物なし。
当初はホッキョクグマ猟だったのが(ただし、禁猟期なので追跡のみ)、無線でイッカククジラ群の発見の報を受け、イッカククジラ猟に変わる。無線連絡をとりながら、7艘のボートが連携。ハンゲロックがイッカクを仕留め、付近の島で解体。この島に7艘のボートの計25人近いハンターが会合し、クジラの皮の分配が行われる。お祭りのような騒ぎ。獲物は4,5才のオスで、一本歯は約20センチ。
当初はイッカククジラ猟だったが、イッカククジラを見ず、二日目にホッキョクグマを見たため、ホッキョクグマの追跡に変わる。但し、ホッキョクグマの禁猟期だったので追跡のみ。アザラシを多数見るが狩らず。獲物なし。
ペリー湾内を周回するコースをとる。多数のアザラシを見るが、獲物なし。但し、中途で、別のハンターのパーティがアザラシを撃ち取る手助けをする。
湖にはった氷に二ヶ所穴をあけ、その穴から湖氷下に仕掛けられた定置網でホッキョクイワナを獲る。約40尾のホッキョクイワナ。漁の最中に、隣村のリパルス・ベイに向かうパーティが訪れ、2尾のイワナを分配する。
約40尾のホッキョクイワナ。
カリブー猟の中途でジリスの巣を発見し、罠をはって1時間ほどジリス猟をするが成果なし。カリブーの群を発見し、イヌッチャックがライフルで3頭仕留める。解体するも、2頭は病気のため放棄。その後、すでに仕掛けられた湖氷定置網に寄って、ホッキョクイワナ約20尾の収穫。
隣村のリパルス・ベイより戻ってくるイホマタックのパーティを中途まで出迎える。復路ではリパルス・ベイからのパーティと合流し、10台以上のスノーモービルと10台以上のソリでパーティを組む。
湖氷定置網を引き上げる。約10尾のホッキョクイワナ。
ペリー湾中央部の2箇所でアザラシの呼吸穴猟。ハンター2名がそれぞれ1頭づつのアザラシ。有効な呼吸穴群を探しながら行われる。大村が中途で強烈な下痢となり、猟は中途で切り上げられる。
ペリー湾奥中央部でアザラシの呼吸穴猟を行うが、降雪がはじまり天候が悪化したため中断。獲物はなし。
当初、ホッキョクグマ猟だったが(ただし、禁猟期なので追跡のみ)、中途で悪天候のため手持ちの食糧が尽きてきたため、カリブー猟に切り替えられる。最後にはエンジンが故障し、食糧も尽きたため、救援を求める。詳細については次ページの参考資料を参照。
定置網を設置し、ホッキョクイワナ約10尾の収穫。
ペリー湾内を周回するコースをとろうとしたが、天候悪化のため、湾内の島で待機して帰る。風強く、波高い。獲物なし。
ペリー湾口周辺でしばしば目撃されていたイッカククジラの群の探索に向かうが、エンジンの調子が悪いうえ、中途より天候が悪化したため、一泊せずに引き上げる。アザラシを多数見るも狩らず。獲物なし。また、一時、ホッキョククジラを発見して追跡するも見失う。

表4－2 筆者が参加したハンティング・パーティの一覧（事例番号は図4－2と図4－3のルート

事例番号	日時	メンバー（人数）	乗り物	目的（ルート）
1	1996.08.06（8:30-10:00）	イホマタック、スチュアート、大村（3）	船外機付き小型ボート1艘	定置網漁（ルートは図4－2参照）
2	1996.08.07（9:00-11:00）	イホマタック、大村（2）	船外機付き小型ボート1艘	定置網漁（ルートは図4－2参照）
3	1996.08.16（9:00）-08.17（14:30）（1泊）	イホマタック、イヌッチャック、ハンゲロック、大村（4）	船外機付き小型ボート1艘	イッカククジラ猟→ホッキョククジラ猟（ルートは図4－2参照）
4	1996.09.01（10:00-20:00）	タキロック、ハンゲロック、大村（3）	船外機付き小型ボート1艘	ホッキョクグマ猟→イッカククジラ猟（ルートは図4－2参照）
5	1996.09.03（11:30）-09.04（18:00）（1泊）	イホマタック、トゥハーリ、ハンゲロック タキロック、イヌッチャック、アンゲロック、大村（7）	ディーゼルエンジン大型ボート1艘 船外機付き小型ボート1艘	イッカククジラ猟→ホッキョクグマ追跡（ルートは図4－3参照）
6	1996.09.21（9:00-19:00）	イホマタック、トゥハーリ、大村（3）	ディーゼルエンジン大型ボート1艘	アザラシ猟（ルートは図4－3参照）
7	1997.04.26（14:00-18:00）	イヌッチャック、スチュアート、大村（3）	スノーモービル2台 ソリ1台	湖氷定置網漁（ルートは図4－3参照）
8	1997.04.27（11:00-15:00）	イヌッチャック、ヌタガック、スチュアート、大村（4）	スノーモービル2台 ソリ1台	湖氷定置網漁（ルートは図4－3参照）
9	1997.04.28（11:00-17:30）	イヌッチャック、ヌタガック、スチュアート、大村（4）	スノーモービル2台 ソリ1台	カリブー猟（ルートは図4－3参照）
10	1997.04.29（11:00-22:00）	イヌッチャック、ヌタガック、スチュアート、大村（4）	スノーモービル2台 ソリ1台	隣村のリパルス・ベイからのパーティの出迎え（ルートは図4－3右参照）
11	1997.05.02（10:00-12:00）	イヌッチャック、ヌタガック、大村（3）	スノーモービル2台 ソリ1台	湖氷定置網の引き上げ（ルートは図4－3参照）
12	1997.05.03（10:00-18:00）	イホマタック、アンガッコック、大村、その他5名（8）	スノーモービル7台 ソリ6台	海氷上アザラシ呼吸穴猟（ルートは図4－3参照）
13	1997.05.09（10:00-15:30）	イホマタック、スチュアート、大村（3）	スノーモービル2台 ソリ1台	海氷上アザラシ呼吸穴猟（ルートは図4－3参照）
14	1997.08.05（13:00）-08.09（02:30）（4泊）	イホマタック、ハンゲロック、大村（3）	ディーゼルエンジン大型ボート1艘	ホッキョクグマ猟→カリブー猟（ルートは図4－3参照）
15	1997.08.10（9:45-18:00）	イホマタック、大村（2）	ディーゼルエンジン大型ボート1艘	定置網漁（ルートは図4－3参照）
16	1997.08.14（10:00-19:00）	イホマタック、大村（2）	ディーゼルエンジン大型ボート1艘	アザラシ猟（ルートは図4－3参照）
17	1997.08.18（07:15-20:00）	イホマタック、ヌタガック、大村、他ハンター1名（4）	船外機付き小型ボート1艘	イッカククジラ猟→ホッキョククジラ追跡（ルートは図4－2参照）

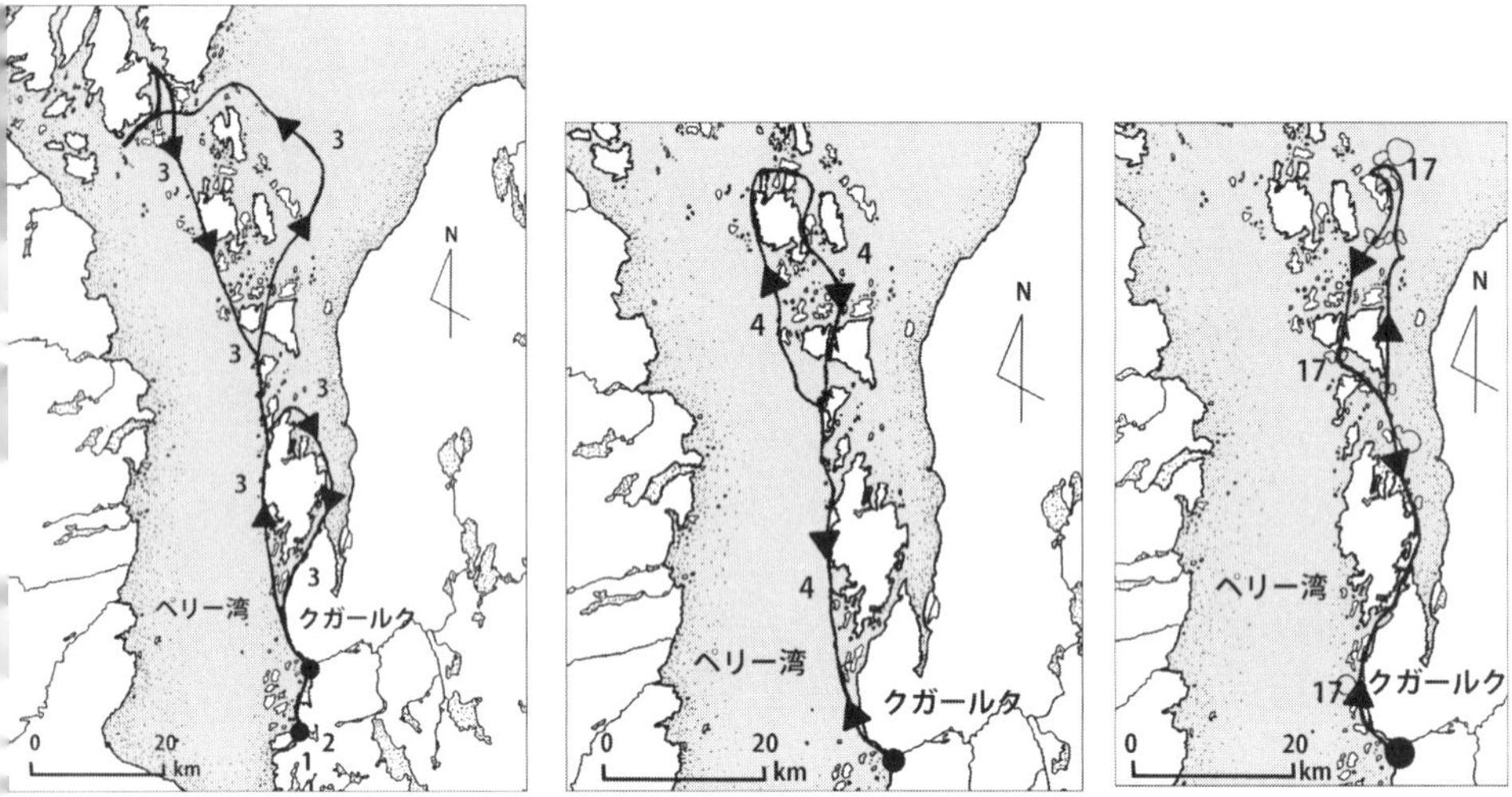

図4－2　筆者が参加したハンティングのルート

（図内の番号は表4－2の事例番号に一致）

表4－2参考資料（表4－2事例14の1997.08.06～08.09のハンティングに関するフィールド・ノートの記録）

1997.08.06（水）（私を含めハンター3、大型ディーゼル推進ボート1により、先日0805に村を出航）

現在位置エミリガーグルク（先日よりキャンプを設営して一泊宿営した島）。8:00am起床。イホマタックは2:30amに一回起きてウミアック（ディーゼル推進の大型ボート）の調子をみて、6:00amに起きてテントをなおしていた。私とハンゲロックは寝ていた。只今の天候は晴なるも、風強し。風向は北より南へ。多数の氷が北より南下しつつあるのを見る。寒くはないが、時々お天気みぞれ。本日風がおさまれば北上を開始する予定なるも、その気配は今のところなし。昨晩はよく眠れず。となりのハンゲロックが私の方へ熟睡しながら転がり落ちてくる。彼はよくねむったもよう。彼は砂糖がきらい。暑いところではねむれず、キャンプの方がよくねむれるという。イホマタックは昨日買ったばかりの小型ストーブでコーヒーをいれ、悦に入っている。現在待機中。現在9:00am。ハンゲロックのはなしでは、天候は回復しつつあり。

9:00amよりキャンプの撤収を開始し、9:45amに出航。そのまま北上をつづける。一時天候は悪化し、風強く、雪が舞う中をさらに北上。浮氷多数見る。キキタグロアクを左に見つつさらに北上するも、おそらくトクショカッタク付近の水道はすべて氷にふさがれており、付近の島に11:00amに上陸偵察。前進は不可能。現在11:30am。イホマタックはウンコしている。

12:30pmにウウマクに半舷上陸し、ハンゲロックのみが偵察に出る。私とイホマタックはウミアクに残り昼食のピフィ（干し魚）。イホマタックは寝ている。なお現在は晴なるも、北風強く波高し。毎朝風を見るのは天候をみるため。海はすべて風次第。1:00pm再発後、トクショカッタクを北上。

2:50pmハッレクに上陸。現在はトクショカッタクを進んでさらに北上中。おそらくタヒウラク周囲。風ますます強く、波高く、白波くだける。航行不可能なため、上陸して現在偵察中。

現在5:00pm。風強く、波きわめて高し。航行不能なため、イホマタックのつかれのため、そのままハッレクに停泊中のウミアク内で休憩。3人とも船内ですわったままねむりこける。それ以前に軽いお茶。なお、ハッレクではハンゲロックと二人でウサギをおいかける。大きなウサギなるも、接近してもおびえず。

現在8:10pm。現在位置は結局ハッレク。風強く、前進できず、そのまま上陸するも、風向きが北西から北東に変わ

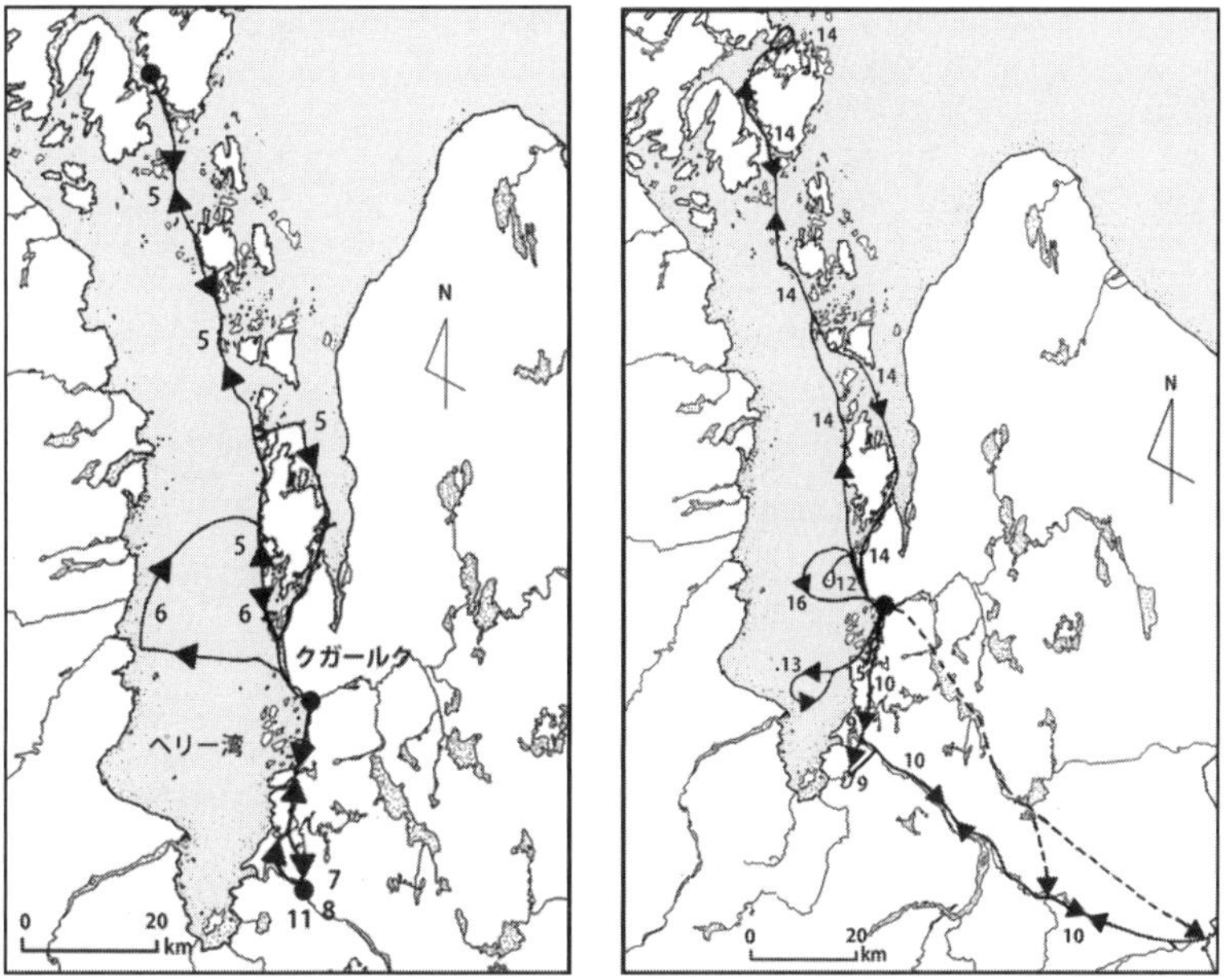

図4－3　筆者が参加したハンティングのルート

（図内の番号は表4－2の事例番号に一致）

り、ウミアクの停泊位置を当初よりも湾奥にうつす。上陸開始が6:00pm。只今8:10pmに終了。ウミアクの移動、荷揚げ、キャンプ設営、そしてお茶。湾内にアザラシ１見る。

現在9:25pm。雪が降りつつあり。風強し。天候は悪化。イホマタックはもうねる体勢にある。皆つかれている。天候はますます悪い。10:00pm就寝。

1997.08.07（木）

6:30am起床。イホマタックは6:00amより起きて無線連絡。ハンゲロックと私は7:00amに朝食。イホマタックは無線連絡しながらコーヒーをいれて飲んでいる。風はおさまらず、あいかわらず悪天候。海は荒れ続けている。イホマタックはカリブハントにきりかえる旨を無線で連絡している。昨晩は熟睡した。

現況は完全なスタック状況。天気予報でこうなることはわかっていたが、イホマタックは信用せず。無線連絡によるとジョーヘイブン（隣村）、スペンス（隣村）も風が強いようで、この分だと天候はしばらく好転しない見込み。ハンゲロックは7:30amに銃をもってカリブーを探しに出ていった。

（中略）8:30am、イホマタックが偵察に出る。現在9:30amなり。9:00amころにウンコして一安心。9:10amころよりウミアクの停泊地点までゆき、キャンプの真下に移動させる。空は晴れつつあるも風強し。そのまま9:30amから10:45amまで皆で寝てしまう。イホマタックは無線連絡したり、どこかに行ったり。水をくんできたらしい。私とハンゲロックはねむりこけ、私は妙な夢をみる。風は少し弱くなったようにみえる。空はいつのまにか晴れている。（妙な夢とはインタビューしている夢）

11:00amよりキャンプの撤収開始。11:35am出航。現在天候は好転中。空晴れ、風はよわまりつつあり。再度北上を再開す。風は北西より。

12:00pm前後に目的地であるタヒウラクに入る。1:00pmに付近の島に上陸して偵察後、1:30pmに再度出航。現在の針路不明。これまでにアザラシ１見るのみ。天候は次第に好転。なおも風は強いが、おさまりつつあるようにみえる。私のつかれは大分はげしくなってきた。イカリを船内におとし、小さな穴をあける（デッキに）。イホマタックは少し怒っている。北上をつづける。

2:40pm に、さらに北上した後、また島に上陸して偵察。この島より先は一面氷である。風は依然強く、波高し。3:30pm 再度出航。この島では30分ほど念入りに北の方角を偵察。何も見ず。イホマタックは、シロクマはいない、あの氷のむこうだという。私はすることもなく一服して光景を楽しむ。現在3:45pm。針路はわからずも、南下している。さきほどの島を含め、この海域はアコリク。さきほどより雪が舞う。

雪は非常にはげしくなるも、ルートをさがしてなおも北上す。しかし、アコリク海域からは出られず、前方にもうひとつの島がみえるところで上陸、雨宿りをはじめたのが4:45pm。5:25pm に再出発す。激しい雪。

南下を開始するも、雪はますます激しく波高し。6:00pm にはタシウラクを抜けてトクショカッタクを目前にするが、波高く、トクショカッタクは通れず。これを通らないと帰れない。トクショカッタクとタシウヤク間の小島に上陸し、イホマタックが周囲偵察したのが6:00pm。結局そこから水道をのぞむと波高く、わたれそうにない。6:30pm にウミアクにもどり船内で待機。お茶など。現在は8:45pm。皆で服をかわかして、遊んだり、お話し。皆つかれ切り、雪のため、ずぶぬれなるも、船内のストーブでかわかす。

:00pm に再出航。何度かトクショカッタクをぬけるルートをさがし、南下をつづけ突破。9:30pm にはトクショカッタクをぬけてアクリビクに入り、結局ここで停泊。キャンプははらず。ウミアクを停泊させ、陸上に無線機をたて、村に通信後、船内にスペースを作って宿泊。吹雪になり、波高くも、この入り江は静か。イホマタックと私がデッキ、ハンゲロックが船首にもぐりこんで寝る。イホマタックはオマルを用意しており、先程用を足したところ。全員ずぶぬれなり。皆つかれている。明日の好天を祈るのみ。動物は見ず。

1997.08.08（金）

本朝7:30am 再出航。イホマタックが6:00am ころより独りおきてすべての出航準備を独りで行ったもよう。夜半にも何度かおきて天候のチェックをしている。私とハンゲロックは船が動き始めてはじめておきる。その後、現在9:00am にいたるまで航行するも、現在エンジンにトラブルあり。走りつつイホマタックがみている。あいかわらず天候は悪いが、風は昨日ほどではない。雪あり。霧雪。

0:30am まで航行。雪ふきつけるものの、波は昨日ほどではない。10:30am に名称不明の島に上陸し、ハンゲロックは偵察。私とイホマタックで水をくむのち、お昼のお茶と魚。11:30am 現在再度出航。天候は多少もちなおしたように見え、雨雪は一時的に止んでいる。浮氷多し。波は大分おちついてきた。

今回の航海では風が強く、浮氷が多いため、島々の間をぬうように前進。島のかげでは波がおさまるため。イホマタックはこのあたりの地形を熟知しており、時々ハンゲロックと私に教えながらルートを選ぶ。タシウラク、トクショカッタク付近では、遠くに見える二つの山かげをさし、その間には陸があり、あれは島ではなく陸で、ぬけられないことを語る。重要なのは、海上ではぬけられる水道と（ぬけられない）湾をみぬくこと、および風の方向からおだやかな海面をよんで選ぶこと。しばしばハンゲロックが望遠鏡で偵察し、氷の少ない水道をさがし、イホマタックに相談し、イホマタックが決める。

:10pm にマニッチョゴロアクとハッチクトクを前にして島に上陸。ハンゲロックが両島の間の水路に氷があるかないかを偵察。この両島の間の水道はイホマタック達がよく使うルート。この間イホマタックが燃料タンクの修理。2:00pm に再出航するもエンジンがかからず。燃料系に問題あり。現在3:00pm。修理中。天候はよくなり、青空がみえ、風がおさまった。

:00pm にバッテリーが切れ、バッテリー予備用の発電機のガスも切れる。4:30pm 遭難を確認。遠くて無線も通じず。現在ブルーシートとポール２本で、イホマタックとハンゲロックが帆をはり、漂流を止め、近くの島に船をつけようとしている。

:00pm に緊急臨時帆走で近くの島に上陸後、急いでアンテナをはり、村へ通信し助けをよぶ。すぐにアグナッチャック（イホマタックの妻）がでて、タキロック（イホマタックの長男）とイヌッチャック（イホマタックの次男）をよこすという。私にタバコを一つおくってくれるという。これで一安心。2h～3h くらいで到着するだろう。今はほっとしてお茶をわかしている。

現在7:00pm。救助をまつ間、ウミアクの燃料タンクの修理。天候は再び悪化をはじめ、雪が舞い、風が出つつあり。タキロックとイヌッチャックの救助隊は8:10pm 着。それ以前にイクシュ（燃料になる苔）で火をたき目印の煙をつくったり、とひまつぶし。到着後すぐにジェネレーターに燃料を入れ、予備の燃料、食糧（すでに底をついていた）、私のタバコを受けとり、タキロックのウミアンガクのバッテリーにつないでエンジンに再点火。成功。無線所を大急ぎで撤収し、皆で軽食をとり、8:50pm 再出航。好調なるも、天候は除々にあれはじめている。タキロック、イヌッチャックらもひきあげる。イホマタック、ハンゲロック、イヌッチャック、タキロック皆、実に立派。
現在9:45pm。マニトゴロアク、ハッチクトク間の水道を通過中。巡航速度および最大戦速をおりまぜてひたすら南下中。浮氷がかなり南下回遊しており、明日も水路があるとは限らない。イホマタックは迷ったが、状況をタキロックより聞いて決断。現在、村へ向けてひたすら南下中。イホマタックは眠いという。（中略）現在1:00am。フッルアグルク水道を航行中。12:30am〜1:00am まで私がカジをとる。航行においては、まず針路を決めた後、遠い目標に軸線をあわせて直進。岬から岬へとわたってゆく。なによりも通りぬけられる海域を熟知していることが重要。見えてはまた消え、また見えるという連続の内に、針路を決める。イホマタックはそうしている。1:20am、同水道をぬけ、再びペリー湾本湾に入る。2:15am、村の灯りを見る。雪がふっているようだ。現在、風はほとんどなく、海は穏やかにないでいる。2:30am、ペリーベイ（クガールク）村着。すぐ上陸。上陸終了が2:55am。タキロック家へのひきあげが3:10am ころ。その後、歯をみがき、身体をふき、4:00am 就寝。皆、疲れている。

クガールク村からスペンス・ベイ村に向かう別のルートに乗って帰村している。ちょうど私たちが東京の鉄道網を路線から路線に乗り換えながら移動するように、網の目にように張り巡らされたルートのネットワークのなかをルートからルートへ乗り換えながら移動が行われているのである。これは図4-2と図4-3の移動活動のどれにもあてはまる。ナヴィゲーションの基本はルートのネットワークをうまく利用することなのである。

こうしたルートのネットワークの重要性は、一九九七年の春季の事例10ではより一層明らかである（図4-3）。これは、イホマタックの息子たちと私とスチュアートが、リパルス・ベイ村からクガールク村に帰ってくるイホマタックのパーティを出迎えるために行った移動活動である。このときにとられたルートは図4-3右にあるように大回りのルートで、目的地に向かう直線ルートではない。このルートはリパルス・ベイ村に向かうためによく使われる主要ルートで、途中まではクーク（*kuuk*）川を遡って内陸に入ってゆくルートにのり、クーク川の大きな湾曲部で川から離れ、平原のなかを東進してシンプソン半島を横断する。

もちろん、この大回りのルートではなく、図4-3に点線で示した直線ルートをとることも可能である。しかし、この直線ルートは平坦でなく、移動するに困難であり、このとき、イホマタックを迎

写真4－8　ホッキョクギツネを捕獲したハンター
（カナダ、ヌナヴト準州、クガールク、2005年1月）

えに行ったいくつかのパーティも、この直線ルートではなく、私たちと同じ大回りのルートをとっていた。実は、このとき、唯一トゥハーリが単独でこの直線ルートをとって、イホマタックのパーティとの会合地点に向かっていた。しかし、あまりにルートが険しく、中途で引き返したという。前章でも触れたように、地名の連鎖で表されるルートは昔から使われてきた信頼性の高い経済的なルートであり、そのルートに沿って移動することが移動の安全と効率を保証してくれる。このことは、事例10で、スノーモービルの轍《わだち》を探すことに長けたイヌッチャックが、轍探しにしばしば失敗した年上の熟練ハンターに代わって先導をつとめたことにもあらわれている。

　しかし、このルートのネットワークは絶対方位に定位されなければ意味がない。実際、先に触れたように、ハンティングの間中、初心者の私に教育の一環として村の方向が頻繁に尋ねられたことに明らかなように、絶対方位に自己が定位されてはじめてルートは意味をもつ。そうでなければ、ルート上のどの方向に針路をとればよいかが判断できない。このことは、移動活動を行っている間、ハンターたちが常に風向きに注意を払っていたことにもうかがうことができる（二四八～二五一頁の表4－2参考資料のフィールド・ノートの記録を参照）。もちろん、風向きは天候の変化を知るためにも使われる指標であり、ナヴィゲーションのためにだけに使われるわけではない。しかし、前章で明らかにしたように、相対方位と地名のネットワークの基礎となる絶対方位は、風の種類で目安をつけることができる。どのハンティングでもイホマタックは絶えず風に注意を払っており、おそらく、風の方向と性質をチェックすることで、天候の変化の手がかりに加え、絶対方位の枠組みに自己を定位する手がかりも得ていたのだろう。

また、ハンティングに出る前も出ている間も、ハンターの会話や無線通話では相対方位が頻繁に使われる。たとえば、「どこへ行くの（*humunNauniagaviit*）？」など、目的地や針路を尋ねる質問に対しては、「下へ（*unuNa*）」や「奥へ（*qamuNa*）」など、相対方位を示す一語の指示副詞で答えられる。相対方位はペリー湾を中心としているため、「下へ」と言えばペリー湾東岸もしくは西岸から湾中央に向かっており、「奥へ」と言えばペリー湾口から湾奥に向かっていることが了解される。そのため、相対方位だけで大雑把な位置と針路を示すことができる。そのうえで、「どこにいるの（*humiikpiit*）？」というかたちでより詳細な位置情報が求められると、「イカーックタリク付近（*ikaaqtalik kanigani*）」や「イカーックタリクに向かって（*ikaaqtalik mikhaanu*）」というかたちで地名が使われる。このとき、地名とそこにつけられる格語尾や副詞だけで、相互に相手がそのルートのネットワーク上のどこにいたのか、今どこにいるのか、どこに針路をとっているかが理解されるのは、尋ねる側も答える側も、絶対方位に定位されたルートのネットワークを想定しているからに他ならない。

このようにイヌイトが行う移動活動では、前章で明らかにした環境空間の構造、すなわち、絶対方位と相対方位とルートのネットワークによる構造が基礎となっており、そうした環境空間の構造的把握に基づいてナヴィゲーションが行われていることに疑いはない。ちょうど私たちが地名や路線名という記号体系で構造化された首都圏の鉄道路線網や道路網を利用しながら、現在地と目的地の間の空間的位置関係を把握し、その路線網に沿って移動してゆく場合と同じように、イヌイトのナヴィゲーションでも、絶対方位と相対方位および地名からなる記号体系で構造化された環境空間に自己を定位し、絶対方位と相対方位で環境空間に定位されたルートのネットワークに沿った移動が行われているのである。

しかし、こうした空間の構造的な把握がナヴィゲーションの基礎になっているといっても、ナヴィゲーションが

写真4－9　夏の海でのイッカククジラ猟（カナダ、ヌナヴト準州、クガールク、1997年9月）

そうした空間の枠組みに従って厳密に計画的に行われるわけではない。むしろ、それぞれの事例を検討すればすぐにわかるように、そうした空間の構造的把握を基礎にしながらも、ナヴィゲーションはその時その場の状況に合わせて臨機応変に展開される。そもそもナヴィゲーションの目的地は生業活動や移動活動の展開に伴って次々と変化してしまう。そのため、移動を開始する当初に設定された計画や針路は、状況の変化に伴って常時変更されねばならない。そもそも、表4－2の事例の一覧に明らかなように、移動それ自体を目的とする移動は一九九七年の春季の一例にすぎず、どの事例でも、移動活動は生業活動の前提条件にすぎない。そのため、獲物の有無や出現位置にかかわる情報などに従って、次々と目的地が変更されてゆくのである。

たとえば、事例14の場合（二四八～二五一頁の表4－2参考資料を参照）、村を出てから帰村するまでの四日間に、中途で食糧が欠乏してきたため、当初はホッキョクグマ猟であった目的がカリブー猟に切り替えられ、それもうまくいかずに食糧が底をつき、天候が悪化するに伴って、帰村するための安全なルートを探すことに目的が切り替えられている。また、事例4の場合（表4－2）、イッカククジラの群の発見が無線連絡を通して他のハンティング・パーティから伝えられると、当初はホッキョクグマ猟だった目的がイッカククジラ猟に切り替えられている。また、どの事例でも、休憩を兼ねた高い地点からの周囲偵察が一時間ほどの間隔をおいて行われ、海や天候の状態、獲物の有無など、その偵察によって得られた情報に従って絶えず針路が変えられている（表4－2参考資料を参照）。

もちろん、村を出発する時点で、ホッキョクグマ猟やイッカククジラ猟の場合にはペリー湾口方面、アザラシ猟の場合にはペリー湾中央方面など、その時季に獲物がよく出没する方面に向けて針路がとられる。しかし、その後は、度々行われる周囲偵察の結果をはじめ、常時つけっぱなしになっている無線機を通して入ってくる他のハンティング・パーティからの情報に従って、臨機応変に針路が変更されてゆく。また、事例14の場合のように、獲物が見つからず、最終的に帰村の目的のためだけに移動することになった場合でも、より安全なルートを探すために、天候や海の状態の変化に従って次々とルートが変えられてゆく。ナヴィゲーションの目的地と針路は、出発当初の計画を基礎にしつつも、生業活動や移動活動の展開に伴って、その時々の状況に合わせて即興で決められてゆくのであって、近代航海術のようにあらかじめ決められているわけではない。

写真 4-10　イッカククジラを解体するために海岸に引き上げるハンターたち

（カナダ、ヌナヴト準州、クガールク、2012年9月）

こうしたイヌイトのナヴィゲーションの実相については、第二章で提案した分析モデルに基づいて、次のような過程として整理することができる。

生業活動や移動活動など、さまざまな活動の「舞台」になるのが、絶対方位と相対方位および地名によるルートのネットワークで構造化された環境空間である。その舞台の全体像を構造的に把握し、その舞台のどこに現在の自分が位置しているかを知ることがナヴィゲーションの基礎となる。そのうえで、ナヴィゲーションの実践主体のイヌイト個人は、その舞台全体の構造的な把握に基づいて「意図」を構成する。

ただし、この意図は厳密な行動計画というよりは、活動が進展するに伴って変更されてゆく行動の指針とでも言うべき曖昧

写真４−11　イッカククジラを解体するハンターたち
（カナダ、ヌナヴト準州、クガールク、2012年９月）

なものである。たしかに、生業活動や移動活動がはじめられる時点では、それぞれの時季にその舞台のどこに獲物がいそうなのか、あるいは、舞台のどの場所が通り抜けられそうかなど、舞台全体の概略は把握されている。しかし、それはあくまで見積もりであって、実際に活動を行ってみなければ、舞台の細部がどうなっているかはわからない。そのため、村を出発する時点で構築される意図は、ホッキョクグマ猟やイッカククジラ猟の場合にはペリー湾口方面へ向かい、アザラシ猟の場合にはペリー湾中央方面へ向かうなど、その時季に獲物がよく出没する方面に向けて針路をとるといった曖昧なものになる。

このように全体が構造的に把握されていながらも、曖昧な見積もりのかたちでしか把握されていない舞台は、生業活動や移動活動の展開に伴って、次第にその細部が明らかにされてゆく。また、それにつれて、意図も逐次更新されてゆく。このように活動に伴って明らかになってゆく舞台の細部が、その時々の生業活動や移動活動が展開されてゆく「場面」である。この場面は構造的に把握された舞台の部分であり、実際に生業活動や移動活動が展開されるに伴って明らかになってゆき、「進行中の活動」が展開される具体的な場となる。

こうして活動の進展のなかで明らかになってゆく場面は「期待」の構築をうながす。進行方向に獲物がいそうか、天候が悪化しそうか、海のうねりの状態や海氷の分布などからみて前方の海域は通り抜けられそうかなど、活動の中途で規則的に繰り返される周囲偵察などを通して、活動の展開に伴って明らかになってゆく場面の状態は、次に何ができそうか、何をなすべきかについて、イヌイト個人に期待を抱くことをうながすからである。そして、この期待は次の活動の展開をうながし、さらにその期待によって駆動される活動は次の場面を明らかにしてゆく。こうして構造的に把握された舞台全体の枠組みのなかで、「……場面—期待—進行中の活動—場面—期待—進行中の活動—……」の連鎖が展開されてゆく。

写真4-12　島の頂上で周囲偵察するハンター
（カナダ、ヌナヴト準州、クガールク、1997年8月）

ナヴィゲーションは、こうした連鎖にある進行中の活動に組み込まれた諸活動の一つであり、生業活動、移動活動、偵察活動、ボートの維持活動など、進行中の活動として一つに束ねられたさまざまな活動と連動しながら展開される。この進行中の活動について重要なのは、これらさまざまな活動が雑多に束ねられるわけではなく、それら諸活動の中心となる活動によって構造化される点である。その中心となる活動が「活動構造源」であり、その時々の場面によってうながされる期待に従って進行中のさまざまな諸活動から選択される。たとえば、獲物が期待できそうな場面や獲物が視認された場面では狩猟活動が、獲物が期待できずに天候が悪化しつつある場面では移動活動が活動構造源となり、その活動構造源を軸にさまざまな活動が進行中の活動として組み立てられる。

もちろん、その時々の期待に従って焦点をあてられる活動がそれぞれの場面での活動構造源になるとはいっても、その軸となる活動以外の諸活動が停止してしまうわけではない。たとえば、獲物が捕捉されて狩猟活動が活動構造源として焦点化される場合でも、偵察活動やナヴィゲーション活動、ボートの維持活動など、さまざまな活動も活動構造源の狩猟活動の背後で常に継続されている。イヌイトは常時、周囲を偵察し、銃や道具、エンジンの状態に気を配り、状況の変化に対して柔軟に即応できるような構えをとっている。それぞれの場面では、その時々の活動構造源の活動を軸に、偵察活動やナヴィゲーション活動などのさまざまな諸活動が構造化され、状況の変化に柔軟に即応できるように進行中の活動が構成されるのである。

こうして構造化される進行中の活動が展開されるに伴って、さらに新しい場面が明らかになり、その場面によってうながされる期待を駆動力に活動構造源は変化し、その活動構造源によって構造化される進行中の活動も万華鏡のように組み替えられてゆく。たとえば、事例4にあるように、ホッキョクグマがいそうな方向に針路をとり、ホッキョクグマの兆候を重点的に偵察するなど、当初、ホッキョクグマ猟を中心に束ねられていた偵察活動、ボートの維持活動、ナヴィゲーション活動などのさまざまな諸活動が、無線連絡を通してイッカククジラの出現が報じられると、イッカククジラ猟を活動構造源に再編成される。そして、イッカククジラがあらわれた海域に針路がとられ、イッカククジラがあらわれそうな兆候に偵察活動の焦点が切り替えられるとともに、燃料の残量やエンジンの状態などがイッカククジラの出現海域に向かうあたって十分かどうかがチェックされる。

しかし、この活動構造源の切り替えによって進行中の活動の組み立てが変わり、焦点化される活動が変わっても、その進行中の活動でさまざまな諸活動が同時に並列して展開されていることに変わりはない。イッカククジラの探索に重点が置かれているとはいっても、ホッキョクグマをはじめ、カリブー、アザラシなどのさまざまな獲物の兆候はもとより、風向きや風の性質、海氷の動き、波の高さなどの環境の様子、エンジンやライフルの調子、燃料や食糧の残量などにも依然として注意が払われている。ナヴィゲーションは万華鏡のように変幻してゆく進行中の活動に束ねられた諸活動の一つとして他の諸活動と連動しており、そうであるからこそ、先にみたように、場面の状況に応じて臨機応変に即興で展開されるのである。

こうした「…—場面—期待—進行中の活動—場面—場面—期待—…」の連鎖には、場面の状況を鋭く察知する研ぎ澄まされた「感覚」を通して「知識」を絶え間なく更新してゆく過程が伴う。活動が進展する間、周囲偵察は常につづけられ、視覚はもとより、五感を総動員した感覚を通して、風や天候や海の状況、エンジンの状態などの変化が察知され、場面に関する情報が収集されてゆき、その結果として知識が次々と更新されてゆく。また、こうした場面と期待と進行中の活動の連鎖には、活動の選択を通した「価値」の再生産も伴っている。それぞれの場面の状況に即して進行中の活動が再編成されるにあたって、中心となる活動構造源にどの活動を選択するかは、制度的な現実のレベルで構成される価値によって方向づけられているだけでなく、ある活動を活動構造源として選択することには、その価値を再生産することが伴う。

写真４−13　無線で連絡をとるハンター。無線連絡はハンティングの要

（カナダ、ヌナヴト準州、クガールク、2012年９月）

たとえば、事例４でイッカククジラ発見が無線で報じられた途端に、ホッキョクグマ猟からイッカククジラ猟に活動構造源が切り替えられたのは、夏季においてはイッカククジラに獲物として高い価値が与えられており、イッカククジラ猟という活動自体にも高い価値が与えられているからである。ホッキョクグマ猟からイッカククジラ猟に活動構造源が移されたことは、この価値が再生産されたことを意味する。また、夏季のどの事例でも、猟の途中で多数のアザラシを発見しているにもかかわらず、アザラシ猟に活動構造源が移されないのは、夏季においてはアザラシ猟に高い価値が置かれていないからである。そうした選択をすることで、こうしたアザラシに対する価値が再生産されている。

このようにイヌイトのナヴィゲーションでは、環境空間の全体を舞台として構造的に把握し、その舞台の枠組みを利用するだけでなく、進行中の活動の展開に伴って明らかになってゆく場面の変化を研ぎ澄まされた感覚で察知しつつ、知識を絶えず産出してゆきながら、その場面の状況に応じて、価値づけられた選択を臨機応変に行う即興性も要求される。この意味で、ナヴィゲーションには、（1）環境空間という舞台の構造的把握と（2）場面の状況に応じた臨機応変な即興という二つの側面があると言えよう。イヌイトのナヴィゲーションは、環境空間の構造的把握の基礎となる記号体系に精通すると同時に、場面の変化を敏感に察知する研ぎ澄まされた感覚を通して知識を絶えず産出しながら、その場面の変化に応じて、価値づけられた活動を臨機応変に産出してゆく創造的な実践なのである。

ナヴィゲーションの実相——戦略と戦術の弁証法的綜合

このようなナヴィゲーションの二つの側面、すなわち、（1）環境空間の構造的把握と、（2）場面に応じた臨機応変な即興については、ド・セルトー（1987）が提示した「戦略」と「戦術」という実践様式の区別に基づいて、次のように整理しなおすことができる。

〈戦略的実践と戦略的知識——舞台の構造的把握〉

ド・セルトーによれば、戦略とは、周囲の環境から身を引き離して一望監視的（鳥瞰的）な視点から環境を一挙に見通して客体化する実践主体が、その客体化した対象をコントロールしようとする実践様式である。

わたしが戦略と呼ぶのは、ある意志と権力の主体（企業、軍隊、都市、学術制度など）が、周囲から独立してはじめて可能になる力関係の計算（または操作）のことである。こうした戦略が前提としているのは、自分のもの（固有のもの）として境界線をひくことができ、標的とか脅威といった外部（客や競争相手、敵、都市周辺の田舎、研究の目標や対象、等々）との関係を管理するための基地にできるようなある一定の場所である。経理の場合がそうであるように、すべて「戦略的な」合理化というものは、まず、はじめに、「周囲」から「自分のもの」を、すなわち権力と意志の場所をとりだして区別してかかる。言うなればそれはデカルト的な身振りである。〈他者〉の視えざる力によって魔術にかけられた世界から身をまもるべく、自分のものを境界線でかこむこと。科学、政治、軍事を問わず、近代にふさわしい身振りなのだ。自己のものとして所有した場所とそれ以外のものとのあいだに区切りをつけるということは、少なからぬ帰結をもたらすが、さしあたってそのうちのいくつかをあげておかなければならない。（1）「固有のもの」とは、時間に対する場所の勝利である。それによって獲得した利益を蓄積し、将来にむけての拡張を準備し、こうして情況の変化に対して独立性を保つことができる。それは、ある自律的な場を創立することによって時間を制御することである。（2）それはまた、視ることによって場所を制御することでもある。空間の分割は、ある一定の場所からの一望監視という実践を可能にし、そこから投げかける視線は、自分と異質な諸力を観察し、測定し、コントロールし、したがって自分の視界のなかに「おさめ」うる対象に変えることができる。（遠くを）見るとは、同時に予測することであり、空間をよみとることによって先を見越すことであろう。（3）知の権力とは、こうして歴史の不確実性を読みうる空間に変えてしまう能力のことであると定義してもまちがいではあるまい。（ド・セルトー 1987: 100–101）

戦略とは、ある権力の場所（固有の所有地）をそなえ、その公準に助けを借りつつ、さまざまな理論的場（システムや全体主義的ディスクール）を築きあげ、その理論的場をとおして、諸力が配分されるもろもろの場所全体を分節化しようとするような作戦のことである。（中略）ゆえに戦略は場所関係を特化する。少なくともそれは、各要素ごとにそれぞれ適切な場を分析的にふりあてて、さまざまな単位なり、単位集合なりに特有の運動を結びつけて組織化して、時間関係を場所関係に還元しようとつとめるのだ。（ド・セルトー 1987: 104）

こうした戦略的な実践様式こそ、ナヴィゲーションの基礎となっている舞台全体の構造的把握に他ならない。舞台全体の構造的把握では、環境から身をひいた一望監視的な位置から環境が客体化され、その客体化された環境全体に関する情報が、絶対方位や地名によるルートのネットワークという記号の網の目を通して鳥瞰的に把握されるからである。

この舞台の戦略的把握というナヴィゲーションの側面では、イヌイト個人は環境の多様な変動に巻き込まれることなく、絶対方位や地名などの記号を通して現実の環境を一望監視的な視点から一般化して構造化する。そのうえで、そうした一般化と構造化によって創り出された舞台という非歴史的な仮想空間のなかで環境全体を見通し、そこでこれから起こるであろうことを予測して意図を構築する。このように記号によって現実の不確実な環境空間が構造化された結果として生み出された仮想空間としての舞台こそ、ド・セルトーが戦略的実践の前提とする「自分のもの（固有のもの）」としての「理論的場（システムや全体主義的ディスクール）」、つまり「境界線をひくことができ、標的とか脅威といった外部との関係を管理するための基地にできるようなある一定の場所」である。

こうして構造的に把握された舞台では、場所の静態が時間の動態よりも優位を占める。現実の環境が仮想空間としての舞台に変換されることで、環境は時間の動態から隔離されて凍結されるからである。このように舞台として非―時間化された環境の全体は、一望監視的に見渡されたうえで、その舞台を構造化している記号の「公準」に従って分節されて測定され、自己の意図のコントロール下にある仮想空間、つまり「視界のなかに「おさめ」うる対象」に変えられる。時間に伴って変化してゆくためにとらえがたい環境の不確実な現実が、絶対方位や地名のネットワークで分節化された不動の舞台に変換され、動態的で多義的な時間関係が静態的で一義的な場所関係に還元されるのである。

もちろん、こうして現実が一望監視的に見通されながら記号を通して舞台に変換され、そこでの予測に基づいて意図が構築されるのは、時間による不確実性や偶然性から隔離された作戦室や会議室など、戦略的な実践が行われる典型的な場ではなく、生業活動が刻々と展開されてゆく現場である。しかし、そうした現場にあっても、休憩を兼ねて偵察活動が行われたり、ふと立ち止まってこれからどうするかが考えられたりするとき、つまり、時間の流れのなかで変転してゆく個々の場面から身が引き離され、戦略的な視点から仮想の舞台が見渡されて、現在の場面がその舞台に位置づけられ、舞台という大きな枠組みに自己が定位されるときには、一時的にであっても、時間の流れが空間に変換され、作戦室や会議室でのように、時間による不確実性や偶然性が排除される。たとえば、それまでの生業活動の時間的な経緯がルートという軌跡に変換され、そのルートが舞台全体に定位されるとともに、今後何をすべきかについての意図が作業手順のかたちで構築される。

このように生業活動の現場にありながらも、その活動が進展してゆく場面から一時的に身が引き離され、絶対方位や地名のネットワークなどの記号体系が駆使されながら構築される舞台と作業手順を戦略的な知識と呼ぶことができるだろう。ただし、ここで注意せねばならないのは、この戦略的知識はたしかに次の活動を方向づけるが、在来知研究が想定してきたように、個人の頭に蓄えられて個人の実践を一方的に方向づける認知地図やプログラムではないことである。たしかに、そこでは現実の環境空間が舞台として一般化され、その舞台での次の活動が作業手順のかたちで意図されるため、戦略的知識は次の活動をうながす。しかし、そこで一般化されたり手順化されたりした戦略的知識は、これからどうしようかと考えたり、偵察活動を行ったりする度ごとに、つまり戦略的実践の度ごとに構築され、活動の進展に伴って変化してゆく。戦略的知識は生業活動の実践のなかで構築されながら、指針として実践を駆動しつつ、実践によって変化してゆくのである。

〈戦術的実践と戦術的知識——場面に応じた臨機応変な即興〉

このように環境から離れた一望監視的（鳥瞰的）な視点をとって環境を客体化する戦略とは対照的に、環境との密接な関係に巻き込まれながら、そのなかに一瞬あらわれる機会をつかみ、その機会を利用して「その場しのぎ」

的に「うまくやる」機略あるいは狡知が戦術的な実践である。

わたしが戦術とよぶのは、これといってなにか自分に固有のものがあるわけでもなく、したがって相手の全体を見おさめ、自分と区別できるような境界線があるわけでもないのに、計算をはかることである。戦術にそなわる場は他者の場でしかないのだ。それは、相手の持ち場の全貌もしらず、距離をとることもできないままに、ひょいとそこにしのびこむ。戦術には、おのれの優勢をかため、拡張をはかり、情況に左右されない独立性を保てるような基地がそなわっていないのである。(中略)戦術は、その非―場所的な性格ゆえに、時間に依存し、なにかうまいものがあれば「すかさず拾おう」と、たえず機会をうかがっている。手に入れたものがあっても、じっとそれを握っているわけではない。それがなにかの「チャンス」になるように、起こる出来事をいつも横目でにらんでいなければならない。弱者は自分の外にある力をたえず利用しなければならないのである。いい機会だとおもえば、さっそくそこで、さまざまに異なる要素をいろんなふうに組み合わせる(たとえば、スーパーマーケットに行った主婦は、たがいに異質で流動的なさまざまな条件を前にしている。冷蔵庫にどんなストックがあるのか、もてなす客の好みや食欲や気分はどんなふうか、もっと安そうな製品はないか、いま家にあるものとそれを組み合わせられるかどうか、等々)。けれども、そうして頭をはたらかせた結果はディスクールというかたちをとらないのであって、それは決断そのものであり、機会を「とらえる」行為であり、そしてその際のとらえかたなのである。(ド・セルトー1987: 26)

戦術は密猟をやるのだ。意表をつくのである。ここと思えばまたあちらという具合にやってゆく。戦術とは機略である。要するに、それは弱者の技なのだ。(ド・セルトー1987: 102)

自分の場所ももたず、全体を見渡せるような視界もきかず、からだとからだがぴったりくっついている時のように、目には見えないけれど敏感に動きを察し、時のたわむれの命ずるがままにしたがう戦術は、戦略が権力の公準によって編成されているのと同じように、権力の不在によって規定されている。(ド・セルトー 1987: 103)

この戦術こそ、ナヴィゲーションにみられる臨機応変な即興に他ならない。ナヴィゲーションでは、環境から身をひいた一望監視的な視点から環境を見通し、環境の全体を戦略的に把握する構造的把握が基礎となっている一方で、さまざまな活動を展開するに伴って明らかにされてゆく場面に絶えず密着しながら、その場面に臨機応変に対処し、その時々の場面で差し出される機会を柔軟にとらえる機略が展開される(99)。

こうしたナヴィゲーションの戦術では、環境の戦略的把握を可能にする非―時間的な高み、つまり一望監視的な視点が放棄され、時間の流れのなかで移ろいつづける現実の場面に身がまかされる。こうした場面では、イヌイト個人は不確定性や突発性や多面性に満ち溢れた現実に直面し、そうした現実に柔軟かつ創造的に対処する必要に迫られる。もちろん、ナヴィゲーションを実践しつつある個人は、そうした場面と直面するに先だって、記号を駆使して舞台全体を戦略的に把握し、その構造的把握に基づいて意図を構築している。しかし、戦略的に把握された舞台とその把握に基づく意図はあくまで見積もりにすぎず、実際に活動を展開して場面と直面するまで、場面がどうなっているかを予測できない。そこでは場面を見渡すことも予測することもコントロールすることもできず、突発的にあらわれる場面を読解して利用することしかできない「弱者」の立場に甘んずるより他にない。

しかし、そうした所与の絶対的な他者である場面に対して、イヌイトはただ受動的に反応しているだけでも、その場面からの制約にただ手をこまねいているわけでもない。イヌイトはそうした環境の不確定性や突発性や多面性を逆に積極的に利用する機略、つまり、その場しのぎ的でありながらもうまくやる戦術を展開する。こうした戦術的実践は、「柔よく剛を制す」柔道のわざのように、相手の動きに合わせて変幻自在に自己の活動を調整し、ときにはねばり強く、ときには速やかにあきらめ、機に乗じて、あるいは機を引き寄せて、すかさず相手の力を逆利用する。精確に予測することもコントロールすることもできない場面を相手取り、その相手（場面）のリズムに化したり、そのリズムを外したりしながら、気まぐれな場面の展開に合わせて、目的地を変えたり、諸活動の束である進行中の活動を巧みに再編成することで、場面の突発的な変化に対処してゆくのである[100]。

こうした場面におけるナヴィゲーションの戦術としての側面は、先にみた事例14に典型的なかたちであらわれている（二四八～二五一ページの表4-2参考資料を参照）。この事例14では、四日間のハンティングの最終日にエンジンが故障して遭難してしまったが、その突発的な事態に対してイホマタックはまさに戦術的に対応することで、その場面を切り抜けている。この場面では、直前に上陸した島から行われた周囲偵察によって流氷の動きが読まれ、前方の水道が通過可能であることが確認されたうえで、その水道への前進が開始された。しかし、その前進が開始された直後にエンジンが停まってしまい、イホマタックと息子のハンゲロックと私はエンジンの総点検を三時間ほどかけて行うことになった。ところが、このエンジンの故障はいつまでたっても治らず、最後にはエンジンを始動させるために不可欠なバッテリーまで切れてしまった。しかも悪いことに、そのエンジンは手動でかけることのできないタイプのエンジンだった。

この間にボートは潮流にのって流氷の密集地帯のなかへ流されてしまい、危険な状態となった。流氷の流れに巻き込まれて流氷に囲まれてしまうと、ボートの動きがとれなくなるだけでなく、最悪の場合、氷に挟まれてボートの船体が押しつぶされてしまう。そこで、私たちは、たまたまボートに積み込まれていた防水性の大きなブルーシート（防水のために船内の荷物に被せてあった）と銛《もり》の柄やアンテナなどで即席の帆をボートに立てた。イホマタックが風の動きを読んで、風向きが流氷の流れる方向とは逆であることを確認したからである。ありあわせの即席の帆であったため、その帆走はよたよたとした頼りないものではあったが、一時間ほどかけて何とか流氷の流れから離脱して付近の島に上陸した。
島に上陸すると即座に帆を解体し、その部品として使っていた大型のアンテナを島の高台に立て、まだかなり遠方のクガールク村へ無線連絡をとった。村の自宅ではイホマタックの妻、アグナッチャウロックが無線を聞いており、即座に息子のタキロックとイヌッチャックに船外機付きアルミニウム製ボートで遭難中の私たちにバッテリーと燃料と食糧を運ぶように命じた。その後、この救援隊が到着するまでの三時間ほどの間、私たちはエンジンの修理をつづけつつ、島に生えている可燃性の植物を集めて火を焚き、現在地の目印となるように煙の柱を立てた。こうしたイホマタックの判断は、場面の突発的な変化に伴って進行中の活動を変幻自在に組み立て直し、その場面で利用可能な資材、つまり、ブルーシートや銛の柄やアンテナ、さらにはその場面で利用可能な条件、つまり風を使って、その場面のリズムに合わせながら、場面をうまく逆利用する戦術的なわざに他ならない。

写真4-14　海上でハンティング中のハンターたち
（カナダ、ヌナヴト準州、クガールク、2012年9月）

こうした戦術的実践は柔道や格闘技のわざのように一回的なものとならざるをえない。たしかに、鳥瞰的で非—時間的な戦略的視点からみれば、イヌイトが対処せねばならない環境には季節周期のような反復が認められ、環境の戦略的な把握はその反復を基礎に行われる。しかし、その反復も実際には差異を含んだ反復であり、現実にイヌイトが直面する場面には、非—時間的な戦略的視点からでは把握することのできない変異やずれが常に含まれている。表4－2にあげた事例に一つとして同じハンティングがなく、また、即席の帆によって急場をしのいだ事例14のような場面が同じかたちで繰り返されることはおそらく二度とないように、場面の状況が同じように反復されることはない。そのため、あらゆる状況に適用可能で反復可能な一般的手順に従ってナヴィゲーションを展開するわけにはいかず、ナヴィゲーションはその時その場の場面に固有の問題を相手取って臨機応変に即興で仕掛けられる一回的なわざのかたちで実践されることになる。

こうした一回的な戦術的実践のわざでは、先に検討した戦略的実践で環境を構造的に把握して意図を構築する際に産出される戦略的知識とは質の異なる知識が産出される。戦略的実践に伴って産出される戦略的知識と対照する意味で、そうした戦術的実践に伴って産出される知識を戦術的な知識と呼ぶことができる。その時その場のコンテキストから切り離され、時間を空間に変換することで産出される戦略的知識とは対照的に、こうした戦術的実践のわざは、その時その場の場面の状況に埋め込まれた状況依存的な知識を産出するからである。そこでは、時間の流れのなかで対戦者同士のわざが万華鏡のようにめまぐるしく応酬される柔道や格闘技でのように、戦術的実践の展開に伴って場面と自己が絡み合いながら同時に変わってゆく動態的な様子が、相互に切り離すことができない場面と自己が相互に相互を構成する弁証法的関係の流れとして記憶される。自己を場面から切り離すことで構築される静的な戦略的知識とは対照的に、そうした戦術的知識は、時間の流れのなかで場面と自己が一つに絡み合う動的な過程についての知識であると言えるだろう。

〈戦略的実践と戦術的実践の弁証法的綜合〉

したがって、イヌイトのナヴィゲーションでは、戦術的実践と戦略的実践が相互に相互を構成し合うように組み合わせられており、そのどちらが欠けても、ナヴィゲーションは機能しないと結論づけることができる。

これまでに検討してきたように、ナヴィゲーションをはじめ、さまざまな活動の複合体である進行中の活動が展開されるに際してはまず、環境全体を見渡す非―時間的な戦略的視点から方位や地名などの記号を資源に現実の環境が舞台という仮想空間に変換され、これからどうするかについての作業手順がそこで予期的に構築される。この戦略的実践で構築された手順に従って、さまざまな活動が展開されてゆく。この意味で、進行中の活動は戦略的実践に伴って構築される戦略的知識、つまり、舞台の全体像と今後の手順に導かれている。しかし、活動に伴って明らかになってゆく場面に応じて、当初に意図された手順は臨機応変に即興で変えられてゆく。場面は活動の展開のなかでしか明らかにならず、その場面から身を引き離す暇もなく、その場面に対応するしかないため、活動が展開されている最中には、不確定で突発的で多面的な現実の移ろいに、その場しのぎ的でありながらもうまくやる戦術的実践で対処するしかない。そこでは、活動に伴って明らかになってゆく場面の状況が資源として利用され、絶え間なく戦術的知識が産出されてゆく。

しかし、こうした戦術的実践で移ろいゆく場面にその場しのぎ的に対応しつづければ、刻々と変化してゆく場面の状況に翻弄されるばかりになってしまう。その結果、自己の現在位置を見失うことにもなりかねない。そこで、一定の時間ごとに、休憩や偵察などの機会を利用して、場面の状況から身を引いた戦略的視点から舞台全体を見渡し、そこに自己を位置づけなおしながら、次の作業手順を再度練り直す戦略的実践が行われる。もちろん、その戦略的実践では、方位や地名などの記号だけでなく、それ以前の戦術的実践に伴って絶え間なく産出されてきた戦術的知識も資源として利用される。そして、そこで再度構築された舞台像と手順を指針に、進行中の活動が再開される。その活動がさらに進行するなかで場面が次々と明らかになり、その場面に臨機応変に対応する戦術的実践が繰り広げられながら、戦術的知識が絶え間なく産出されてゆく。こうして戦略的実践と戦術的実践は相互に相互を前提にしつつ、相互に相互を構成し合いながら、同じように相互に相互を構成し合う戦略的知識と戦術的知識を絶え間なく産出してゆくことになる。

このようにナヴィゲーションの実相は、相互に相互を構成し合う戦略的実践と戦術的実践によって生成され、戦略的知識と戦術的知識を生成してゆく実践として理解することができる。ナヴィゲーションや生業活動をはじめ、さまざまな活動の複合体として展開される進行中の活動は、戦略的実践と戦術的実践が相互に相互を前提にしながら交互に展開されるなかで、つまり、この二つの種類の実践が相互に相互を構成し合う弁証法的関係のなかで交互に展開されることによってはじめて生じる。そして、その結果として、二つの種類の知識、すなわち、(1)舞台とその舞台のなかでの手順という戦略的知識と、(2)場面ごとに即興的に生成されてゆく場面と自己の動態的な関係に関する戦術的知識を生成してゆくのである。

三　ナヴィゲーションをめぐる語り――インタビューの社会的位置づけ

これまでに、私の直接参与観察に基づいてナヴィゲーションの実相を検討し、ナヴィゲーションの実践は、相互に相互を構成し合う弁証法的関係として組み合わせられた(1)舞台の戦略的な把握と(2)場面における戦術的な機略から成り立っており、これら二つの実践様式のどちらが欠けても成立しないことを明らかにした。しかし、こうしたナヴィゲーションの実相の特徴を明らかにしただけでは、ナヴィゲーションをめぐって構築されるイヌイトの経験世界を十全に明らかにしたとは言えない。ナヴィゲーションは実践されるだけでなく、語られもするからである。その語りについて検討することなしに、ナヴィゲーションをめぐって構築される経験世界を明らかにすることはできない。

それでは、ナヴィゲーションはイヌイトによってどのように語られ、その語りという実践を通してイヌイトの経験世界はどのように構築されているのだろうか。ここでは、ナヴィゲーションの実相の分析を踏まえたうえで、ナヴィゲーションについての語りを分析し、その語りでイヌイトがナヴィゲーションの実践をどのように解釈し、どのように価値づけているのか、そして、そうした語りという実践を通してどのような経験世界が構築されているかについて検討してゆこう。その準備作業として、ここではまず、語りを分析するための資料について検討することからはじめよう。

談話と地図――情報交換と教育の媒体

前章でも触れたように、テレビを含め、さまざまな娯楽が導入されている今日でも、お茶を飲みながらの談話はイヌイトの日常生活で大きな比重を占めている。通例、夕方から夜半にかけて、ハンターたちはそれぞれ思い思いに互いの世帯を訪れ、お茶を飲みながら、数時間にわたる談話を楽しむのが日課である。

このハンター同士の訪問談話は、娯楽としてだけでなく、ハンターたちが情報交換を行う場としても重要な機能を果たしている。この談話では、政治的な事件や経済上の問題、それぞれの家庭でおきている問題などについて意見が交換され、最近行われた生業活動の様子や海や天候の状態などについても頻繁に情報が交換される。次の日にどのようなハンティング・パーティを組むのか、何を狩りにゆくのか、どの方面に向かって出発するのかなど、翌日の生業活動のガイドラインが決められることもある。ときには、熟練ハンターや古老が若い頃に経験した狩猟が、思い出話や昔話として語られたりもする。この談話では、その日に行われた生業活動から、昔話、政治的問題、経済的問題、天候や海の状態にいたるまで、さまざまな話題がとりとめもなくつづけられ、その間にさまざまな情報や意見が交換されてゆく。

こうした訪問談話は熟練ハンターや古老の世帯の居間で行われる。一晩に数人のハンターや古老たちが入れ替わり立ち替わりやってきては談話の輪に加わり、それぞれが満足するまでつづけられる。また、訪問する側のハンターは一晩に数軒をはしごする。こうした訪問談話は広い居間で行われるため、談話に加わっているハンターたちの周りには、小さな子どもたちや女性、若い未熟なハンターなどが常に出入りし、思い思いにそれぞれ自分の時間を過ごしながら、ハンターたちの談話に耳を傾けている。とくに獲物がとれた日や生業活動で何か変わったことがあった日には、女性や若い未熟なハンターたちは熱心に談話に耳を傾ける。一般に、村に残って子どもの世話をみねばならない女性たちは、ハンターたちからその日に行われた生業活動の様子を聞きたがる。もちろん、若い未熟なハンターたちも熟練ハンターや古老たちの談話に耳を傾け、とくに話題が熟練ハンターたちの昔話しともなると熱心に聞き入る。私を含め、日本人に関する話題も好まれる話題の一つで、その日に私が生業活動の間にしてしまった失敗などがおもしろおかしく話される。

こうした談話で交換されたさまざまな情報は、訪問をはしごするハンターたち、周りで聞いていた女性や子どもたち、若い未熟なハンターたちによって、世帯から世帯へと次々に伝えられてゆく。そのため、人口四〇〇人ほどのクガールク村では、こうした情報はその日のうちに村全体に行き渡ってしまう。たとえば、私が海氷の間に落ちてずぶぬれになったときには、その話はその日のうちに村全体に知れ渡り、翌朝には、馴染みのない村人から、風邪をひかなかったかとひやかされたほどである。

こうした談話でとりあげられる話題には、ナヴィゲーションにかかわる話題も数多く含まれている。その日の生業活動が話題となる場合には、どのようなルートを回ったかをはじめ、夏季には、湾内のどの辺りまで流氷が進入しているのか、どの水道が通り抜けられ、どの水道が流氷でふさがれているのか、風や波の様子はどうなっているのか、さらに冬季には、海氷や積雪の具合はどうなのかなど、ナヴィゲーションにかかわる多くの情報がやりとりされる。また、スノーモービルでの隣村への訪問が話題となる場合には、隣村へのルートの状態をはじめ、そのルート上にある避難所や食糧の備蓄の状態などについて活発に意見が交換される。また、古老や熟練ハンターが語る昔話には、かつてスノーモービルがなかった時代にどのようにして隣村まで行ったのか、道に迷ったときにどうしたのかなど、ナヴィゲーションにまつわる話題が少なからず含まれている。こうしたナヴィゲーションに関する情報がちりばめられた談話を通して、ハンターたちは情報を交換し合い、常時ナヴィゲーションに必要なさまざまな情報を蓄積して更新している。

こうした談話は、ハンター同士の情報交換の場としてのみならず、若い未熟なハンターに対する教育の場としても機能している。こうした談話に日常的に晒されることで、未熟なハンターたちはナヴィゲーションに必要な知識を身につけ、熟練ハンターに連れられて実地でその技術を習得するための準備を整えてゆく。もちろん、熟練ハンターや古老たちは、教育のために意図的に語ったり談話したりするのではない。そうした語りや談話は、ハンター同士の通常の会話であったり、ふと思いついたことを誰にというわけでもなく語る独り言のような一人語りであったりする。彼らはかつて経験した出来事や思い出話を自ら愉しんで語っているだけである。そうして一人語りをしたり会話したりする古老やハンターたちの語りを若者たちは、思い思いに自分のことをしながら、さりげなく聞いて学習してゆく。そのさりげなさは、あまりに素っ気ない聞き方で自分の手を休めることがない様子から、まったく聞いていないのかと思うほどである。しかし、若者たちは実はよく聞いており、親や古老の一人語りやハンター同士の会話に実に素早く反応する。

写真４-15　自宅の居間で地図を使って情報交換するハンターたち
（カナダ、ヌナヴト準州、クガールク、2012年３月）

こうした日常的な訪問談話の場では、情報交換を行うための補助的な手段としてしばしば地図が使われる。もちろん、ナヴィゲーションの舞台となる環境は地名のネットワークで覆われているため、古老や熟練ハンターは地図にたよらなくても、地名だけでナヴィゲーションにかかわる情報をかなり精確に交換しあうことができる。実際、多くの場合、こうした情報交換は地図なしで行われる。しかし、たとえば、海氷がペリー湾内のどこにまで進出しているかが話題になったり、獲物を発見した地点を精確に示したい場合など、詳細な空間的位置関係の特定を必要とする場合には、地図が利用される。

今日では、先に紹介したように、どのハンターもカナダ資源省が作成した一／二五〇〇〇〇の地形図を所有しており、必要なときには、この地形図が拡げられ、その地図を舞台に談話が繰り広げられる。こうした地形図を舞台に、古老や熟練ハンターたちが定住化以前に送っていた生活の昔話に花を咲かせることも多い。こうしたときには、セロハンテープで繋げられ、ペリー湾の付近一帯を一望することができる巨大な地形図の周りに、古老や熟練ハンターたちに限らず、女性たちや若い未熟なハンターたちも鈴なりに集まり、彼らが交わすさまざまな語りに耳を傾ける。ときには二時間近くにもわたって、その地形図を舞台にさまざまな旅の物語が繰り広げられる。イホマタック一家をはじめ、イホマタックの世帯を訪れる熟練ハンターは、こうした地形図を舞台にさまざまな旅の物語を語ることを好んでおり、そうした地形図を囲んだ座談に私はしばしば遭遇した。

このように今日ではどのハンターも一／二五〇〇〇〇の地形図を所有しているため、座談ではもっぱらこの地形図が参照される。しかし、こうした地形図がなかった時代には、熟練ハンターたちは自分で地図を即興で描き、その地図を参照しながら情報を交換していた（Carpentar 1955, 1973; Carpentar, Valey & Fraherty 1959; Fossett 1996; Spink & Moodie 1972, 1976）。イヌイト／ユッピクの人々が測量器具などを使わずに精確な地図を雪や砂の上に即興で描き、ナヴィゲーションに関する情報を伝達する補助手段として日常的に利用していたことは、早くは一九世紀から知られていた。雪や砂の上に精確な地図を描くイヌイトの姿は、北西航路の探索や遭難したフランクリン探検隊の捜索にあたった探検隊、ボアズをはじめとする初期の人類学者によって、次のように報告されている。

このパーティーをはじめて訪れたとき、彼らは砂の上に海岸の海図をつくったが、ビーチェイ船長ははじめその海図に見向きもしなかった。それでも彼らは砂浜の上にその海図を非常に器用でわかり易い方法でつくり直した。まず、棒で海岸線が定められ、距離が一日の旅行を単位に測られた。次に、丘と山並みが砂と石を積み上げることで示され、島が小石の山で表されたが、それらが正しい比率になるように注意されていた。（中略）山と島が立てられると、垂直に立てられた数多くの棒で村と漁場が印づけられた。同じように、海岸線にも、この人々が居住地を定めるところならばどこにでも、この棒は立てられた。こうしてしばらくすると、ダービー岬からクルーゼンスターン岬までの完全な水路図が描かれていた。（Huish 1836: 397）

旅の監督と指導がある人から別の人に与えられるときに地図が使われた。ある男がかつて一度も訪れたことのないある地域に旅立つ直前に、そこに行ったことがある人と自分の計画について簡単な相談をした。相談された人は砂あるいは雪の上に地図を描き、もっとも望ましい旅行のルートとそのルートを見つけるのに役立つ自然の地形的目印を教えた。このように地図は説明の間中ずっと描かれた。（Spencer 1955: 46）

すべての方位に関して彼らの知識はきわめて詳細であり、また、彼らは優れた製図者でもあるので、非常に優れた海図を描くことができる。ある男が自分のあまり知らない土地を訪れようとするときには、誰かその土地をよく知っている人によって雪の上に描かれた地図をもらうことができる。それはとても優れているので、すべてを明瞭に理解することができる。彼らはまず相互の相対位置がよく知られているいくつかの岬を描くことからはじめる。（Boas 1888: 643-644）

また、グリーンランド東部からは木材に掘られた地図もいくつか収集されており、一部の地域ではごくまれに恒久的な素材に地図が描かれ、ナヴィゲーションに関する情報が伝達されたり蓄積されたりしていた可能性も指摘されている（Bagrow 1948: 92-94）。このように地図は、日常の談話でナヴィゲーションにかかわる情報を伝達する際の有効な補助手段として重要な役割を果たしているのである。

日常的な訪問談話の延長線上で――インタビューの社会的位置づけ

このように日常の日課に組み込まれた訪問談話とその補助手段としての地図は、ナヴィゲーションをめぐるハンター同士の情報交換や若者たちの教育の装置として重要な役割を果たしており、ナヴィゲーションを軸に構築されるイヌイトの経験世界を理解するためには、こうした語りと地図の分析が欠かせない。

しかし、こうした談話それ自体を記録することはきわめて難しかった。私は日常の訪問談話をオーディオ・レコーダーやヴィデオ・カメラで記録しようと試みたが、うまくいかなかった。熟練ハンターや古老たちから許可をもらい、オーディオ・レコーダーやヴィデオ・カメラを設置することはできたが、録音や録画がはじまった途端に誰も話さなくなってしまった。もちろん、ハンターたちの許可なしに談話を隠し撮りすることは問題外である。録音されたり録画されたりしていることを強く意識する彼らに、オーディオ・レコーダーやヴィデオ・カメラの前で通常の談話を自然なかたちでつづけてもらうことは望むべくもなかった。そこで、本書では、こうした訪問談話それ自体の分析の代わりに、私が行ったインタビューを実際の訪問談話に類するものとして分析することで、イヌイトがナヴィゲーションを語りながら構築する経験世界について考察してゆくことにしたい。

もちろん、私のインタビューを通常の訪問談話と同じものとして扱うことはできない。そのインタビューは、「よそ者」でイヌイト語の運用能力にも乏しく、社会的規範についても不案内な私が、謝金を支払い、調査目的への協力を要請したうえで、さまざまな質問を挟みながら語り手の語りを聞くという通常の訪問談話とは異なる社会関係のうえに成り立っている。また、インタビューが行われる居間から小さな子どもが退出させられたり、記録のためにヴィデオ・カメラが据えつけられたり、ペリー湾周辺を表す大型の地図が床一面に拡げられ、その地図に即して質疑が重ねられたり、通訳がハンターや古老の話の合間に通訳したり、私がさまざまな質問を挿入したりするなど、インタビューは日常的な訪問談話とは異なった状況下で行われる。とくにインタビューでは、私が話題の選択を行い、その選択に沿ってさまざまな質問を繰り返すため、さまざまな話題がとりとめもなくつづく訪問談話の場合よりも、熟練ハンターや古老の自由度は制限されてしまう。

しかし、私のインタビューと日常の訪問談話には、こうした違いがある一方で、共通点も数多くあり、インタビューを訪問談話の延長線上に位置するものとして考えることもできる。私のインタビューは通常の談話と異なる社会関係のうえに成り立っているとはいっても、ハンターや古老が自己の経験や知識について語るという意味では訪問談話と変わりはない。また、私のインタビューは古老やハンターによって日常の訪問談話を指す際にも使われる「語り合い（*uqamakatigiRuq*）」ということばで呼ばれており、彼らも私のインタビューを訪問談話の延長線上に位置づけていたと考えることもできる。

さらに、今回は地名について、次回にはルートについてなど、私が話題を選定し、要所要所で話題がずれないように気を配ったが、話題がそのテーマから大きく逸脱しない限り、古老やハンターには自由に語ってもらった。また、インタビューの間、大騒ぎをして騒々しい小さな子どもは居間から退出させられたが、古老やハンターの配偶者、息子や娘、友人などは、インタビューの周囲でそれぞれ自分の時間を過ごしながらインタビューに耳を傾けていた。インタビューを受けている古老やハンターが、そうした周囲の人々に自分では不明な点を尋ねたりすることも珍しいことではなかった。これらの点でも、私のインタビューは通常の訪問談話の延長線上にあると言える。

また、インタビューの場合にも、日常の訪問談話の場合と同様の礼儀が求められる。一般に、古老や熟練ハンターは、インタビューが質問と回答という型にはまった形式に従って質問者の意向のもとに一方的に展開されることを好まない。もちろん、彼らはこれまでに人類学者からのインタビューを数多く受けているため、インタビューを受けることには慣れている。そのため、自己の経験や知識を談話として語り、その語りを録音されたり録画されたりすることに抵抗感はない。しかし、質問者の質問に対する回答だけを求められ、話題の選択や展開に自己の意向が反映されないような一方的なインタビューは、さすがに拒絶されることはないものの、冷淡にあしらわれる。

ブリッグス（Briggs 1968, 1970）によって明らかにされているように、イヌイト／ユッピクの諸社会では、相手に一方的に質問してその回答を強要することはもちろん、相手に行動の理由を尋ねることすら不躾なこととされる。また、相手が誰であれ、相手の語りの腰を折ったり、話題を無理に逸らしたりすることは礼儀を失しており、相手が古老や熟練ハンターであれば、なおさらそうである（Morrow 1990; Morrow & Hensel 1992）。たとえ謝金を支払ったインタビューであっても、会話は対等でなければならない。むしろ、聞き手は教えてもらう立場なので、謙虚に語り手の話に耳を傾けるべきであり、会話をコントロールしようなどと企てることは論外である。

しかし、だからといって、語り手が一方的に自分のことを語るわけではない。語り手の古老や熟練ハンターも私の意向を尊重し、インタビューにあたってしばしば私に「おまえは謝金で私を助けてくれたから、私も語ることでおまえを助けてあげよう」という旨のことを語り、何が聞きたいかを私に尋ねてくれた。インタビューでも日常の訪問談話の場合と同様に、語り手と聞き手が対等の関係にあること、むしろ、語り手に対して聞き手が敬意を示すことが最低限の礼儀であり、いかに謝金を支払ったインタビューといえども、対等な互恵的関係のうえに成り立っていなければならない。このようにインタビューでも、訪問談話で要求される最低限の礼儀が求められる。この意味でも、インタビューは対等な関係のなかで展開される訪問談話の延長線上にあると考えることができる。

これと同じことはイヌイトが描く地図にもあてはまる。今日では、ほぼすべてのハンターがカナダ資源省作成の地形図を所有し、座談の場ではこの地形図が使われるため、ハンターが自ら地図を描く習慣はなくなってしまっている。私は熟練ハンターの一人であるヒケネックにＢ４版の画用紙の上にペリー湾の地図を描くようにお願いし、実際に描いてもらった（図４-20、三〇六頁参照）。ヒケネックは幼少時に熟練ハンターたちが地図を描く姿を見たことはあるものの、自分で描くのははじめてであり、「うまく描けるかどうか自信はないが、やってみよう」と笑いながら請け負ってくれた。したがって、ヒケネックが描いた地図をかつて地図がなかった時代に雪や砂の上に即興的に描かれていた地図とまったく同じものとして扱うことはできない。また、本書ではデータの不足を補うために、地形図のなかった時代に描かれたイヌイトの地図に関する研究を参照するが、そこで報告されているイヌイトの地図も探検家や人類学者に頼まれて紙の上に描かれた地図であり、日常の座談の場で雪や砂の上に即興で描かれていた地図と同じものと考えるわけにはいかない。

しかし、このような違いはあるものの、これらの地図にも日常的に描かれていた即興的な地図との共通点がある。私を含め、探検家や人類学者が描いてもらった地図は、通常の座談の場で地図を描く場合とは異なる社会関係のうえに成り立っているとはいっても、ハンターや古老が自己の経験や知識に基づいて描いたものであるという点では変わりはない。また、今日では地図を描く習慣はなくなっているとはいえ、ヒケネックは幼少時に熟練ハンターたちが即興で地図を描く姿を見ており、そうした即興の地図について何も知らないわけではない。しかも、私はヒケネックに幼少時に見た熟練ハンターたちの地図と同じような地図を描くように頼んでおり、この意味でもヒケネックの地図はかつて即興的に描かれていた地図の延長線上にあると言える。もちろん、こうした地図では、描き手と聞き手の間の社会関係をはじめ、地図が描かれた場の条件がかつての地図の場合とは異なっており、描いてもらった地図の分析にあたっては、その相違点について考慮せねばならない。

これと同じことがインタビューの分析にも必要であることは言うまでもない。インタビューと日常の訪問談話の間には、語り手と聞き手の社会関係をはじめ、語りの場の条件に違いがあり、インタビューを訪問談話の延長線上にあるものとして扱うに際しても、その相違点を考慮せねばならない。次に、こうした相違点を考慮に入れたうえで、私が行ったインタビューと私や探検家や人類学者が描いてもらった地図を分析し、それらの分析を通して、イヌイトがナヴィゲーションについて語りながら構築する経験世界を探ってゆこう。

四　戦術的実践の再演――機略の物語

これまでに紹介してきた状況下で行われたインタビューは、おおむね次のような手順で実施された。まず、私がインタビューを行いたい古老や熟練ハンターを訪問し、通常の訪問談話をするなかでインタビューを行いたい旨を伝え、日時を指定してもらった。そのうえで、通訳の都合を確認し、古老や熟練ハンターが指定した日時に、その古老や熟練ハンターの自宅を通訳とともに訪れ、その居間でインタビューを行った。ただし、現役の熟練ハンターの場合、天候のよい日には猟に出てしまい、また、主に通訳をお願いしていたトゥハーリも現役のハンターであったため、この約束はしばしば延期された。天候が悪く、インタビューが行える場合には、それぞれ一人につき一回約二時間のインタビューを行った。

主題は私が提示したが、その主題に沿ったうえで古老や熟練ハンターに自由に語ってもらった。もちろん、彼らの語りの適当な合間に通訳をお願いし、不明な点や曖昧な点についても逐次私が質問を行った。ただし、その質問はあくまで補足的なもので、基本的にインタビューの展開を主導していたのは古老や熟練ハンターであった。一応インタビューとは銘打っているものの、その内実は、私がお願いした主題に関する彼らの独り語りのようなものであった。それぞれのインタビューの主題は表４－３にある通りであり、一九九六年の夏季と一九九七年の夏季に行われた。図４－20はインタビュー18（表４－３参照）で私がヒケネックに描いてもらったペリー湾周辺の地図であり、図４－６～図４－18は探検家や人類学者によって収集されたイヌイトの地図である。ここでは、これらのインタビューと地図を参照しながら、ナヴィゲーションをめぐる古老や熟練ハンターの語りについて分析してゆこう。

表4-3 ナビゲーションに関するインタビューの一覧

			インフォーマント	通訳	テーマ
1	1996.08.17	16:00-18:00	イホマタック	なし	地名とルート
2	1996.08.19	18:00-20:00	イホマタック	なし	ルート
3	1996.08.20	10:00-12:30	アンガッコック	トゥハーリ	地名
4	1996.08.21	10:00-12:00	アンガッコック	トゥハーリ	地名
5	1996.08.22	10:00-12:00	アンガッコック	トゥハーリ	地名とルート
6	1996.08.23	14:00-16:00	アンガッコック	トゥハーリ	ルート
7	1996.08.26	10:00-12:00	アンガッコック	トゥハーリ	ルート
8	1996.08.27	10:00-12:00	アンガッコック	トゥハーリ	ルート
9	1996.08.28	13:30-15:30	アンガッコック	トゥハーリ	ルート
10	1996.08.29	10:00-12:00	アンガッコック	トゥハーリ	ルート
11	1997.08.09	15:00-17:00	イホマタック	アンゲロック	ルート
12	1997.08.12	14:00-16:00	イホマタック	アンゲロック	ルートとオリエンテーションの方法
13	1997.08.20	13:00-15:00	イホマタック	イナコナクトック	オリエンテーションの方法
14	1997.08.20	15:00-18:00	アンガッコック	トゥハーリ	ルート
15	1997.08.20	19:00-21:30	ヒケネック	トゥハーリ	ルート
16	1997.08.21	15:00-18:00	アンガッコック	イナコナクトック	ルートのネットワーク
17	1997.08.22	13:00-14:30	アンガッコック	イナコナクトック	ルートの覚え歌
18	1997.08.22	18:30-21:30	ヒケネック	カゲタウラック	地図を描いてもらう

失敗したインタビュー――否定された戦略的視点

こうしたインタビューを分析するにあたってはじめに断っておかなければならないのは、インタビューがすべて順調にすすんだわけではなかったことである。とくにインタビューをはじめた当初、私の質問の仕方に問題があったため、私の質問と古老や熟練ハンターの回答がうまくかみ合わず、インタビューは頓挫してしまった。

あらかじめ私は、これまでにイヌイト／ユッピクのさまざまな地域集団のナヴィゲーションについて行われてきた研究の成果に目を通していたため、インタビューをはじめるにあたっては、絶対方位と相対方位、地名のネットワークなどが存在することを予測していた。それに加えて、オセアニアの伝統航海術をモデルに、エタック・システムや星座コンパスに類するような一般化された体系的な知識が、イヌイトのナヴィゲーションでも使われていると勝手に想定していた。そのため、一般化された体系的な知識を引き出すことをインタビューの目標に掲げ、その目標に沿ってインタビューの主題を設定した。しかし、そうした一般化された体系的な知識を前提とする私の質問は古老や熟練ハンターには意味をなさず、私の質問に彼らはただ当惑するだけだったのである。

たとえば、私は地名によって表されるルートのネットワークが存在するという前提のもと、クガールク村の現在地から隣村やさまざまな猟場に行くために「一般的に」用いられる、もしくは「よく使う」あるいは「いつもの」ルートについて質問し、さまざまな場所を結ぶ一般的なルートについて教えてくれるようにお願いした。しかし、こうした質問に古老や熟練ハンターは当惑するか、「その場所にはどのようにでも行くことができる」と答えるだけで、それ以上何も答えようとはしなかった。一般的なよく使うルートや手順という曖昧な質問の仕方に問題があったからである。実際、こうした失敗をつづけた後、一般的なよく使うルートや手順という聞き方をやめ、より具体的に「あなたが妻をもった夏にはどのようなルートでどこへ猟に行ったか」という聞き方に変えた途端、彼らはルートについて雄弁に語りはじめた。

しかも、こうした一般的な、よく使う、いつものなど、事実の一般化を前提とする言い方は、曖昧な表現として古老や熟練ハンターを当惑させただけでなく、不正確な表現として彼らからしばしば拒絶された。とくにインタビューをはじめた当初、彼らが示してくれるルートを私なりにまとめ、確認の意味で、その示されたルートについて「いつもよく使うルートなのですね」という趣旨のことを尋ねることがよくあった。しかし、彼らはそうした私のまとめを「必ずしもそうではない」と否定した。彼らは「妻をもった夏」など、あくまでもその時々に辿ったルートを示しただけで、常にいつも使っているルートを示したわけでなく、私のまとめは彼らには不正確に映ったのである。

もちろん、先に検討したように、実際には、ナヴィゲーションはルートのネットワークをうまく利用することによって成り立っている。また、古老や熟練ハンターが示した毎年のルートを一枚の地図に重ねれば（たとえば二八七頁と二九〇頁の図4－4と図4－5を重ねれば）、ある年にはある小丘の北側を迂回し、別の年にはその小丘の南側を迂回するというように、毎年のルートに微細な違いはあるものの、一五六頁の図3‐4にあるように、一般的によく使うルートがあることがすぐにわかる。毎年同じルートが使われているわけではないとはいえ、地形条件や気象条件のために安全で経済的なルートは限られているのだから、よく使うルートが存在し、そのルートが実際によく使われるのは当然のことである。しかし、古老や熟練ハンターにとっては、どんな微細なものであれ、違いがある以上は違ったルートであり、私がそうした微細な違いに無頓着に行う一般化は不正確な表現として否定されてしまったのである。

実は、こうした一般化に対する冷淡な反応は、私がはじめて経験したことではない。すでに第二章の冒頭で触れたように、フリーマン麾下の「イヌイトの土地利用及び居住に関する調査プロジェクト」に参加した調査者たちも、一般化に対するイヌイトの冷淡な反応について報告している。フリーマンはこのプロジェクトが直面した方法論上の問題について検討するなかで、このプロジェクトの二つの目的、すなわち、（1）コンピュータと地図を使ってイヌイトの土地利用のデータ・ベースをエティックに制作するという目的と（2）イヌイトの土地利用や環境認識のあり方をエミックに把握するという目的がうまく両立しなかったと報告している（Freeman 1976: 53）。こうした困難を招いた原因の一つが、イヌイトの熟練ハンターが事実を一般化することに強い抵抗感を抱いていたことだった。

イヌイトの土地利用の状況をデータ・ベース化するために一般化を前提とする質問を繰り返した調査者は、そうした一般化を嫌うイヌイトのハンターからうまく情報を引き出すことができなかったという。たとえば、地図とコンピュータによるデータ・ベース化のために、特定の獲物を狩るための一般的なテリトリー（猟場）を確定しようとした調査者に対して、イヌイトのハンターは「決して嘘をついてはいけない」という理念のもとで、ある年に実際に自分がその動物を狩った地点、もしくは、その年に実際に辿ったルートだけを指し示した。そして、調査者が予期していたような一般的なテリトリー、つまり、その獲物をいつもよく狩る猟場の存在を否定することさえしばしばあったという（Freeman 1976: 53–54）。私が経験したように、事実を一般化することにイヌイトの熟練ハンターは抵抗を示したのである。

こうした一般化に対するイヌイトの冷淡な反応は、イヌイト／ユッピクのパーソナリティや自己表現などを研究した人類学者（Briggs 1968, 1970, 1991; Fienup-Riordan 1986, 1990a; Morrow 1990）をはじめ、イヌイト／ユッピクの諸社会にみられる社会の柔軟性やハンターたちの臨機応変な創意工夫について検討した人類学者（Gubser 1965; Willmott 1960）によっても指摘されてきた。とくにブリッグス（Briggs 1968, 1970, 1991）は、こうした一般化に対するイヌイトの冷淡な反応が、イヌイトの間で大人の証とされる「思慮」（*ihuma-*）と深い関係にあることを明らかにしている。

「思慮」ある大人とは、いかなる時にも平静さを失わずに困難を受け入れ、決して怒らずに自己をバランスよくコントロールし、社会的に適切な行為を行う自律した人物である。こうした大人は相手の自律性と意志を尊重すると同時に、物事に対して先入観をもたず、経験に依拠しない一般化を保留し、むやみやたらな仮説に基づく推論を控える。たとえば、「あの人はどうしてあんなことをしたのか」というような相手の行動の動機を尋ねることはもっとも不躾で大人らしくないことであり、未来に対して安易な予測を行ったり、事物や概念を画一的に定義したりすることは「思慮」なき子供の思考とされる。

イヌイトの理念に従えば、一人として同じ人がおらず、それぞれの経験が異なる以上、事実を一般化して一律に規定することは「思慮」あることではない。また、あらゆる事物には多様な可能性が潜在しており、その潜在的可能性を一つの画一的な定義に還元し、一般化してしまうことも、「思慮」あることではない。むしろ、「どんな物からでもどんな物も作りだす」（Briggs 1968: 46）、たとえば、携帯ストーブの鍵から銃の照準器を、粉末ミルクの缶から釘を、釘から釣り針を作り出すというように（Briggs 1968: 45–46）、「思慮」ある大人ならば、事物の潜在的な可能性を活かそうとする。

こうした「思慮」の理念に基礎づけられ、イヌイトの古老や熟練ハンターからしばしば示された一般化に対する抵抗は、先に検討したド・セルトーの戦術と戦略の区別に基づいて整理すれば、戦略的な視点の拒絶と言いなおすことができる。先に検討したように、流動的な環境から身を引き離し、一望監視的（鳥瞰的）な視点から環境を一挙に見通して客体化する実践主体が、その客体化した対象をコントロールしようとする実践様式が戦略だった。そして、一つ一つの事実の背景にあるコンテキストやそのコンテキストの違いによって生じる事実の微細な違いを振り落とし、多様な現実を画一的な定義や法則に還元する一般化は、そうした戦略的な視点にたってはじめて可能になる。

この意味で、一回毎に微細に異なる現実から身を引き離したうえで、現実のコンテキストの多様性によって生じる現実の微細な差異を捨象し、多様な現象を一般的なルートやテリトリー（猟場）に還元しようとする私や調査者の企ては、流動的な現実から身を引き離した一望監視的な高みから現実を客体化する戦略的視点に基づいている。そもそも、一般化という発想はそうして流動的な現実の多様性から距離を置かねば生じない。他方で、こうした戦略的視点に立って一般化を企てる調査者の質問に当惑し、現実の多様性を捨象して画一的な定義や法則へ還元すること、つまり、戦略的視点から現実を客体化して裁断するような表現を現実の多様性を無視する不正確な表現として拒絶したイヌイトの古老や熟練ハンターは、多様なコンテキストに埋め込まれた現実から身を引き離し、その一望監視的な高みから現実の多様性を操作して一般化する戦略的視点を否定していたのである。

機略の物語――再演される戦術的実践

このように古老や熟練ハンターは現実の多様性を一般化する戦略的視点を「思慮」に欠けた表現として否定するため、彼らの語りは必然的に個別的な事実の多様性をできる限り活かそうとする語りになる。実際、これから検討してゆくように、古老や熟練ハンターの語りは、それぞれ個別の事実のコンテキストをできるだけ保存しながら、時間的な推移に従ってその個別の事実が展開してゆく様子を再現したものである。そのため、彼らの語りは、一般化された手順つまりマニュアルというよりも、それぞれの一回的な出来事の推移をその微細なコンテキストにいたるまで再現した物語のかたちをとることになる。

たとえば、ルートに関する話題では、古老のアンガッコックは、図4-4と図4-5にあるように、私が用意した一／二五〇〇〇〇の地形図上で、一九五〇年代にクガールク村に定住する直前の五年間に辿ったルートを年毎に克明に辿った。そして、その五年間に辿られたルートの微細な違いを含め、その時々のコンテキストに埋め込まれた自己の実践を時間軸に沿って再現した。図4-4と図4-5にあるように、そこでは、年毎のわずかなルートの違い、宿営地の場所、宿営期間、魚やカリブーの収穫量、獲物やイヌゾリなどのキャッシュ（貯蔵庫）の位置、突然の嵐などの天候の変化、さまざまな社会関係の変化など、語られた旅のコンテキストが細部にいたるまで詳細に再現されている。

次にあげるのは、このアンガッコックが語った五年間の旅の物語から、アンガッコックがカリブー猟のために内陸部にはじめて行った年の旅の物語を抜き出したものである（語りのなかの番号は図4-4のルート上の番号と一致）。

内陸部に行くようになりはじめた最初の年の初春に、妻と養子一人、義理の弟の一家とともに、とても小さなソリを使ってイホックトック（*Ihuqtuq*）（1）から出発し、このルート（2）でここ（3）に向かった。この当時、カリブーはこのあたり（ペリー湾近く）にはあまりおらず、このあたり（内陸部）にいた。この時、イカーックタリク（*Ikaaqtalik*）（4）からもう一人のハンターがやってきていて、このあたり（5）で一緒になった。この間、二昼夜、宿営した覚えがないので、おそらく眠らずにここ（3）まで行ったのだろう。ここ（3）に着いた次の日、イカーックタリクからやってきたハンターは、ここ（3）からペリー湾の方向へ帰っていっ

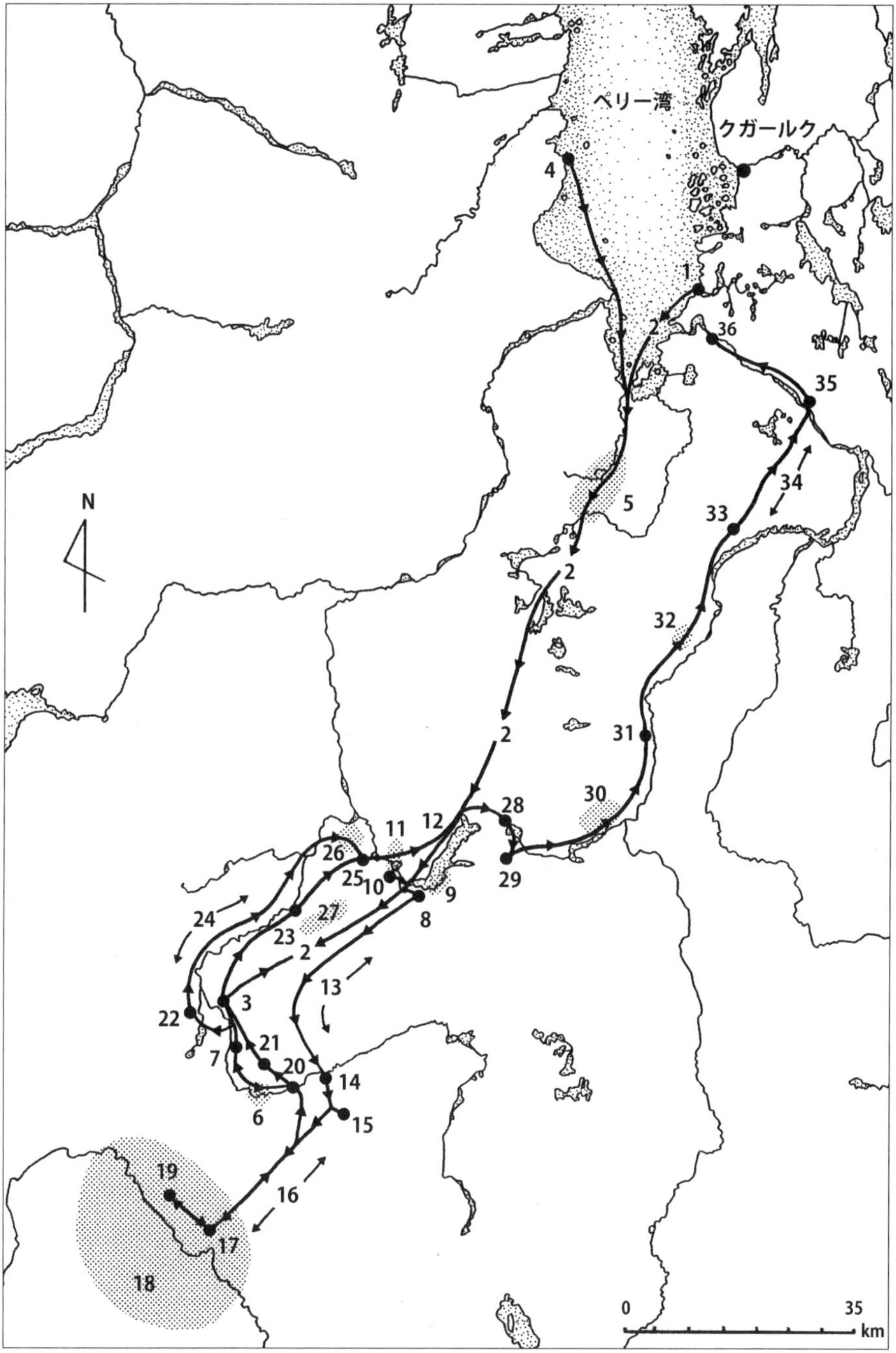

図 4－4　アンガッコックが語ったルート
（妻をもってはじめて内陸にカリブー猟に行った夏。図内の番号は本文中の物語の中の番号に一致）

た。次の日、川に沿って移動し、ここ（6）でカリブーをとって一泊し、カリブーの干し肉をつくった。そして、その次の日にはこの湖（6）に向かい、この湖でイシュルッガーグルク（*iLuraarRuk*：小さな淡水棲のマス）をとり、干し魚をつくって数日を過ごした。この湖の名前は知らない。この湖ではたくさんの魚が獲れた。

その後、往路のルートをそのまま戻って、ケッンゴッククリク（*QitNuqlik*）湖のここ（8）にキャンプを設営した。このケッンゴッククリク湖には、たくさんのイシュルッガーグルク（小さな淡水棲のマス）がいた。この湖に沿って（9）この魚をとり、このキャンプ（8）に持ち帰って干し魚をつくった。二日間にもわたって手づかみで魚をとりつづけたので、手がとても痛くなってしまった。次の日、この湖（10）に向かい、そこにキャンプを設営した。そして、義理の弟と一緒にこのあたり（11）までカリブーを追って、そのカリブーを獲り、湖のこの端（12）まで戻ってきた。ここは胸までの深さのところで、そこを歩いて渡った。そこにはたくさんのイシュルッガーグルク（小さな淡水棲のマス）がいた。義理の弟は、カキバク（ヤス）でこの魚をとったが、魚は上流に逃げ、あまりに魚の力が強かったので、義理の弟はカキバクを落としてしまい、その魚はカキバックをつけたまま逃げてしまった。私は大笑いをした。この当時は、このあたりでたくさんのイシュルッガーグルク（小さな淡水棲のマス）を獲ったものだ。ここで獲った魚をこのキャンプ（10）からこのキャンプ（8）まで運んだが、たった二尾の魚だったのに、とても重くてそれ以上何も持てなかった。普通は同じくらいの距離をカリブー一頭担いで休むことなく歩けるのに、この時は、たった二尾の魚だったのに、途中で休まなければいけないほど重かった。とても肥えていて大きな魚だった。

ここ（8）で、この周辺の湖で獲った魚をすべて干し魚にして石造の貯蔵庫に貯蔵した後、このルート（13）に沿って移動した。ここ（14）で、大きなカリブーを見つけた。とても近くにいたが、とても霧が深く、犬の鼻をたよりに銃で撃ち、二頭のカリブーを仕留めたが、獲物がどこに倒れたかもわからなかった。とても深い霧だった。ここ（14）で一泊し、次の日にここで二頭のカリブーを獲り、さらに追跡してここ（15）でもう二頭のカリブーを獲った。その後、このルート（16）を寝ずに進み、アヴァリトゥコク（*Avalituk*）川のここ（17）に着いてキャンプを設営した。次の日の朝起きると、この川の周辺にたくさんのカリブーがいるのが見えた。そして、数頭のカリブーを獲った。このキャンプ（17）から、川に沿って川の上流に向かったり、川向こうに行ったり、あらゆる方向に行って、カリブーを獲りつづけた（18）。ときには、このキャンプ（17）から出発して歩き回り、一泊してキャンプに戻って来ることもあった。このあたりでたくさんのカリブーを獲った。この年の一夏は、このあたりで過ごした。たくさんのカリブーの毛皮が集まった。ここで一夏を過ごした後、初秋になり、寒くなりはじめたので、そろそろペリー湾の方向に戻ろうと考えた。すべてのカリブーの毛皮を運ぶことはできないので、石造の貯蔵施設を造って、そこに毛皮を貯蔵しようと考えた。濡れないように、二枚の大きなカリブーの毛皮にすべての毛皮を詰めて、石造の貯蔵庫に貯蔵した。これは干し魚やカリブーの干し肉の貯蔵庫の場合と同じだ。

その晩、夕食をとっていると、イヌが騒いだので、テントから出ると、トゥハーリ（通訳）の父親の家族が到着するところだった。そして、次の日、この家族と一緒にここ（19）に移った。ここ（19）で、義理の弟の家族たちは義理の弟を残してイカーックタリク（4）に帰っていった。私とトゥハーリの父親は再びここ（17）に戻って、しばらくカリブー猟をした。ここでもまた、たくさんのカリブーを獲り、もう二つの貯蔵庫を造ってカリブーの毛皮を貯蔵した。ここ（17）にキャンプしている間、ここからあちこちに出かけ、たくさんのカリブーを獲った。ときには、このキャンプ（17）から出発して歩き回り、一泊してキャンプに戻って来ることもあった。こんなにたくさんのカリブーを見るのは、生まれて初めてだった。

しばらくして、このトゥルッカート（*Tuluqaat*）（20）に戻り、キャンプをはった。ここでは、川の岸は一面、砂で覆われていた。その砂で覆われた部分で川を渡ったが、雨と雪が降りはじめ、北風が強くなってきたので、ここ（21）にキャンプを設営して一泊した。ここ（21）から、トゥハーリの父親の家族は、ここ（22）に

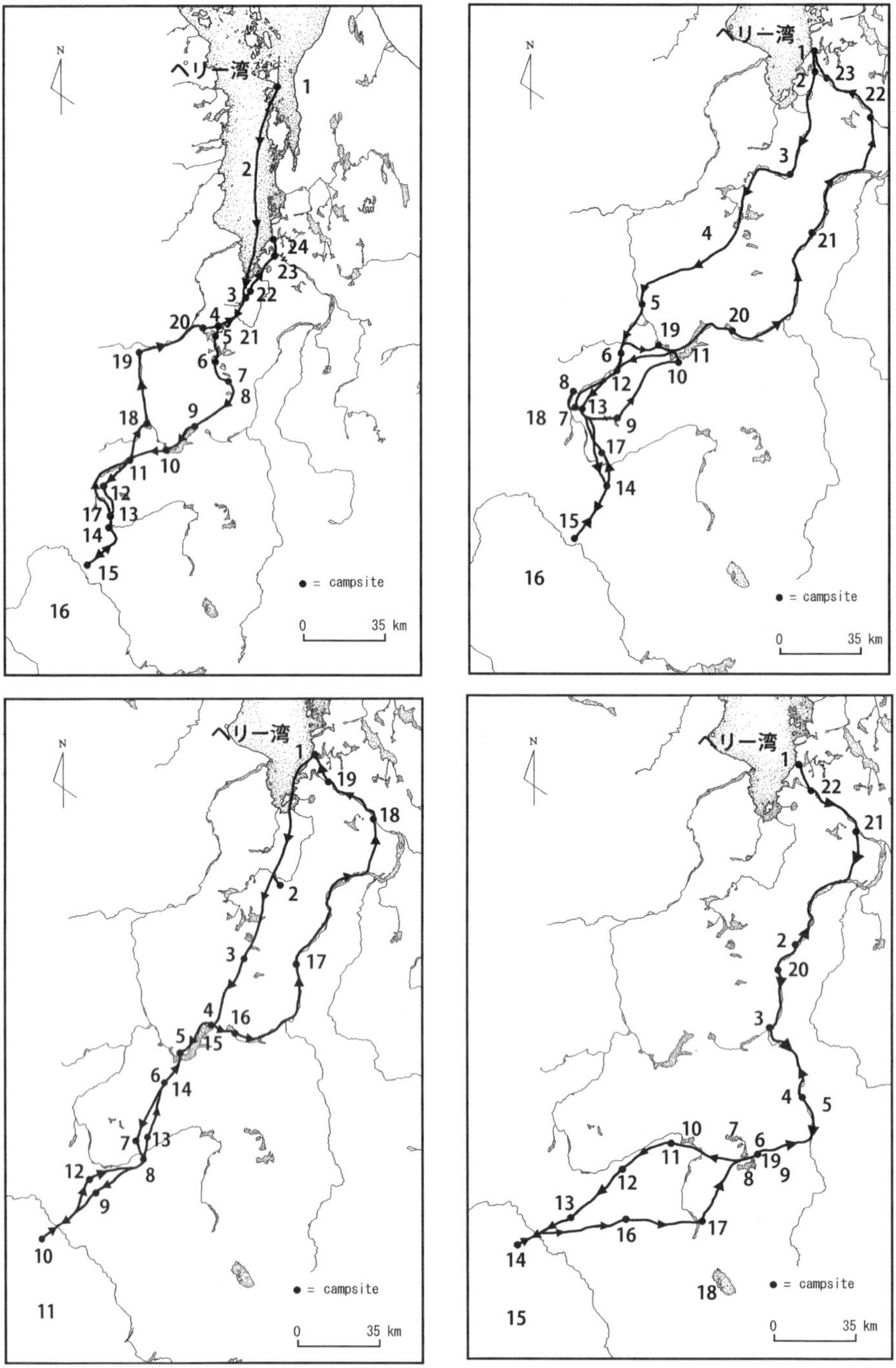

図４－５　図４－４の夏以後、４年間のルートとその説明（左頁）

左上：図４－４の翌年の夏のルート

１：５月～６月、ケケックタグロアックのキャンプを中心に春のアザラシ猟を行った後、６月に出発。
２：イヌゾリでペリー湾を１日で縦断。海氷上は平らだったため速度が出る。
３：１泊。
４：キャンプをはって３日滞在し、付近の湖で漁労。雪が解けはじめたのでこの地点にソリを保管する。ここからは徒歩。
５と６：１泊づつ滞在して漁労。
７：２泊して８の湖で漁労。
９：２週間滞在し、沢山の魚を獲り、干し魚にして貯蔵。
10：１泊。
11：３週間滞在してカリブー猟。
12と13と14：１泊。
15：７月～10月まで滞在。ここをメイン・キャンプに16でカリブー猟。
17と18：１泊。秋が深まってきたので帰路を急ぐ。
19：この地点に造ってあった貯蔵施設に寄って補給。
20：１泊。
21：この地点に保管していたソリを取りに戻り、ここからはイヌゾリで移動。
22：１泊。
23：２週間ほど滞在して漁労。
24：イホックトックの両親のもとに戻る。

右上：図４－４の２年後の夏のルート

１：５月にイホックトックの両親のもとをイヌゾリで出発。
２：１ヶ月滞在して漁労。
３：１泊。
４：３から５まで１昼夜かけて踏破。
５：４日滞在して４頭のカリブー。
６：１泊
７：１ヶ月滞在して多数のカリブー。カリブーの干し肉をつくって貯蔵。この地点にソリを保管。以後は徒歩。徒歩で８に向かい、そこに造っておいた貯蔵庫で補給。
９：３日滞在して漁労。
10：３週間滞在して11で漁労。10周辺でカリブー猟も行う。多数の魚とカリブー。干し魚と干し肉をつくり貯蔵。
12：嵐のため３日足止め。
13：１泊。
14：３日滞在してカリブー猟。
15：10月まで滞在。ここをメイン・キャンプに16でカリブー猟。
17：嵐のため２泊。
18：ここに保管していたソリを取りに戻り、ここからはイヌゾリで移動。
19：３日滞在してカリブー猟。
20と21：１泊。
22：１ヶ月半滞在して漁労。
23：２週間滞在して漁労。

左下：図４－４の３年後の夏のルート

１：６月にイホックトックの両親のもとをイヌゾリで出発。
２：３日滞在してカリブー猟。
３：１泊。
４：１ヶ月滞在して漁労。多数の魚を干し魚にして貯蔵。ここにソリを保管し、以後の移動は徒歩。
５：３日滞在してカリブー猟。
６と７：１泊。
８：１週間滞在してカリブー猟。
９：１泊。
10：10月まで滞在。ここをメイン・キャンプに11でカリブー猟。
12：２泊してカリブー猟。
13と14：１泊。秋が深まったため帰路を急ぐ。
15：ここに保管したソリを取りに戻る。
16と17：１泊。
18：１ヶ月滞在して漁労。
19：２週間滞在して漁労。

右下：図４－４の４年後の夏のルート

１：６月にイホックトックの両親のもとをイヌゾリで出発。
２：１泊。
３：３日滞在してカリブー猟。
４：３日滞在して５でカリブー猟。
６：１ヶ月間滞在し、７と８で漁労、９と10でカリブー猟。この間に雪解け。ここにソリを保管し、以後の移動は徒歩。
11と12と13：１泊。
14：10月まで滞在。ここをメイン・キャンプに15でカリブー猟。
16：１泊。
17：３日滞在して18でカリブー猟。
19：ここに保管したソリを取りに戻る。
20：１泊。帰路を急ぐ。
21：１ヶ月滞在して漁労。
22：２週間滞在して漁労。

置き忘れたタバコを取りに向かい、私の家族はトゥハーリの家族と別れてそのまま川を下り、ここ（23）でキャンプを設営した。一方、トゥハーリの父親の家族は、このルート（24）に沿って移動していった。次の日、ここ（25）に向かい、その周辺（26）でたくさんのカリブーを獲った。また、このあたり（26）でトゥハーリの家族たちと再度合流し、一緒にカリブーを狩って毛皮をはいだ。この時、逃げ出した数頭のカリブーを追って、トゥハーリの父親はこのあたり（27）まで行き、そこでそのカリブーを仕留めた。そして、私はこのあたり（26）にカリブーを貯蔵し、トゥハーリの父親はこのあたり（27）にカリブーを貯蔵した。トゥハーリの父親は夜にこのキャンプ（25）に戻ってきた。

　その後、積もった雪の中、このハヴィクタリク（*Haviktalik*）（28）に向かい、ここにキャンプを設営した。次の日、このハヴィクタリク湖にはった氷の上を渡り、カリブーの足跡を辿って、ここ（29）で数頭のカリブーを獲った。その後、ここ（30）でもカリブーを数頭見たが、狩らずにクーク（*Kuuk*）川を下りつづけ、このヒーッラックタリク（*Hiillaqtalik*）（31）にキャンプを設営した。そして、このあたり（32）でトゥハーリの父親の家族と別れた。おそらく、トゥハーリの父親の家族はカリブーを追って行ったか、あるいは、どこかに置いておいたソリを取りに行ったのだろう。私の家族はそのままクーク川に沿って下りつづけ、ここ（33）でキャンプを設営した。義理の弟はトゥハーリの父親について行ってしまい、私の家族だけになった。多分、義理の弟はタバコが吸いたくて、タバコをもっているトゥハーリの父親についていったのだろう。川の氷が薄かったので、このルート（34）をとり、このコーンゴアッグルク（*QuunNuarRuk*）（35）に着いた。たくさんの人がいた。たくさんのテントがあった。人々はここで魚を獲っていた。たくさんの人だった。秋の漁労の季節だった。このコーンゴアッグルク（35）に数日間滞在した後、クーク川を下って両親のいるトアパッグロアック（*TuaparRuaq*）（36）に帰った（1997.08.20.収録）[101]。

このようにアンガッコックの語りでは、年ごとの移動ルートの微妙な違いだけでなく、当時のアンガッコックが過ごした生活史が物語として再現されている。

したがって、古老や熟練ハンターは、かつて実際に自分が行った実践に基づいて、その実践の一般的な特徴をマニュアルのかたちで語っているというよりも、ことばという代替の手段を使って、自分がある地点に行くまでに辿った一回的な出来事を活き活きと再現し、もう一度ことばを通してその旅を実践しなおしていると結論づけることができる。彼らは移動のルートを語ったとき、「かつて実際に自分がどうしたのか」という記憶に基づいて、その時その場の場面の流れを物語のかたちに変換し、ことばを媒介にその活動をもう一度実践しなおしていたのである。この意味で、古老や熟練ハンターの語りは、実際に行われた実践をことばという代替手段を使ってもう一度実践しなおしてみせる再演である。

このようにイヌイト／ユッピクの古老や熟練ハンターが一回的な出来事の一回性を重視し、鋭い観察力と豊かな記憶力をもってその一回的な出来事を微細なコンテキストにいたるまで精確に記憶していることは、多くの人類学者によって指摘されてきた（Arima 1976a; Boas 1888; Briggs 1968, 1970, 1991; Brody 1976; Carpenter 1955, 1973; Freeman 1976; Nelson 1969, 1976）。とくにイヌイトが描く地図は、これから検討するように、海岸線や河川などの地形的特徴を細部まで再現する詳細なものであり、イヌイトの古老や熟練ハンターが示す微細なコンテキストへの固執と記憶の精確さを雄弁に物語っている（大村 1995b, 1999b, 2004b, 2006a; Rundstorm 1990; Spink & Moodie 1972, 1976）。

このように一回的な出来事の一回性とそのコンテキストを重視し、その一回的な出来事を一つずつ再演してみせるイヌイトの古老や熟練ハンターの語りは、先に検討したド・セルトーの戦略と戦術の区別に基づいて、戦術的な視点に立った戦術的実践の再演であると言うことができる。彼らの語りは、環境を見通して事実を一般化しようとする戦略的視点からではなく、環境に絶えず密着した実践主体の目の高さから語られているからである。そうした戦術的視点から再現される一回的な出来事こそ、場面ごとに当意即妙に展開される戦術的実践に他ならない。多様な環境に埋め込まれ、その環境を支配することも、その変化を予測することもできないまま、その時々の場面で差し出される機会を柔軟にとらえ、その場しのぎ的でありながらもうまくやる一回的な機略が、その場面に埋め込まれた戦術的視点から、その場面のコンテキストをできるだけ維持したまま、ことばという代替手段で再演されていたのである。

このように戦術的な視点に立って実際に展開された戦術的実践の再現が企てられるため、彼らの語りでは、コンテキストの多様性によって生じる事実の多様なヴァリエーションこそが重視され、一般化を志向する戦略的視点が拒絶される。ド・セルトー（1987: 178–182）が指摘しているように、格闘技などの戦術的実践でうまくやるには、そのルールや型を知っているだけでは不十分である。どのようなコンテキストでそのルールや型がどのように適用されるのか、つまり、コンテキストによって微細に異なる多様な手やわざをできるだけ多く知っていることこそ肝心である。機に乗じて機を利用するためには、機がふいに訪れたときに機に即興的に乗じる機敏さや当意即妙な柔軟性が要求される。そのときにものをいうのは、融通のきかない固定的なマニュアルではなく、蓄積された豊かな経験である。経験を積んだ格闘家は、プログラムに従って作動するコンピュータに勝る。蓄積された経験は、一回毎に異なるコンテキストに合わせて展開される一回的な戦術的実践の記憶であり、一般的なマニュアルに還元することはできない。

先に明らかにしたように、イヌイトのナヴィゲーションにも「柔よく剛を制す」柔道のわざのように、機に乗じて相手の力を逆利用する機略、つまり戦術的実践としての側面がある。その戦術的なわざは格闘技の手やわざのように一般的な手順に還元することができない。また、そうすることに何の意味もなく、実際にそれをやってみせるしかない。機に乗じて相手の力を利用する戦術的なわざは、その時その場の場面に身を任せ、その場面に潜む機を狙いすまし、機が訪れればその機をすかさずものにする狡知である。その神髄は、その時々の場面のコンテキストをうまく利用することにある。格闘技のわざが一般化された手順に還元できないのと同じように、機略や狡知の神髄が一般化できない機微にあるように、一般化によってその時々の場面のコンテキストを切り落とすことは、戦術的実践の再現に有害でこそあれ、有益ではない。イヌイトの古老や熟練ハンターは語りを通して戦術的実践、つまり機略を再現しようとしていたのであり、だからこそ、微細なコンテキストにまで注意を払う戦術的視点に固執し、一般化を志向する戦略的視点を否定したのである。

軌跡としての地図――辿られた足取りの物語

このように語りの場において戦略的視点を否定すると同時に戦術的な視点に固執し、かつて実際に展開された戦術的実践を再演しようとする古老や熟練ハンターのこだわりは、彼らが描く地図に端的なかたちであらわれている（二九六～三〇六頁の図4－6～図4－20参照）。

かつて地形図がなかった時代に日常の座談の場で砂や雪の上に描かれていた地図は一時的な素材のために残っておらず、また、収集された木彫の地図も数が少ないため、イヌイトが日常使っていた地図の様子を直接に知ることはできない。しかし、探検家や人類学者が地理学的あるいは民族学的調査のためにイヌイトに描いてもらった地図は残されており（Boas 1888; Hall 1865, 1879; Mathiassen 1928, 1931, 1933; Parry 1824; Rasmussen 1930, 1931, 1932; Ross 1835など）、そうした地図からイヌイトが日常的に利用していた砂上あるいは雪上の地図の様子をうかがうことができる。

こうした地図のなかでも、とくにカナダ中部極北圏のイヌイトが描いた地図を五〇点以上集めて分析したスピンクとムーディー（Spink & Moodie 1972, 1976）によれば、イヌイトの地図には次のような特徴がみられるという。

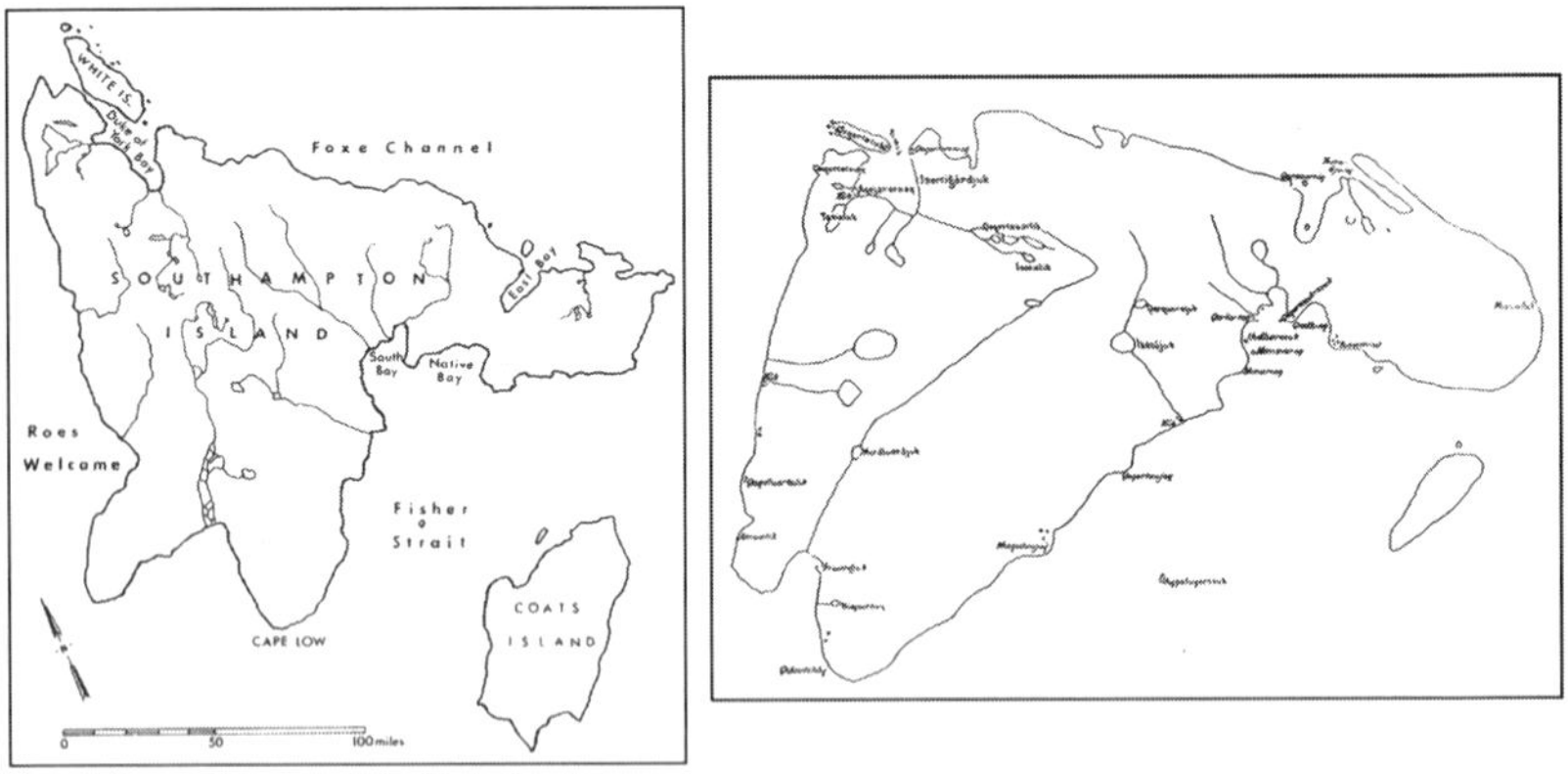

図 4 − 6 （左）サザンプトン（Southampton）島の測量地図（右）同地域のイヌイトの地図（Mathiassen 1931: fig. 1, p.11）

テリトリー（生業域）である島南部と交易ポストがあった島北部は精確に描かれているが、他の部分については省略されており、それに伴って島全体のプロポーションも歪んでいる。（図版出典 Spink & Moodie 1972: fig. 3, pp.58-59）

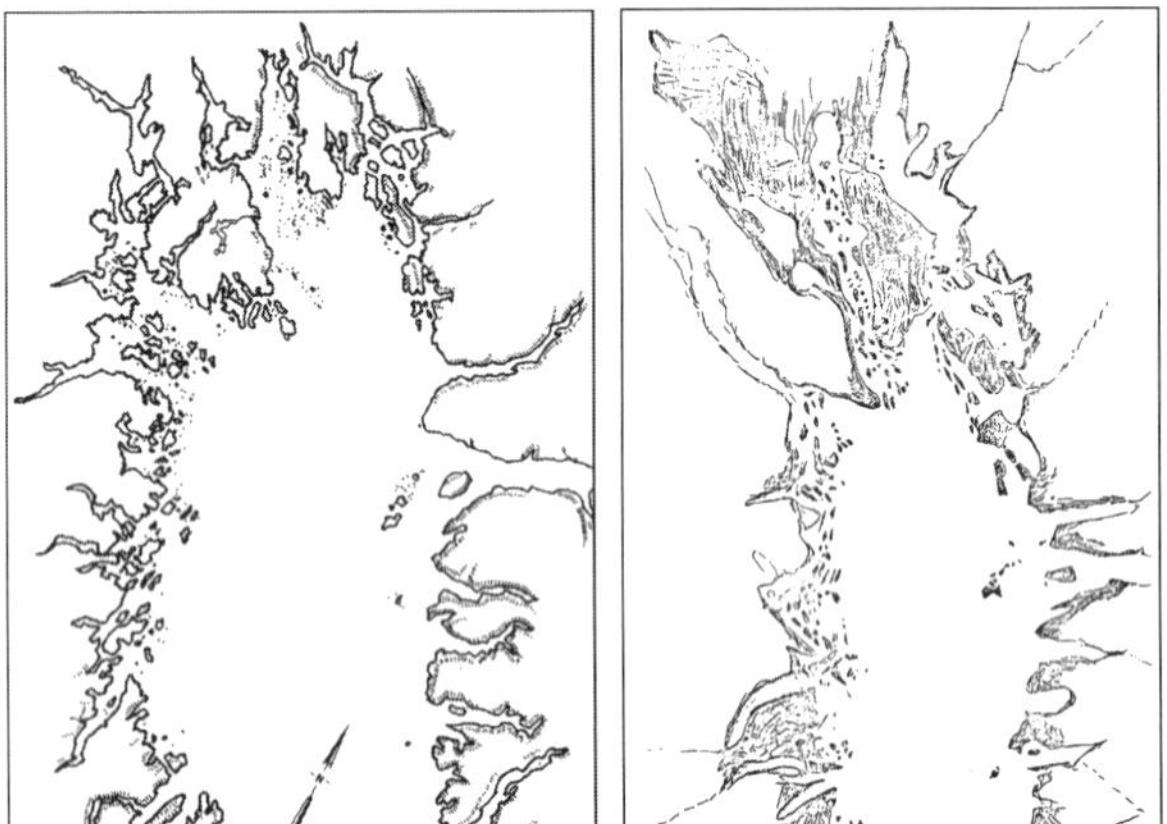

図 4 − 7 （左）カンバーランド（Cumberland）入り江の測量図（右）同地域のイヌイトの地図（Boas 1888: fig. 545, p.646）

（図版出典 Spink & Moodie 1972: fig. 20, pp.92-93）

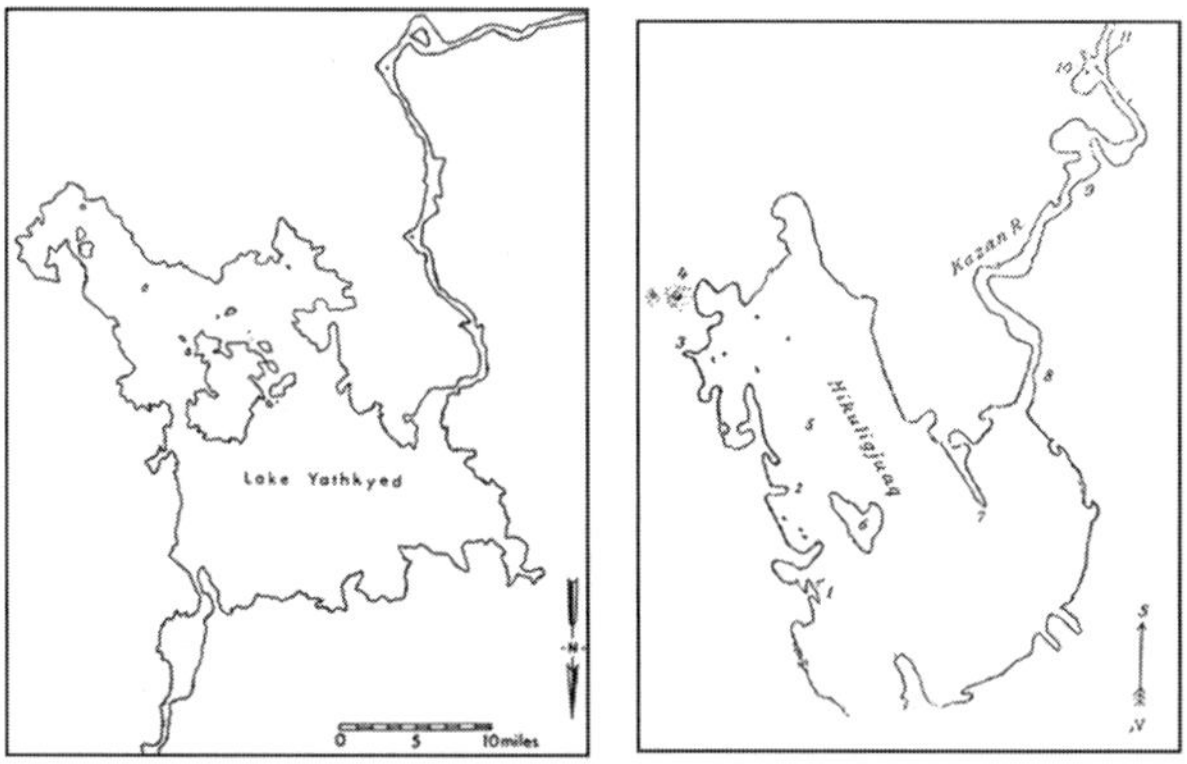

図 4 − 8 （左） ヤスキード （Yathkyed） 川とカザン （Kazan） 川周辺の測量図 （右） 同地域のイヌイトの地図 （Rasmussen 1930: map 4，p.146）

カザン川は二本線で描かれ、その幅の増減や湾曲の具合まで精確に再現されている。（図版出典 Spink & Moodie 1972: fig．16，pp.84-85）

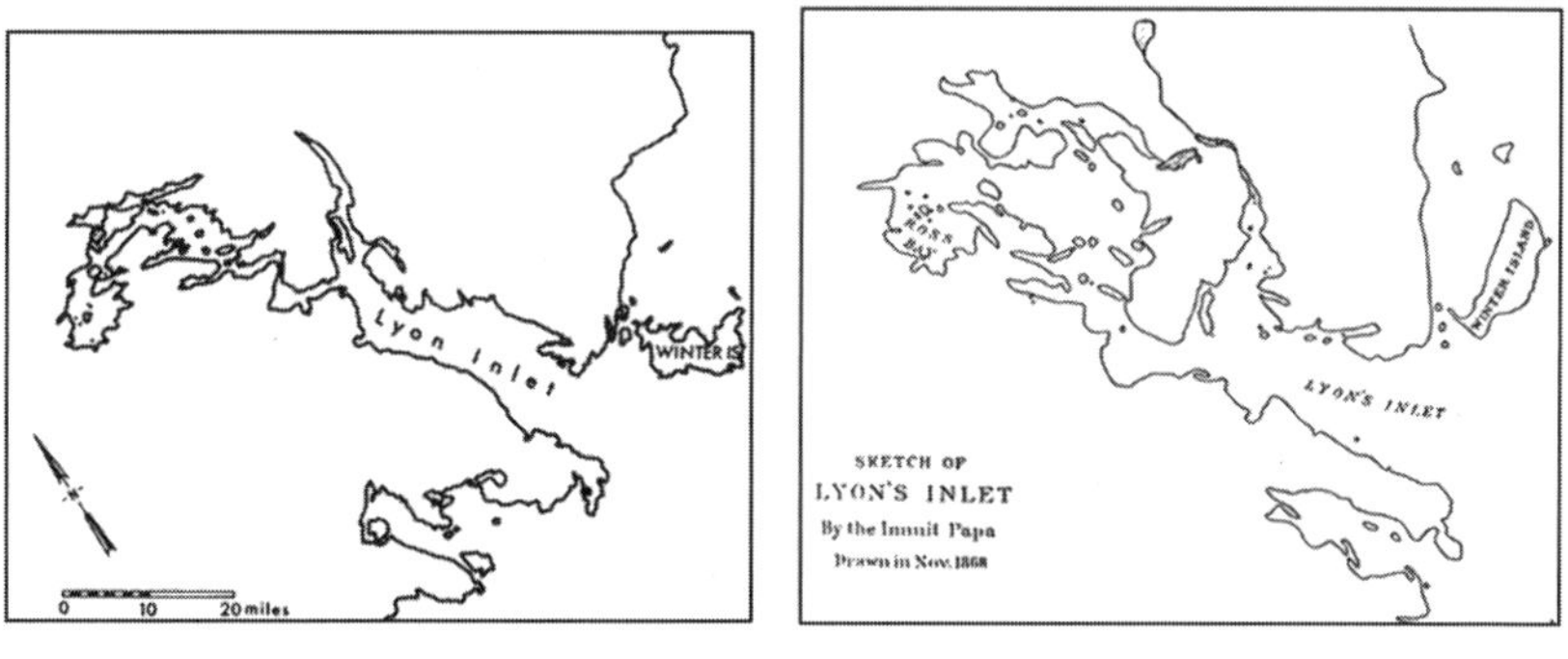

図 4 − 9 （左） ライオン （Lyon） 入り江周辺の測量地図 （右） 同地域のイヌイトの地図
（Hall 1879: 364）
（図版出典 Spink & Moodie 1972: fig．4，pp．60-61）

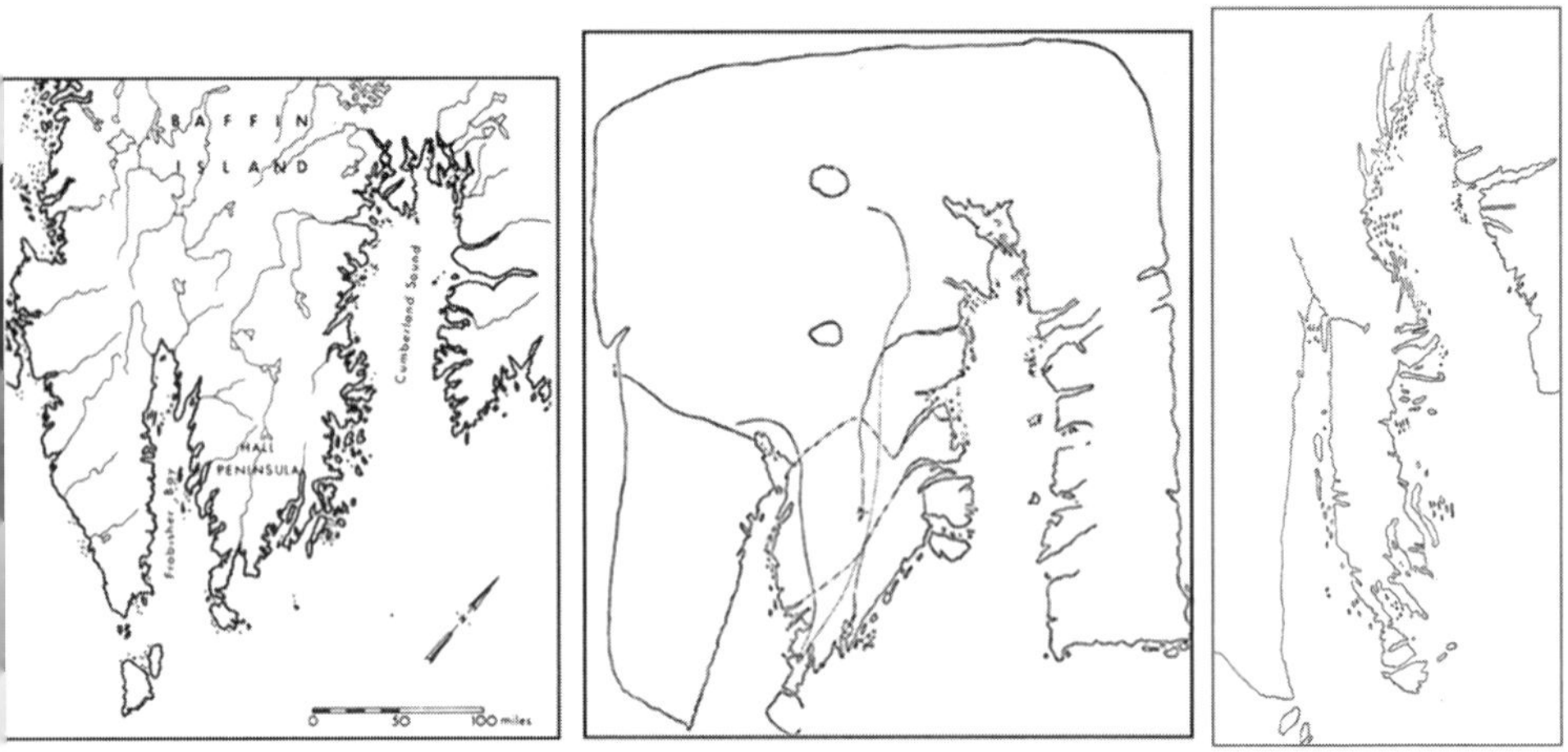

図 4 -10（左）フロビッシャー（Frobisher）湾とカンバーランド（Cumberland）入り江周辺の測量図（中央）同地域のイヌイトの地図 (Boas 1888: fig.543, p.644) **（右）同地域のイヌイトの地図** (Boas 1888: fig.544, p.645)

海岸線や島が精確に再現されているが、川は一本線で簡略に描かれている。中央のイヌイトの地図には点線でルートが描かれている。(図版出典 Spink & Moodie 1972: fig. 9, pp. 70-72)

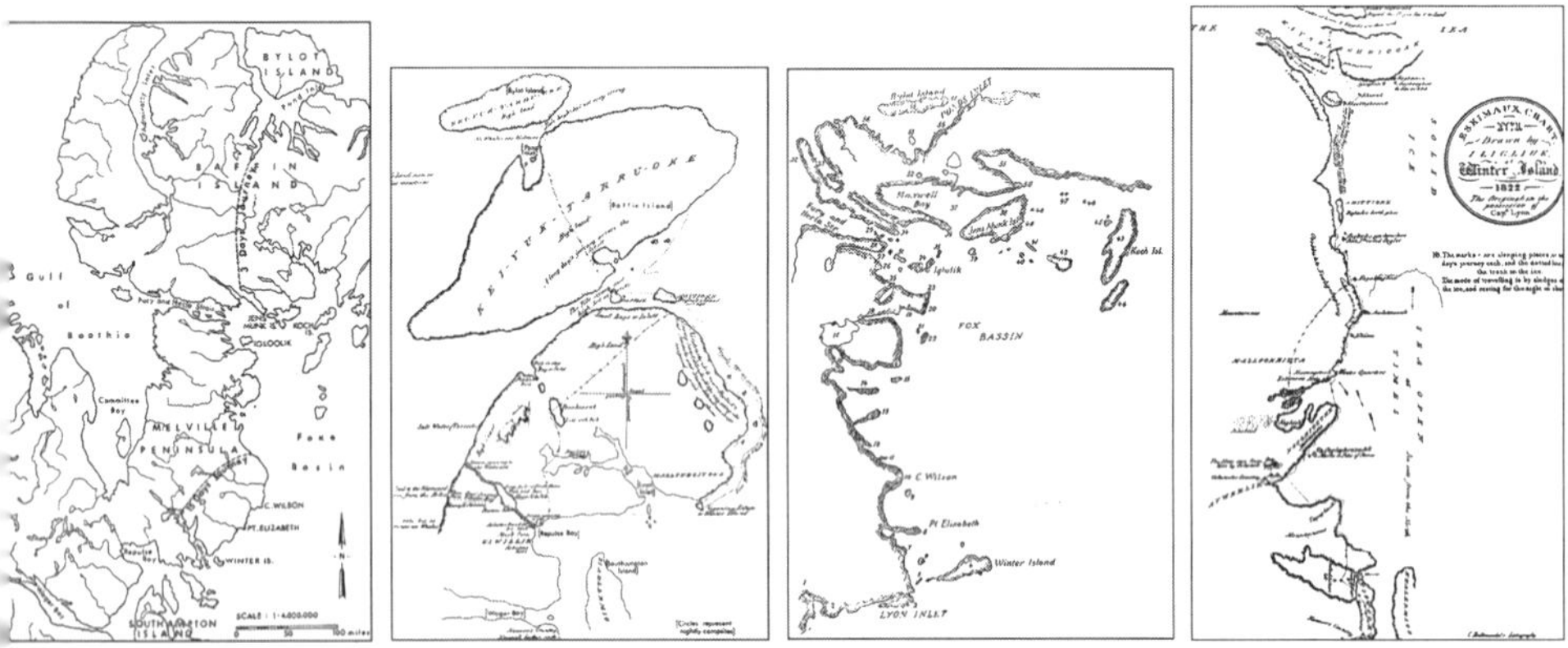

図 4 -11（左）メルヴィル（Melville）半島とバフィン（Baffin）島周辺の測量図（中央左）同地域のイヌイトの地図 (Parry 1824: 198) **（中央右）同地域のイヌイトの地図** (Rasmussen 1930: map 3, p.98) **（右）同地域のイヌイトの地図** (Parry 1824: 196)

どのイヌイトの地図でも、地形全体のプロポーションが歪んでいるが、海岸線などの細部は精確に再現されている。右のイヌイトの地図では、河川は省略されて河口だけが描かれている。中央左と右のイヌイトの地図には、点線でルートが描かれている。点線の中途に連なる丸印は宿営地。(図版出典 Spink & Moodie 1972: fig. 1, 2, pp. 54-57)

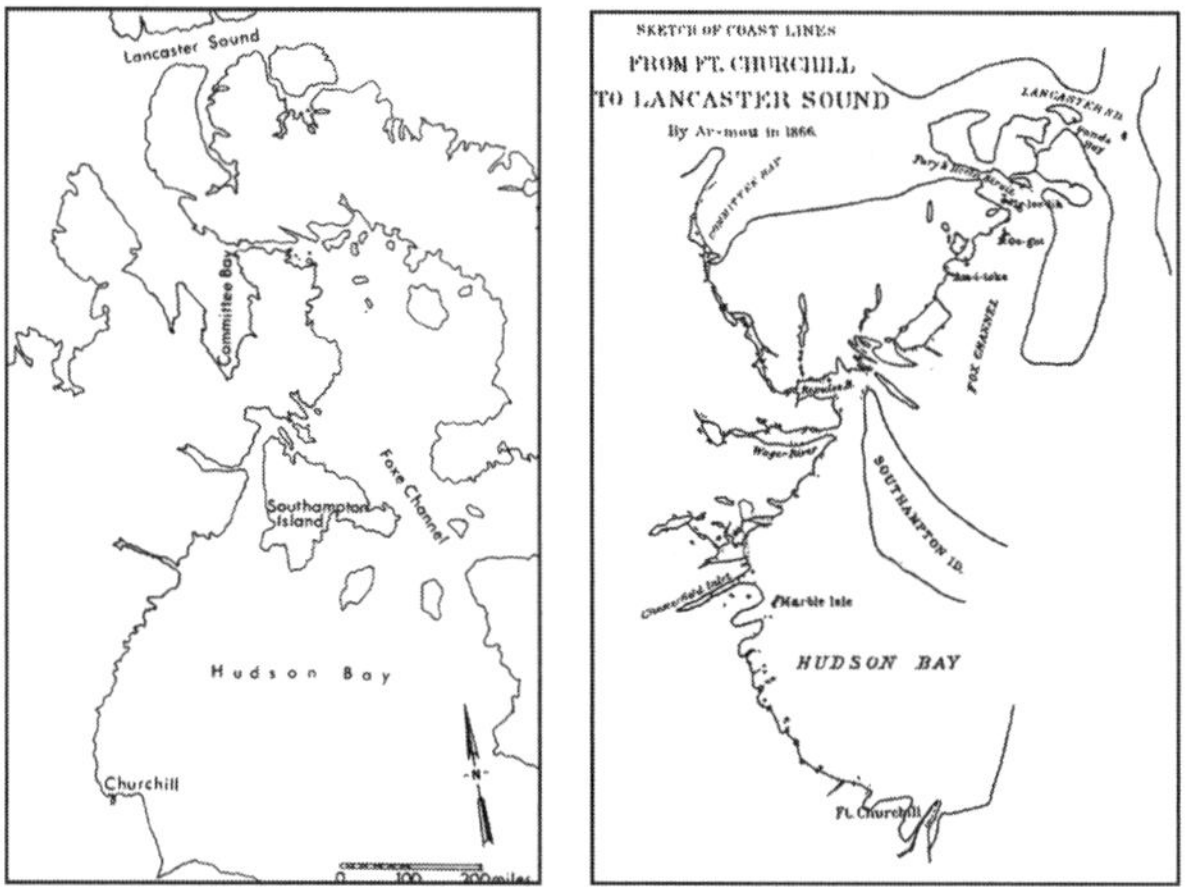

図 4-12（左）ハドソン（Hudson）湾とバフィン（Baffin）島周辺の測量図（右）同地域のイヌイトの地図（Hall 1879: 225）
（図版出典 Spink & Moodie 1972: fig. 5, pp. 62-63）

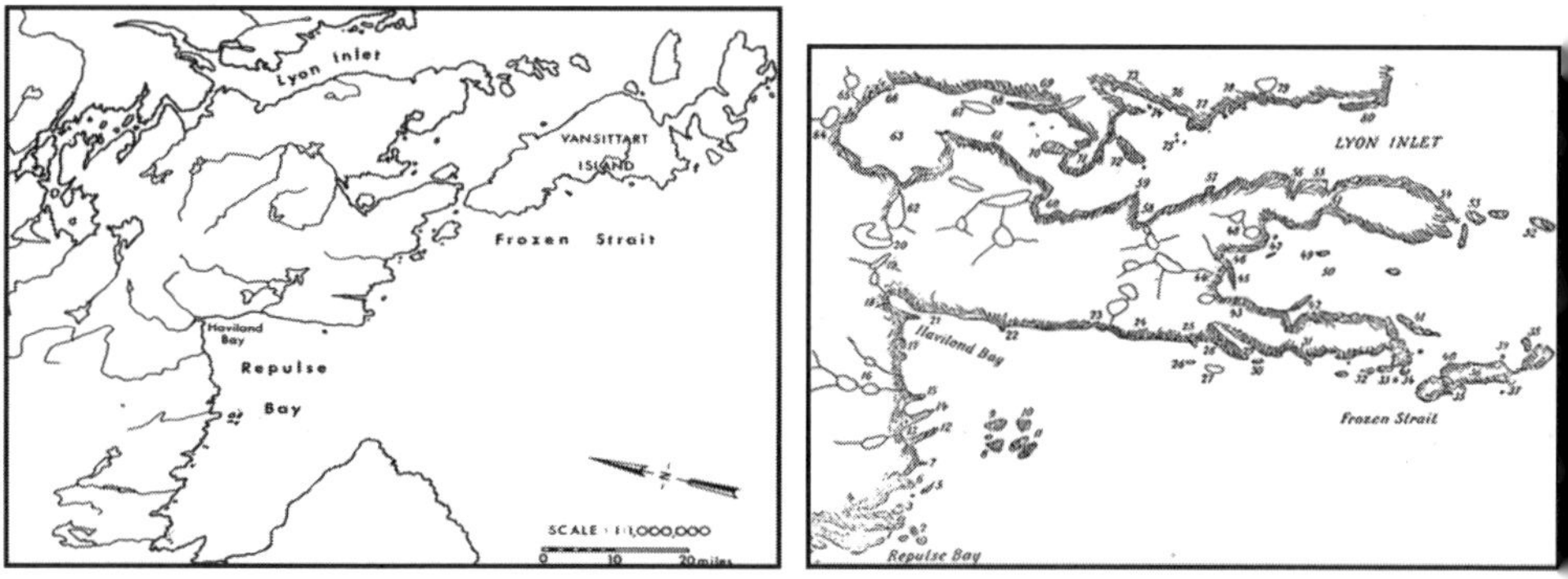

図 4-13（左）ライオン（Lyon）入り江とリパルス（Repulse）湾周辺の測量地図（右）同地域のイヌイトの地図（Rasmussen 1930: map 2, p.92）
イヌイトの地図では、半島の幅はかなり狭くなっているが、海岸線のパターンや湖の相対位置はかなり精確に再現されている。（図版出典 Spink & Moodie 1972: fig. 7, pp. 66-67）

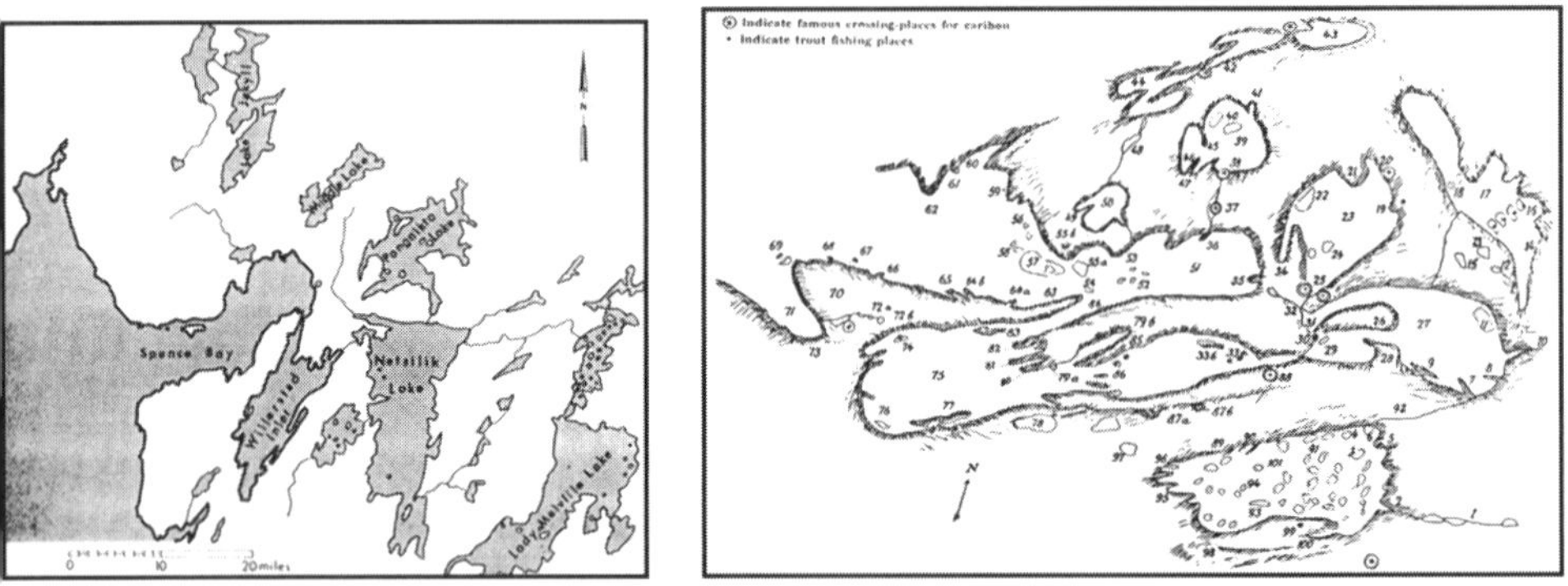

図 4 -14（左）ブーシア（Boothia）地峡周辺の測量地図（右）同地域のイヌイトの地図（Rasmussen 1931: map 1, p.92）

イヌイトの地図では、地形全体のプロポーションがかなり歪んでいるが、海岸線のパターンや湖の相対位置はかなり精確に再現されている。（図版出典 Spink & Moodie 1972: fig. 21, pp. 94-95）

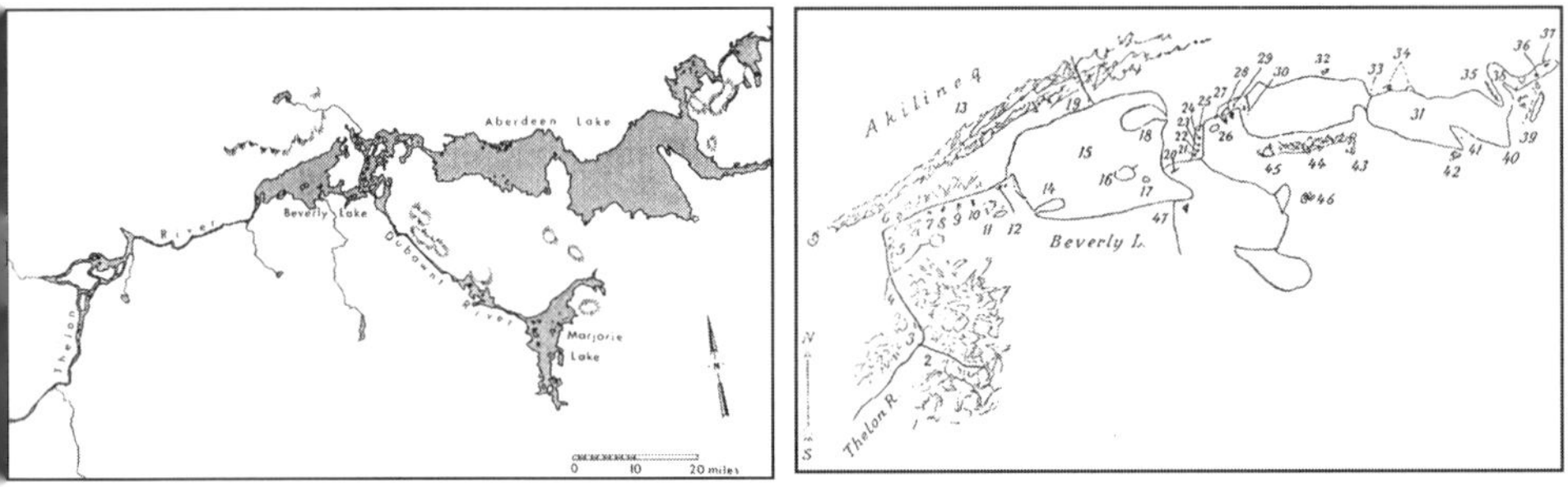

図 4 -15（左）ビヴァリー（Beverly）湖周辺の測量地図（右）同地域のイヌイトの地図（Rasmussen 1930: map 8, p.154）

（図版出典 Spink & Moodie 1972: fig. 15, pp. 82-83）

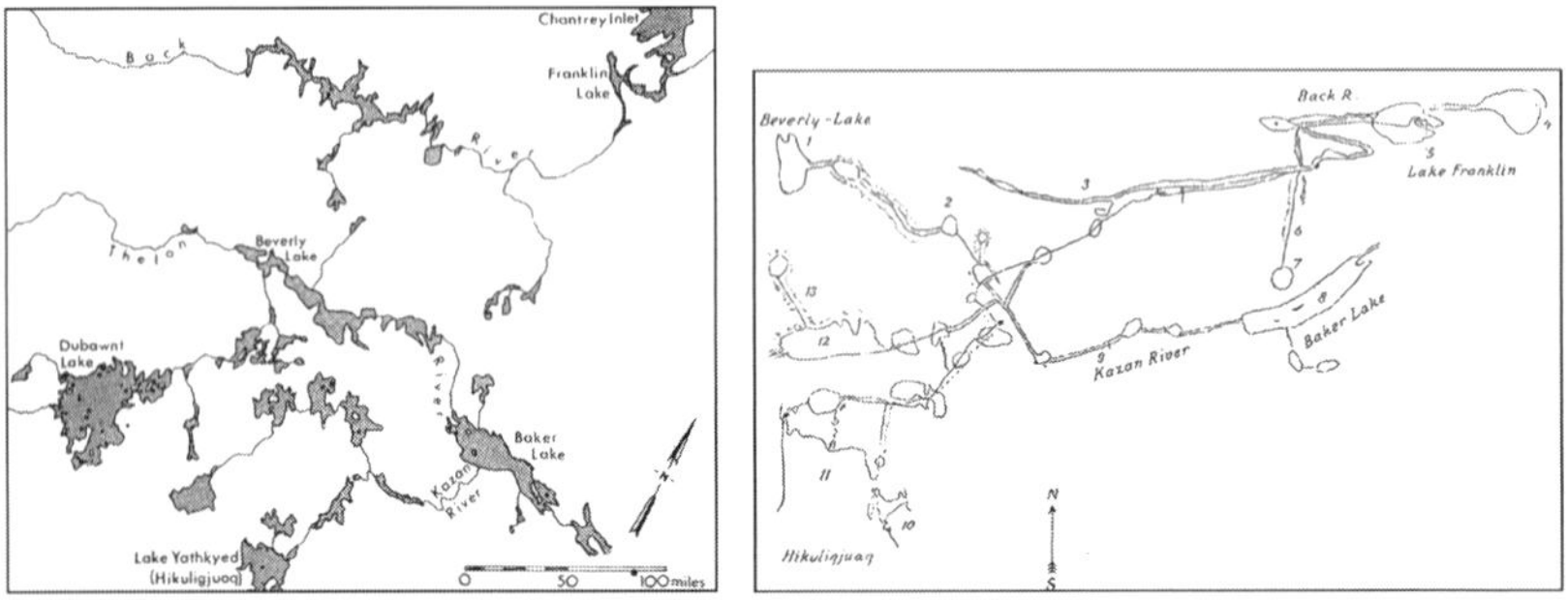

図 4 -16（左）テロン（Thelon）川周辺の測量地図（右）同地域のイヌイトの地図（Rasmussen 1930: map 10, p.158）

この内陸部の地図では、河川は二本線で描かれている。（図版出典 Spink & Moodie 1972: fig. 14, pp. 80-81）

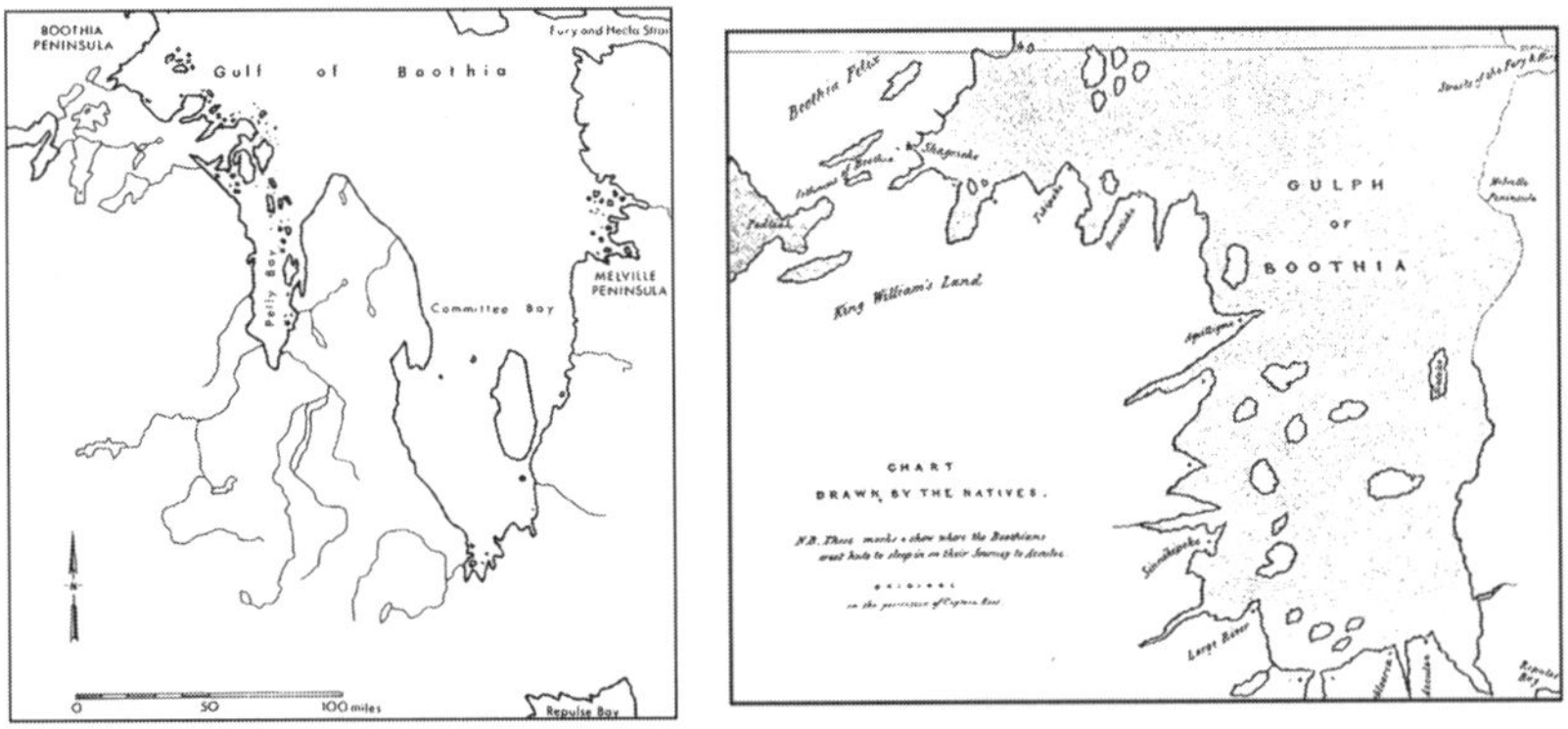

図 4 -17（左）ブーシア（Boothia）湾周辺の測量地図（右）同地域のイヌイトの地図
（Ross 1835: 262）
（図版出典 Spink & Moodie 1972: fig. 18, pp. 88-89）

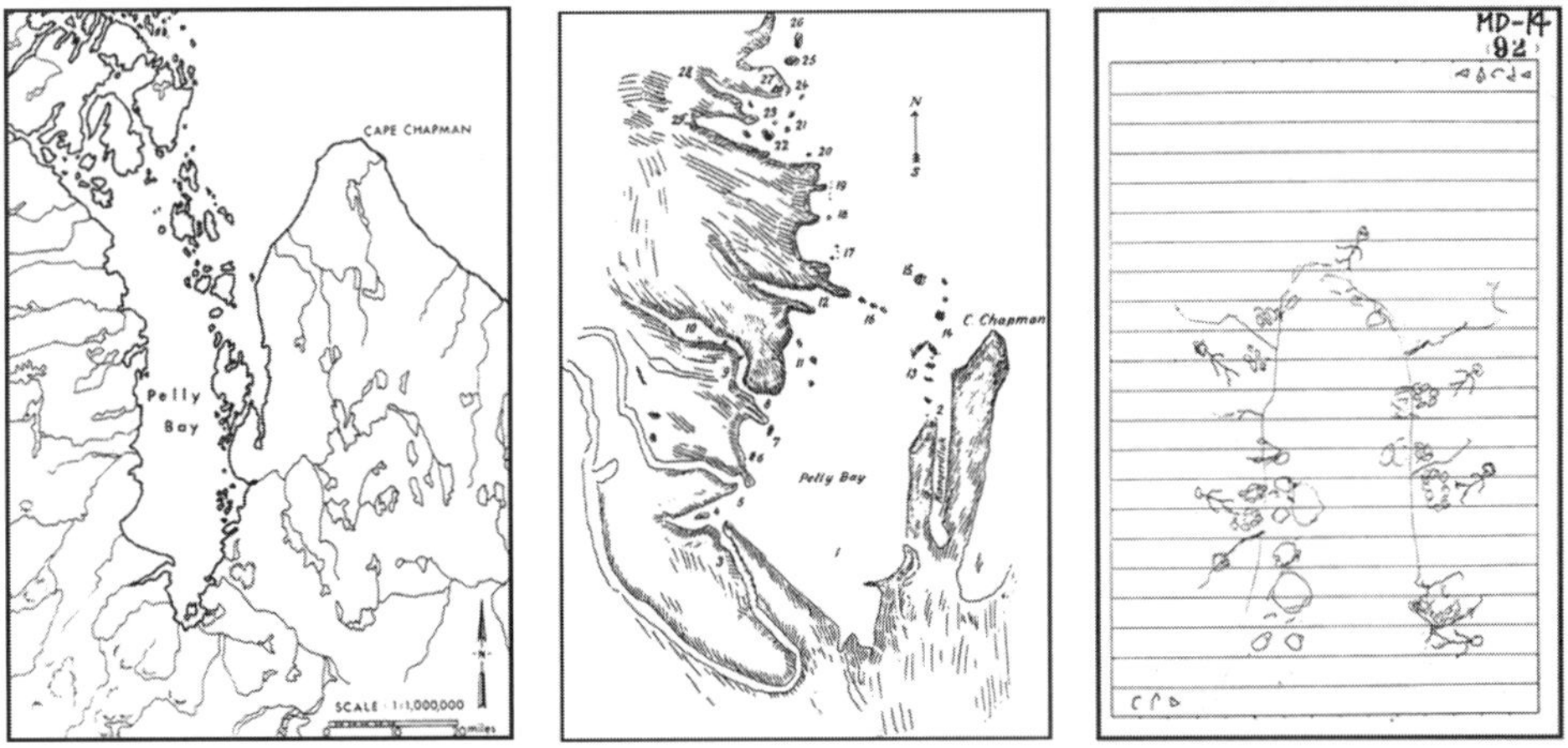

図 4 -18（左）ペリー（Pelly）湾周辺の測量図（中央）同地域のイヌイトの地図（Rasmussen 1931: map 7, p.112）**（右）同地域のイヌイトの地図**（クガールク調査団が1992年にクガールクの古老に描いてもらった地図）

中央のイヌイトの地図では、チャップマン（Chapman）岬が縮小されている一方で、主要なテリトリー（生業域）であるケレット川とアロースミス川が強調されている。右のイヌイトの地図では、南北の方向が逆転しており、地形だけでなく、生活の様子などが描き込まれている。（図版出典 Spink & Moodie 1972: fig. 17, pp. 86-87, 大村 1994, 1995b）

（1）**精確さ**

イヌイトの地図の驚くほどの精確さについては、パリー（Parry 1824: 197–199, 276–277）、ロス（Ross 1835: 258–260）、ホール（Hall 1865: 104–105, 355, 1879: 225–226）、レー（Rae 1850: 45）などの探検家、ボアズ（Boas 1888: 236）、マチアッセン（Mathiassen 1928: 97–99）、ラスムッセン（Rasmussen 1931: 34, 91）などの人類学者によって、早くは一九世紀から報告されている。スピンクとムーディーはイヌイトが描いた地図を精密な測量による地形図（主にNorthwest Territories and Yukon Territory series とWorld Aeronautical Chartsを基にした地形図）と対照し、河川、山、湖、海岸線などの地形的特徴がいかに正確に再現されているかを確認している。このイヌイトの地図の精確さは、図4－6〜4－18にあるようにイヌイトの地図と測量地形図を並べてみれば、一目瞭然である。全体的なプロポーションに歪みはあるものの、とくに海岸線や河川については、その精密さと正確さに目を見張る。

（2）**ルート図としての地図**

沿岸部の地域集団と内陸部の地域集団では、地図の形式と内容が異なっている。沿岸部の地域集団の地図では、海岸線が克明に描かれるが、陸上の地形的特徴は省略されることが多く、河川も一本の実線で描かれるか、河口だけしか描かれない（図4－6、図4－7、図4－9〜4－13、図4－17、図4－18）。他方で、内陸部の地域集団の地図では、陸上の地形的特徴が比較的克明に描かれると同時に、河川が二本の実線で描かれ、その幅の増減や湾曲の様子が正確に再現されている（図4－8、図4－14〜4－16）。この違いは、沿岸部の地域集団が生業活動や移動活動を主に海岸線に沿って展開していた一方で、内陸部の地域集団が主に河川に沿って展開していたためである。このようにイヌイトの地図は生業活動や移動活動の足取りを再現し、ある場所からある場所へ向かうためのルート図としての性格が強い。そのため、全体のプロポーションにはあまり注意が払われず、実際に旅をしているように場所から場所へと筆が書きすすめられてゆく傾向にある。実際に地図にさまざまなルートが描き込まれることも多い（図4－10、図4－11）。

(3) 強調と省略

イヌイトの地図が精確であるといっても、描かれる地域が全域にわたって一様な精確さで描かれているわけではない。正確さと精密さにはむらがあり、生業活動に使われるルートや交易のために使われるルートの周辺は緻密に描かれるが、それ以外は省略されることが多い。たとえば、内陸部の地域集団の地図では、カリブーが季節移動に際して周期的に大群で通過する河川や湖がとりわけ精確に描かれているが、生業活動からはずれている地域は省略されている（図4－8、図4－14～4－16）。沿岸部や島で生活する地域集団の場合、生業活動や交易のルートにかかわる海岸線以外は省略されたり、不正確に描かれたりしている（図4－6、図4－7、図4－9～4－13、図4－17、図4－18）。イヌイトは自分が行ったことがない場所を想像に頼って描くことはしないが、自分が実際に行った場所については、その地形、とくに海岸線と河川を細部まで精密に再現する傾向にある。

(4) 時間による距離測定

イヌイトの地図が精確であるといっても、測量地図と完全に一致するわけではない。とくに全体のプロポーションはかなり歪んでいる（図4－6～4－18）。これは測量の場合とは距離測定の基準が違うためである。一日の行程で移動できる距離を基準に距離が測られているため、移動が困難な地域は測量地図よりも拡大され、容易な地域は縮小されている。このように移動時間で距離が計られていることは、地図内に描き込まれたルート上に宿営地の位置が示されていることからもわかる（図4－10、図4－11）。

このようにイヌイトの地図では、生業活動や移動活動が展開される場所については海岸線や水系などの細部が精確に再現されているが、そうでない場所についてはあまり注意が払われておらず、移動時間による距離の測定に端的にみられるように、生業活動や移動活動を実践した際の自己の経験に忠実に環境が再現される。地形の全体的なプロポーションが著しく歪んでしまうのは、そのためである。この意味で、イヌイトの地図では、全体の鳥瞰的な

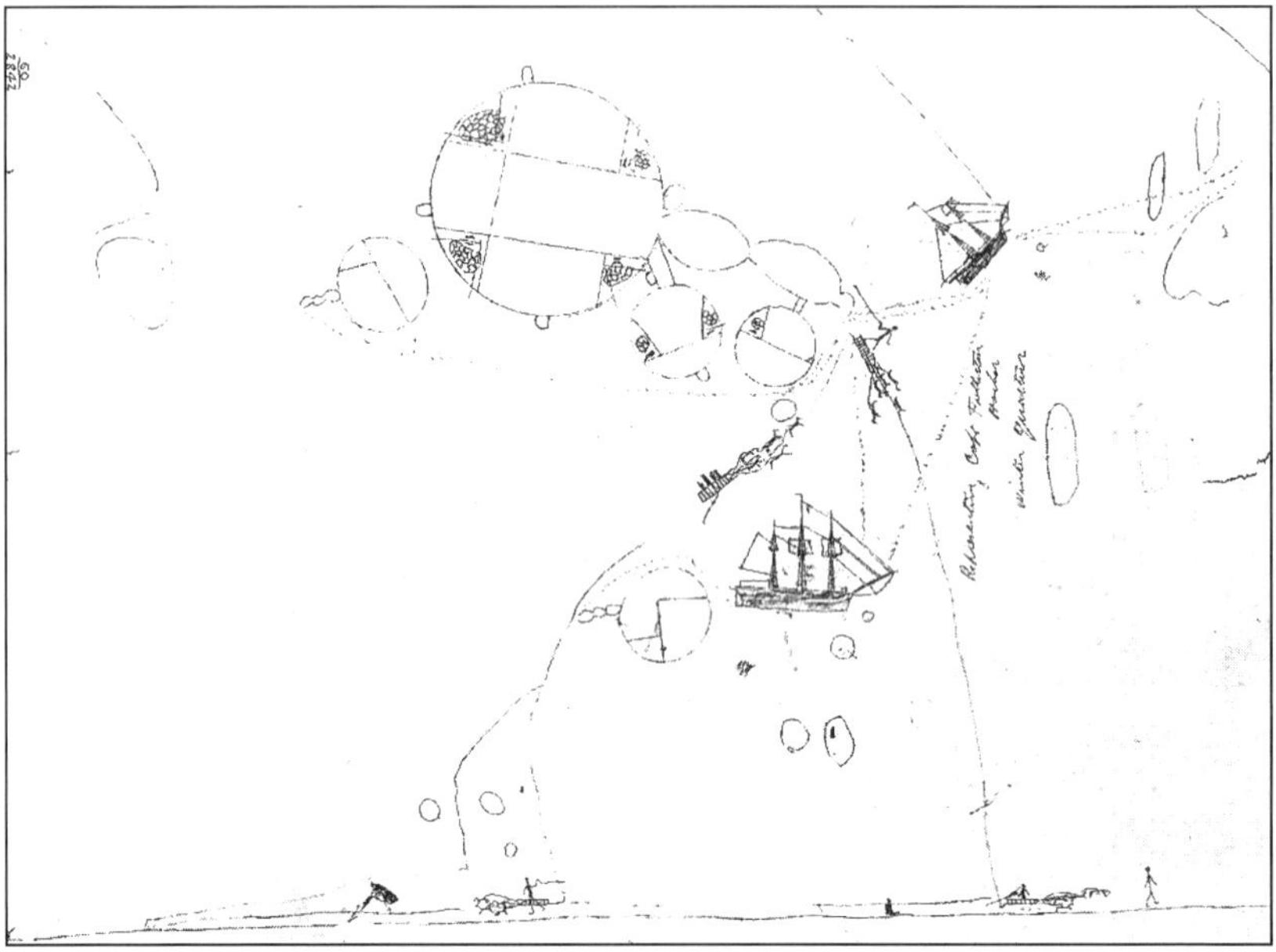

図4－19　生業活動の様子や宿営地の様子が描き込まれているイヌイトの地図

（McGrath 1988: 6-8）

プロポーションよりも、実際にルートに沿ってすすんだときに出現する地形の連鎖の再現に重点を置くルート図としての性格が強い。そこでは、先に検討した語りの場合と同様に、環境の全体を見通す一望監視的な戦略的視点からではなく、生業活動や移動活動が展開された実際の視点、つまり戦術的視点から、それら活動で実際に辿られた足取りが精確に再現されているのである。イヌイトは、環境を客体化してその全貌を地図として描いているというよりも、紙の上にペンで描くという実践を通して、自己が過去に行った移動という実践を再演しているのである。

こうしたイヌイトの地図の性格は、図4－19にあるように、イヌイトの地図には地形的特徴だけでなく、生業活動の様子や宿営地の様子がしばしば描き込まれるという報告（McGrath 1988: 6-8, Miertsching 1846: 338）からも裏づけられる。スピンクとムーディーは分析のための資料を純粋な地形図に限定し、人間や動物の姿が一緒に描かれているピクトグラフィックな地図を分析の対象からはずしているが（Spink & Moodie 1972: 3）、図4－19のように生業活動の様子や宿営地の様子が描き込まれているイヌイトの地図も存在する（McGrath 1988:6-8）。イヌイトは生業活動や宿営地が描き込まれていない地図を不完全な地図とみなしていたという報告もあり（Miertsching 1846: 338）、イヌイトにとって図4－19のようなピクトグラフィックな地図こそが地図であった可能性もある。いずれにしても、イヌイトにとって地図は自己の実践をコンテキストごと再現する再演であるため、その実践で展開された生業活動や宿営地の様子が描き込まれるのである。また、先に検討した戦術的実践の再演としての語りを補助するために、地図が描かれることも多い。この意味で、戦術的実践の再演である語りと同様に、イヌイトの地図もそうした実践で辿られた足取りの軌跡として描かれていると言える。

こうした足取りの軌跡としての性格は、私がヒケネックに描いてもらった地図にもはっきりとあらわれている。図4－20はヒケネックが私のために描いてくれたペリー湾周辺の地図である。ペリー湾を中心に描いてくれるようにお願いしたため、この地図では内陸部は描かれていないが、これまでに検討してきたイヌイトの地図と同じ特徴がみられる。

B4版のスケッチ・ブックに描かれたこの地図でも、全体のプロポーションよりも、ペリー湾の海岸線に沿って移動すると、どのような地形があらわれるかを再現することに注意が向けられている。しかも、この地図が描かれる際、ペリー湾の対岸同士の位置関係が一回だけ確認されたが、全体のプロポーションを鳥瞰的な視点から確認したのはその一回だけで、地図を描いている最中、ヒケネックはあたかも実際に移動しているかのように、島から島へ、半島から半島へと描き足していった。その結果、ヒケネックはB4版のスケッチ・ブックの一枚に地図を収めることができず、次から次へとスケッチ・ブックをめくりながら描き足してゆくことになった(102)。また、スケッチ・ブックをめくる際、現在自分が向いていると想定した方向から描き出したため、図4－20にあるように、画用紙の上下と描かれた地形の方位が一致せず、極端な場合には、画用紙の上下と方位が逆転してしまった。このようにヒ

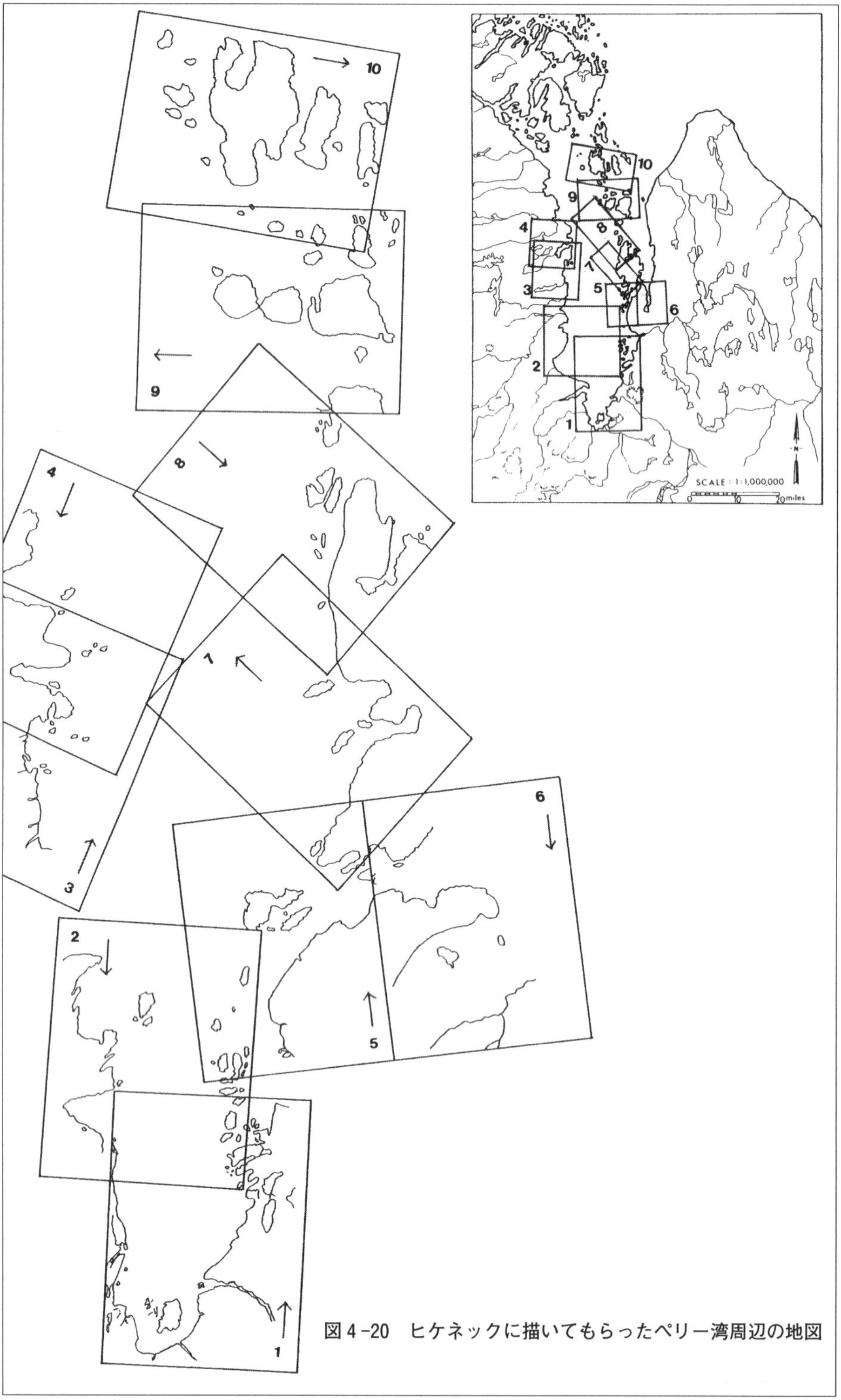

図 4-20　ヒケネックに描いてもらったペリー湾周辺の地図

ネックの地図も、実際に自己が移動する視点からその移動に伴ってあらわれる地形を再現しており、実際の足取りを辿った軌跡としての性格を示している。

五　戦術のイデオロギー――「イヌイトのやり方」と「白人のやり方」の構築と再生産

これまでに私のインタビューとイヌイトの地図について検討し、イヌイトの古老や熟練ハンターが語りの場で戦略的視点を否定する一方で戦術的な視点に固執し、かつて実際に展開された戦術的実践を再演しようとするこだわりを示すことを明らかにしてきた。彼らは戦略的視点から一般化を企てる調査者の質問に当惑し、現実の多様性を捨象して画一的な定義や法則へ還元すること、つまり、多様なコンテキストに埋め込まれた現実から身を引き離し、一望監視的な高みから現実の多様性を一般化して操作しようとする戦略的視点を現実の多様性を無視する「思慮」に欠けた表現として拒絶していた。そして、一回的な出来事の一回性とそのコンテキストを重視し、その一回的な出来事に埋め込まれた戦術的視点から、そのコンテキストをできるだけ維持したまま、ことばと地図という代替手段で、一回的な出来事、つまり、実際に展開された戦術的実践を再演しようとしていたのである。

実相と表象の間で――価値づけられた戦略と戦術

しかし、このようにインタビューの場で戦略的視点を否定し、戦術的視点から戦術的実践を再演することにこだわったからといって、イヌイトの古老や熟練ハンターが戦略的視点をもっていないわけでも、ナヴィゲーションを展開するにあたって戦略的実践を行っていないわけでもない。ナヴィゲーションの実相を検討した際に明らかにしたように、ナヴィゲーションを実践するためには、戦術的実践だけでなく、絶対方位や地名のネットワークなどの記号体系を利用しながら戦略的視点に立って環境を構造的に把握する戦略的実践が必要とされる。実際、ナヴィゲーションを実践するにあたっては、インタビューの場で戦略的視点を否定した古老や熟練ハンターたち自身が、戦略的視点から環境を構造的に把握する戦略的実践を展開していた。

したがって、古老や熟練ハンターが示した戦略的視点の否定と戦術的視点へのこだわりは、彼らが戦略的視点を欠き、戦略的実践を行わないということではなく、戦略的視点に立った表現を嫌うということを意味しているにすぎない。むしろ、こうした戦略的視点への冷淡な態度と戦術的視点へのこだわりは、戦略的視点からの表現を「思慮」に欠けた表現として退ける価値観を反映していると考えることができる。先に検討したように、戦略的視点が拒絶された背景には、現実の多様性を一般化する戦略的視点に立つ表現は「思慮」なき子どもの表現であり、「思慮」ある大人ならば、事物の潜在的可能性を活かす戦術的視点に立つべきであるとする理念がある。戦略的視点には「思慮」なき子どもの視点として低い価値が、戦術的視点には「思慮」ある大人の視点として高い価値が与えられており、この価値観に従って彼らは戦略的視点を拒絶し、戦術的視点に固執していたのである。

実は、こうした価値観を垣間見ることができるのは、ナヴィゲーションをめぐる語りだけではない。こうした戦術的実践へのこだわりは、ナヴィゲーションに限らず、生業活動をはじめとするイヌイトの日常生活の全般にみられる。先に検討したように、イヌイトが生業活動で出会う場面は突発的な変化に満ちた現実であり、そうした場面に対しては臨機応変な戦術的機略で対処する必要がある。しかし、そうかといって、現実は完全に不条理な世界ではなく、季節周期などの規則性が認められる。たとえば、一度通ることができたルートはおそらく次の機会にも通り抜けることができるだろうし、魚が獲れはじめた定置網の設定地点では継続的な漁獲が期待できる。しかし、一度そうしたルーティン化が可能になった定置網を面白みがないという理由で引き上げたり、いつものルートの途上で行ったことのないところに寄り道をしてみたり、突然、スノーモービル競争をはじめたりするイヌイトの姿を私はしばしば目撃した。

このようにイヌイトはルーティン化を好まず、ルーティン化を避ける傾向が強い。また、スチュアート（1995a, 1996, 1998d）が指摘しているように、ルーティン化することができない困難な狩猟は高く評価され、なかでも冬のアザラシ猟にはエスニシティの表徴としてもっとも高い価値が与えられている。冬のアザラシ猟では、広範囲な海域に無数に点在するアザラシの呼吸穴で、その呼吸穴に息継ぎにあらわれるアザラシを銛で獲る猟法が採られるが、海氷下で遊弋するアザラシの動きは予測が難しい。そのため、冬のアザラシ猟には、忍耐強さや詳細な知識や臨機応変な技術など、高度に戦術的なわざが必要とされ、そうした難度の高い猟の成功は優秀なハンターの証となる。イヌイトは状況が困難であればあるほど、つまり、戦術的なわざを必要とする実践であればあるほど、その実践に高い価値を与える傾向にある。

このようにイヌイトが困難な状況下での活動に高い価値を与える傾向にあることは、これまでにもさまざまな人類学者によって指摘されてきた（Briggs 1968, 1970; Brody 1975; Rasmussen 1931）。いかなる場合にも平常心を保つことが、理想的なパーソナリティである「真なるイヌイト」の条件の一つとされているからである（Brody 1975: 125–165）。どうにもならない事態にうろたえることなく、落ち着いて冷静に対処することが、イヌイトにとって「思慮」ある大人の証である（Briggs 1968: 46）。ブリッグスが報告している事例には、火事で自分の家屋が焼けるのを見ていた男性が、その焼け落ちてゆく自分の家屋の前で笑っていたというものがある（Briggs 1979, 1998）。ブリッグスが驚いて、どうして笑うのかと尋ねると、「笑う以外にどうすればいいんだ？」[103]と逆に聞かれたという。慌ててうろたえるのではなく、笑うことで事態を平静に受け止めようとしていたのである。困難な状況と直面しても決して慌てることなく、その状況を冷静に判断し、平常心を保ったまま臨機応変に対処することに高い価値が与えられており、むしろ、そうした困難な状況こそが自己の名声を高めるチャンスであるとすら考えられている（Rasmussen 1931: 190）。

私が聞いた話のなかにも、自分の息子がボートから落ちたときに、騒ぎ立てるどころか、むしろ笑みを絶やさず、冷静に対処して息子を助けたというある古老の美談がある。また、私の兄弟子にあたる岸上伸啓氏は、二〇年ほど前、夜間の海上で乗り合わせていたボートのエンジンが故障して止まり、漂流してしまったとき、そのボートを操っていたハンターも乗り合わせていた家族も、救助を待つ間、冗談を言って笑いつづけていたという話をしてくれた。おそらくハンターも焦ってはいただろうが、ともかく笑うことで深刻にならず、事態を平静に受け止めようとしていたのだろう。私自身も、夏季の昼間ではあるものの、ボートのエンジンが故障して漂流した経験が何度もあるが、その際にも同じように、ハンターたちは慌てずにエンジンの修理を行いながら悠然と冗談を交わし、まるで何事もなかったかのように愉しげに笑っていた。これと同じことは、ボアズによって採録されている次のイヌイトの歌からもうかがい知ることができる（ボアズ 2011: 358–359）。

あるエスキモーの若者が秋に浮氷に乗ったまま流されて漂流した。数日後に彼は陸にたどり着くことができた。この危険で困難な漂流の数日間に、彼は自分が耐え抜いた災難と辛苦を茶化す歌を生み出した。この歌は人々の想像力を魅了し、すぐにあらゆる村で評判になった。

アヤー　私は愉しい　これはいい！
アヤー　私のまわりは氷ばかり　それもいい！
アヤー　私は愉しい　これはいい！
私の大地は半解け氷ばかり　そいつもいい！
アヤー　私は愉しい　これはいい！
アヤー　いったい、いつになったら終わるやら？　これはいい！
寝ずに見張るのもうんざり　これはいい！

困難な状況であればあるほど、自己の「大人らしさ」と「真なるイヌイト」としての資質を誇示し、自らの名声を高める絶好の機会であり、そうした困難で不測の事態に冷静さを保ちながら臨機応変に対処する戦術的実践には、大人らしい「真なるイヌイト」の証として高い価値が与えられているのである。

したがって、イヌイト社会には戦略的実践よりも戦術的実践を高く評価するイデオロギーがあり、そのイデオロギーがあるからこそ、古老や熟練ハンターはインタビューという語りの場で、一般化を志向する戦略的視点を「思慮」なき子どもの視点として否定し、戦術的実践を再現する戦術的視点に固執していたと結論づけることができるだろう。イヌイトの古老や熟練ハンターが戦略的視点に対して冷淡な態度を示す一方で戦術的視点から戦術的実践を再演することにこだわったのは、戦略よりも戦術を高く評価するイデオロギーを反映していたのである。

「思慮」ある大人――社会的に構築される自己イメージ

このように戦略よりも戦術を高く評価するイヌイトのイデオロギーは、今日のイヌイト社会が置かれている政治・経済・社会的な背景と無関係ではない。戦術的実践への高い評価の基礎となっている「真なるイヌイト」という理想的なパーソナリティは、欧米主流社会との対照のなかで構築されるイヌイトの自己イメージをはじめ、そうした自己イメージを基礎に構築される「イヌイトのやり方」と呼ばれる「伝統」と深い関係にある。

前章で検討したように、カナダのイヌイト社会は一九五〇年代の定住化以来、資本制経済の世界システムと近代国民国家に同化・統合され、急激な社会・文化の変化を経験してきた。たしかに、現在のイヌイト社会にも、社会の組織原理、生業活動を通した「大地」との絆、言語、価値観や世界観の構造など、定住化以前の「伝統」的なパターンが維持されつづけており、イヌイトはこうした社会・文化の持続性を核に定住化以後の政治・経済的環境におおむね主体的に対処してきた。しかし、かつて数々の民族誌やドキュメンタリ映画に描かれてきたようなイヌイトのイメージ、すなわち、季節周期的な移動生活をおくる自律的な狩猟・採集民というイメージほど、現在のイヌイトの実像に遠いものはない。

もちろん、こうしたイヌイト社会の現状をイヌイトも自覚しており、前章で指摘したように、すでに早くは一九七〇年代から、近代国民国家や世界システムへの同化・統合と社会・文化の変化に対してアンビヴァレントな感情を抱きつづけてきた。スノーモービルなどの近代装備や医療・福祉サービスなど、同化・統合から得られる生活上の恩恵が肯定的にとらえられる一方で、法律による規制、政治・経済的従属性、若者たちの価値観の欧米化など、同化・統合による負の側面も強く意識されている。今日の自己をめぐる現状に対して、イヌイトは同化・統合によって得た利益を高く評価し、現在の生活上の恩恵を失いたくないと感じている一方で、同化・統合によって生じた政治・経済的従属性に対する抵抗感と自己の文化や民族的独自性に対する脅威も感じているのである。

こうしたアンビヴァレントな感情が背後にあるため、イヌイトが日常生活で提示する自己イメージは複雑なものになる。たしかに同化・統合を通してイヌイトの文化や民族的独自性を脅かしているのは、村に共住する行政官、警官、学校の教員などの英系カナダ人、さらには、それらの英系カナダ人が属し、同化政策や法律による規制、経済的依存、流入する消費文化を通して社会・文化・政治・経済的に抑圧してくる、「白人（*qaplunaat*）」と総称されるカナダの主流社会である。つまり、この「白人」こそ、自己の肯定的なアイデンティティを確認すべき相手である。しかし、現在の生活上の恩恵はその同じ「白人」による同化・統合によってもたらされたのであり、自己の肯定的なアイデンティティを確立するために「白人」を完全に否定してしまえば、享受している恩恵も同時に否定してしまうことになる。イヌイトにとってイヌイト社会の現状は、「抑圧―抵抗」という単純な図式に還元することはできない。イヌイトの自己イメージは、自己を肯定すると同時に、その自己イメージの対照項である「白人」をも肯定するという複雑な状況に置かれている。

実際、イヌイトは自己と「白人」を日常生活でしばしば対照させて語るにもかかわらず、「白人」を完全に否定するような言説は珍しい。たしかに、ブリッグス（Briggs 1968: 54）が指摘しているように、イヌイトは「白人は子供のようだ（*nutaraqpaluktuq*）」としばしばコメントする。しかし、私が知る限り、「白人は我々を助けてくれたよい人間（*pittiauRuq*）だ」という肯定的なイメージでも語られる。たとえば、イホマタックからしばしば聞いたイヌイトと「白人」のイメージは、次のようなものである。

白人は我々や人々を助けてくれる慈愛（*naglik*）をもったよい人間であり、恐れるべき人々ではない。本当に恐ろしいのはイヌイトである。なぜならば、イヌイトは大きな思慮（*ihuma*）を持っているが、白人はそうではないからだ。

イヌイトは自己を「思慮」深き人間としてイメージし、「白人」を「思慮」に欠けるが、人々を助ける「慈愛」深い「よい人間」としてイメージすることによって、自己と「白人」の両者を共に肯定しているわけである。

こうしたことが可能なのは、イヌイトが理想として掲げるパーソナリティ、「真なる人間」が二つの核からなっており、人物を評価する基準が二つあるためである。ブリッグス（Briggs 1968: 49, 1970: 311-366）が指摘しているように、イヌイトにとっての理想的なパーソナリティは「慈愛」と「思慮」を兼ね備えた人物のことである。「慈愛」とは、物理的な意味でも精神的な意味でも人々を助ける精神のことで、人物の善性の基準である。「思慮」とは、道理をわきまえた賢明さのことで、自律した大人の条件である。この二つのうち、自己のエスニック・アイデンティティを肯定的に確認したいときには「思慮」の基準に、「白人」を評価したいときには「慈愛」の基準にうったえかける。このように自己の理想的なパーソナリティの核となっている二つの基準を使い分けることによって、イヌイトは自己のエスニック・アイデンティティを肯定すると同時に「白人」をも肯定するという複雑な状況を打開しているのである。

もちろん、イヌイトは自己のことを「慈愛」に富んでいるとイメージしないわけではない。イヌイトは自己の理想像を「思慮」にも「慈愛」にも富んだ「真なる人間」とイメージするが、日常生活のなかで「白人」との対照によって自己のアイデンティティを確認する必要性に迫られる際には「思慮」が強調され、自己を「思慮」ある大人としてイメージしているのである。それでは、この「白人」との対照によって生じる「思慮」ある大人としてのイヌイトの自己イメージとは、具体的にはどのようなイメージなのだろうか。

大人らしい自己表現——道具としてのイメージ

ブリッグス（Briggs 1997）は、イヌイトが日常生活で提示するエスニック・イメージが、自己のエスニック・アイデンティティを肯定的に確認したり、議論や交渉を有利にすすめたりするための道具として使われていることを指摘している。

ブリッグス（Briggs 1997: 227–231）によれば、そうしたイメージの構成要素である表徴（emblem）は、イヌイトの多様な文化的特徴（cultural traits）のプールから、その時々の目的に従って選択される。ただし、それらの表徴が常に表徴としてイヌイトに意識されているわけではない。その時々の状況や目的に必要な場合だけ表徴として選び出され、そうでない場合には文化的特徴のプールに戻される。また、表徴としてどのような文化的特徴を選び出すかについて、公的あるいは制度化されたアイデンティティが問題とされない日常生活の場では、イヌイトに共通の了解はない（Briggs 1997: 233）。どのような文化的特徴が表徴として適切なのかは、個人により、あるいは、その時々の個人の目的や状況により異なり、場合によっては、相互に矛盾するようなイメージが提示されることさえある。

たとえば、もっとも極端な例としてブリッグスが報告している次の二つの事例（Briggs 1997: 230–233）を較べてみると、法律をめぐるエスニック・イメージが明らかに矛盾しており、文化的特徴からどのような特徴を選んで表徴とするかは状況依存的であることがわかる。一つは、イヌイトが自己の自律的な意志決定に対する脅威として、青少年の銃の使用を規制する条例はもちろん、「白人」の法律を導入することに反対する事例である（Briggs 1997: 230–231）。もう一つは、あらゆる「白人」の法律の導入に反対するイヌイトの行政官に対して、犬を放置することを罰する条例を主張するイヌイトの評議員が「長年の間、これはイヌイトの法律だったのだ」（Briggs 1997: 233）と語る事例である。

はじめの事例では、「白人」の法律への反論の手段として、「法律をつくって従う白人」というイメージと対比された「法律を必要とせず、自律した意志決定をするイヌイト」というエスニック・イメージが使われている。ところが、二つ目の事例では、導入したい条例を「白人の法律」と対照的な「イヌイトの法律」にすることで相手を説得しようとしている。もちろん、どちらの主張も間違っているわけではない。銃の規制に反対するイヌイトは「イヌイトは成文法に縛られずに自律した意志決定をする」というイメージを提示している一方で、「イヌイトの法律」を主張するイヌイトの評議員は、昔からイヌイトの間にあった「慣習法」をイメージしている。それぞれのイヌイトが置かれた状況と目的が異なるため、提示された自己イメージが逆転しているのである。しかし、イヌイトの「自律した意志決定」も「慣習法」も、イヌイトの文化的特徴であることに変わりはない。文化的特徴のなかから、どのようなイメージを表徴として選び出すかは状況依存的で断片的なのである。

このようにイヌイトが日常生活で提示する自己のエスニック・イメージは、一貫した固定的なステレオタイプとして語られるわけでも、イヌイトが従うべき真正なイメージであるわけでもない。もちろん、そうした語りを行い、真正であると当人が考えるイメージに自己を重ね合わせようとするイヌイトもいる。しかし、ブロディ（Brody 1975: 142–144）とブリッグス（Briggs 1997: 232）も報告しているように、こうしたイヌイトは多くの場合、主流社会にかなり同化し、自他ともに「白人」になってしまったと認めているイヌイトである。こうした「白人」になってしまったとされるイヌイトこそが、「「真なるイヌイト」として定義された凍りついた世界」（Briggs 1997: 232）のステレオタイプに固執し、そのステレオタイプを実現しようと努力する。私もそうしたイヌイトを知っているが、周囲の評価は当人の願望に反して「彼は白人のようだ（*Qaplunaaqpaluktuq*）」である。

むしろ、自他ともに「イヌイトらしい」と認められているイヌイトが、自己のエスニック・アイデンティティを確認するためにエスニック・イメージや表徴を利用するやり方は、もっと柔軟である。ブリッグス（Briggs 1997: 231）があげている次の事例は、こうした柔軟な表徴の利用の事例として興味深い。この事例では、父親が「白人」で母親がイヌイトだが、自他ともにイヌイトとして認められている古老が、自己のエスニック・アイデンティティを確認するために、自己の外観に対するコンプレックスさえも逆手にとりながら、表徴を柔軟に利用する様子が報告されている。ブリッグスによれば、「白人」であるブリッグス自身と「白人」を夫にもつ女性が同席していた食事の場で、この古老は妻と次のような冗談を交わしたという（Briggs 1997: 231）。

古老の妻：夫は「白人」だから、ドラム・ダンスができないの。
古老：いや、できる。一回やったことがある。
古老の妻：でも、ドラムを壊しちゃったのよ。
（ブリッグスともう一人の女性が凍ったカリブー肉を食べようとしているのを見ながら）
古老：私は真なるイヌイトだから、凍ったカリブー肉を食べられないのだ。

この冗談では、ドラム・ダンスや「凍ったカリブー肉を食べること」などの表徴が利用されてはいる。しかし、その古老はドラム・ダンスが下手で凍ったカリブー肉が嫌いなため、むしろ、その表徴によって当の古老のエスニック・アイデンティティは否定されてしまう。ところが、その古老は最後に「真なるイヌイトだから、凍ったカリブー肉を食べられない」とエスニック・イメージを逆転させたコメントをすることで、「イヌイトとは何か」という疑問を聞き手に投げかけ、その問いに対する解釈を聞き手にゆだねてしまう。ブリッグス（Briggs 1997: 231）

が指摘しているように、この表現のあり方こそが古老のエスニック・アイデンティティを前面に押し出し、彼の「イヌイトらしさ」を強調している。

先に検討したように、「思慮」ある大人は、いかなるときにも平静さを失わずに困難を受け入れ、決して怒らずに自己をバランスよくコントロールし、社会的に適切な行動を行う自律した人物である。こうした大人は相手の自律性と意志を尊重し、物事に対して先入観をもたず、直接的な経験に依拠しない一般化を保留し、安易な仮説に基づく推論をむやみに行わないとされる。そのため、未来に対して安易な予測を行ったり、事物や概念を画一的に定義したりすることは、「思慮」なき子どもの思考であるとされる。イヌイトの理念に従えば、一人として同じ人がおらず、それぞれの経験が異なる以上、事物や概念を一般化して規定することは「思慮」あることではない。あらゆる事物には多様な可能性が潜在しており、その潜在的多様性を一つの画一的な定義に還元してしまうのではなく、「思慮」ある大人であるならば、むしろその潜在的可能性を活かすべきである。これを自己表現に関して言うならば、「思慮」ある大人とは、画一的な自己規定を行わず、むしろ、自己をめぐって多義的に潜在する多様なイメージを状況に合わせて活かす人物であるということになる。

こうした「思慮」ある大人観があるために、これまで検討してきたように、自己のエスニック・イメージのステレオタイプに固執するイヌイトが周囲から「白人のようだ」と評される一方で、エスニック・イメージから逸脱しているにもかかわらず、その逸脱にこだわらず、むしろ、その逸脱すら自己の肯定的なエスニック・アイデンティティの構築に利用してしまうイヌイトが「真なるイヌイト」と認められるのである。イヌイトの自己イメージである「思慮」ある大人とは、自己のエスニック・イメージをステレオタイプとして固定してしまわず、その時々の状況に応じて文化的特徴のなかから適切な表徴を選び出し、それを状況に合わせて巧みに利用する人物のことなのである。

戦術のイデオロギー——「イヌイトのやり方」と「白人のやり方」の構築と再生産

こうした「思慮」ある大人として「白人」との対比を通して構築されるイヌイトの自己イメージは、今日のイヌイトが「イヌイトのやり方」と呼ぶ「伝統」の基礎となっている。「イヌイトのやり方」(*Inuktun*) は「白人のやり方」(*qaplunaaqtun*) の対概念であり、狭義の意味では「イヌイト語」を指すが、広義には「伝統」を指す。日常生活でのイヌイトの自己イメージについて検討したブリッグス (Briggs 1997) と大村 (1998, 2003b; Omura 2002) によれば、この「伝統」としての「イヌイトのやり方」には、次のようなさまざまな行動や習慣が含まれる。

まず、イヌイトに高く評価され、過去からの持続性が認められるとともに、「白人」と明瞭な対照性をもつ「思慮」ある大人の行動や習慣がここに含まれる (Briggs 1997: 229–230)。たとえば、時間や法律などに限らず、何者からも束縛されずに自律して自由であること、何者も束縛しないこと、巧みな狩猟・漁労の技術、優れたナヴィゲーションとサバイバルの技術、「大地」と一体化した生活、「真なる食べ物」と呼ばれる生肉や氷魚などの「伝統」食を食べること、食物の分かち合い、イヌイト語、イヌイト名をもつこと、「伝統」的な物語を語ったり聞いたりすること、「伝統」的なイヌイト・ゲーム、忍耐強いこと、決して怒らず、平静さを失わないことなどである。また、欧米の主流社会がイヌイトに期待する真正な「伝統」のイメージも、ここに含まれる (Briggs 1997: 229–230)。そうしたイメージには、イヌイトにはもう疎遠になってしまっていたり、欧米社会との接触によって生じたりした行動や習慣が多い。たとえば、今日ではあまり行われなくなったドラム・ダンス、一九五〇年代に「白人」の奨励でつくりはじめたが、自分たちの住まいには飾らない彫刻や版画などの「イヌイト・アート」、今日ではあまり使われない雪の家やイヌゾリなどである。

ところが、「イヌイトのやり方」に含まれる行動や習慣は、このように過去から持続してきたり、欧米の主流社会から期待されたりする所謂「伝統」的な行動や習慣ばかりに限らない。たとえば、一九世紀に欧米の捕鯨業者から教わったジグ・ダンスや飲茶の習慣、バノックと呼ばれる無発酵パンを食べること、一九世紀末に導入された罠猟に優れていることなども「イヌイトのやり方」になる（Briggs 1997: 229-230）。さらに、私の経験に従えば、欧米の主流社会や私たち外部の者には「イヌイトらしく」見えないどころか、明らかに近代化や同化の結果のようにみえる行動や習慣ですら、コンテキストによっては「イヌイトのやり方」になる。たとえば、スノーモービルや四輪駆動バギーや船外機付きアルミニウム製ボートを巧みに操ること、賃金労働をすること、テレビ・ゲームをすること、カナダの建国記念日を祝うこと、イヌイト語に訳されたキリスト教の賛美歌をギターの伴奏で歌うこと、ロック・バンドで演奏することなどである。

これらは「白人」の世界に由来し、「白人」の世界に属するものだが、その「やり方」には「思慮」ある大人らしい「イヌイトのやり方」があり、そうした「イヌイトのやり方」で行われれば、それらは「イヌイトのやり方」である「伝統」となる。二〇世紀に入って入信したキリスト教ですら、キリスト教徒ではない「白人」や「日本人」（*japaniihiit*）との対比のなかでは「イヌイトのやり方」となる。この意味で、イヌイトの日常生活で行われる行動や習慣は事実上すべて、「白人」と対照的で「思慮」ある大人らしい「イヌイトのやり方」で行われるならば、イヌイトの自己イメージの表徴である「イヌイトのやり方」、つまり「伝統」となりうる。

したがって、「イヌイトのやり方」と呼ばれる「伝統」は変幻自在であり、強制された行動でない限り、状況や目的が要請するならば、イヌイトが行う行動や習慣はすべて「イヌイトのやり方」になる。たとえば、イヌイトの文化を学びに訪れていた私がイホマタックの四輪駆動バギーの修理や物置小屋の増築を手伝うのも、狩猟やナヴィゲーションの技術やイヌイト語を教わるのと同様に、「思慮」ある大人らしい「イヌイトのやり方」を学習していることになる。実際、私はイホマタックからしばしばそう言われた。多くの人類学者（Briggs 1968: 39-47, 1991: 262-273; Carpenter 1955: 139-140, 1973: 30-31; Nelson 1969: 373-382, 1976: 203-206; 大村 1998, 2003b; Omura 2002）が示唆しているように、電動ノコギリの使い方、四輪駆動バギーの直し方、釘の打ち方一つ一つに、「白人のやり方」とは対照的な「イヌイトのやり方」がある。

たとえばスノーモービルの修理であれば、設計図やマニュアルに従って規格通りの部品を取り替える「白人のやり方」に対して、「イヌイトのやり方」は壊れた部品と似た部品を拾ってきてはめ込むという具合である。そして、こうした「思慮」ある大人らしい「イヌイトのやり方」でイヌイトが行っている仕事に割って入ったにもかかわらず、「白人のやり方」でその仕事をやってみて失敗する「白人」に対して、「白人は何も知らない（*Qaplunaaq qauRimaNNittuq*）」とコメントするイヌイトを度々目にした。こうした何気ない日常生活の活動を「白人のやり方」と対置された「イヌイトのやり方」で行うことを通して、イヌイトは不断に自己の肯定的なアイデンティティを再生産しているのである。

こうした「思慮」深い大人のやり方、すなわち、「イヌイトのやり方」と呼ばれている「伝統」こそ、ナヴィゲーションをめぐる語りで高く評価されていた戦術的実践に他ならない。これは「思慮」ある大人らしい四輪駆動バギーの直し方がまさに戦術的実践であることからも明らかだろう。設計図やマニュアルに従って規格通りの部品を取り替える「白人のやり方」とは対照的に、壊れた部品と似た部品を拾ってきてはめ込むという「イヌイトのやり方」はまさに、その場しのぎ的でありながらもうまくやる戦術的実践である。他方で、この「イヌイトのやり方」と対照的な「白人のやり方」こそ、インタビューの場でイヌイトが拒絶した戦略的実践に他ならない。これは「白人のやり方」と呼ばれる四輪駆動バギーの直し方がまさに戦略的実践であることからも明らかだろう。四輪駆動バギーを修理する際に設計図やマニュアルに従って規格通りの部品を取り替えるような「白人のやり方」は、設計図やマニュアルなどを通して対象を客体化し、その対象全体を見通した戦略的視点からその対象をコントロールしようとする戦略的実践そのものである。

もちろん、私は「日本人」であり、イヌイトの古老や熟練ハンターから「白人」とはやや異なる存在として扱われてはいた。しかし、インタビューの場では、「白人」の調査者と同様に一般化を志向する戦略的視点に立っていたという意味で、「白人のやり方」を実践していたことに変わりはない。この意味で、私も実践様式の点では「白人」と大差ない。「思慮」なき戦略的視点に立っているという意味で、イヌイトの古老や熟練ハンターの目には、私も「白人のやり方」に固執する「子ども」だったのである。

したがって、インタビューの場で戦略的視点を「思慮」なき子どもの視点として拒絶し、戦術的実践を再演する戦術的視点にこだわっていた古老や熟練ハンターたちは、「白人のやり方」である戦略的実践と対置しながら、戦術的実践としての「イヌイトのやり方」、つまり「伝統」を再生産していたと結論づけることができる。戦術としての「イヌイトのやり方」と戦略としての「白人のやり方」という対置のなかで、「伝統」を表象する実践様式として戦術に高い価値を与えるイデオロギーは、彼らのこだわりを生み出すと同時に、そのこだわりによって再生産されている。この意味で、インタビューという語りの場は、今日のイヌイト社会をめぐる政治・経済・社会・文化的背景のなかで社会的に構築される戦術のイデオロギーが再生産される場となっていたのである。

六　「イヌイトのやり方」の戦術——イデオロギーの構築と再生産

本章では、私がヌナヴト準州クガールク村で行った調査の成果に基づいて、ナヴィゲーションをめぐる日常的実践について検討し、「イヌイトのやり方」と呼ばれる「伝統」とはどのようなことなのかについて考察してきた。

まず、生業活動や移動活動の直接参与観察に基づいてナヴィゲーションの実相を明らかにした。そこでは、（1）絶対方位や地名のネットワークなどの記号体系を資源に環境の全体が舞台として構造的に把握され、その構造的な枠組みが利用されて、舞台に関する知識と手順としての意図が構築されるだけでなく、（2）進行中の活動の展開に伴って明らかになってゆく場面の変化が研ぎ澄まされた感覚を通して察知され、その時その場の場面に関する知識が絶えず産出されながら、価値づけられた即興的な選択が臨機応変に行われていた。イヌイトのナヴィゲーションは、環境の構造的把握と状況に応じた臨機応変な即興という二つの側面をもつ実践なのである。

次に、こうしたナヴィゲーションの二つの側面がそれぞれド・セルトーの戦略と戦術にあたり、ナヴィゲーションの実践が、相互に相互を構成し合う戦略的実践と戦術的実践の弁証法的関係によって成り立っていることを明らかにした。そこでは、（1）環境から距離を置いた一望監視的（鳥瞰的）な戦略的視点から環境を見渡したうえで、その全体像を非―時間的な舞台に変換する戦略的実践、（2）時間につれてめまぐるしく変化してゆく環境にあくまでも密着し、その時その場の場面の突発的な変化に合わせて当意即妙な機略を展開する戦術的実践という二つの種類の実践が、相互に相互を前提に交互に展開され、そのなかで戦略的知識と戦術的知識が絶え間なく生成されていた。ナヴィゲーションは、戦略的実践と戦術的実践が相互に相互を構成し合う弁証法的関係のなかで交互に展開されることではじめて生じ、その結果として、（1）舞台とその舞台のなかでの作業の手順という戦略的知識と（2）場面ごとに即興的に生成されてゆく場面と自己の動態的な関係に関する戦術的知識を生成してゆくのである。

しかし、このようにナヴィゲーションが戦略と戦術の実践様式の弁証法的関係によって成り立っているにもかかわらず、そのナヴィゲーションが客体化されて語られる場合には戦略的視点が否定されてしまう。私のインタビューという語りの場で、イヌイトの古老や熟練ハンターは、一般化を志向する戦略的視点を否定すると同時に戦術的視点に固執し、かつて実際に展開された戦術的実践を再演しようとするこだわりを示した。そして、戦略的視点に立って一回的な出来事のコンテキストを捨象し、多様な現実を一般化してしまうのではなく、一回的な出来事の一回性とそのコンテキストを重視し、その一回的な出来事に埋め込まれた戦術的な視点から、そのコンテキストをできるだけ維持したまま、ことばと地図という代替手段で、自己が実際に展開した戦術的実践という一回的な出来事を再演してみせようとしたのである。

それでは、なぜナヴィゲーションの実相とその語りの間に、このような落差が生じてしまうのだろうか。この問題に探りを入れることで、本章の後半では、今日のイヌイト社会をめぐる政治・経済・社会・文化的背景のもとで社会的に構築されるイデオロギーが、いかにイヌイトの語りという実践を方向づけると同時に、そのイヌイトの語りの実践を通して再生産されているかを明らかにした。ナヴィゲーションを実践していたときには戦略と戦術のどちらも展開していたにもかかわらず、そのナヴィゲーションを客体化するインタビューという語りの場では戦略的側面を否定して戦術的側面ばかりを強調する古老や熟練ハンターのこだわりは、「イヌイトのやり方」という「伝統」を表象する戦術的実践を「白人のやり方」という戦略的実践に対置し、戦術を戦略より高く評価するイデオロギーによって動機づけられると同時に、そのイデオロギーを再生産していた。インタビューという語りの場は、社会的に構築されたイデオロギーとしての「イヌイトのやり方」の「伝統」が再生産される場となっていたのである。

第五章　生活世界の現実――戦術のイデオロギーの構築と再生産

われわれの出発点は常識であり、すべての科学・哲学は啓発された常識である。（ボンパー 1984: 40–41）

どんなに高度で複雑な科学的思考も、生存と行動のための便宜ということを拡大・追求している限りにおいて、日常的思考の延長上にあると言ってよい。この生存と行動のための便宜こそは、さまざまな実践が通交する基盤であり、生活実践の構えそのものなのだ。（松田 1997: 217）

我々は状況と文脈に応じて、一連のイディオムや概念を呼び起こして使用し、それを操作する。それは我々にとって、文化的に利用可能なものであり、異なる知識体系、論理やレトリックのスタイル、情緒的経験の様式などに合うように手が加えられる。この意味において、我々はつねに人間なのであり、数多くの世界制作の方法に携わっているのである。社会や文化は、そこで許されたり奨励されたりする言説の多様性については異なっているけれども、これまでに知られているいかなる社会においても、ただひとつの指向性だけが細々と実践されているというような社会はないということについては確かである。（タンバイア 1996: 183）

一　戦術のイデオロギー——在来知を方向づける原理

前章では、ナヴィゲーションの実相とナヴィゲーションを客体化する語りの間にみられる落差について検討することを通して、今日のイヌイト社会をめぐる政治・経済・社会・文化的背景のもとで社会的に構築されるイデオロギーが、語りという実践の場で語りを方向づけると同時に、語りの実践を通して再生産されていることを明らかにしてきた。古老や熟練ハンターの戦術へのこだわりは、「イヌイトのやり方」という「伝統」を表象する戦術を「白人のやり方」という戦略に対置したうえで、戦術を戦略よりも高く評価する戦術のイデオロギーによって方向づけられると同時に、そのイデオロギーを再生産している結果であり、その戦術のイデオロギーは、今日のイヌイト社会をめぐる政治・経済・社会・文化的背景のもとで社会的に構築されているのである。

それでは、このように戦術のイデオロギーに導かれると同時に、そのイデオロギーを再生産している日常的実践に在来知を位置づけなおすことによって、本質主義の陥穽に陥っていた在来知研究では凍結したパラダイムとして描かれてきた在来知は、どのように描きなおされるのだろうか。そして、そうした戦術のイデオロギーに導かれると同時に、そのイデオロギーを再生産しているイヌイトにとって、「大地」との絆とはどのようなことなのだろうか。本章では、前章で行ったナヴィゲーションをめぐる日常的実践の分析に基づいて、在来知をとらえなおすとともに、「大地」と呼ばれている環境が今日のイヌイトにとってどのような意味をもっているかを考察してゆこう。

戦術のイデオロギーの作用——封印される戦略的知識と増殖する戦術的知識

前章で検討したように、イヌイトのナヴィゲーションは戦略と戦術の両方の実践様式に基づいて行われているにもかかわらず、そのナヴィゲーションが客体化されて語られる際に戦略的視点は否定されてしまっていた。しかし、もちろん、イヌイトの古老や熟練ハンターが戦略的視点を否定し、戦術的視点を強調したからといって、その語りに戦略的視点が完全に欠けているわけではない。どのインタビューにおいても、それぞれの戦術的実践の場面が地名という記号によって常に表示されており、その地名によってそれぞれの場面が、戦略的視点から構造的に把握された舞台に位置づけられている。

そもそも、実際のナヴィゲーションが相互に相互を構成し合う戦略的実践と戦術的実践によって成立しており、絶対方位や地名のネットワークなどの記号体系を利用して戦略的視点から舞台全体を構造的に把握することを基礎としているのだから、ナヴィゲーションをめぐる語りの場でも、舞台を構造的に把握する戦略的視点が必要とされるのは当然である。もし個々の戦術的実践の場面が地名という記号体系によって戦略的視点から構造的に把握された舞台に位置づけられていなければ、個々の戦術的実践がどんなに精密に再現されたとしても、その再現された戦術的実践の場面が舞台全体に定位されていないのだから、その語りは無秩序で漫然とした出来事の羅列にすぎず、聞き手に大した情報は伝わらないだろう。ナヴィゲーションを実践するうえでも、ナヴィゲーションについて語るうえでも、舞台の全体を見通す戦略的視点を得ることが不可欠なのである。

したがって、戦略よりも戦術を高く評価するイデオロギーがあるとは言っても、戦略が全否定されてしまうということではなく、戦略よりも戦術が優先され、戦略的知識を産出することに抵抗が働く一方で、戦術的知識を産出することには拍車がかかるというにすぎない。実際、第三章で地名のネットワークについて検討した際に紹介したように、地名を覚えるための覚え歌があったり、古老や熟練ハンターがルートに沿って地名の連鎖を暗唱したりすることがあるように、必要とあれば、地名のネットワークで環境全体を一望監視的に把握する戦略的視点から戦略的知識が産出される。

ただし、彼らが地名の連鎖を暗唱したのは、「思慮」なき「白人のやり方」に固執している子どものような私が依頼したためであって、そのような暗唱を通常の談話で行っているわけではない。また、地名の覚え歌はあくまでもナヴィゲーションの基礎知識を習得するための補助手段であって、子ども向けの歌にすぎない。ナヴィゲーションを実践するうえでも、ナヴィゲーションについて語るうえでも、戦略的視点から構築される戦略的知識は不可欠だが、あくまでも初歩的な背景的知識として必要であるにすぎず、「思慮」ある大人の語りの主題にはならない。むしろ、「思慮」ある大人の語りでは、戦略的視点から個々の戦術的実践の場面が舞台に定位されているという暗黙の前提に立って、個々の場面での戦術的実践が話題の中心となり、それぞれの場面でいかに戦術的なわざが展開され、その場面の時々にどのように戦術的知識が産出されたかが詳細に再現される。

このことから次の三つの帰結が生じる。一つには、舞台に関する客観的な戦略的知識を産出し、その知識を現実の環境の状態と一致するように改良してゆくことに歯止めがかかることである。多様なコンテキストから身を引き離し、多様な現実を一般化する戦略的視点を重視することは、いつでも、どこでも、誰にでも当てはまり、コンテキストに左右されない客観的な知識を構築してゆくことに通じる。また、客体化された現実の環境が舞台という仮想の空間に変換されて一挙に把握される戦略的知識では、現実の環境と仮想の舞台を精密に一致させることが重要になる。現実の環境を客体化して仮想の舞台に変換し、その舞台で計画を立てて環境をコントロールしようとする戦略的実践は、その舞台が環境と一致する限りにおいてはじめて可能になるからである。現実の環境と仮想の舞台がずれていては、戦略的実践が効果を発揮することはない。もちろん、そうして現実と精密に一致する限りにおいて、いつでも、どこでも、誰にでも当てはまる客観性が戦略的知識に保証される。

もちろん、イヌイトの古老や熟練ハンターの語りに、こうした客観的な戦略的知識が何も含まれていないわけではない。先にもみたように、絶対方位や地名のネットワークという記号体系を資源に構築される舞台に関する戦略的知識は、いつでも、どこでも、誰にでも当てはまり、コンテキストに左右されない客観的な知識である。しかし、戦略よりも戦術を高く評価するイデオロギーは、この戦略的知識を語りで取り上げて客体化することに歯止めをかけてしまうため、その知識を現実と精密に一致するように洗練してゆく機会が封殺されてしまう。客観的な戦略的知識は、「思慮」ある大人が戦術的知識を産出するために不可欠な基盤であり、子どもが習得すべき基礎的な知識ではあっても、大人の語りにふさわしい主題ではないとして排除されてしまうからである。結果として、戦略的知識が古老や熟練ハンターの語りで表だって産出されることも、客体化されて改良されてゆくこともなくなってしまう。

これとは逆に、戦略よりも戦術を高く評価するイデオロギーによって、場面での主観的な経験を再現して共有することで、さまざまな主観的経験の記憶を戦術的知識として蓄積してゆくことに拍車がかけられる。これがこのイデオロギーによって生じる二つ目の帰結である。一回的な出来事での一回的な戦術的実践を再演しようとする戦術的視点を重視すれば、その時その場の一回的コンテキストで、それぞれの実践主体が一回的に展開する戦術的実践に焦点をあわせ、その場面ごとに実践主体が経験する主観的経験の記憶、つまり戦術的知識を再現することに注意が向けられる。こうした主観的な記憶としての戦術的知識こそが「思慮」ある大人にふさわしい主題であるとされるため、戦略よりも戦術を高く評価するイデオロギーは、主観的な記憶としての戦術的知識が古老や熟練ハンターの語りで次々と再現され、その語りを通して彼らの間に共有されることに拍車をかける。

ここで重要なのは、戦略よりも戦術を評価するイデオロギーでは、一般化することではなく、一回的な個別の経験の再現が追求されるため、こうして再現されて共有されてゆく戦術的知識は、一般化されて洗練されてゆくのではなく、それぞれの個別的な経験の一回性を保ったまま無限に蓄積されてゆくことである。しかも、そこでは、仮想の舞台と現実の環境との精密な一致が追求される客観的な戦略的知識の場合とは対照的に、現実の環境に対して自己が展開した実践の流れの精密な再現が追求される。戦術的実践の神髄は、見渡すこともコントロールすることも変えることもできない圧倒的な現実に対して、自らの活動を巧みに操る実践の流れのなかで、現実に潜在している可能性を引き出し、それを巧みに活かしたり逆手にとったりすることで、自らの目的を達成することだからである。

この結果として、古老や熟練ハンターの語りでは、環境を精密に再現するために環境に関する客観的な知識が一般化を通して洗練されてゆくのではなく、個別的な場面で自己が展開した実践の流れを精密に再現するために、その実践の流れを軸に自己と環境の間で交わされた関係の一つ一つが再現されて共有され、無数に蓄積されてゆくことになる。もちろん、こうしたことが可能になるためには、こうして戦術的知識が再現されるための枠組みとして、方位や地名などの記号体系が語る側にも聞く側にも共有されていなければならない。先にも指摘したように、個々の場面での戦術的実践の記憶がいかに精密に語られても、その場面が方位や地名などによって舞台全体のなかに位置づけられていなければ、無秩序な断片になってしまう。

しかし、戦略よりも戦術を評価するイデオロギーによって、戦術的知識の基礎的な枠組みを提供する方位や地名などの記号体系は語りの主題から放逐され、語りの暗黙の前提条件として隔離されてしまう。これがこのイデオロギーによって生じる三つ目の帰結である。そうした記号体系について語ることは、現実の環境を戦略的視点から見通して舞台に変換する戦略的知識を産出したり変えたりすることに他ならず、「思慮」ある大人にふさわしいことではない。そうした記号体系は語られるべきものではなく、戦術的知識を語ったり聞いたりするために必要な暗黙の条件として子どもが学習してゆくべきものである。また、現実の環境と仮想の舞台の精密な一致を追求する戦略的実践も「思慮」なき子どもの実践様式とされているため、戦略的知識として産出される仮想の舞台を現実の環境と精密に一致させるために記号体系に手を入れて改良することも封殺されてしまう。結果として、絶対方位や地名などの記号体系は、戦術的知識の再現と共有を支える枠組みとして、誰もが従わねばならない秩序になり、安易に手を加えるべきではない所与の条件として固定されることになる。

こうして戦略よりも戦術を評価するイデオロギーによって、戦略的視点に基づいて舞台に関する客観的な戦略的知識を語ることが封殺され、主観的経験の記憶の再現として産出される戦術的知識の無限の増殖がうながされる。

そして、戦略的知識を産出して操作することではじめて変えることが可能になる方位や地名などの記号体系は、戦術的知識の増殖を基礎づける秩序として固定されてしまう。記号体系という暗黙の秩序のなかで、その秩序を巧みに活用し、主観的な戦術的知識を活き活きと再現することこそ、「思慮」ある大人の語りである。その逆に、その枠組みとなる記号体系を主題化して戦略的知識を語り、その戦略的知識を現実に精密に一致させるために記号体系に手を加えて改良することは、「思慮」なき子どものすることである。そのようなことをすれば、「思慮」ある大人たちが相互に語り合うなかで戦術的知識を増殖させることができなくなってしまう。方位や地名などの記号体系は、戦術的知識が増殖して豊かに繁茂するためのマトリクス（母胎）として暗黙のうちに固定されねばならないのである。

戦術のイデオロギー――在来知を方向づける原理

このように戦略よりも戦術を高く評価するイデオロギーによって、記号体系としての文化は所与の秩序として封印されて凍結されてしまい、ナヴィゲーションをめぐる日常的実践がいかに展開されようと、変化することなく再生産されてゆく。むしろ、この記号体系としての文化は、日常的実践が展開されればされるほど、強固に固定されてゆき、変化のきっかけを失ってゆく。ナヴィゲーションをめぐる日常的実践には、戦略よりも戦術を高く評価するイデオロギーが組み込まれており、日常的実践が繰り返されるほど、そのイデオロギーが再生産されて強化されるため、戦略的視点によって変化させてゆくことがはじめて可能になる記号体系としての文化はますます強固に固定され、不動の秩序として再生産されることになる。

しかし、それとは対照的に、その文化に基づいて展開される戦術的知識は、ナヴィゲーションをめぐる日常的実践の展開に伴って無限に増殖してゆく。戦術のイデオロギーは戦略的知識を封印してしまうが、戦術的知識を産出することには無制限に拍車をかけるからである。このように戦術のイデオロギーに駆動されて、記号体系としての文化は暗黙の秩序としてますます固定され、あくまでも不変なままに再生産されるようになり、その暗黙の文化をマトリクス（母胎）にイヌイトが紡ぎ出してゆく戦術的知識は無限に増殖してゆく。しかも、このイデオロギーはインタビューをはじめとする語りの場で、イヌイトが戦略的知識を語ることを阻害しつつ、もっぱら戦術的実践の記憶を再現するようにうながすため、イヌイトの語りでは戦略的知識が隠蔽されてしまう。その結果、イヌイトの在来知には、戦略的視点が欠けており、あたかも戦術的知識だけで成り立っているかのような外観が与えられることになる。

これこそ、第一章で検討したように、在来知研究が指摘してきた特徴をイヌイトの在来知が示す理由である。次のように近代科学との対照のなかでイヌイトの在来知の特徴としてあげられていたのは、戦術的知識の特徴に他ならない。

（1）定性的（近代科学が定量的であるのに対して）
（2）直観的（近代科学が合理的であるのに対して）
（3）全体的でコンテキスト依存的（近代科学が分析的で還元主義的であるのに対して）
（4）倫理的（近代科学が没価値的であるのに対して）
（5）主観的で経験的（近代科学が客観的で実証的であるのに対して）
（6）柔軟性（近代科学が厳密で固定的であるのに対して）
（7）知識の形成に時間がかかるという意味での遅延性（近代科学が知識の形成と結論に早く至るのに較べると）
（8）空間的に限定された地域での長期間の変化については詳しい（近代科学が、短期的ではあるが、空間的には広大な地域をカバーするのに対して）
（9）精神論的（近代科学が機械論的な説明原理に基づくのに対して）

イヌイトの在来知は、戦術のイデオロギーによって方向づけられる結果として、コンテキストをできる限り活かしたまま、実際に行われた戦術的実践を再現し、その主観的な記憶を蓄積してゆく戦術的知識だけから成り立っているかのような外観を示すようになるため、(3)と(5)にあるように、主観的で経験的な性格をはじめ、コンテキストの全体をできるだけ保持しようとするコンテキスト依存的な特徴を示すことになる。また、その結果として、(1)にあるように、コンテキストを排除しながら一般化を行うことで可能になる定量化とは逆に、その時々のコンテキストを重視する定性的な性格を示すことになる。

また、戦術的実践は、あらかじめ予測することのできない環境の突発的な変化に臨機応変に対応し、その場しのぎ的でありながらもうまくやる機略であるため、その記憶が蓄積されている戦術的知識では、(2)と(6)にあるように、その時その場の微妙な環境の変化を機敏に読みとる直観はもとより、その変化に臨機応変に対応するための柔軟性が重視されることになる。また、戦略よりも戦術を高く評価するイデオロギーにうながされ、実際に展開された戦術的実践の記憶を戦術的知識として蓄積してゆく方向に発達してゆくため、どのように新奇な現象であっても新しい情報を次々と取り込んでゆくという意味で、イヌイトの在来知は柔軟性を示す。ただし、実際に展開された戦術的実践の記憶が蓄積されるかたちでしか発達してゆかないため、(7)にあるように、在来知の形成には時間がかかる。また、在来知は実際の経験によってしか更新されないので、(8)にあるように、実際に経験することのできる狭い地域に限定された知識になる。しかし、その限定的な地域における環境の長期間の変化については、語り継がれてきた無数の戦術的実践の記憶が蓄積されるため、詳しい情報が蓄積されることになる。

また、イヌイトの在来知では、環境を客体化する戦略的知識が隠蔽され、イヌイトが実際に展開した戦術的実践を客体化する戦術的知識ばかりが強調されるため、環境はイヌイトとは独立に存在する客観的な実在としてではなく、イヌイトとの関係のなかにあるものとしてのみ語られることになる。そこでは、環境それ自体が直接に客体化されるのではなく、イヌイトの戦術的実践が客体化されるため、環境は戦術的実践を通した姿でのみ語られる。この必然として、イヌイトの在来知は（4）にあるように倫理的になる。環境を自己から切り離された独立した存在としてとらえ、その後に自己との関係について考えるならば、環境それ自体についての知識から、環境との関係に関わる倫理を分けて考えることができる。しかし、まず環境との関係から環境をとらえるならば、環境それ自体の知識と環境との倫理的な関係を分けることはできない。むしろ、環境といかにかかわるべきかという倫理がまずあって、その結果として、環境のあり方についての知識がその倫理に応じて開示されることになる。

ただし、ここで在来知として語られるイヌイトと環境の関係は、イヌイトが環境を支配するような関係ではなく、支配することができない好敵手としての環境にイヌイトが戦術的な機略で挑みかかるような関係である。イヌイトの在来知に蓄積されてゆく戦術的実践は、「柔よく剛を制す」柔道のわざのように、見渡すことも予測することもコントロールすることもできない環境の不確定性や突発性や多面性を積極的に逆利用することで、その場しのぎ的でありながらもうまくやる機略だからである。環境は支配して管理する対象であるどころか、対等な対戦者としてのイヌイトが戦術的なわざを仕掛けるべき好敵手である。こうした環境観の必然的な帰結こそ、イヌイトの在来知を基礎づけている「イヌア」のルート・メタファーであり、その結果として、（9）にあるように、世界は機械論的な原理によってではなく、精神論的な原理によって説明されることになる。

第一章で検討したように、「イヌア」のルート・メタファーでは、動植物などの生命体、山河や特定の地理的場所などの非生命体を含め、世界のなかのあらゆる存在が「イヌア」すなわち「人間ではない人物」とされ、さまざまな動植物種はそれぞれ同種ごとに種社会を形成して人間と同じような社会生活を営んでいるとされる。そして、それら種社会の間には排他的な敵対関係や相互に助け合う互恵的関係などの社会間関係が結ばれているとされ、世界のあらゆる存在の相互関係が水平的な関係としてとらえられる。このルート・メタファーは、戦術的なわざを仕掛けるべき好敵手として環境をとらえる環境観の延長線上にある。敵対関係や互恵的関係などの水平的な関係こそ、相互に戦術的なわざを仕掛け合う対戦者同士が交わす関係だからである。

ただし、ここで注意せねばならないのは、正確に言えば、「イヌア」はメタファーではなく、野生生物をはじめとする環境が擬人化されているわけでもないことである。(104) 本書で検討してきたように、イヌイトは環境を相手取って実際に戦術的実践を展開しており、その戦術的実践について語っているときも、その実践そのものを再現しようとしているのであって、その様子を比喩で語っているわけではない。イヌイトにとって環境は実際に戦術的なわざを仕掛けるべき対戦者そのものである。これと同じように、さまざまな「イヌア」種社会の関係は、戦術的なわざを仕掛け合いながら、互恵的な同盟を結んだり、敵対関係のなかで争ったりする対戦関係そのものである。すべての存在は意志をもち、世界で起きる現象は意志をもつ「イヌア」たちの戦術的な駆け引きとして生じる。そのため、「イヌア」種社会間の関係は対戦の記録として蓄積されてゆく。結果として、(4)にあるように、在来知には価値判断が付随することになる。戦術的なわざの記録である在来知には、チェスや格闘技の対戦記録のように、わざの優劣に関する評価が常につきまとうからである。

また、戦術のイデオロギーに方向づけられたイヌイトの在来知では、環境を客体化する戦略的知識が封印されてしまうため、環境を客体化したうえで支配して管理しようという発想自体が生まれない。野生生物をはじめとする環境は、人間から一方的に利用され管理され支配される資源、つまり、消費されることによって減ったり、その減少を抑えるために管理したりする対象ではない。むしろ、このイデオロギーに駆動されるイヌイトの関心は、戦術的なわざを環境に対して繰り返し仕掛けながら、そのわざの記憶を蓄積し、その記憶に基づいて自己のわざに磨きをかけることに集中する。人間関係での人脈、あるいはチェスや格闘技での手やわざのように、イヌイトにとって自己と環境の関係こそが資源であり、ナヴィゲーションや生業活動の実践を積み重ねることで環境との関係を密にし、そこで展開された多様なわざの記憶を豊かに開発することが目指される。道を造ったり、動物を管理したりしながら、環境を開発してゆく代わりに、イヌイトは戦術的なわざの物語を編みだし、自己の記憶を豊かに開発しながら、自己のわざを磨いてゆこうとするのであるカナダや合衆国政府が実施している野生生物の収穫量を限定する野生生物管理に対して、イヌイトが「狩られない動物は減ってゆく」や「狩れば狩るほど動物は増えてゆく」という観点から懐疑的な姿勢を示す理由が、ここにある（Brody 1976: 203; Fienup-Riordan 1990a: 175-188）。戦術のイデオロギーに駆動されているイヌイトにとって、環境の開発とは、環境を客体化して支配し、その環境を管理したり、手を加えて変えたりしてゆくことではない。チェスや格闘技でのように、ナヴィゲーションや生業活動の実践を繰り返して経験を蓄積し、戦術的なわざの記憶を蓄積しながら、そのわざを磨いてゆくことである。たしかに狩れば狩るほど野生生物は物理的には減ってゆく。しかし、戦術のイデオロギーに従えば、生業活動の経験の積み重ねによって、イヌイトの戦術的実践の記憶は増大し、そのわざには磨きがかけられ、結果としてイヌイトの手に入る獲物の数は増えてゆく。

このように、これまでの在来知研究が指摘してきた特徴は、戦略よりも戦術を高く評価するイデオロギーに方向づけられた結果としてイヌイトの在来知に生じている。この意味で、今日のイヌイト社会をめぐる政治・経済・社会・文化的背景のもとで社会的に構築されている戦術のイデオロギーこそが、イヌイトの在来知を方向づける原理となっていると言うことができるだろう。

二 「大地」との絆——紡ぎ出される歴史

それでは、このように戦術のイデオロギーに方向づけられ、そのイデオロギーを再生産しているイヌイトの在来知のコンテキストに位置づけたとき、「大地」との絆とはどのようなことを意味しているのだろうか。ここでは、イヌイトの経験世界に位置づけたとき、「大地」とは何を意味するのか、そして、イヌイトのエスニック・アイデンティティの礎となっている「大地」との絆とはどのようなことなのかを明らかにしてゆこう。

これまでに検討してきたように、戦略よりも戦術を高く評価するイデオロギーによって、環境を客体化して舞台に変換する戦略的視点が封印されてしまっているため、イヌイトの古老や熟練ハンターは舞台に関する戦略的知識を変えることよりも、自己が展開した戦術的実践を客体化し、そこで経験された主観的経験としての戦術的知識を蓄積することを志向することになる。その結果、戦略的視点から把握される舞台は固定されて凍結される一方で、その舞台の内容である場面は、ナヴィゲーションで戦術的実践が展開されるたびごとに、主観的経験によって次々と塗り替えられてゆく。

記憶の器——歴史のマトリクス（母胎）としての「大地」

これは近代的な地図と好対照をなす。近代的な地図では、個人の一回的な主観的経験が排除されながら、距離や方位などの一定の客観的基準に従って環境が測定され、いつでも、どこでも、誰にでも当てはまる客観的知識が構築される（若林 1995）。そして、大航海時代以来の地図の歴史に端的にあらわれているように、一定の客観的基準に従って描き出される領域が拡大されると同時に、すでに描かれた領域が精密化される方向に近代的な地図は発達してきた（若林 1995）。描かれる対象として環境が客体化され、仮想の舞台としての地図に変換されたうえで、その舞台に変換される領域が拡大されると同時に、すでに描かれた領域が現実の環境と一致するように精密化されてきたのである。その歴史において地図という仮想の舞台として拡大されると同時に精密化されていったのは、いつでも、どこでも、誰にでも当てはまる客観的知識であり、その舞台からはさまざまな個人が経験する主観的経験は一方的に排除される。

これとは対照的に、ナヴィゲーションをめぐるイヌイトの語りでは、方位や地名などの記号体系を資源に構築される仮想の舞台は、拡大されたり精密化されたりするどころか、主題として語られることすらない。それは語りを支える基礎的な枠組みであって、あくまで暗黙のうちに従われるべき秩序として固定されている。そのため、新しい地名を創り出したり、古い地名を削除したりすること、つまり、舞台にかかわる戦略的知識に手を加えることには強い抵抗感が生じる。実際、アンガッコックは、真偽はどうあれ、地名は太古より変わらずに受け継がれてきたものであり、決して変えることはできないと再三にわたって強調した。イヌイトの古老や熟練ハンターは、いつでも、どこでも、誰にでも当てはまる客観的知識を仮想の舞台として構築し、その舞台を精密化したり、外部へ向けて拡げたりしながら、舞台に関する戦略的知識に手を加えてゆこうとはしないのである。

また、アンガッコックは戦略的視点に立って客観的知識を構築することにも抵抗を示した。地名で示されているさまざまな場所の地形や生態に関するインタビューで、地形を記憶する際の形態的指標を知ろうと、私はアンガッコックに「ケケックタグロアック（*qikiqtarRuaq*）という島はどのような形をしていますか」あるいは「そこには何か特徴的な地形がありますか」という趣旨の質問をした。この質問にアンガッコックは、「そんなことは知らないし、大切なのはそこにどんな山や岩があるかやどんな動物がいるかではない。大切なのは、地名がついているということである」と答え、私の質問の趣旨自体が否定されてしまった。もちろん、アンガッコックはその島に週に何度も行っており、その島の地形について何も知らないわけではない。その島に常にある特徴的な地形について尋ねているという意味で、私の質問は一般化された客観的知識を求めており、そうした客観的知識を求める私の質問が嫌われたのである。

こうした態度とは真逆に、舞台に位置づけられた場面に主観的経験の記憶を次々と加えてゆくことに対して、イヌイトの古老や熟練ハンターたちが貪欲な姿勢を示すことは、これまでに検討してきた通りである。いつでも、どこでも、誰にでも当てはまる客観的事実について語るどころか、彼らは自己が実際に展開した戦術的実践を再演することに徹し、一回的な戦術的実践を一回ずつ何度でも再現しようとしていた。所与の秩序として固定された舞台に個々の場面が位置づけられているという暗黙の前提にたって、一つ一つの主観的経験を累積してゆくかたちで、舞台に手を加えることなく、舞台という枠組みに位置づけられた場面の内部をより豊かにしてゆこうとしていたのである。しかも、こうした戦術的視点への執拗なこだわりは、戦略的視点から把握された舞台について語ったり描いたりする場合にすらあらわれていた。地名の覚え歌の場合にも、古老や熟練ハンターが地名を暗唱してみせる場合にも、地図が描かれる場合にも、地名のネットワークは実際に辿られたルートに沿って語られたり描かれたりしており、舞台に関する戦略的知識についてすら、戦術的視点から語られたり描かれたりしていたのである。

このように戦術のイデオロギーに駆動される結果として、舞台を構築するために利用される方位や地名などの記号体系は、人間の操作から隔離された不変の枠組みとして結晶化され、その記号体系によって構築される舞台も、変化することのない非時間的な秩序として永遠に凍結されることになる。その逆に、その舞台という枠組みに位置づけられた場面は、戦術的実践の記憶を累積することで豊かに開発してゆくことができる可変的な世界となり、実際に戦術的実践の記憶を次々に蓄積してゆくことで貪欲に開発されてゆく。戦術のイデオロギーの作用によって、方位や地名などを資源に構築される舞台は、人間の操作を超えた所与の秩序として凍結されてしまうが、その舞台の枠組みに位置づけられた場面には、その同じイデオロギーに駆動されて、多様な主観的経験が次々と蓄積されつづけ、不動の秩序のなかで多彩な戦術的実践の記憶が豊かに育まれてゆくのである。

このように不変の秩序として凍結されていながらも、その内部が戦術的実践の記憶で豊かに開発されてゆく舞台は、チェスのチェス盤や定型詩の定型によく似ている。チェスの場合には盤の構造が、定型詩の場合には使えることばの数と並べ方、つまり定型が決められており、それに手を加えることはできない。しかし、チェスの場合、その定められたチェス盤の枠内で無数の手が展開され、定型詩の場合、定型の枠内で無数の作品が詠まれてゆく。どちらの場合でも、チェス盤と定型、つまり舞台は凍結されているが、その舞台の枠内で無数の手や作品、つまり実践が豊かに展開されてゆく。

もちろん、チェス盤も定型詩の定型も人間が創り出したものであり、どちらも変えようと思えば変えることができる。しかし、それはチェスの打ち手と詩人にとって何の意味もない馬鹿げたことである。その舞台であるチェス盤と定型が定まっているからこそ、手を打ったり、作品を詠んだりすることができる。チェス盤と定型に手を加えてしまったら、それは別のゲームになってしまうし、自由詩という別の形式の詩になってしまう。チェス盤と定型の制約が不変の秩序として凍結されているからこそ、その制約のもとで、いかに巧みに振る舞って、見事な手を打ち、見事な作品を詠むのか、つまり、いかに巧みな戦術的機略を展開するかに、打ち手と詠み手の関心が集中される。そして、チェス盤と定型という制約は凍結されたまま、無数の手が展開されてゆくに伴って対局の物語という歴史が紡がれ、無数の作品が詠まれてゆくに伴って詩の歴史が紡ぎ出されてゆく。

これと同じように、イヌイトのナヴィゲーションでも、舞台は不変の秩序として凍結されたまま、その舞台の枠内でさまざまな戦術的なわざが展開され、そのわざの記憶が次々と蓄積されてゆくことで歴史が紡がれてゆく。戦術のイデオロギーの作用によって凍結された舞台は、時間の流れとも人間の実践とも無関係な非歴史的な秩序となるが、その舞台の内部は人間の実践によって永遠に開発され、時間の流れのなかで豊かに彩られてゆく歴史の世界となり、そこに戦術的実践の記憶が過去にも未来にも永遠につづく歴史の糸として紡がれてゆく。この意味で、戦術のイデオロギーの作用によって凍結された舞台は、戦術的実践の記憶を蓄積してゆくために用意された記憶の器である。この記憶の器としての舞台をマトリクス（母胎）に、無数の戦術的実践が展開されるに伴って、その記憶としての歴史が育まれてゆく。イヌイトのナヴィゲーションは、舞台という秩序の枠内で戦術的実践という手もしくは作品を永遠に産出しながら、その秩序の内側にその手や作品の記憶を無限に蓄積しつつ歴史を紡ぎ出してゆく営みなのである。

このように戦術的実践の記憶を無限に蓄積してゆく舞台こそ、イヌイトがエスニック・アイデンティティの礎として語る「大地」に他ならない。第三章で検討したように、「大地」は獲物の野生生物資源が分布する生業経済の資源基盤である以上に、「民族」の母胎としてイヌイトと不可分の関係にある。また、「大地」は個人的に所有することができる物理的あるいは経済的な資源ではなく、イヌイト社会の個々人を結びつけ、その過去・現在・未来の紐帯を具現する場である。また、「大地」には愛着が注がれるだけでなく、イヌイトの神話世界や伝承では神聖不可侵な世界の根本としても描かれてきた（Arima 1976b）。「大地」に手を加えようとするトリックスターのカラスがその企てに失敗する神話（Ostermann 1942: 62）、「大地」に関するタブーと「大地」に属するカリブーをめぐるタブーを破った女性が「大地」に呑み込まれて滅びてしまう物語（Rasmussen 1929: 57-58）などである。「大地」は絶対的に不変な調和した存在であり、その調和は人間のいかなる企てによっても崩れることはない（McGrath 1985）。「大地」は人知を超えた不変の存在なのである。

これまでみてきたように戦術的実践の記憶を無数に蓄積する記憶の器であり、その記憶の蓄積によって育まれてゆく歴史のマトリクス（母胎）である舞台は、物理的あるいは経済的な資源でも、個人的に所有することができる地所でもない。その不変に凍結した舞台は、語りの場でイヌイトが自己の戦術的実践を再演し、それぞれの記憶を交換するための基盤となると同時に、その内部に過去の歴史が貯えられ、未来に向けて刻一刻と現在が刻み込まれてゆく記憶の貯蔵庫である。この意味で、この舞台はイヌイト社会の個々人を共通の場に結びつけ、その過去・現在・未来の紐帯を具現する「大地」に他ならない。「大地」とは、個々人の記憶を結びつける不変の基盤として太古から変わらない永遠の秩序であると同時に、その記憶を貯える器であり、その貯えられてゆく記憶によって紡ぎ出される歴史のマトリクス（母胎）なのである。

「大地」との絆——紡ぎ出される歴史

このようにイヌイト個々人の記憶を結びつける不変の秩序であると同時に、その記憶を貯える記憶の器であり、その貯えられてゆく記憶によって紡ぎ出される歴史のマトリクス（母胎）でもある「大地」は、ここでド・セルトーのことばを再度使うならば、（1）不動の秩序として凍結された「場所」としての側面と（2）人間の営みを通して歴史が紡ぎ出されてゆく動態的な「空間」としての側面という二つの側面をもっている。「場所」とは「もろもろの要素が並列的に配置されている秩序（秩序のいかんをとわず）」（ド・セルトー 1987:

242）、つまり「すべてのポジションが一挙にあたえられるような付置」（ド・セルトー 1987: 242）のことであり、「そこには安定性がしめされている」（ド・セルトー 1987: 242）。これは戦略的視点から把握された舞台にあたる。他方で、「空間」とは「動くものの交錯するところ」（ド・セルトー 1987: 242）、つまり、「それを方向づけ、状況づけ、時間化する操作がうみだすもの」（ド・セルトー 1987: 242）であり、「したがって空間には、場所とちがって、「適正」なるものにそなわるような一義性もなければ安定性もない」（ド・セルトー 1987: 242-243）。これはまさに、動くものであるイヌイト個人が戦術的実践を展開するに伴って、その戦術的実践の記憶、つまり、客観的知識に一般化されることのない多義的な主観的経験の記憶が蓄積され、その記憶の束が歴史に紡がれてゆく場面にあたる。「大地」は（1）その全体が一挙に与えられた不動の構造である場所としての側面と（2）その内部で動き回るイヌイト個人がナヴィゲーションの実践を通して絶え間なく豊かに開発してゆく空間としての側面という二つの側面を併せもつのである。

このように「大地」が場所と空間という二つの側面をもつことは、地名がもつ二つの側面にはっきりとあらわれている[105]。地名はある地点と一義的に結びついてその地点を示すと同時に、他の地点と一義的に結びつく他の地名との関係を通して地名のネットワークを形成する。この地名のネットワークは、ある地名が常にある地点のみを指し、別の地点を指すことはなく、そのネットワークが一挙に舞台として与えられるという意味で、一義的に決定づけられ、そのポジションが一挙に与えられる。また、この地名のネットワークは戦略的知識であるため、戦術のイデオロギーに従って、所与の秩序として永遠に凍結されてしまう。こうして地名のネットワークは、不動の秩序として固定された位置関係が一挙に与えられる場所としての「大地」を形成する。

他方で、地名一つ一つには、その地名で示された地点の一般的な特徴が客観的知識として与えられるのではなく、その地名を与えられた地点で展開された戦術的実践の主観的記憶が蓄積される。一つ一つの地名はイヌイトが経験する多様な主観的経験に常に開かれた状態にあり、イヌイトが展開した戦術的実践の記憶が、客観的知識に一般化されることなく、多義的な主観的経験の記憶としてその内部に次々と貯えられてゆく。このように戦術的実践の主観的記憶が絶え間なく蓄積されてゆく場としての地名一つ一つこそ、イヌイト個人という動くものが交錯することによって絶え間なく更新されてゆく動態的な空間に他ならない。

ただし、この場所と空間という「大地」の二つの側面は、それぞれにどちらかの様相に固定された静態的な状態にあるわけではなく、ナヴィゲーションの実践を通して場所が空間に絶え間なく変換されてゆく動態的な運動のなかにある。「空間とは実践された場所」（ド・セルトー 1987: 243）であるため、たとえば都市計画によって幾何学的にできあがった都市など、戦略的に構築された場所が「そこを歩く者たちによって空間に転換させられてしまう」（ド・セルトー 1987: 243）ように、凍結された不動の場所としての「大地」は、ナヴィゲーションの実践を通して、歴史が紡ぎ出されてゆく動態的な空間としての「大地」に絶え間なく変換されてゆく。イヌイトがナヴィゲーションを実践したり、そのナヴィゲーションを語ったりするたびに、地名や絶対方位などの記号体系によって一挙に与えられる不動の秩序としての場所が、戦術的実践の記憶で彩られる空間に変換されてゆくのである。

ここで注意せねばならないのは、「大地」の場合、この運動は場所から空間に向かう方向にのみすすみ、その逆の方向にすすむことはないことである。戦術のイデオロギーがあるため、動態的な空間を一般化して不動の秩序である場所に変換する戦略的視点は、「思慮」なき「白人のやり方」として封印されてしまっているからである。このようにナヴィゲーションをめぐる実践を通して所与の秩序としての場所が生きられる空間に絶え間なく変換されてゆく運動のなかにあるため、「大地」は人間の介在なくしてはありえない。「大地」は人間が存在しなくても存在しつづける客観的実在ではなく、人間の介在を通して絶えず空間に変換されることではじめて存在することができる。

このように「大地」とイヌイトは、ナヴィゲーションや生業活動の戦術的実践を媒介に不可分に結び合っている。イヌイトが戦術的実践を展開するたびに不動の秩序としての場所から生きられた空間に変換されてゆく「大地」は、イヌイトが戦術的実践を媒介に「大地」と交わす絆によってはじめて持続することができる。「大地」との絆とは、不動の秩序である場所としての「大地」を生きられる空間としての「大地」に変換してゆく運動そのもののことであり、場所を空間に変換する戦術的実践を展開することを指している。イヌイトは無数の戦術的実践を無限に繰り広げながら、その戦術的実践をめぐる主観的経験の記憶を場所に刻み込み、不動の秩序としての場所を人間の生活が営まれる空間に変換してゆくことで、場所としての秩序をマトリクス（母胎）に、生きられる空間で永遠に展開されてゆく戦術的実践の記憶を歴史として紡ぎ出してゆくのである。

したがって、「大地」との絆とは、ナヴィゲーションや生業活動で繰り広げられる戦術的実践の記憶を歴史に紡ぎ出しつつ、不動の秩序としての場所を生きられる空間に変換しながら、「大地」を絶え間なく生成させてゆくことであると結論づけることができる。ナヴィゲーションを実践し、ナヴィゲーションについて語ることは、戦術を戦略よりも高く評価するイデオロギーに導かれながら、そのイデオロギーを再生産するだけでなく、そのイデオロギーによって凍結されてしまう不動の秩序としての場所を生きられる空間としての人間の世界に書き換えながら、記憶の器としての場所に戦術的実践の記憶を蓄積し、その記憶を歴史に紡ぎ出すことで、「大地」という一つの歴史書を編み出し、イヌイト社会の過去・現在・未来の紐帯を具現する「大地」を常に新しく再生させてゆくことなのである。

三　認識論から存在論へ——差異の背後にある政治・経済・社会・文化的関係

このようにイヌイトの在来知の特徴が戦術のイデオロギーによって方向づけられた結果であり、イヌイトが自己のエスニック・アイデンティティの礎として語る「大地」との絆が、そのイデオロギーを絶えず再生産しながら、イヌイト社会の過去・現在・未来の紐帯を具現する「大地」を常に新しく再生させてゆくことであることがわかれば、インタビューの場や環境の共同管理の現場で、イヌイトの在来知の見解と近代科学の見解がすれ違ってしまったり衝突してしまったりした理由を理解することができるだろう。イヌイトの在来知が戦略よりも戦術を高く評価するイデオロギーに方向づけられているのに対して、ド・セルトー（1987）が指摘しているように、近代科学は戦略を志向する傾向にあり、イヌイトの在来知と近代科学では、それぞれを方向づけているイデオロギーが正反対になっているからである。

在来知と近代科学——戦術のイデオロギーと戦略のイデオロギー

前章で詳しく検討したように、ド・セルトーが戦術と区別した戦略とは、周囲の環境から身を引き離し、一望監視的あるいは鳥瞰的な視点から環境を一挙に見通して客体化する実践主体が、その客体化した対象をコントロールしようとする実践様式である。ド・セルトー（1987: 25–26）が「政治的、経済的、科学的な合理性というのは、このような戦略モデルのうえに成り立っている」と指摘しているように、この戦略こそ近代科学を方向づけている原理である。

近代科学は環境を人間との関係から切り離して客体化したうえで、その環境にみられる現実の多様性を一般化したり定量化したりすることで環境に関する客観的知識を構築し、その客観的知識に基づいて構築されるモデルなどの理論的場を通して、環境の全体を一望監視的に一挙に把握しようとする。このように環境から身を引き離した一望監視的な視点から環境を一挙に捉えようとする実践様式こそ、戦略的な実践様式に他ならない。「学問（科学）というものは、みずからに固有の場をそなえ、その固有の場を所有するには、みずからのとるべき手つづきをあきらかにし、明白に対象を定め、さらには反証の条件をも決定しうるような合理的な企図を有していなければならない」（ド・セルトー 1987: 50）のであり、こうした科学は「ある権力の場所（固有の所有地）をそなえ、その公準に助けを借りつつ、さまざまな理論的場（システムや全体主義的ディスクール）を築きあげ、その理論的場をとおして、諸力が配分されるもろもろの場所全体を分節化しようとするような作戦」（ド・セルトー 1987: 104）としての戦略である。

しかし、もちろん、ド・セルトーも指摘しているように、実験室や研究所など、近代科学を実践する場には「総合的な戦略のスペクタクルと局地的な戦術の不透明な実態」（ド・セルトー 1987: 34）が共存しており、戦略的視点から環境を一挙にとらえようとする近代科学にも、その場しのぎ的ではあるがうまくやる戦術的実践がないわけではない。近代科学の戦略的実践の背後では、実験装置や実験手順の当為即妙な工夫、フィールドワークやインタビューでの臨機応変な対応などのかたちで、「研究室や実験所ですすめられている日常作業にひそむ昔ながらの狡知」（ド・セルトー 1987: 34）、つまり、その時々の突発的な状況の変化に柔軟に対処することで、その場しのぎ的でありながらもうまくやる戦術的実践が潜んでいる。

たしかに、近代科学が最終的な生産物として提示するモデルや法則は、環境から身を引き離した一望監視的な戦略的視点に立って個人の主観的経験を排除しながら、いつでも、どこでも、誰にでも、あるいは人間が存在しなくても当てはまるように構築された客観的知識である。そこでは、一回ごとに異なるコンテキストが捨象され、多様な現実が一般的な法則に還元されることで、あらゆる現象に当てはまるモデルや法則がうちたてられる。そのうえで、そのモデルや法則という理論的場を通して世界を一挙に把握しようと企てられる。しかし、こうした最終的な生産物としてのモデルや法則に辿り着くまでには、実験室や研究所、あるいはフィールドワークの現場で、さまざまな試行錯誤を通して手探り的な作業が積み重ねられ、実験や調査のその時々の突発的な状況に臨機応変に対応することで、その場しのぎ的でありながらもうまくやる戦術的実践が営まれている。

このように「研究所のなかでも、普段おこなわれている（料理法に匹敵するような）すぐに役にたつ実践がある一方で、また片方には、それぞれの研究室で黙々とすすめられているそうした作業を絵空事めいた図式にしてしまう

「予定計画」的なエクリチュールがあり」(ド・セルトー 1987: 34)、近代科学の実相においても戦術と戦略の両方の実践様式が展開されている。そうであるにもかかわらず、最終的な産物として提示される近代科学の言説では、普段行われているすぐに役立つ戦術的実践は隠蔽され、モデルや法則など、「予定計画」的なエクリチュールである戦略的知識だけが提示される。こうした近代科学の実相と言説の間にみられるずれは、前章で検討したイヌイトのナヴィゲーションをめぐる実相と言説の間にみられたずれが裏返しになったものであることに気づく。

イヌイトのナヴィゲーションでも、その実相においては戦略と戦術の両方の実践様式が展開されているにもかかわらず、語りの場では戦略的視点は隠蔽され、戦術的実践を再現する戦術的知識だけが語られていた。そして、この戦略の隠蔽と戦術へのこだわりは、今日のイヌイト社会の政治・経済・社会・文化的背景のなかで社会的に構築されたイデオロギー、すなわち、戦略よりも戦術を高く評価するイデオロギーに方向づけられていると同時に、そのイデオロギーを再生産していた。こうしたイヌイトのナヴィゲーションの場合とはちょうど逆に、近代科学では戦略と戦術の両方の実践様式が展開されているにもかかわらず、その最終的な産物である科学的な言説では戦術的実践が隠蔽され、戦略的知識ばかりが提示される。この意味で、イヌイトの在来知とは逆に、近代科学の営みは戦術よりも戦略を高く評価するイデオロギーによって方向づけられていると同時に、そのイデオロギーを再生産していると言える。

このように、近代科学は戦略のイデオロギーに、イヌイトの在来知は戦術のイデオロギーに方向づけられ、それぞれがそれぞれを方向づけているイデオロギーを再生産しているため、近代科学とイヌイトの在来知は正反対の方向に発達してゆくことになる。イヌイトの在来知は戦術のイデオロギーに方向づけられて、イヌイトが実際に展開した戦術的実践を客体化し、その戦術的実践の主観的な記憶を無限に蓄積してゆく方向へ発達する。他方で、近代科学は戦略のイデオロギーに方向づけられて、戦略的視点から環境を一望監視的に客体化し、客観的知識に基づいて構築されるモデルや法則などの理論的場を通して環境の全体を一挙に把握する方向へ発達してゆく。それぞれを方向づけているイデオロギーを駆動力に、イヌイトの在来知は戦術を志向し、近代科学は戦略を志向しているのである。

こうして、イヌイトの在来知は人間の実践を客体化しながら歴史を紡ぎ出す方向へ、近代科学は環境を客体化しながら世界の構造を探求する方向へ発達してゆくことになる。イヌイトの在来知では、環境に埋め込まれた戦術的視点からイヌイトが実際に展開した戦術的実践が客体化され、その記憶が無限に蓄積されてゆくことで、イヌイトが生きた歴史が環境に刻み込まれてゆく。他方で、近代科学は環境を客体化し、その環境に関して構築されたモデルや法則などの理論的場を通して環境全体を一挙に把握し、その理論的場で世界をシミュレートしながら、その世界の構造を探求してゆく。戦術を志向するイヌイトの在来知がさまざまな人間の戦術的実践を通して人間の歴史を環境に刻み込んでゆこうとするのとは対照的に、戦略を志向する近代科学は環境を人間の営みから切り離して客体化し、人間の歴史の営みとは無関係に存在する客観的な環境の成り立ちを探求しようとする。対照的なイデオロギーに駆動されて、この二つの知的探求の眼差しは、人間の歴史の探求と世界の構造の探求という異なる対象に向けられることになるのである。

その結果として、この二つの知的探求では環境や環境開発の意味がすれ違ってしまう。戦略的視点から環境を客体化し、環境全体をモデルや法則などの理論的場を通して一挙に把握しようとする近代科学の延長線上には、環境を管理して操作しようとする近代的な環境開発の概念がある。そのため、戦略的な近代科学では、環境は管理して操作することができる資源とみなされる。他方で、イヌイトが生きた歴史を環境に刻み込んでゆこうとするイヌイトの在来知では、環境は客体化して操作したり管理したりすることができる資源とはみなされない。むしろ、チェスや格闘技の場合のように、戦術的実践のわざの記憶こそが資源とみなされる。戦略的な近代科学が客体化された環境を資源として開発しようとするのとは対照的に、イヌイトの在来知は戦術的実践の記憶を蓄積し、自己の記憶を資源として開発してゆこうとするのである。

認識論から存在論へ——差異の社会的な構築と再生産

このようにイヌイトの在来知と近代科学では、それぞれを方向づけるイデオロギーのために、それぞれの眼差しが人間の歴史の探求と世界の構造の探求という異なる対象に向けられ、環境や環境開発の意味がすれ違ってしまっているのであれば、インタビューの場や環境の共同管理の現場で、この二つの知的探求の見解がすれ違ってしまったり衝突してしまったりするのは、ごく自然な成り行きである。

しかし、そうであるからといって、この二つの知的探求が共約不可能なパラダイムであるということにはならない。たしかに、それぞれを駆動するイデオロギーが正反対の方向を向いているために、イヌイトの在来知は戦術を志向しながら人間の歴史を探求する方向、近代科学は戦略を志向しながら世界の構造を探求する方向という正反対の方向に発達していく。その結果として、これまでの在来知研究が指摘してきたように、一見すると共約不可能なパラダイムであるかのような外見を呈するようになる。しかし、その実相を見れば、この二つの知的探求に大きな隔たりがあるわけではない。これまでに検討してきたように、その実相では、イヌイトの在来知でも近代科学でも、戦略と戦術の両方の実践様式が展開されているからである。

イヌイトの在来知がいかに戦術のイデオロギーに方向づけられ、近代科学がいかに戦略のイデオロギーに方向づけられているとはいっても、環境を全体として把握する戦略的視点がなければ、どんなに詳細な記憶であってもばらばらのままで何の役にも立たないだろうし、臨機応変な戦術的実践のわざがなければ、どんな実験もどんなフィールドワークも融通が利かずに袋小路に入り、頓挫してしまうだろう。イヌイトの在来知の戦術への志向と近代科学の戦略への志向は、それぞれがそれぞれに特有の言説を産出する段階で、イヌイトの在来知が自己の戦略的視点を封印して隠蔽する一方で、近代科学が自己の戦術的実践を忘却して隠蔽することで生じているにすぎない。この意味で、イヌイトの在来知も近代科学も、共通の基盤のうえに築かれている。

したがって、これら二つの知的探究の対話がすれ違ってしまったり、それぞれの見解が衝突してしまったりするのは、相互に相互を理解することができないからではなく、それぞれを駆動するイデオロギーが逆であるためであると結論づけることができる。イヌイトの古老や熟練ハンターは、自分たち自身も実際には戦略的実践を展開しているにもかかわらず、語りの場ではその戦略的実践を「思慮」なき「白人のやり方」として拒絶し、あくまでも戦術的実践の再演にこだわることで、「思慮」ある大人の「イヌイトのやり方」を再生産していた。もちろん、彼らは近代科学で展開される戦略的実践を理解することができないわけではない。戦略を「思慮」なき子どものやり方として低く価値づけ、そうした戦略を志向する近代科学を子どものような「白人のやり方」として拒絶しているにすぎない。

しかも、こうしたすれ違いや衝突を引き起こしている戦術のイデオロギーは、前章で検討したように、今日のイヌイト社会をめぐる政治・経済・社会・文化的背景のなかで社会的に構築され、日常の生活実践を通して社会的に再生産されているものだった。この意味で、戦術のイデオロギーはイヌイトの在来知にその「本質」としてはじめから内在しているわけではない。イヌイトの在来知を駆動する戦術のイデオロギーは、今日のイヌイト社会をめぐる政治・経済・社会・文化的背景のもとで、「白人のやり方」という戦略的実践に、「イヌイトのやり方」という「伝統」を表象する戦術的実践を対置することで、社会的に構築され再生産されているのである。イヌイトの在来知の戦術的な特徴は、イヌイト社会と欧米主流社会が交わし合った相互作用の産物なのである。

もちろん、欧米の近代社会と接触する以前から、この戦術のイデオロギーがイヌイトの在来知を方向づけていた可能性を否定することはできない。あるいは、欧米の近代社会と接触する以前から戦術のイデオロギーが再生産されており、そのすでに存在した戦術のイデオロギーが欧米の近代社会との接触を通して増幅されてきたのかもしれない。しかし、少なくとも、私を含め、人類学者や科学者が調査を行った今日のイヌイト社会において再生産されている戦術のイデオロギーが、イヌイトから「白人のやり方」を実践しているとみなされる欧米主流社会の成員との接触の結果であることに疑いはない。欧米主流社会との相互作用がはじまる接触期以前から、イヌイト社会で戦術のイデオロギーが再生産されていたにせよ、いなかったにせよ、今日、私を含めた人類学者や科学者が眼にするイヌイトの在来知が、欧米主流社会との相互作用のなかで構築され再生産される戦術のイデオロギーに方向づけられており、イヌイトの在来知にみられる近代科学との異質性が欧米主流社会との相互作用の結果であることに変わりはない。

したがって、イヌイトの在来知と近代科学がすれ違ったり衝突したりしてしまったのは、イヌイトの在来知が「本質」的に近代科学と異質であるためではなく、イヌイト社会と欧米主流社会が交わし合ってきた相互作用のなかでイヌイトの在来知と近代科学の間の異質性が増幅され、その結果としてこの二つの知的探求の間にすれ違いや衝突が引き起こされたと結論づけることができる。イヌイトの在来知と近代科学の間に異質性を生じさせたのは、イヌイト社会と欧米主流社会の間の政治・経済・社会・文化的なすれ違いや衝突の歴史であり、この二つの知的探求の間の認識論的な差異には、それぞれの担い手であるイヌイト社会と欧米主流社会が交わし合ってきた関係の歴史が凝縮されている。もちろん、その歴史の産物として生じた在来知と近代科学の差異によって、イヌイト社会と欧米主流社会の摩擦が引き起こされていることも事実である。おそらく、それら二つの社会の摩擦が在来知と近代科学の差異を増幅し、その差異の増幅がそれら二つの社会の摩擦をさらに引き起こし、その摩擦が差異をますます増幅してきたのだろう。

この意味で、アグラワル（Agrawal 1995）が指摘しているように、この二つの知的探求の差異を認識論的なパラダイムの差異に還元してしまうことは間違っている。その差異は、イヌイト社会と欧米主流社会の間で繰り広げられてきた、そして今も繰り広げられている政治・経済・社会・文化的な関係の歴史の産物であると同時に、イヌイト社会と欧米主流社会の間に新たな関係を生み出してゆく。ウロボロスの蛇のように、この二つの知的探求の認識論的な差異とそれぞれの担い手たちの関係は、相互に相互の原因と結果として循環し、相互に相互を構成し合う弁証法的関係のなかで歴史を紡ぎ出す。したがって、在来知と近代科学の差異をめぐる問題は、世界理解のあり方をめぐる認識論的な問題としてではなく、それぞれの担い手たちがこの現実の世界においていかなる政治・経済・社会・文化的な関係を築いていけばよいかという存在論的な問題として取り組まれねばならない。もちろん、認識論的な問題も重要である。しかし、本書で検討してきたように、世界理解のあり方は政治・経済・社会・文化的な関係の歴史に位置づけられてはじめて意味をもつ。未来に向けていかなる世界を切り拓いてゆけばよいのか。これこそが、在来知と近代科学をめぐる問題の真相である。

四 生活世界の現実――戦術のイデオロギーの構築と再生産

本章では、前章で行ったナヴィゲーションの分析に基づいて、イヌイトの在来知をとらえなおすとともに、今日のイヌイトにとって「大地」と呼ばれている環境がどのような意味をもっているかを考察してきた。そのうえで、イヌイトの在来知と近代科学の差異が生じる原因を再検討してきた。

まず、これまでに在来知研究が指摘してきた在来知の特徴が、今日のイヌイト社会をめぐる政治・経済・社会・文化的背景のもとで社会的に構築され再生産されている戦術のイデオロギーの産物であることを明らかにした。戦略よりも戦術を高く評価するイデオロギーのために、戦略的知識とその資源となる記号体系は不変なまま再生産されるが、イヌイトが実際に行った戦術的実践の記憶を再現する戦術的知識は、その多様性を活かしたまま無限に産出され蓄積されてゆく。しかも、このイデオロギーはインタビューを含めた語りの場でイヌイトが戦略的知識を語ることを阻害し、戦術的知識ばかりを語るようにうながすため、イヌイトの語りでは戦略的知識が隠蔽されてしまい、あたかも在来知が戦術的知識だけから成り立っているかのような外観が生じる。その結果こそ、在来知研究が指摘してきた在来知の特徴である。この意味で、戦術のイデオロギーがイヌイトの在来知を方向づける原理となっているのである。

次に、こうした戦術のイデオロギーに方向づけられたイヌイトにとって、「大地」とは戦術的実践の記憶が無数に蓄積される記憶の器であり、その記憶の蓄積によって育まれてゆく歴史のマトリクス（母胎）であることを明らかにした。「大地」は不動の秩序として、イヌイト個々人が自己の戦術的実践を再演し、それぞれの記憶を交換するための基盤となる。また、記憶の貯蔵庫としての「大地」には、過去の歴史が貯えられ、未来に向けて刻一刻と現在が刻み込まれてゆく。こうした意味で、「大地」はイヌイト社会の個々人を共通の場に結びつけ、その過去・現在・未来の紐帯を具現する場である。ナヴィゲーションをめぐる日常的実践を通して、その不動の秩序としての場所を生きられる空間に変換し、「大地」を絶え間なく生成させてゆくことこそ、「大地」と絆を結んでゆくことに他ならない。イヌイトがナヴィゲーションや生業活動の実践を通して確認してゆく「大地」との絆とは、イヌイト社会の過去・現在・未来の紐帯を具現する「大地」を一つの歴史書として編み出しつつ、常に新しく再生させてゆくことなのである。

最後に、本書での分析と考察に基づいて、イヌイトの在来知と近代科学の間に差異が生じる原因について再検討を加えた。イヌイトの在来知と近代科学という二つの知的探求は、その実相においては戦略と戦術のバランスのうえに成り立っている。その意味で、この二つの知的探求は共通の基盤のうえに築かれている。しかし、イヌイト社会をめぐる政治・経済・社会・文化的背景のなかでイヌイト社会が欧米主流社会と交わし合ってきた相互作用の結果として、この二つの知的探求の間に差異が生み出されてきた。その相互作用のなかで社会的に構築され再生産されてきたイデオロギーの差異こそが、この二つの知的探求の差異を生み出してきたのであり、その差異は在来知と近代科学に本質として内在しているわけではない。

たしかに、戦術のイデオロギーに方向づけられるとともに、そのイデオロギーを再生産しているイヌイトの在来知では、戦略的知識は封印されて隠蔽されてしまい、もっぱら戦術的実践の記憶としての戦術的知識だけが語られる。そのため、彼らの言説だけをみれば、イヌイトの在来知は、戦略のイデオロギーに方向づけられた近代科学とは正反対の特徴をもち、近代科学とは共約不可能であるかのように見える。この意味で、これまでの在来知研究の指摘に間違いはない。しかし、このような外見とは裏腹に、その実相においてはイヌイトの在来知と近代科学は共通の基盤のうえに築かれており、相互に理解不可能なわけでも、共約不可能なわけでもない。イヌイトの在来知は近代科学と共通の基盤のうえに築かれていながらも、今日の政治・経済・社会・文化的状況を背景に、欧米主流社会との対照を通して構築されてきた戦術のイデオロギーに方向づけられ、戦術を志向するようになり、その結果として近代科学との異質性を示すようになったのである。

したがって、これまでの極北人類学における在来知研究がイヌイトの在来知を近代科学とは本質的に異質であるかのように描くことになってしまったのは、イヌイトの在来知が戦術のイデオロギーに方向づけられることで、近代科学との共通の基盤から近代科学とは異質な特徴をもつようになってゆく不断のプロセスに探りを入れることなく、その結果ばかりをみてきたためだったと言えよう。たしかに、イヌイトの在来知と近代科学では、それぞれを方向づけているイデオロギーが正反対であるため、その眼差しが戦術と戦略という正反対の方向を向いてしまっている。しかし、どちらも戦術と戦略のバランスのうえに成り立っているという点では変わりはない。イヌイトの在来知と近代科学は人類に共通の知的探求がもつ二つの顔なのである。

したがって、これら二つの知的探求の間にみられる認識論的なパラダイムの差異に、インタビューや環境の共同管理の現場におけるイヌイトの在来知と近代科学の摩擦の原因を求めるべきではない。たしかに、認識論的なパラダイムの差異は、それぞれの担い手の間に世界理解の差異をもたらし、ときに摩擦を引き起こす。しかし、本書で検討してきたように、その認識論的なパラダイムの差異は、それら二つの知的探求の担い手たちが交わしてきた政治・経済・社会・文化的な関係の歴史のなかで生み出され、増幅されてきたことも事実である。この意味で、これら二つの知的探求の間の摩擦は、それらの担い手たちの間の摩擦の歴史を凝縮している。真に問われるべきなのは、これら知的探求の間の摩擦と認識論的なパラダイムの差異を生み出してきた、そして現在でも生み出しつつある政治・経済・社会・文化の状況であると言えよう。

このように認識論的なパラダイムの差異の背後にある真の問題に光をあて、これまで見失われてきたプロセスを追跡することを可能にしてくれたという意味で、本書で提案した日常的実践に焦点をあてるアプローチは在来知研究の欠点を補う有効な方法であると言える。イヌイトの在来知と近代科学の間の差異が人類の知的探求という共通の基盤から絶えず産出されるプロセスは、本書で試みてきたように、そのプロセスが実際に展開されている日常的実践に焦点をあてることではじめてとらえることができる。日常的実践に焦点をあてる交差点としての民族誌は、凍結した「民族」の「本質」に人間を閉じこめてしまう本質主義の魔法を解除し、グローバルな政治・経済・社会・文化の状況を背景に動的な運動のなかで構築されて再生産されてゆく人間の現実に肉薄し、さまざまな人々の間の差異が人類に共通の基盤から社会的に構築されてゆくプロセスを追跡してゆくことを可能にしてくれるのである。

終章　日常的実践のダイナミクス

日常の実践が強い力をもっているとしたら、それはどこにでも見られるからである。そして、どこにでも見られるとしたら、実践は形態を同じくするように組織され、行為している人全体が直接体験し、絶え間なく経験し、強烈に経験する場である。こういったことこそが、人間の有効な活動にとって決定的な条件であるように思われる。（レイヴ 1995: 289–290）

本書では、これまでの在来知研究の問題点を踏まえたうえで、日常の生活実践に焦点をあてるアプローチから、ナヴィゲーションという在来知の一分野について記述と分析を行ってきた。そして、その分析を通して、「イヌイトのやり方」と呼ばれている「伝統」とはどのようなことなのか、「大地」と呼ばれている環境が今日のイヌイトにとってどのような意味をもっているかについて考察しながら、イヌイトの視点からイヌイトの日常の経験世界を浮き彫りにする試みを展開してきた。

第一章では、前世紀後半から今日にいたる極北人類学の学史のなかで、イヌイトの知識と世界観がどのように扱われてきたかをまとめ、その成果と問題点について検討した。とくに本書では、一九七〇年代後半以来、今日まで展開されてきた在来知研究に焦点をあわせ、その成果と問題点について考察した。たしかに、在来知研究が一九七〇年代以前の民族科学研究の自文化中心主義的で普遍主義的な視点を修正し、イヌイトの視点からイヌイトの知識と世界観を把握する相対主義的な視点を提示した点で大きな成果をあげてきたことに疑いはない。しかし、他方で、在来知研究はイヌイトが在来知を日常的な実践を通して絶え間なく再生産し変化させ創り出しつつあることを忘却していたために、イヌイトを永遠に凍結した閉じたパラダイムに縛りつけてしまう本質主義の陥穽に陥ってしまった。

第二章では、このような在来知研究の問題点を解決し、本質主義の陥穽から離脱するために、実践の理論や戦術的リアリズムなど、本質主義を克服するために提案されている研究戦略を参考に、在来知を研究するための新たな方法を模索した。とくに本書では、こうした立場に立つ人類学者の一人、ジーン・レイヴ（1995）が提案した分析デザインに注目した。そして、その分析デザインに基づいて、人間と文化の間に交わされるダイナミックな相互作用を綜合的に把握する視点から在来知を再定義するとともに、在来知を記述して分析するための新たな方法を考案し、さまざまなプロセスが縦横に行き交う交差点として民族誌を再生させる構想を提案した。

この新たに再編成された在来知の記述と分析の方法では、在来知は次のように再定義される。

制度のレベルにある記号体系と政治・経済・社会構造の弁証法的関係から生じる信念もしくは信念間の矛盾によって駆動されるイヌイト個人が、それら制度の条件下でそれら制度を資源として活用することで、自らの生活世界のレベルで実践を展開しつつ知識を構築しながら、制度を再生産もしくは変化させてゆく循環的な生成過程。

そして、この循環的な生成過程のダイナミクスの動態を損なうことなく記述と分析を行う方法として、次のような二つの分析レベルにおける四つの記述と分析の様式を示し、そこで記述・分析されるべきことについてアウトラインを描いた。

（Ⅰ）制度（構成的体制）の記述と分析
（1）制度の一つとしてイヌイト個人の実践を条件づけ、その実践で利用される記号体系の記述と分析。
（2）記号体系と政治・経済・社会構造との弁証法的関係のなかで生じる信念や価値観などの記述と分析。
（Ⅱ）生活世界（経験された日常世界）の記述と分析
（1）制度で生成される信念や信念間のジレンマに動機づけられるとともに、その制度を利用しながら展開されてゆくイヌイト個人の実践の記述と分析（個人の実践がいかに動機づけられ、どのように展開され、その結果として、どのように制度に影響を及ぼしてゆくのかに関する分析）。
（2）イヌイト個人が実践を展開するたびごとに記号体系を利用しながら主観的に構築してゆく知識の記述と分析（個人の知識が制度の制約下にありながら、その制度を利用していかに構築され、さらに、どのように制度に影響を及ぼしてゆくのかに関する分析）。

こうした記述と分析の方法に基づいて、第三章と第四章では、イヌイトの在来知の一分野であるナヴィゲーションについて記述と分析を行った。

まず第三章では、ナヴィゲーションをめぐる制度、すなわち（1）ナヴィゲーションにかかわる記号体系と（2）ナヴィゲーションの背景となっているイヌイト社会の歴史と現在の社会・政治・経済システムについて概観し、ナヴィゲーションにエスニシティの表徴としての地位を与えている「大地」との絆という信念がいかに形成されているかについて考察した。

ナヴィゲーションがイヌイトのエスニシティの表徴になっているのは、一つには、この技術それ自体が、空間を高度に構造化する記号体系に精通し、経験を積み重ねることによってはじめて可能になる卓越した技術だからである。日常の生活技術でありながら、記号体系によって高度に構造化された環境の枠組みに自己を定位し、地理学的要素や気象学的要素や生態学的要素など、さまざまな要素が複雑に絡み合った多様な情報を環境から読みとり、その読みとられた情報を綜合的に判断することで展開されるイヌイトのナヴィゲーションは、高度な熟練と深い経験が求められる複雑な知的活動である。

しかし、ナヴィゲーションがイヌイトのエスニシティの表徴になってきた理由は、それだけでなかった。その背景には、一九七〇年代以来活発化してきたイヌイトの先住民運動をめぐる社会・政治・経済的な要因が関与していた。ナヴィゲーションによって確認される「大地」との絆は、先住民運動のなかでエスニシティの表徴として重要な役割を果たすようになり、今日のイヌイト社会の求心力を支えるエスニック・アイデンティティの基盤となってきた。イヌイトのナヴィゲーションは、「大地」との絆を再生産し、その「大地」との絆の再生産を通してイヌイトの肯定的なエスニック・アイデンティティを維持する媒体として重要な役割を果たしているのである。

次に第四章では、第三章でのナヴィゲーションをめぐる制度の分析を踏まえつつ、私がイヌイトのナヴィゲーションに関して行った調査に基づいて、イヌイトがナヴィゲーションを実践する姿を追跡し、ド・セルトー(1987)が提示した戦術と戦略という二つの実践様式の区別に照らし合わせながら、その実相を明らかにした。そのうえで、ナヴィゲーションをめぐるさまざまな日常的実践が、今日のイヌイト社会をめぐる政治・経済・社会・文化的背景のもとで社会的に構築されたイデオロギーを再生産していることを浮き彫りにした。

イヌイトのナヴィゲーションは、ド・セルトーが言うところの戦略と戦術の両方の実践様式に基づいて行われているにもかかわらず、その実践が客体化されて語られるときには、戦略的視点は否定されてしまっていた。イヌイトの古老や熟練ハンターは、インタビューという語りの場で、一般化を志向する戦略的視点を否定すると同時に戦術的な視点に固執し、かつて実際に展開された戦術的実践を再演しようとするこだわりを示したのである。こうした古老や熟練ハンターのこだわりは、「イヌイトのやり方」の「伝統」を表象する戦術的実践を「白人のやり方」という戦略的実践に対置し、戦略よりも戦術を評価するイデオロギーに方向づけられると同時に、そのイデオロギーを再生産する結果として生じていた。インタビューという語りの場は、社会的に構築されたイデオロギーとしての「イヌイトのやり方」の「伝統」が再生産される場となっていたのである。

第五章では、第三章と第四章での分析に基づいて在来知をとらえなおし、イヌイトの在来知の特徴が戦術のイデオロギーの産物であることを明らかにするとともに、戦術のイデオロギーに導かれている今日のイヌイトにとって「大地」との絆とはどのようなことなのかについて考察した。そのうえで、イヌイトの在来知と近代科学の間の摩擦と認識論的なパラダイムの差異を生み出しているのが、イヌイト社会と欧米主流社会をめぐる政治・経済・社会・文化の状況であることを明らかにした。

イヌイトの在来知では、戦略よりも戦術を高く評価するイデオロギーのために、戦略的知識とその資源となる記号体系は不変なまま再生産されるが、イヌイトが実際に行った戦術的実践の記憶を再現する戦術的知識は、その多様性を活かしたまま無限に産出され蓄積されてゆく。しかも、このイデオロギーはインタビューを含めた語りの場でイヌイトが戦略的知識を語ることを阻害し、戦術的知識ばかりを語るようにうながすため、イヌイトの語りでは戦略的知識が隠蔽されてしまい、あたかも在来知が戦術的知識だけから成り立っているかのような外観が生じる。その結果として、これまでに在来知研究が指摘してきた在来知の特徴、すなわち、定性的、直感的、倫理的、主観的、経験的、全体論的、コンテキスト依存的で、「イヌア」に典型的にみられるように精神論的な説明原理に基づいており、その形成に時間がかかるが、柔軟性に富み、空間的に限定された地域での長期間の環境の変化に詳しいという特徴が生じる。この意味で、イヌイトの在来知は戦術のイデオロギーに方向づけられている。

こうした戦術のイデオロギーに駆動されるイヌイトにとって「大地」とは、戦術的実践の記憶を無数に蓄積する記憶の器であり、その記憶の蓄積によって育まれてゆく歴史のマトリクス（母胎）である。「大地」は不動の秩序として、イヌイト個々人が自己の戦術的実践を再演し、それぞれの記憶を交換するための基盤となる。また、その記憶の貯蔵庫としての「大地」には、過去の歴史が貯えられ、未来に向けて刻一刻と現在が刻み込まれてゆく。ナヴィゲーションや生業活動の実践を通して、その「大地」をイヌイト社会の過去・現在・未来の紐帯を具現する歴史書に編み出しながら、常に新しく再生させてゆくことこそ、イヌイトがナヴィゲーションや生業活動の実践を通して確認してゆく「大地」との絆に他ならない。この意味で、「大地」との絆とは、ナヴィゲーションをめぐる日常的実践によって構築されて再生産されてゆく「イヌイトのやり方」という「伝統」で「大地」を無限に彩ってゆくことなのである。

このように戦術のイデオロギーは「大地」との絆の信念を生み出す一方で、インタビューや環境の共同管理の現場で、イヌイトの在来知と近代科学の間に摩擦を引き起こしてもきた。イヌイトの在来知と近代科学という二つの知的探求は、その実相においては戦略と戦術のバランスという共通の基盤のうえに築かれている。しかし、今日の政治・経済・社会・文化的状況を背景に、欧米主流社会との対照を通して構築されてきた戦術のイデオロギーに方向づけられて、イヌイトの在来知は戦術を志向するようになり、その結果として近代科学との異質性を示し、インタビューや環境の共同管理の現場で近代科学とすれ違ってしまったり衝突したりしてしまうことになった。たしかに、イヌイトの在来知と近代科学の間に生じてきた摩擦の直接の原因は、この二つの知的探求の間の認識論的なパラダイムの違いにある。しかし、その背後には、この二つの知的探求それぞれの担い手であるイヌイト社会と欧米主流社会の間で繰り広げられてきた政治・経済・社会・文化的な関係の歴史があったのである。

したがって、インタビューや環境の共同管理の現場で起きてきたイヌイトの在来知と近代科学の間の摩擦を解消するために必要とされるのは、この二つの知的探求の間の認識論的なパラダイムの差異を生み出してきた政治・経済・社会・文化的な関係を再考することであると結論づけることができる。この意味で、イヌイトの在来知と近代科学の摩擦は、この二つの知的探求の差異を認識論的なパラダイムの差異に還元してしまうのではなく、そうした認識論的なパラダイムの差異を生み出してしまう現在の世界のあり方に目を向け、それぞれの担い手たちが現実の世界においていかなる政治・経済・社会・文化的な関係を築いていけばよいかという存在論的な問題を私たちに突きつけている。在来知と近代科学をめぐる問題で真に問われるべきなのは、これら知的探求の間の摩擦と認識論的なパラダイムの差異を生み出してきた、そして現在でも生み出しつつある政治・経済・社会・文化の状況なのである。

これこそ、日常的実践に焦点をあてるアプローチが浮き彫りにしてくれる生活世界の現実である。これまでの在来知研究が在来知を近代科学とは本質的に異質であるかのように描くことになってしまったのは、在来知が戦術のイデオロギーに方向づけられて、近代科学との共通の基盤から近代科学とは異質な特徴をもつようになってゆく不断の過程に探りを入れることなく、その結果ばかりをみてきたためであった。日常的実践に焦点をあてるアプローチは、こうした在来知研究が見過ごしてきた知識の産出と文化の再生産の過程に光をあて、本書で試みてきたように、在来知と近代科学の差異が人類に共通の基盤から絶えず産出される過程をとらえることを可能にしてくれる。日常的実践に焦点をあてる交差点としての民族誌は、凍結した「民族」の「本質」に人間を閉じこめてしまう本質主義の魔法を解除し、グローバルな政治・経済・社会・文化の状況を背景に動的な運動のなかで構築されて再生産されてゆく生活世界の現実に肉薄し、さまざまな人々の間の差異が人類に共通の基盤から社会的に構築される過程を追跡することを可能にしてくれるのである。

また、日常的実践に焦点をあてるアプローチは、日常的実践こそが戦術のイデオロギーの再生産を通して「イヌイトのやり方」という「伝統」を絶え間なく産出していることも教えてくれた。「イヌイトのやり方」という「伝統」は、本質主義的な近代人類学が描き出してきたようなイヌイト社会に内在している本質ではない。それはイヌイトの行為や思考をプログラムしている第二の本能としてイヌイトに組み込まれているわけではなく、イヌイト社会と欧米主流社会の相互作用というグローバルな政治・経済・社会・文化的な背景のもとで、戦術のイデオロギーを構築して再生産してゆく日常的実践の産物として絶え間なく産出されている。しかし、社会的に構築されているからと言って、それは政治的言説で意識的に復興されたり発明されたりした「死んだ伝統」ではない。それは、本書で検討したナヴィゲーションをめぐる日常的実践をはじめ、日常の生活実践を通して絶え間なく産出されているという意味で、イヌイトが生きる日常の生活世界に深く根ざしている。政治的言説で強調されることがあるにしても、「イヌイトのやり方」の「伝統」はイヌイトの日常の生活実践の現実から立ちあらわれてくるのである。

このようにナヴィゲーションをめぐる日常的実践をはじめとする日常の生活実践は、一九六〇年代の定住化以来押し寄せてくる同化と統合の波のなかで、その波に対して柔軟に対応しながら、「大地」との絆をはじめとする「イヌイトのやり方」の「伝統」を変化させながらも維持してゆく場となっている。「イヌイトのやり方」の「伝統」は、硬直した「死んだ伝統」の意識的な復興として政治的に発明されたのではない。イヌイトの日常の生活実践に根ざした「生きた伝統」として再生産されているからこそ、その「伝統」はイヌイト社会の変化の深層で彼らのエスニック・アイデンティティを支える基盤として維持されつづける。日常の生活実践こそ、在来知が近代科学と異質な在来知になり、イヌイトが「思慮」ある「大人」としての「イヌイト」になってゆく場であり、その場が維持されることこそ、イヌイトのエスニック・アイデンティティが構築されて再生産されるための決定的な条件となっているのである。

エピローグ

二〇一二年八月二二日の午後、カナダ中部極北圏のクガールク村から北方方面に約六〇キロの海上、そこで浮氷を縫いながら微速前進するボートに立ち、友人のイヌイトのハンターたちと並んで、周囲三六〇度に間断なく目を光らせつつ、私は懐かしさと新鮮な驚きの入り交じった奇妙な気持ちに心を躍らせていた。

この海域、ケケッタックロアク、ウブラクシリ、ハージゴクという三つの島とハートックという半島に囲まれた半径一〇キロほどの海域は、かつて一九九六年と一九九七年の夏に何度もボートで訪れた海域だった。かつて二〇代の末、ナヴィゲーションの調査がうまく進展しないことにいらいらしつつ、私が途方に暮れていたのも、この海域だった。そして、イヌイトの友人のハンター、ハンゲロックが一九九六年に、この村で一九九〇年代後半に復活したイッカククジラ猟の名誉ある一頭目を仕留めた、まさにその海域でもある。そのときの躍動感は決して消えることなく、いまだ私の身体でうずいている。

その年以前、クガールク村のイヌイトの主要な猟場の一つ、アッグヴィリグユアック湾にほとんどあらわれることがなかったホッキョククジラとイッカククジラが、地球温暖化の影響からか、この海域で頻繁に目撃されるようになり、村でも話題になっていた。その日、当初は南方の湾奥を遊弋していた私たちのボートは、無線の「イッカククジラ見ゆ」の一報に、周囲に無数に出没するアザラシなど放り出し、急角度で北方に進路反転、船外機のパワーが許す限りの最大戦速でこの海域に向かった。無線ではハンターたちの呼びかけが無数に錯綜し、その日、半径一〇〇キロほどの湾内に展開していた一〇隻ほどのボートが、一斉にその海域に急行しつつあることを教えている。

そのときは、まさか私の隣に佇む友人のハンゲロックがそのイッカククジラを仕留めるとは思わなかった。すでにイッカククジラは一〇年以上も獲られたことがなく、誰も捕り方を知らない。しかし、後日、ハンゲロックが「まあ、簡単だったさ、アザラシを獲るのと同じようにやっただけだな」と語ったように、一〇隻以上のボートが乱雑に入り乱れるなか、兎にも角にも、三〇三口径リー・エンフィールド・ライフルと銛《もり》でイッカククジラを仕留めて解体し、村全体に分配することができた。その様子を無線で聞いていた村人たちが、新鮮なマクタク（イッカククジラの食用の皮）を目当てに、夕焼けに染まる村の海岸に鈴なりに並び、ずぶ濡れになりながらも悠然と帰還する私たちのボートを出迎えた様子は、目に焼きついている。

あれから一五年。その後、私はあまり夏の海上猟に参加することがなかった。たしかに雄大な極北圏の空のもとでの海上猟は勇壮で心躍るが、「ずぶ濡れになるし、汚れるし、寒いし、疲れるし、シティーハンターな私にはちょっと…」という心持ちから敬遠し、すべてが凍りついてスターダストが瞬く冬にばかり、村を訪れるようになっていた。しかし、諸般の事情から、こうして嫌々ながらも久しぶりの海上猟に出撃した私は、一張羅のパーカーが汚れるのを気にしつつ、かつてのようにタバコをくわえ、間断なく周囲警戒する偵察員の役割にすっかりのめり込んでいた。

この緊張感がたまらない。すでにイッカククジラの群れが確認されている海域に扇状に展開して微速前進する三〇隻以上のボート、その列線を両翼に意識しながらボートの合成風を受けつつ、水平線に視線を合わせてレーダーのようにゆっくりと前方一八〇度にわたって首を振りながら警戒し、ときどき背後にも視線を送って警戒を怠らない。イッカククジラが呼吸に上がってくるのをとらえると、「タイカ！タイカ！」（あそこだ！あそこだ！）と大声を出して指さす。

即座に運転席のハンゲロックが船外機のスロットルをいっぱいに叩き込んで、一気に最大戦速の時速五〇キロまで急加速しつつ、イッカククジラに向けて急旋回する。エンジンが吠え、ボートの船首が跳ね上がり、急加速に身体が後ろに吹き飛ばされる。周囲のボートも我先にと一斉に最大戦速に加速する。小さく見えたイッカククジラの背中が急速に大きく迫り、船首のイホマタックが銛を構える。私もカメラを構える。一瞬の間合い、ボートの船首がイッカククジラの背中を通過する間際、銛が叩き込まれ、その銛に繋げられたアヴァタック（浮き）が水しぶきをあげる。

それにしても、何とも組織化されたものだ。どのボートも銛とアヴァタックを二組常備し、ボートによっては銛打ち用の座席を船首に設置している。こんなことは一五年前にはなかった。ボートが扇状に展開するのも、ボート同士が衝突しないための工夫だろう。一五年前は、むやみやたらとイッカククジラを追い回してボート同士が接触し、大騒ぎになったものだ。見事に一番銛が決まると一八〇度回頭しつつ速度を落としながら、再度警戒態勢に入り、傷とアヴァタックの浮力に耐えられずに浮かび上がってきたイッカククジラに再度突撃して二番銛を打ち込むやり方も、その後に三〇三口径のライフルでとどめを刺してボートに括りつけ、付近の島まで曳航する方法も、その島に引き上げてイッカククジラを解体する手際も、何とも手慣れたものである。

あれから一五年、空の広がりも、海と島の光景も、海上猟の基本的なやり方も、その緊張感も変わらないものの、あまりの手際のよさに私は舌を巻いていた。そう、一五年たって今や、イッカククジラ猟は彼らにとってごく当たり前の夏の風物詩なのだ。私は不思議な感慨に打たれていた。

この夏、私は五日間にわたって偵察員かつ記録員として出撃し、五頭のイッカククジラの捕獲を手伝った。皆から冗談交じりに「ケイチは幸運を呼び寄せる」と言われていい気になるさなか、八月二三日、クガールク村に割り当てられた四三頭が獲り尽くされ、この年のイッカククジラ猟のシーズンは終わった。

地球温暖化の影響なのかどうなのか、それはわからない。しかし、いずれにせよ、生態環境は変わり、イヌイトの生活も変わりつつある。一五年前には存在さえしなかったイッカククジラ猟の見事な組織化と定着ぶり。私にとっては素敵な、しかし、ちょっとした驚きを秘めたささやかな美しい夏の思い出は、イヌイト社会の生活の変化を示す片鱗であろう。かつて別稿（2005d）で紹介したイヌイトの古老のことば、「今も昔も何も変わりはない。毎年、違うという意味で同じだからだ」にあるように、移ろいゆくことはこの世の常である。あるいは、フランスの格言、「変われば変わるほど、同じでありつづける」にあるように、また、マトゥラーナとヴァレラ（1991; 1997）が細胞組織や神経組織、社会組織のメカニズムの解明を通して明らかにしたように、何かが時の流れのなかで持続性を保つためには、自ら変わってゆくことが不可欠なのかもしれない。

もちろん、私も変わった。あれから一五年以上経つなか、本書のもととなった博士論文を二〇〇一年に上梓したのち、調査の対象をナヴィゲーションから在来知全般、生業活動、社会生活での社交の技術、感情生活、さらには子どもの学習過程にまで拡げてきた(106)。また、一九九九年四月一日に発足したヌナヴト準州でイヌイトの知識をめぐって展開されている政治問題にも首を突っ込んでいる。本書のもとになった調査のうち、地名に関する調査はさらに進展した。本書では三〇〇ほどでしかなかった地名に四〇〇の地名を加えた地名地図をクガールク村とヌナヴト準州の政府機関や教育機関に寄贈したのは二〇〇五年である(107)。

もっとも、本書のもとになった調査のうち、ここクガールク村で話されているアッグヴィリグユアック方言の辞書作成プロジェクトは未完で、そのための調査と整理がいつ終わるのか、見当もつかない。一万語ほど収集した語彙のデータ・ベースをコンピュータで開いては、絶望のあまりため息をついてしまう。それに加えて、これまでに古老や熟練ハンターたちに行ってきたインタビューはすでに五〇〇時間を超え、その映像記録をいかにデータ・ベース化してクガールク村に寄贈するか、その方法に頭を悩ますこの頃である(108)。

しかし、変わらないこともある。あれからほぼ毎年のようにクガールク村を訪れ、イホマタック一家の誰かの自宅に下宿しながら、調査がうまくいかずに途方に暮れていらいらしたり、調査をめぐる喧嘩で頭にきたり、それでも世話をみてくれる彼らに感謝したり。子どもっぽいことばかりすると、からかわれるのも変わらない。この一五年以上の間に生まれた二〇人近いイホマタックの孫たちにまで、からかわれる始末である。そして、ふと心をよぎる虚無な感覚。こんなところで私はいったい何をしているのだろうか、あれから私にいったい何がわかったのだろうか。そんな自己嫌悪に悩まされるのも変わらない。「皆目わからん、何なのだ、これは」と頭を抱え込んだり、「あ、そっか」と突然理解できたり、でも「やっぱり違うなあ」と悩んでみたり。そうして変な質問を繰り返す私は相も変わらず子どもで、大人なイヌイトはからかったり笑ったりしながら、そんな私を導いてくれる。

ツンドラのただなかで途方に暮れていらいらしながらはじまった探求の旅は終わらない。この一五年間でわかってきたこと、まだわからないこと、これからわかってゆくこと、それらについては、また別の物語を紡ぐことになろう。イヌイトに導かれながら、私はいったいどこにゆくのだろうか。不安と希望に彩られて、今日も北極の海は美しい。

あとがき

本書は、私が早稲田大学大学院文学研究科に提出して二〇〇一年に学位を取得した博士学位論文、『イヌイトのナビゲーションにみる日常的実践のダイナミズム：交差点としての民族誌』に全面的に手を加えたものである。

その博士学位論文を脱稿してから一三年。当然のことながら、人類学と在来知研究の内外の状況も、本書の舞台であるヌナヴト準州のクガールク村の状況も大きく変わっている。しかし、さまざまな動向があったとはいえ、本書で検討した民族誌をめぐる問題は依然として未解決なままであり、本書で提案した民族誌の方法論を世に問うことにも意味があるのではないだろうか。また、フィールドの状況が変化してゆくのは当然の成り行きであり、一九九〇年代当時のイヌイトの状況をまとめて紹介することも民族誌の一つの役割ではないだろうか。そう考えて本書をまとめることに踏み切った。

このような経緯で本書をまとめたため、わかりにくいところに説明を加えたり、煩雑な箇所を削ったりはしたものの、本書のもとになった博士学位論文の主張と論理展開には一切手を加えていない。本書を編むにあたって新規に書き加えたのはプロローグとエピローグだけである。しかし、さすがに一三年以上前に書いた文章はあまりに若書きで、現在でも決して文章が上手とは言えない私ですら、目を覆いたくなるような惨状であったため、全面的に手を加えた。

また、この一四年の間に展開されてきた在来知研究の動向やフィールドの状況の変化について本編に盛り込むとなると、紙数が大幅に増えてしまうため、そうした一四年間の動向については註で簡単に触れるにとどめた。とくに在来知研究については新たな進展があり、科学技術の人類学と合流しながら「存在論的な転回」（Ontological Turn）のような興味深い潮流を生み出してもいる。こうした新たな潮流は本書の議論の延長線上にあると考えることができるが、その点について論じるだけでもう一冊本ができてしまうような大きな問題である。そのため、そうした問題と本書の関連については註で示唆的に触れるにとどめた。

在来知研究の動向をはじめ、その後のイヌイト社会など、新たな動向については稿を改めてじっくりと検討することにしたい。実際、私が本年度から日本学術振興会の科学研究費助成金を受けて五年計画ではじめるプロジェクト、「在来知と近代科学の比較研究：知識と技術の共有プロセスの民族誌的分析」は本書の議論の延長線上にあると同時に、新たな動向に踏み込むプロジェクトであり、次の段階の議論の準備をすでにはじめつつある。また、その後のイヌイト社会の動向、とくに「イヌイトの知識」をめぐる政治問題については、近々一冊にまとめる予定である。

本書での議論はすでに部分的に論文として発表されている（大村 2002a, 2002b, 2003a, 2003b, 2004a, 2004b, 2005c, 2006a）。しかし、未発表の部分も多々あり、また、すでに発表された部分についても、本書全体の議論に位置づけてはじめてその意図が明瞭になる部分も少なくない。すでに論文として発表された部分があるにもかかわらず、本書を編んだ理由はここにある。本書で取り組んだ民族誌の課題、すなわち、日常的実践のダイナミクスを浮き彫りにするという課題は、細やかな日常生活の機微と政治・経済・社会的な制度との間のダイナミクスを全体論的に扱わねば達成することはできない。また、「フィールドで哲学する」学問である人類学にあっては、記述は理論と方法論によって基礎づけられ、理論と方法論は記述によって支えられていなければ、何の意味もない。こうした信念から編まれた本書が、ささやかながらも、議論の発端になれば、と願うばかりである。

本書は、その後の私の仕事の出発点として今現在の私を支えてくれている。エピローグでも触れたように、その後、私はクガールク村での調査をつづけながら、在来知の問題のみならず、「イヌイトの知識」をめぐる政治の問題にも取り組んできた。また、東京外国語大学のアジア・アフリカ言語文化研究所の河合香吏さんの共同研究会シリーズ「人類社会の進化史的基盤」（第Ⅰ期「集団」、第Ⅱ期「制度」、第Ⅲ期「他者」）をはじめ、文部科学省科学研究費補助金・新学術領域研究「ネアンデルタールとサピエンス交替劇の真相」（赤澤威代表）に参加させていただく機会をいただき、「フィールドで哲学する」という菅原和孝先生（京都大学）のことば、「人類についてハイパー・マイクロな視点とハイパー・マクロな視点から考える」という内堀基光先生（放送大学）のことばを胸に、イヌイトの指導下でのフィールド・ワークに基づいて人類の進化史的基盤を考える仕事にも取り組んでいる。また、そうした仕事の延長線上で、人類の未来について考える宇宙人類学の探究もはじめつつある。

この場を借りて、現在お世話になっている諸先生方、河合香吏、菅原和孝、内堀基光、赤澤威、ネアンデルタール科研で私が所属するA〇二班の班長の寺嶋秀明、河合さんの共同研究会で人類学の哲学的基盤を教えていただいた今は亡き今村仁司の諸先生方に、心からの感謝を申し上げたい。今後も、フィールド・ワークに基づいて、「人類はどこから来て、どのような存在であり、どこへ向かおうとしているのか」を問いながら、人類の過去・現在・未来を考える学問、人類学の任務に忠実であるべく努力してゆきたい。

本書は博士学位論文がなければありえなかった。早稲田大学大学院に在学中に指導教官としてご指導をいただいた渡辺仁先生と西江雅之先生、博士学位論文の指導と審査をいただいた菊池徹夫先生、スチュアート ヘンリ（本多俊和）先生、伊東一郎先生、岸上伸啓先生（国立民族学博物館）、小田亮先生（首都大学東京）に心からの感謝を申し上げる。また、本書の基礎となる調査にあたっては、カナダの諸先生方、ミルトン・フリーマン（Milton M. R. Freeman）（元アルバータ大学）、ルイ・ジャック・ドレ（Louis-Jacques Dorais）（元ラヴァール大学）、ジョージ・ウェンゼル（George Wenzel）（マッギール大学）、ジェームズ・サベール（James Savelle）（マッギール大学）の諸先生方からさまざまな援助をいただいた。また、調査にあたってフライト・スケジュールの調整や物資の輸送などに関して松岡かよ子さん（前カナディアン・パシフィック、現エア・カナダ）、本山好美さん（元ユニバーサル・エキスプレス）、角田和敏さん（コラボレート研究所）に、ご尽力いただいた。この場を借りて御礼申し上げたい。

もちろん、本書の実現は一重に大阪大学出版会の若手研究者出版支援制度に負うている。本書を担当していただいた大阪大学出版会の落合祥堯さんと編集長の岩谷美也子さんには、辛抱強いご対応をいただいた。心からの感謝を申し上げたい。また、本書のもとになった調査とその後の調査は以下の助成金を受けて行われた。日本国文部科学省、日本学術振興会、カナダ大使館をはじめ、それぞれのプロジェクトの代表者の方々に御礼申し上げる。

・平成四～六年度文部省科学研究費補助金・国際学術研究「伝統イヌイット（エスキモー）文化の生業活動に関する民族考古学的研究」（スチュアート　ヘンリ代表、課題番号04041099）（研究協力者）
・平成七～九年度文部省科学研究費補助金・国際学術研究「イヌイットの社会・文化の変化に関する民族学的研究」（大村敬一代表、課題番号07041026）
・The 1994 Canadian Studies Faculty Research Award Program. The Canadian Embassy in Japan.
・平成一〇～一一年度文部省科学研究費補助金・国際学術研究「北アメリカにおける先住民族と国民国家の関係に関する人類学的研究」（スチュアート　ヘンリ代表、課題番号10041031）（研究分担者）
・平成一一～一三年度文部省科学研究費補助金・基盤研究A（2）「先住民による海洋資源利用と管理：漁業権と管理をめぐる人類学的研究」（岸上伸啓代表、課題番号11691105）（研究分担者）
・平成一四～一六年度文部科学省科学研究費補助金・若手研究（A）「カナダ・イヌイトの民族科学的知識と環境管理」（大村敬一代表、課題番号14701006）
・平成一四～一七年度日本学術振興会科学研究費補助金・基盤研究（A）（1）「カナダにおける先住民のメディアの活用とその社会・文化的影響」（スチュアート　ヘンリ代表、課題番号14251009）（研究分担者）

・平成一四～一八年度文部科学省科学研究費補助金・特定領域研究「資源の分配と共有に関する人類学的統合領域の構築：象徴系と生態系をとおして」（内堀基光代表）「身体資源の構築と配分における生態、象徴、医療の相互連関」（菅原和孝代表）（研究分担者）
・平成一九～二二年度日本学術振興会科学研究費補助金・基盤研究（A）（海外）「先住民をめぐる異化と同化の力学に関する人類学的研究」（スチュアート　ヘンリ代表、課題番号50187788）（研究分担者）
・平成二〇年度～二三年度日本学術振興会科学研究費補助金・基盤研究（A）「身体化された心の人類学的解明」（菅原和孝研究代表、課題番号20242026）（研究分担者）
・平成二〇年度～二四年度日本学術振興会科学研究費補助金・基盤研究（A）（海外）「〈先住民〉のアイデンティティの交渉」（窪田幸子代表、課題番号20251009）（研究分担者）
・平成二〇年度～二二年度日本学術振興会科学研究費補助金・基盤研究（B）「マイクロサッカードとしての在来知に関する人類学的研究」（杉山祐子代表、課題番号20320131）（研究分担者）
・平成二二年度～二六年度文部科学省科学研究費補助金・新学術領域研究「ネアンデルタールとサピエンス交替劇の真相：学習能力の進化に基づく実証的研究」（赤澤威代表、領域番号1201）A〇二班「狩猟採集民の調査に基づく人の学習行動の特性の実証的研究」（寺嶋秀明代表）（研究分担者）
・平成二三年度～二七年度日本学術振興会科学研究費補助金・基盤研究（A）（海外）「環境インフラストラクチャー：自然、テクノロジー、環境変動に関する民族誌的研究」（森田敦郎代表、研究課題番号24251017）（研究分担者）

最後に、次の方々に感謝を捧げて本書の作業を終わりたい。私の北極でのフィールド・ワークの上官であるとともに終生の師であるスチュアート ヘンリ（本多俊和）先生には、あらゆる意味でご指導とご助力と励ましのおことばをいただいた。また、私が大学院に入院して以来、不肖な私の面倒を陰に陽にみていただきつづけてきた岸上伸啓さんは、誠に勝手な言い方かもしれないが、常に今もこれからも兄弟子として私の導き手である。さらに、常に錯乱状態で不安だらけの私に、それでも寄り添い、最後まで支えてくれた妻の加藤安佐子に最大限の感謝を捧げたい。本書の図面の原版はすべて彼女の手によるものである。そして、イヌイト語の師である今は亡きマーサ・トゥンノック（Martha Tunnuq）さん、イヌイトの知識の師であるジョシー・アンゴチングノングニェック（Jose Angutingnungniq）さんとレヴィ・イルイッチョク（Levi Illuitok）さんをはじめ、いつも温かく私を迎えてくれるクガールク村の皆さんなど、お世話になったイヌイトの方々は枚挙にいとまがない。何もできない子どものような私を導いてくれる皆さんに、心よりの御礼を申し上げるとともに、今後も私の大切な導き手としてご指導をお願いしたい。

大村敬一

二〇一三年六月六日

願いたい。

エピローグ

(106) その後の調査と研究については、部分的にではあるが、次のかたちで発表してきた。在来知についての論考（大村2002a, 2002b, 2003a, 2004a, 2005c, 2005d, 2007a, 2008b, 2012a, 2012c, 2013a; Omura 2005a, 2005b, 2007)、生業についての論考（大村2009b, 2011a, 2011b, 2012b, 2013c, 2013d; Omura 2013)、社交の技術についての論考（大村2012a, 2013e)、感情生活と子どもの学習についての論考（大村2013b, 2013e)、いずれも本書の延長線上に位置づけられる。

(107) この地名地図を含め、これまでの調査の成果は報告書（Omura 1997; Stewart & Omura 2001, 2007）としてクガールク村とヌナヴト調査機構（Nunavut Research Institute）に提出しているので参照願いたい。

(108) その方法については、別稿（大村 2005e, 2014）で考察したので参照願いたい。

元的な畏れ」（田中 2009: 42）であり、イヌイトの間では、野生生物から人間へ、人間から野生生物への変身の物語として頻繁に語られる（大村 2009c）。こうした恐怖については、狩猟の現場でのユカギールのハンターたちの恐怖としてウィレルスレヴ（Willerslev 2007）が詳細に論じている。こうした狩猟をめぐる恐怖の経験の問題は、生業の経験からハンターの感情生活が立ち現れてくる過程に重要な洞察を与えてくれるだろう。

（101） その後、これと同じ年の狩猟の旅と推定することができる物語を2003年にアンガッコックから聞き取る機会をえることができた。この2003年に採録した物語はすでに別稿（大村 2005d, 2007a, 2008b, 2013a; Omura 2005b）に発表されているが、ここにあげた物語の要約とはやや異なっている。同じ旅に関する同一人物による二つの物語のヴァージョンを比較することで、高木（2011, 2013）や拙稿（大村 2013a; Omura 2005b）で指摘した記憶の問題について掘り下げて考察することができるかもしれない。この記憶の問題については、今後の課題である。なお、2003年に採録された旅の物語は、イヌイト語シラビック、イヌイト語アルファベット、英訳を並べるかたちですべて書き下ろされ、調査報告書（Stewart & Omura 2007）として公表されている。

（102） 同様の描き方は、パリー（Parry 1824: 197）などによっても報告されている（Spink & Moodie 1972: 42）。

（103） こうした笑いには、自宅が焼け落ちても自分は決して怒っても恨んでも思い詰めてもおらず、以前と変わらない社交的で悪意のない安全な人間であることを示す意図も込められている（Briggs 1979, 1998）。

第五章　生活世界の現実

（104） この点については、別稿（大村 2008b, 2012a; Omura 2007）で詳細に検討したので参照願いたい。また、この点については、インゴールド（Ingold 2000）やヴィヴェロス・デ・カストロ（Viveiros de Castro 2004a, 2004b）、ウィレルスレヴ（Willerslev 2007）なども同じような議論を展開している。

（105） 地名がもつ場所としての意味と空間としての意味は、ヴィゴツキーの言うところの meaning としての意味と sense としての意味にあたる（ヴィゴツキー 2001; 高木 2001参照）。この区別は在来知のダイナミクスを考えてゆく際に重要なヒントを与えてくれる。この点については、別稿（大村 2012c, 2013a）で詳細に論じたので参照エンジン、ボートなどの修理、倉庫の建設をひたすら手伝いつづけた結果、運転免許すらもっていないのに、いつの間にか、車両やエンジンの構造などが理解できるようになった。本章の「イヌイトのやり方」に関する分析は、その手伝いの経験に基づいている。

(95) 当時のレートでは、1カナダ・ドルが85〜90円で推移していた。

(96) クガールク村のイヌイト・アートについては、別稿（大村 1995c, 1996b）で紹介したので参照願いたい。

(97) この「クガールク（ペリー・ベイ）調査計画」は、1975年と1976年にスチュアートが考古学調査のためにクガールク村を訪れたことを発端に、1988年からほぼ毎年現在にいたるまで行われている民族学的調査および考古学的調査を含む総合調査である。

(98) これまでに参加した日本人は以下の通り（敬称略、50音順、括弧内は参加当時の所属）。鏑木洋子（早稲田大学）、亀田直美（早稲田大学）、岸上伸啓（早稲田大学、北海道教育大学、国立民族学博物館）、菊池哲夫（早稲田大学）、熊崎保（早稲田大学）、佐々木亨（北海道立北方民族博物館）、杉山由季（大阪大学）、高柴修一（早稲田大学）、手塚薫（早稲田大学、北海道立開拓記念館）、花見義人（法政大学）、松本拓（早稲田大学）、山浦清（立教大学）、四井恵介（(有) 地域・研究アシスト）。

(99) この弱者の技としての戦術が野生生物に対して使われる場合には、野生生物を誘惑する技と考えることができる。この点については、別稿（大村 2009b, 2011a, 2011b, 2012a, 2012b）で詳細に論じたので参照願いたい。

(100) ここで重要なのは、この戦術がイヌイトの身体と環境の間で展開されることである。この誘惑の戦術が身体を介して展開されるため、イヌイトは野生生物、さらには「大地」の全体との一体感を、田中（2009）が言うところの「エロス」として経験することになる。田中は、誘惑には「身体的であるゆえに、自身の意図で管理できないという事態が生じ」、「誘惑者とは誰なのか。わたしなのか、あなたなのか。あなたの身体か。こうした問いかけに簡単に答えられない偶発性（偶有性 contingency）こそが誘惑なのだ。そこにあるのは、良質な性行為に認められる自他の融解（の兆し）なのである」と指摘し、その融解の兆しから「自己だけでなく他者もまたともに世界を共有し拡大していく、そうした世界構築の感覚」（田中 2009: 46）を生み出すエロスが導かれると論じている。別稿（大村 2008b）で論じたように、この「エロス」こそ、イヌイトが生業の実践を通して感じる「大地」との一体感である。しかし、この身体的な戦術は、同時に、その使い手に自己の自律性・自立性の喪失をもたらすため、自己喪失の恐怖の感情もひきおこす。それが「他者と関わることに認められる根いが、この地域の人口の85%以上がイヌイトであるため、事実上のイヌイトの自治政府が成立する。外交権と司法権などは依然として連邦政府に握られているものの、このヌナヴト準州は独自の準州議会と準州政府によって運営されている。ただし、この政治制度は、カナダの議会制民主制度を基盤にしており、「イヌイトの知識」(IQ：*Inuit Qaujimajatuqangit*) と呼ばれるイヌイトの統治のやり方を反映しているわけではない。そのため、現在、ヌナヴト準州では、こうした政治制度のあり方にIQを組み込んで、そのあり方を「イヌイト化」することが重要な政治課題となっている。ヌナヴト準州の成立過程の歴史、IQをめぐる政治の現状とその問題点については、別稿（大村 2009a）で詳細に論じたので参照願いたい。

(93) ヌナヴト準州では、カナダ南方の諸州と合衆国が一般に「南」(South) と呼ばれる。

第4章 「イヌイトのやり方」の戦術

(94) 1989年から現在（2013年）までに私がクガールク村で調査を行ったのは、（1）1989. 07. 14〜08. 25.（2）1992. 05. 31〜09. 24.（3）1993. 06. 17〜08. 26.（4）1994. 08. 01〜10. 01.（5）1996. 02. 08〜02. 23.（6）1996. 07. 18〜09. 30.（7）1997. 04. 24〜05. 18.（8）1997. 07. 19〜08. 29.（9）1999. 08. 09〜09. 07.（10）2001. 12. 01〜12. 23.（11）2002. 07. 12〜09. 02.（12）2003. 07. 15〜09. 26.（13）2003. 11. 23. 〜12. 30.（13）2004. 07. 17〜08. 17.（14）2005. 01. 13〜02. 21.（15）2009. 01. 25〜02. 25.（16）2010. 03. 04〜03. 30.（17）2011. 03. 03〜03. 30.（18）2012.03.02〜03.30.（19）2012.08.06〜09.28.である。なお、本書のもとになった博士論文の調査をはじめる以前、1994年までは、調査を行っていたというよりは、考古学の調査を手伝ったり、キャンピングのマネージメントをしたりするかたわら、言語習得を兼ねてイホマタック一家の生業活動をただひたすら手伝いつづけただけだった。おかげで、この5年ほどの間に、ジャコウウシやホッキョクグマなどの一部の野生生物の狩猟を除き、解体作業を含め、ほぼすべての狩猟・漁労・罠猟・採集の方法をはじめ、さまざまなルートや地名をいつの間にか習得することができた。怠け者の私は生業活動が嫌いで、毎朝天気が悪いことを祈るほどだったが（天気が悪ければ生業活動に出ない)、そのときの経験がインタビューする際に大きな助けになった。熟練ハンターや古老の語りには、実際に生業活動を経験していないと理解できない部分が多い。また、生業活動以外にも、四輪駆動バギー、スノーモービル、ディーゼル・

グ・ダンスが踊られる際には演奏を担当していた。また、夏季に屋外でボートの修理などの作業を行う際には、ラジカセで音楽をかけることも多い。1990年代後半当時、まだ若かったイホマタックの息子たちと海岸でボートの修理作業を行いながら、ラジカセのリピート機能で終日聞きながら歌いつづけたREO Speedwagonの*Can't Fight This Feeling*は忘れえぬ歌である。また、まだ10代はじめだったイホマタックの末の息子とカリブー猟でツンドラを半日歩きながら、イヌイト語のカントリーを歌いつづけたことも懐かしい。なお、当時、私はイヌイト語の勉強のために、イヌイト語のポップスとカントリーをよく歌っていた。

(88) 週2回夕方の7時から約2時間行われるビンゴの時間帯には、イホマタック一家ではすべての活動が停止され、皆がビンゴに集中するほどに人気がある。

(89) 2010年代現在、クガールク村では、子どもたちのイヌイト語離れが深刻な問題になっている。現状に関する詳細な調査はないが、イヌイト語を多少は理解しても話すことができない子どもたちが増えており、この20年間に生まれた20人ほどのイホマタックの孫たちのうち、10代半ば以上の子供たちのイヌイト語の運用能力は、私よりも低い。また、クガールク村の教育委員会と学校から依頼されて、学校で何度か私は講演会を行ったが、その依頼の理由は、日本から来た私がイヌイト語を話す姿を見せて、子どもたちにイヌイト語を話すきっかけにしたいということだった。ちなみに私のイヌイト語運用能力はさほどに高いわけではなく、イホマタックから「子どもの話し方」と言われるほどだが、その私よりもイヌイト語運用能力が低いと言われている点に、現在の子どもたちのイヌイト語運用能力をめぐる問題の深刻さをうかがうことができる。ここで詳しく論じる余裕はないが、ヌナヴト準州では全般に西に向かうほど、イヌイト語が日常語として話されない傾向が強い（Dorais 1996, 2010）。イヌイト語の現状については、稿を改めて検討したい。

(90) ここでの記述は主に岸上（1990c）と岸上&スチュアート（1994）とスチュアート（1992a, 1992c, 1995a）基づいている。

(91) 捕獲割り当ては、毎年ヌナヴト野生生物管理委員会（Nunavut Wildlife Management Board）で決められるため、毎年変わる。ヌナヴト野生生物委員会については、別稿（大村 2004a）で紹介と検討を行ったので参照願いたい。

(92) カナダ国土の約1/5を占める準州。「ヌナヴト」（Nunavut）という呼称がイヌイト語の「我々の大地」という意味であることに象徴されているように、この準州ではイヌイトが事実上の政治的な主導権を握ることになった。ヌナヴト準州は、その地域に住む者であれば誰でも政治参加することができるという意味で、民族自治準州ではな

(80) 2011年のカナダの人口統計（Statistics Canada）では、2011年現在で人口は771名、世帯数は173で（http://www12.statcan.gc.ca/census-recensement/2011/dp-pd/prof/details/page.cfm?Lang = E&Geo1 = CSD&Code1 = 6208047&Geo2 = PR&Code2 = 62&Data = Count&SearchText = Kugaaruk&SearchType = Begins&SearchPR = 01&B1 = All&Custom =)、1992年当時の人口と世帯数からほぼ倍増している。この20年間における拡大家族集団の変化の推移をはじめ、クガールク村のイヌイト社会の社会組織の変化と持続の諸相については、今後明らかにしていきたい。

(81) 2000年代後半以後では、DVD が主流。

(82) 2000年代後半以後では、iPad が主流。最近、私はイホマタック（私がお世話になったハンター、233〜242ページ参照）と暇な時間に二人で iPad のゲームで遊ぶことが多い。お気に入りは「アングリー・バード」というゲームである。

(83) 当時も現在もクガールク村には中継局がないため、携帯電話を使うことはできないが、狩猟に出る際に衛星電話が使われることがある。

(84) 本書のもとになった博士論文を執筆していた1990年代後半には、インターネットはあまり普及していなかったが、2000年代後半以後には、一世帯に一つ以上のコンピュータが普及し、どのコンピュータもインターネットに接続されている。持ち運びに便利なラップ・トップ・コンピュータの人気が高い。村内であればどこからでも無線 LAN でインターネットに接続することが可能だが、村外からは接続することはできない。iPad と iPod も人気が高く、一世帯に一つ以上の iPad と iPod が普及している。また、2000年代末以後、facebook の普及が著しい。私が facebook に登録したのは、イホマタック一家にすすめられたためだった。

(85) 私は実際にスノーモービルを運転中にイヌゾリ・チームとすれ違ったり、映像（大村 1999c）で撮影したりしたことがある。しかし、イヌゾリはめったに見られることはなく、多くは趣味か観光を目的とするものである。

(86) イホマタックがカードの一人遊びが好きだったこともあり、私も一通りのカードの一人ゲームを教わった。イホマタックとアグナッチャウロックは、暇なときには、カードの一人遊びをしたり、ゲーム・ボーイに熱中したりする。イホマタック一家ではゲーム・ボーイの人気が高く、何度かお土産にしたことがある。現在では iPad が一番人気で、私とイホマタックは iPad で遊ぶのが日課である。

(87) 老若男女を問わず、私がお世話になっていたイホマタック一家は音楽が好きで、自らも演奏する。クガールク村には、カトリック教会で賛美歌を歌うバンドをはじめ、ロックやカントリーを演奏するバンドがいくつかあり、クリスマスなどの催しでジ

(71) 「指標」については註65を参照。

(72) たとえば、次の調査と研究をあげることができる。Brice-Bennett (1976)、Goehring (1987)、岸上 (1990b, 1991, 1993a, 1993b, 1994b, 1996)、Kishigami (1995)、岸上&スチュアート (1994)、大村 (1994, 1995a, 1995b, 1995c, 1995d, 1996a, 1996b, 1997, 1998, 1999b, 1999c)、Oosten (1976, 1981)、Remie (1983, 1984, 1985)、Savelle (1985)、スチュアート (1990a, 1990b, 1991, 1992a, 1992b, 1993b, 1993c, 1995a, 1996, 1998b)、Van de Velde (1969)。

(73) 以下の記述は主にブライス=ベネット (Brice-Bennett 1976)、バリクシ (Balikci 1964, 1970, 1984)、スチュアート (1990a, 1990b, 1991, 1992a, 1992b, 1993b, 1993c, 1995a, 1998b)、岸上 (1990b, 1991, 1993b, 1996, Kishigami 1995)、岸上&スチュアート (1994) に基づいている。

(74) 以下の記述は主に岸上 (1990c, 1996, 1998, 2005) とバリクシ (Balikci 1984) とレミー (Remie 1983) とサヴェール (Savelle 1985) に基づいている。

(75) ここで言う「伝統」は人類学者の編年上の分類概念であり、註8で触れたような「イヌイトのやり方」とイヌイト自身が呼ぶ「伝統」とは意味が異なる。ここでの「伝統」は「接触期」以前の時代の呼称を意味する。ただし、この時代区分としての「伝統」には、技術的な段階が低いという意味はもちろん、他民族や他文化との接触がなかったなどの意味合いは含まれていない。

(76) 註21を参照。

(77) 註22を参照。

(78) 「イヌイト・アート」の発祥は、1950年に現在のケベック州のヌナヴィク (Nunavik) のイヌクジュアック (Inukjuaq) 周辺で、ヒューストン (J. Houston) がイヌイトの間で彫刻を彫るようにすすめた奨励活動であるとされるが (大村 1996b, 1999a, 2001a, 2006b, 2009c)、それ以前よりヒューストンの奨励活動の先駆となるさまざまな試みがあり、そうした試みがヒューストンの奨励活動以後の成功を支えていた (大村 1995c, 1996b)。クガールク村でも、1950年代以前から宣教師が彫刻の奨励活動を行なっており、カトリックの礼拝の様子や宣教師像なども彫らせていた。現在のクガールク村の特徴的な彫刻様式であるミニチュア彫刻は、この時代の彫刻の伝統に基づいている。イヌイト・アートについては、別稿 (大村1995c; 1996b; 1999a; 2001a; 2005a; 2006b; 2007b; 2009c; 葛野&大村 2005) で紹介したので参照願いたい。

(79) ここでの記述は私が調査を行った1990年代の状況であり、その後20年間の社会・文化の変化と持続の諸相については、今後の課題として取り組んでゆきたい。

うに、イヌイトのナヴィゲーションは、環境を客体化する戦略的視点と環境の内側にとどまる戦術的視点の両方のバランスによってはじめて成り立つ技術であり、そこでは、インゴールドが言う意味でのナヴィゲーションとway findingの両方が組み合わせられている。そのため、本来であれば、この二つを包括する新たな術語を考える必要があるが、適切でわかりやすい術語が見あたらず、新たな術語を提案しても混乱を招くだけなので、本書では当面の処置として「ナヴィゲーション」にインゴールドの言うナヴィゲーションとway findingの両方を含めて使うことにした。なお、インゴールド（Ingold 2000）は「技術」（technology）と「技法」（technique）についても同様の区別の必要性を主張しているが、本書では、ナヴィゲーションという術語を使うのと同じ理由で、技術にインゴールドの言う技術と技法を含めて使うことにした。ただし、インゴールドが主張するように、これら概念を整理することは重要な課題であり、この点について今後稿を改めて検討してゆきたい。

(67)　エタックとは「島嶼間を航海するさいの自船の位置とその変化を第三のみえない島（これをエタック島と呼ぶ）との方位関係によって知る方法」（秋道 1995: 48）である。また、星座コンパスは「円周上に15の星や星座の出没する32方位を等間隔に配したもの」（秋道 1995: 43）で、陸の見えない海上で方位を知るためのコンパスである。いずれも高度に体系化されており、その習得のための特殊な訓練が行なわれ（Goodenough 1996）、儀礼的な要素もある。オセアニアの遠洋航海術では、他にも高度に体系的な知識が使われており、これまでに多くの研究が行われてきた（秋道 1995: 41-82）。

(68)　もちろん、ここにあげるナヴィゲーションのさまざまな方法は、あくまで、これまでの調査によって収集された多様な方法をまとめたものであり、これらの多様な方法をすべて知っているイヌイトがいるわけでも、すべてのイヌイトが共有している知識と技術の体系があるわけでもない。イヌイト個々人は、これらから列挙するさまざまな方法の一部を使っているにすぎず、その使い方にも大きな個人差がある。

(69)　たとえば、次の研究をあげることができる。Brody（1976）、Carpenter（1955, 1973）、Carpenter, Varley & Flaherty（1959）、Correll（1976）、Fortescue（1988）、MacDonald（1998）、Muller-Wille（1983, 1984, 1987, 1996）、Nuttall（1992）、大村（1995b, 1995d, 2004b, 2006a）、Simeon（1982）、Spink & Moodie（1972, 1976）。

(70)　たとえば、次の文献をあげることができる。Briggs（1970）、Brody（1976）、Correll（1976）、MacDonald（1998）、Müller-Wille（1983, 1984, 1987, 1996）、Nuttall（1992）。

第3章 「大地」との絆

(64) 本書のもとになった博士論文が書かれた後、イヌイトのナヴィゲーションに関していくつかの研究が行われている（Aporta 2004, 2005, 2009; Aporta & Higgs 2005; Collingnon 2006など）。これらの調査と研究の成果は本書の記述と一致しており、本書での記述を裏づけてくれる。なお、アポルタ（Aporta & Higgs 2005）はイヌイトのGPS利用の現状について分析することで、興味深い技術論を展開している。

(65) 本書では「記号」をパース（1986）の記号と同じ広い意味で使っており、そこにはアイコンとシンボルとインデックスが含まれる。おおよそ、本書で「指標」と呼んでいるものはインデックスに、相対方位と絶対方位と地名のネットワークはシンボルに、第4章で検討する地図はアイコンに該当するが、パースが提唱した三項関係に基づく記号過程に従って、これらをより精密に解析して分類する必要がある。本書で扱っている記号は恣意性に関して中間的な位置にあるため、その解析と分類は人類の言語を環境に遍在する情報の一つのあり方としてとらえることを可能にしてくれるに違いない。

なお、これと連動する問題については、別稿（大村 2013a）で別の角度から論じた。そこでは、イヌイトの語りの分析を通して、生態心理学のアフォーダンスの概念とメルロ＝ポンティ（1967, 1974）の身体図式の概念を結びつけながら、新たな言語観を提示した。その言語観は、河野（2011）が生態心理学の視座に基づいて提案している言語観と呼応している。その議論で河野は自らの言語観をパースの記号論と結びつけながら、人類の言語を生命記号論に位置づけようと試みているが、その言語観に基づけば、人類の言語をパースの言う自然的記号と一貫した原理で説明し、環境に遍在する情報の一つのあり方としてとらえることが可能になる。この視座は人類の言語の進化史的基盤をさぐるうえで重要なヒントを与えてくれるに違いない。この問題を掘り下げてゆくことを今後の課題としたい。

(66) インゴールド（Ingold 2000）は、イヌイトのナヴィゲーションのような技術は、西欧近代の「自然／社会」の二元論的な世界観に基づいて環境をグローブ（globe）として客体化する近代的なナヴィゲーションとは異なり、「自然」と「社会」を分割しない一元的な世界観に基づいて環境をその内側からスフィア（sphere）としてとらえる点に特徴があるため、「ナヴィゲーション」と呼ばれるべきではなく、way finding と呼ばれるべきであると主張している。しかし、これから本書で明らかにするよた、ブランド食品を探すことだけに専念することはめったになく、多くの場合、スーパーマーケットの順路に従って他の食品を計算しながら選ぶ活動は継続しており、特定のブランド食品がありそうな棚にたどり着くまでの順路は、他の食品を選んでゆく順路のなかに位置づけられるというかたちで、活動構造源となるブランド食品の探索活動も、並行している諸活動との弁証法的関係のなかで構造化される。

(59) レイヴはスーパーマーケットでの調査を分析するにあたって、買い物をする人がその傍らで参与観察を行なっている調査者との弁証法的関係のなかで買い物を展開していることを明示している（レイヴ 1995: 232-254)。とくに、買い物をする人が自分のお買い得計算の正当性を合理性のイデオロギーを利用しながら調査者に釈明する場面からは、買い物をする人が合理性のイデオロギーの言説を語り出すきっかけとして、傍らにいる調査者の存在が重要な役割を果たしていることがわかる（レイヴ 1995: 243-244)。

(60) この議論が展開されているレイヴの著書『日常生活の認知行動』では、スーパーマーケットで買い物やお買い得計算をする人やダイエットをする人が、いかに構成的体制との弁証法的関係のなかで実践を展開するかだけではなく、その買い物やお買い得計算をする人を調査する人類学や心理学という制度が、いかにそれら行為する人に影響を与えているかについても分析されている。とくに第Ｉ部（pp. 1-139）では、人類学と心理学をめぐる構成的体制がいかに合理性のイデオロギーを生み出しているかが精査され、そのイデオロギーが買い物をする人などの行為する人にいかに影響を及ぼしているかが分析されている。

(61) レイヴの分析モデルでは、構成的体制と経験された日常の生活世界の間の弁証法的関係に関する分析が別に設けられているが、経験された日常世界のレベルにおける実践と知識を構成的体制と日常の生活世界の弁証法的関係と切り離して分析することは事実上不可能なため、本書では、構成的体制と日常の生活世界の弁証法的関係の分析を日常の生活世界の分析に含めることとした。

(62) この試論を別稿（大村 2003a, 2003b, 2005c, 2010, 2011a, 2011c, 2012d）で展開したので、参照願いたい。

(63) この問題の一環として、イヌイトの生業システムで「イヌア」もしくは「魂」がいかに重要な働きを果たすかについて、別稿（大村 2009b, 2011a, 2011b, 2012a, 2013d）で検討したので参照願いたい。

界という二つのレベルは、個人の日常的実践を軸に弁証法的な相互作用を常時交わし合っている相互依存的な関係にある。

(56) 「場面」は「行為の舞台」とは実践主体からみた経験のレベルにおいて異なっているが、このレベルの違いは対象の違いを意味するわけではない。場面も舞台も同一の対象に対して実践主体が認識する二つの異なった側面である。たとえば、スーパーマーケットの例で言えば、スーパーマーケットは構成的体制との弁証法的関係によって規定される「資本の形成と政治経済の在り方の産物」(レイヴ 1995: 224) であり、「同定可能で永続性のある活動の枠組みを内包し、個々人の経験の範囲を超えた特性をもち、個々人に先立って存在し、個々人のコントロールがはるかに及ばない」(レイヴ 1995: 225) 実践の「舞台」としての側面をもつ。また同時に、スーパーマーケットは、実践主体である個人が「何度も経験し、自分に合わせて秩序だて、作り変えた」(レイヴ 1995: 224–225) 活動の「場面」としての側面ももつ。つまり、実践が展開されるスーパーマーケットという具体的な場は、実践主体からみて「頑固で融通のきかない面」(レイヴ 1995: 225) として個人の関与を超えて個人の実践を制約する舞台であると同時に、「反対に融通のきく面」(レイヴ 1995: 225) として個人が実践の展開に応じて主体的に構築してゆく場面でもあり、その二つの側面が一つの現実として統合されることで、スーパーマーケットという具体的なコンテキストが構成される。

(57) しばしば予期図式あるいは期待それだけを切り離すことができるように考えられ、実際に予期図式や期待は「想像すること、計画すること、または意図すること」(ナイサー 1978: 23) として語られることも多いが、その語られたり想像されたりする期待も、語りや想像や計画というかたちの活動として具体化されており、何の活動も伴うことなく、期待だけが構成されることはない。

(58) ただし、進行中の活動の組織化は、活動が一本化されることを意味しない。この組織化は、同時に進行中のいくつかの諸活動が構造化されることであって、活動中の人と場面の弁証法的関係から生成される活動だけが展開され、それ以外の活動が停止してしまうわけではない。また、活動構造源となる活動は、進行中の活動の中心になるとはいっても、並行して進行中の他の諸活動から何の影響も受けないわけではない。活動構造源として活性化される活動も、並行している他の諸活動と連携をとる必要があり、進行中の活動が構造化される際には、活動構造源の活動も他の諸活動との弁証法的関係のなかで構造化される。たとえば、どうしても欲しいブランド食品がある場合でも、そのブランド食品を探す活動の背後で計算活動は背景的に継続している。ま照）とほぼ同じ意味でこの構成的体制という語を用いているため、本書ではこの二つの語を互換的に用いている。また、本書では、この構成的体制もしくは社会・文化システムは、ことばとして少し煩雑なので、同じ意味を表すことばとして「制度」ということばも用いている。レイヴが「経験された日常世界」とは別の経験のレベルにあるとする構成的体制は、個々人の日常的実践の条件となると同時に資源ともなるという意味で、社会・文化・政治・経済的な制度と同じことだからである。なお、制度については、河合編（2013）の秀逸な考察がある。

(53) レイヴ（1995）は、人類学における機能主義は、社会は一貫性があり、調和した総合体であり、「継ぎ目のない」ものであること、「またこれらの継ぎ目のない総合体は部分によってできており、その関係から部分相互を説明できる」（レイヴ 1995: 292）という理論的前提の上に成り立っていると指摘する。その理論的前提にたって、「一時点での社会の断面についての観察によって、その構造、つまり社会のもつ変わることのない基本的な形を明らかにすることができる」（レイヴ 1995: 292）と考える点に、従来の人類学の問題があったのである。

(54) 日常生活のなかで展開される計算活動では、日常の生活実践それ自体こそが、「文化が個人に影響を与えるための主な手段であり、また個人が文化に影響する手段でもある」（レイヴ 1995: 23）のであって、それ以外に個人を社会化あるいは文化化したり、個人が社会・文化システムに影響を与えたりする特殊な場は存在しない。ここでレイヴが言う日常の生活実践とは、「一日ごと、週ごと、月ごとの通常の活動のサイクルのなかで、人間がしていること」（レイヴ 1995: 23）、つまり、ルーティンとして行われ、「当たり前」のように感じられているような事実上すべての社会的実践のことであり、その意味で、「学校の教室の先生と生徒は「日常活動」に携わっており、それは、仕事帰りにスーパーで食料品の買い物をする人や、実験室の科学者と同じ」（レイヴ 1995: 23）である。この意味で、知識体系としての文化が個人に内化される唯一のプロセスとして本質主義＝機能主義の理論的前提が想定していた学校教育や家庭内教育だけが、社会化や文化化のプロセスなのではなく、事実上すべての日常の生活実践には、社会化と文化化のプロセスが含まれている。

(55) ただし、この二つの分析レベルは自己完結して相互に閉じているわけではない。制度的な現実としての構成的体制は、個人がその時々に展開する実践のコンテキストの源として、個人が構築する間主観的な経験世界を動機づける一方で、個人の間主観的な経験世界も、その経験世界を構築しながら個人が展開する実践を通して、間接的にではあっても、構成的体制に影響を与える。その意味で、構成的体制と個人の経験世

(44) たとえば、次のような研究をあげることができる。Bielawski（1996）、Collings（1997）、Freeman（1976, 1985, 1993）、Gamble（1986）、Hensel & Morrow（1998）、Morrow（1990）、Morrow & Hensel（1992）、Osherenko（1992）。

(45) たとえば、次のような研究をあげることができる。Cruikshank（1981）、Doubleday（1993）、Feit（1988）、Ferguson & Messier（1997）、Ferguson, Williamson & Messier（1998）、Gunn, Arlooktoo & Kaomayok（1988）、MacDonald（1998）、Osherenko（1992）、Riewe & Gamble（1988）、Stevenson（1996）。

(46) 中部極北圏で「イヌア」は「タグネック」（*tagniq*：魂）とも呼ばれる。この「魂」の概念は、在来知に限らず、イヌイトの生業システムでも重要な役割を果たしている。この点については、別稿（大村 2009b, 2011a, 2011b, 2012a, 2012b, 2013d; Omura 2013）で詳しく論じたので参照願いたい。また、この問題については、稿を改めて検討する予定である。

(47) 正確には「擬人化」ではない。この点については、本書の第5章の335ページを参照。

(48) たとえば、在来知研究の先駆となったフリーマンによる「イヌイトの土地利用及び居住に関する調査プロジェクト」（Freeman ed. 1976）は、イヌイトが主張する土地権との関係で行なわれた。

(49) たとえば、この傾向は次の一連の研究にみられる。Cruikshank（1981）、Doubleday（1993）、Feit（1988）、Ferguson & Messier（1997）、Ferguson, Williamson & Messier（1998）、Gunn, Arlooktoo & Kaomayok（1988）、Osherenko（1992）、Riewe & Gamble（1988）。

第2章　交差点としての民族誌

(50) エティックとエミックについては註35を参照。

(51) この実践の理論の延長線上に状況認知論（伊藤 2000; 福島 1993, 2001, 2010; 福島編 1995; 茂呂編 2001; レイヴ＆ウェンガー 1993; Chaiklin & Lave eds. 1996など）を位置づけることができる。

(52) レイヴは「社会・文化システム」という語ではなく、「構成的体制」という語を使っているが、「構成的体制というのは、記号体系と考えられる文化と（政治経済および社会構造の）物質的社会的領域の系統だった原理とが、相互的に伴うことから成り立っている」（1995: 269）と述べており、社会・文化システム（Keesing 1976: 68参

1988, 1991, 1993; Nelson 1969, 1976; Oswalt 1989, 1990; Paillet 1973; Randa 1989, 1990; Usher 1975, 1976）、色彩分類体系（Heinrich 1974, 1977; 大村 1996a; Omura 1998）、民族解剖学（Balt 1977; Laughlin 1961, 1963, 1968, 1976; Nakashima 1991; 大村 1997; Therrien 1987）、時空間の分節体系（Arnakak 1995; Berry 1966, 1969, 1971; Carpenter 1955, 1973; Carpenter, Valey & Flaherty 1959; Denny 1980a, 1982; Dorais 1977; Gagne 1966, 1968; 岸上 1993b; Lowe 1980; 宮岡 1978, 1987; 大村 1995b, 1995d, 2004b, 2006a; Pallascio, Allair & Mongeau 1993; Vezinet 1975）、民族地理学とオリエンテーションの技術（Bagrow 1948; Carpenter 1955, 1973; Carpenter, Valey & Flaherty 1959; Correll 1976; Fortescue 1988; Fossett 1996; Goehring 1987; Hallendy 1994; MacDonald 1998; Muller-Wille 1983, 1984, 1987, 1996; Nelson 1969; 大村 1995b, 2004b, 2006a, Robbe 1977; Rundstorm 1990; Simeon 1982; Spencer 1955; Spink & Moodie 1972, 1976; Van de Velde 1969; Vezinet 1975）、民族気象学（宮岡 1978, 1987; Nelson 1969）、民族天文学（MacDonald 1998）、民族数学（Baillargeon, Neolting, Dorais & Saladin d'Anglure 1977; Denny 1980b, 1981, 1986）などが含まれる。

(39) この詳細については、次の一連の研究を参照願いたい。Arnakak（1995）、Berry（1966, 1969, 1971）、Carpenter（1955, 1973）、Carpenter, Valey & Flaherty（1959）、Correll（1976）、Denny（1980a, 1982）、Dorais（1977）、Fortescue（1988）、Fossett（1996）、Gagne（1968）、Lowe（1980）、McDonald（1998）、宮岡（1978, 1987）、Muller-Wille（1983, 1984, 1987, 1996）、Nelson（1969）、大村（1995b, 2004b, 2006a）、Robbe（1977）、Simeon（1982）、Spink & Moodie（1972, 1976）、Vezinet（1975）。

(40) たとえば、次のような研究をあげることができる。Balikci（1963）、Burch（1971）、Kleivan（1962）、Lantis（1938, 1946, 1947）、Oosten（1976, 1981）。

(41) たとえば、次のような研究をあげることができる。Bodenhorn（1989, 1990, 1993）、Fienup-Riordan（1983, 1986, 1990a, 1994）、Guemple（1994）、Fitzhugh & Kaplan eds.（1982）、McDonald, Arragutainaq & Novaliga（1997）、Nuttall（1994, 1998）、Roepstroff（1998）、Saladin d'Anglure（1990, 1993, 1994a, 1994b）、Stairs & Wenzel（1992）、スチュアート（1995a）、Turner（1994）。

(42) たとえば、次のようなシンポジウムの成果が発表されている。Dorais, Naggy & Müler-Wille eds.（1998）、Freeman & Carbyn eds.（1988）、Inglis ed.（1993）、Johnson ed.（1992）、Wilkinson ed.（1984）、Williams & Graham eds.（1993）。

(43) たとえば、次のような研究をあげることができる。Kawagley（1990, 1995）、Nakashima（1988, 1991）。

行われてきた（Bains & Williams 1993; Berkes 1993; Stevenson 1996）。たとえば、「環境に関する伝統的な知識」（Berkes 1993）、「大地に関する伝統的知識」（Berkes 1993）、「在来の生態学的知識」（Berkes 1993）、「在来知」（Bains & Williams 1993; Stevenson 1996）などである。本書では、こうした術語のなかでも、「生態学」や「伝統」ということばを含まない「在来知」という術語を「伝統的な生態学的知識」という術語に替えて使うことにする。ただし、註31で触れたように、今日のヌナヴト準州では、「イヌイトの知識」と呼ぶのが一般的である。これらの概念の整理については今後の課題である。この問題については稿を改めて検討したい。

(35) 「イーミック」とも呼ばれる。言語学の音声学（phonetics）と音素論（phonemics）の区別に基づいて公案された区別で、エティック（etic）な記述は科学的な基準に基づく「客観的」で「普遍的な」記述、エミック（emic）な記述はそれぞれの社会・文化の基準に基づく記述とされる。しかし、科学的な記述が「客観的」で「普遍的」である根拠はまったくもって曖昧であるため、この区別は現在ではあまり使われなくなっている。ただし、エティックな記述がテクノサイエンス（科学技術）・ネットワークの内部という社会・文化的な条件で正当化されて通用する記述であると定義される限りにおいて、この区別は有効である。テクノサイエンス・ネットワークについてはラトゥール（1999, 2007, 2008）を参照願いたい。

(36) たとえば、次のような研究をあげることができる。Berkes（1988, 1993, 1999）、Bielawski（1996）、Cruikshank（1981）、Feit（1973, 1978, 1988）、Fienup-Riordan（1990a）、Freeman（1985, 1993）、Freeman & Carbyn eds.（1988）、Gamble（1986）、Gunn, Arlooktoo & Kaomayok（1988）、Hviding（1996）、Inglis ed.（1993）、Johannes ed.（1989）、Johnson（1992）、Kawagley（1990, 1995）、Lalonde（1993）、Nakashima（1991, 1993）、Scott（1996）、Stevenson（1996）、Tanner（1979）、Wolf et al. eds.（1992）。

(37) たとえば、次のような研究をあげることができる。Cruikshank（1981）、Ferguson & Messier（1997）、Ferguson, Williamson & Messier（1998）、Fienup-Riordan（1990a）、Hviding（1996）、Johannes（1993）、Scott（1996）。

(38) これらの諸研究には、民族植物学（Ager & Ager 1980; Bonneval & Robrt-Lamblin 1979; Doristas 1986; Feldman 1995; Hertz 1968; Lantis 1959; Laughlin 1963; Nickerson, Rowe & Richter 1973; Oswalt 1957; Paillet 1973; Stevens 1983; 高柴 1995a, 1995b; Wennekens 1985; Wilson 1978; Young & Hall 1969）、民族動物学（Brody 1976; Dorais 1984; Feldman 1995; Gubser 1965; Irving 1958; Laughlin 1961, 1968, 1976; Nakashima

同様のことはコンドンら（Condon, Collings & Wenzel 1995: 31, 37, 45）によっても指摘されている。

(31) 本書のもとになった博士論文が書かれた当時、この名称は一般的ではなかったが、今日では一般にこの名称で呼ばれる。この概念のイヌイトによる定義は「イヌイトの物事のやり方、すなわち、過去と現在と未来におけるイヌイト社会の知識と経験と価値体系」（IQ Task Force 2002: 4）であり、略してIQと呼ばれることが多い。現在、このIQをヌナヴト準州政府の運営にいかに活かしてゆくかがヌナヴト準州の重要な政治問題になっている。この問題については、稿を改めて検討する予定である。ヌナヴト準州については、本書の第3章の第6節の219〜226ページと註92を参照。なお、このIQの定義の歴史とIQをめぐる政治問題については、別稿（大村 2009a）で詳しく検討したので参照願いたい。

(32) たとえば、次のような研究をあげることができる。Birket-Smith（1929）、Fienup-Riordan（1983, 1986, 1990a, 1994）、Freeman ed.（1976）、Freeman（1976, 1985, 1993）、Freeman & Carbyn eds.（1988）、Kawagley（1990, 1995）、Morrow（1990）、Nakashima（1991）、岡（1978）、Osherenko（1992）、Saladin d'Anglure（1990, 1993, 1994a, 1994b）、スチュアート（1990a, 1991, 1995a）。

(33) 本書のもとになった博士論文が書かれてすでに10年以上が経っており、その間に在来知についてさまざまな研究が行われてきた（秋道＆岸上 2002; Aporta 2011; Aporta, Taylor & Laidler eds. 2011; Battiste & Henderson 2000; Ellen, Parkes & Bicker eds. 2000; Ingold 2000; Kishigami & Savelle eds. 2005; Krupnik & Jolly 2002; Nadasdy 2003; Maffi ed. 2001; NWMB 1998, 2000; Sefa Dei, Hall & Rosenberg eds. 2000; Usher 2000; Sillitoe 1998, Wenzel 2004など）。ここにあげたのは、それら21世紀の在来知研究のごく一部にすぎない。21世紀に入ってからの在来知研究の展開については、別稿（Omura 2007）で簡単に論じたが、まだ不完全であり、今後より精密なレヴューを行って、本書での議論を学史に位置づけてゆく必要がある。しかし、私見では、第5章と終章で展開される本書の主張は21世紀の在来知研究の方向性と一致しており、本書の主張はおおむね間違っていなかったようである。この点については、別稿（大村 2004a, 2009a）で論じたので参照願いたい。

(34) 在来知は近代生物学の一分野である「生態学」よりもはるかに広い概念であり、現在でも実際に使われている生きた知識である。したがって、近代生物学の一分野という狭い領域を連想させる「生態学」をはじめ、過去の遺物というイメージが伴う「伝統」という語を含む術語はあまりふさわしくなく、より適切な術語を考案する試みが

検討したので参照願いたい。

(26)　イヌイト語の現状については、第３章の207ページと註89を参照。

(27)　イヌイトの先住民運動の詳細については、第３章の第６節の219～226ページを参照。また、21世紀におけるイヌイトの先住民運動については、別稿（大村 2009a）で検討したので参照願いたい。

(28)「権原とは、物に対する財産権利を基礎づける法律行為や出来事、またこれによって取得された法的地位ないし権利主張の根拠であり、取得された財産に対する物件的権利のことをいう」(スチュアート 1998c: 252)。

(29)　現在、「先住民族」の定義は試行錯誤の段階であり、包括的な定義は難しい状況にある（スチュアート 1998c: 233-237)。本書では、そうした現状をふまえた次のスチュアートの定義に暫定的に従っている。「先住民（族）とは、下記の三つの条件を満たすものであるとしておく。すなわち、①古来ある土地に住んできたこと、②現在その土地において異民族の支配下にあって独自の生活様式などを自由に享受できない状況にあること、③自ら先住民（族）と名乗る、あるいは国連や支援団体によって先住民（族）とされていること、である。先住民を規定する条件ではないが、文化や言語が国によって保護され、多文化政策・文化多元政策の対象となるエスニック・マイノリティーとは一線を画して、先住民は先住性に由来する土地権や民族自治権を含む特別の権利、すなわち先住権があると自ら主張する」(スチュアート 1998c: 235)。なお、本書でも、スチュアートの次の定義に従って「先住民」と「先住民族」を使い分けている。すなわち、「全体的なカテゴリー、たとえば先住民の諸権利、国連先住民作業部会などに関して「先住民」といい、個別的なエスニック集団——先住民族ヤノマミや先住民族同士の反目——などに関しては、「先住民族」と使い分ける」(スチュアート 1998c: 251)。先住民については、本多＆葛野＆大村編（2005）や窪田＆野林編（2009）の論考があるので参照願いたい。

(30)「小規模な村では、大きな村にあるボーリング場、映画館などの娯楽施設はなく、余暇をどう過ごすかは深刻な問題になっており、とくに10代から30代の若者が退屈をうったえている。そこで、猟にでも行こうかということになる。それに、40年前までは離合集散という社会メカニズムによって、対人関係における軋轢のような社会的なストレスを回避することができたが、定住村ではそうしたストレスへの社会対処がまだ不十分であり、対人関係の調整が問題になっている。そうしたストレスを発散させるために、村から離れて日帰り、あるいはキャンプを設営して長期的に生業活動を行なう心理的な効果は見逃せない」(スチュアート 1996: 140-141）という指摘がある。

にブーシア地峡を訪れたロス（Ross）との接触が最初の接触である。この詳細については、岸上（2001）のわかりやすい論考があるので参照願いたい。

(22) イヌイトが毛皮交易に参加しはじめる時期については、地域によるばらつきがあり、18世紀に参加しはじめた事例もあるが、カナダ中部および東部極北圏でイヌイトが毛皮交易に本格的に参加しはじめるのは、20世紀に入ってからである。この歴史的な経緯については、岸上（2001）が詳細に検討しているので参照願いたい。

(23) イヌイトにキリスト教が布教される時期には、地域によって大きなばらつきがある。もっとも早く布教がはじまるのは18世紀で、19世紀に拡がってゆき、どの地域においても、20世紀前半にはほぼすべてのイヌイトがキリスト教徒になっていた。この歴史的な経緯については、岸上（1992, 2002; Kishigami 1994）による論考があるので参照願いたい。なお、本書の舞台となるクガールク村にキリスト教が布教されたのはもっとも遅く、20世紀前半である。その経緯については、本書の第3章の193ページを参照。

(24) カナダ極北圏では、1950年代にラジオ放送が、1960年代後半にはテレビ放送がはじまり、1972年にカナダ初の静止軌道衛星 Anik の運用がはじまることで本格化した。当初よりラジオではイヌイト語放送があり、当時イヌイトの先住民運動を先導していたイヌイトの政治家の一人は私に「ラジオ放送こそがイヌイトにとって学校だった」と語っている。ただし、当初のテレビ放送にはイヌイト語放送がなく、イグルーリクなどの一部の地域では、英語放送によるイヌイト語への影響をはじめ、カナダ南部や合衆国の消費文化の影響が危惧され、住民投票でテレビ放送が拒絶された。その後、1970年代後半に、現在のヌナヴト準州のいくつかの村をネットワークでつなぐ実験、イヌクシュク・プロジェクト（Inukshuk project）がはじまると、イヌイトはその実験に協力する条件として、イヌイト語による番組制作と配信を保証することを求めた。1980年に放送ライセンスを取得し、連邦政府からの資金援助を受けて設立された非営利テレビ企業、IBC（Inuit Broadcasting Corporation）は、その成果である。このIBCは1982年1月以来、CBC（Canadian Broadcasting Corporation）の北方放送ネットワーク（Northern Network）の一部として、さらに1999年よりカナダ初の先住民放送ネットワーク APTN（Aboriginal Peoples TV Network）の一部として放送をつづけている。なお、イヌイトのメディア利用に関しては、岸上（2004）と拙文（大村 2006c）による紹介があるので参照願いたい。

(25) 今日では「イヌイト・アート」と呼ばれる。その歴史と特徴については、別稿（大村 1995c; 1996b; 1999a; 2001a; 2005a; 2006b; 2007b; 2009c; 葛野＆大村 2005）で詳しくし、学校が国民の教育という訓練の制度である以上、こうした支配と管理の側面がないとは言えない。

(14) この詳細については、別稿(大村 2005b, 2005e, 2008a)で詳細に論じたので参照願いたい。

(15) このメカニズムについては、小田(1996a, 1997)、本多&葛野&大村編(2005)、大村(2002b, 2005b, 2005e)などを参照願いたい。

(16) 森林限界ラインとは、高木が生育する地域と生育しない地域の境界線のことで、このライン以北では、人間の背丈よりも高い樹木が生育しない。なお、極北圏(Arctic)は、一年のなかで白夜と長夜が一日以上ある地域で、北緯66度33分のアークティック・サークル(Arctic Circle)以北の地域を指す。森林限界ラインと極北圏はかなりずれており、カナダ・イヌイトのなかには、たとえばケベック州のイヌイトのように、森林限界ラインより北だがアークティック・サークルよりも南で生活している人々がいる。そのため、イヌイトは森林限界ライン以北のツンドラ地帯に生活している人々と定義される。

(17) この呼称は言語に基づく呼称で、これらの人々がイヌイト下位語派とユッピク下位語派のいずれかに含まれる言語を話すことを根拠としている。

(18) カナダ・イヌイトの歴史と現状については、岸上(1996; 1998; 2001; 2005; 2007)がわかりやすく詳細に検討している。本書の記述もこれら岸上の研究の成果に基づいているので、イヌイトの歴史と現状については岸上の論考を参照願いたい。

(19) カナダにおけるイヌイトの定住化は、地域によってややばらつきはあるものの、どの地域においても、1950年代にはじまって徐々に進展し、1960年代のはじめには完了した。

(20) たとえば、世界初のドキュメンタリ民族誌映画として著名なロバート・フラハティの『極北のナヌーク』(Flaherty 1922)、北米で学校教材として広く使われた民族誌映画シリーズ『ネツリク・エスキモー・シリーズ』(Balikci 1968)などが有名である。なお、『ネツリク・エスキモー・シリーズ』が撮られたのは、本書の舞台となるクガールク村(当時はペリー・ベイ村)である。

(21) 極北考古学の成果から、すでに今から1000年ほど前にイヌイトはバイキングと接触していたと推定されている。その後、イヌイトが欧米人と接触するようになった時期については、地域によるばらつきが大きい。たとえば、バフィン島東部のイヌイトはすでに1576年に、現在のイカルイトを訪れた英国の探検家フロビッシャー(Frobisher)と接触しているが、本書の舞台であるクガールクのイヌイトの場合、1829年

(6) たとえば、次のような報告がある。Amundsen（1908）、Hall（1865）、Huish（1836）、Klutschak（1881）、Lyon（1824）、McClintock（1859）、Parry（1824）、Rae（1850）、Ross（1835）。

(7) カナダのイヌイト語にはさまざまな方言があり、カナダ東部極北圏の方言では *inuktitut* だが、私が調査を行ったカナダ中部極北圏の方言では *inuktun* と呼ばれる。カナダのイヌイト方言については本書の第1章の第2節の22～27ページを参照願いたい。

(8) ここでいう「伝統」は、定住化する以前の生活様式全体をイヌイト自身が一般化して総称する「イヌインナックトゥン（*Inuinnaqtun*：真なるイヌイトのやり方）」に対応する語として、一方、「近代」は、その「イヌイトのやり方」の対語である「カブルナーックトゥン（*qaplunaaqtun*：白人のやり方）」に対応する語として使っている。実際に、私の経験がおよぶ限りでは、英語とイヌイト語の二言語併用者はしばしば、この二つの区別を同義の区別として扱っている。

(9) ナヴィゲーションの定義については、本書の第3章の第1節の144～146ページを参照願いたい。

(10) これらの分析概念とレトリックについては第1章の21ページを参照。

第1章　極北人類学の功罪

(11) 本書では、「世界観」と「コスモロジー（宇宙観）」を分けて対照的な意味で用いている。世界観は、望ましい世界として未来に向かって投企される指針としての世界のあり方である。他方で、コスモロジーは、過去を振り返って過去の現象を一般化した説明と解釈の図式のことである。この世界観とコスモロジーを明瞭に分けて使うことが人類学において重要であることについては、別稿（大村 2007a, 2010, 2011c, 2012a）で詳細に検討したので参照願いたい。

(12) 20世紀初頭にアメリカ文化人類学を育てた文化人類学の父と呼ばれるボアズの場合、これにあたらず、文化分析の三つの契機のすべてに注意を払っていたことについては、別稿（大村 2011d）で詳しく論じたので参照願いたい。アメリカ文化人類学が本質主義に陥っていた経緯についても、そこで詳細に論じたので参照願いたい。

(13) このような嫌らしい戯画を描いたのは、教員という職業を揶揄するためでも、貶めようとするためでもない。教員が支配と管理の権化であるというつもりもない。ほとんどの教員が生徒のことを心から考えていることに疑いはないと信じている。しか

註

序　章　イヌイトのナヴィゲーションをめぐる諸問題

（1）　ナヴィゲーションの定義については、本書の第3章の第1節の144～146ページを参照。

（2）　従来はInuitを「イヌイット」と表記することが一般的であったが、原語に促音はないので「イヌイト」にあらためた。また、末尾のtは日本語話者には聞き取れないことが多く、また日本語の「ト」とは著しく異なっているが、イヌイト語では末尾の子音で単数・双数・複数を区別するので、このtを落として「イヌイ」と表記する方法を採用すると、数の区別がつかなくなってしまう。たとえば、カリブー（北米トナカイ）はtuktu（単）、tuktuk（双）、tuktut（複）だが、数の区別をはっきりさせるために、日本語にこれらを表記する場合には、「トゥクトゥ」（単）、「トゥクトゥク」（双）、「トゥクトゥト」（複）とした。なお、本書でのイヌイト語のアルファベット表記法については、第3章の184ページの表3-3を参照願いたい。また、民族呼称の詳細については第1章第2節の22～27ページを参照。

（3）「先住民」については註29を参照。

（4）「技術」については註66を参照。

（5）　ここで言う「生業」とは、「天然資源を獲得・処理して消費する諸活動とそれに伴う社会関係のことを指す用語とする。毛皮獣のワナ猟などのように、経済的な利潤を伴う活動でも、「伝統的」な生活様式を維持するためにその利潤が活用される活動は生業に含ませ、商業的な資源活用――漁業、林業――と区別する」（スチュアート 1996: 126）。なお、イヌイトの生業システムとは、実現すべき世界として表象された世界観によって律せられ、イヌイトの社会・政治関係の基礎的な単位である拡大家族集団を生成して維持する一連の諸活動を通して、食料が獲得、分配、消費される社会・文化・経済システムのことである。その詳細については、別稿（大村 2009b, 2011a, 2011b, 2012a, 2013d）を参照願いたい。

1991 *Animal Rights, Human Rights: Ecology, Economy and Ideology in the Canadian Arctic*. Toronto: University of Toronto Press.

2004 From TEK to IQ: Inuit Qaujimajatuqangit and Inuit Cultural Ecology. *Arctic Anthropology* 41 (2): 238-250.

Willerslev, Rane

2007 *Soul Hunters: Hunting, Animism, and Personhood among the Siberian Yukaghirs*. Berkeley & London: University of California Press.

Wilkinson, Paul (ed.)

1984 *Sikumiut: The People Who Use the Sea Ice*. Ottawa: Canadian Arctic Resources Committee.

Williams, Nancy M. & Baines Graham (eds.)

1993 *Traditional Environmental Knowledge: Wisdom for Sustainable Development*. Canberra: Center for Resource and Environmental Studies, Australian National University.

Willmott, William E.

1960 The Flexibility of Eskimo Social Organaization. *Anthropologica* 2: 48-59.

Wilson, Michael

1978 Notes on Ethnobotany in Inuktitut. *The Western Canadian Journal of Anthropology* 8 (2-3-4): 180-196.

Wolfe, J., C. Bechard, P. Cizek & D. Cole (eds.)

1992 *Indigenous and Western Knowledge and Resource Management Systems*. Guelph, Ontario: University School of Rural Planning and Development, University of Guelph.

Young, Steven & Edwin S. Hall Jr.

1969 Contributions to the Ethnobotany of St. Lawrence Island Eskimo. *Anthropological Papers of the University of Alaska* 14 (1): 43-53.

1987 *Le Corps Inuit.* Paris: SELAF.

Thomas, Nicholas

1992 The Invention of Tradition. *American Ethnologist* 19 (2): 213-232.

Turner, Edith

1994 Behind Inupiaq Reincarnation: Cosmological Cycling. In A. Mills & R. Slobodin (eds.), *Amerindian Rebirth; Reincarnation Belief among North American Indians and Inuit*, pp. 67-81, Toronto: University of Toronto Press.

Usher, Peter J.

1975 *The Bankslanders: Economy and Ecology of a Frontier Trapping Community*. Ottawa: Northern Science Research Group, INAC.

1976 The Inuk as Trapper: A Case Study. In M. M. R. Freeman (ed.), *Report: Inuit Land Use and Occupancy Project* vol. 3, pp. 207-216, Ottawa: Department of Indian and Northern Affairs.

2000 Traditional Ecological Knowledge in Environmental Assessment and Management. *Arctic* 53 (2): 183-193.

Van de Velde, Frans O.M.I.

1969 *Geographic Lexicon of Eskimo and English Place Name for the Area Surrounding Pelly Bay, Based on the Map of Rae Strait* (unpublished manuscript; 120 p.).

Vezinet, Monique

1975 Analyse Semantique des Catégories de l'Espace. *Recherches Amerindiennes au Québec* 5(3): 49-61.

Viveiros de Castro, E.

2004a Perspectival Anthropology and the Method of Controlled Equivocation. *Tipití: Journal of the Society for the Anthropology of Lowland South America* 2 (1): 3-20.

2004b Exchanging Perspectives: The Transformation of Objects into Subjects in Amerindian Ontologies. *Common Knowledge* 10 (3): 463-484.

Warren, Scott.

1984 *The Emergence of Dialectical Theory*. Chicago: University of Chicago Press.

Wennekens, Alix

1985 *Traditional Plant Usage by Chugach Natives around Prince William Sound and on the lower Kenai Peninsula*. MA. Thesis, University of Alaska.

Wenzel, George

Toronto: University of Toronto Press.

1976 Inuit Maps from the Canadian Eastern Arctic. In M. M. R. Freeman (ed.), *Report: Inuit Land Use and Occupancy Project* vol. 2, pp. 39-46, Ottawa: Department of Indian and Northern Affairs.

Stairs, Arlene

1992 Self-Image, World-Image: Speculations on Identity from Experiences with Inuit. *Ethos* 20 (1): 116-126.

Stairs, Arlene & George Wenzel

1992 "I am I and the Environment": Inuit Hunting, Community, and Identity. *Journal of Indigenous Studies* 3 (1): 1-12.

Steensby, Hans P.

1910 Contributions to the Ethnology and Anthropogeography of the Polar Esikmos. *Meddelelser om Grønland* 34 (7): 255-405.

Stefansson, Vilhjalmur

1912 *My Life with the Eskimo*. New York: Harper & Brothers.

Stevens, Jonathan (Project Director)

1983 *Traditional Medicine Project*. Inukjuak: Avataq Cultural Institute.

Stevenson, Marc

1996 Indigenous Knowledge in Environmental Assessment. *Arctic* 49 (3): 278-291.

Stewart, Henry & Keiichi Omura

2001 *Final Scientific Report of Ethnological Research at Pelly Bay, Nunavut, Canada, 1992 ~ 1997*. Pelly Bay Ethnological Research Project.

2007 *Final Scientific Report of Ethnological Research on the Inuit Traditional Knowledge at Kugaaruk, Nunavut, Canada, 2002 ~ 2006*. Pelly Bay Ethnological Research Project.

Tanner, Adrian

1979 *Bringing Home Animals: Religious Ideology and Mode of Production of Mistassini Cree Hunters*. Newfoundland: Memorial University Press.

Theberge, John B.

1981 Commentary: Conservation in the North: An Ecological Perspective. *Arctic* 34: 281-285.

Therrien, Michèle

North, pp. 187-212, Tokyo: University of Tokyo Press.

1994b From Foetus to Shaman: The Conctructionof an Inuit Third Sex. In A. Mills and R. Slobodin (eds.), *Amerindian Rebirth; Reincarnation Belief among North American Indians and Inuit*, pp. 82-106, Toronto: University of Toronto Press.

Savelle, James

1985 Effects on Nineteenth Century European Exploration on the Development of the Netsilik Inuit Culture. In P. D. Sutherland (ed.), *The Franklin Era in Canadian Arctic History 1845-1859* (National Museum of Man, Mercury Series Archaeological Survey of Canada Paper No. 131), pp. 192-214, Ottawa: National Museum of Man.

Scott, Colin

1996 Science for the West, Myth for the Rest?: The Case of James Bay Cree Knowledge Construction. In Laura Nader (ed.), *Naked Science: Anthropological Inquiry into Boundaries, Powers, and Knowledge*, pp. 69-86, NewYork & London: Routledge.

Sefa Dei, George, Hall Budd & Dorothy Rosenberg (eds.)

2000 *Indigenous Knowledge in Global Contexts: Multiple Readings of Our World*. Toronto: University of Toronto Press.

Sillitoe, Paul

1998 The Development of Indigenous Knowledge: A New Applied Anthropology. *Current Anthropology* 39 (2): 223-252.

Simeon, George

1982 *Eskimo Wayfindings and Spatial Orientation* (unpublished manuscript). Ottawa: National Museum of Civilization (ref. Contract No. 1630-8-988).

Smith, Eric

1991 *Inujjuamiut Foraging Strategies: Evolutionary Ecology of an Arctic Hunting Economy*. New York: Aldine de Gruyter.

Spencer, Robert F.

1955 Map Making of the North Alaskan Eskim. *Proceedings of the Minnesota Academy of Science* 23: 46-49.

Spink, John & Donald W. Moodie

1972 *Eskimo Maps: From the Canadian Eastern Arctic* (Cartographica Monograph 5).

1988 The Inuit and Wildlife Management Today. In M. M. R. Freeman & L. N. Carbyn (eds.), *Traditional Knowledge and Renewable Resource Management in Northern Regions,* pp.31-37. Edmonton: Boreal Institute for Northern Studies.

Robbe, Pierre

1977 Orientation et Reperage chez les Tileqilamiut. *Études/Inuit/Studies* 1(2): 73-84.

Roepstroff, Andreas

1998 Virtual Stocks, Experts and Knowledge Traditions: The Circulation of Knowledge on Greenland Halibut. In L-J. Dorais, M. Naggy and L. Müller-Wille (eds.), *Aboriginal Environmental Knowledge in the North*, pp. 95-122, Quebec City: GETIC.

Ross, John

1835 *Narrative of a Second Voyage in Search of a North-West Passage, and of a Residence in the Arctic Regions during the years 1829, 1830, 1831, 1832, 1833.* London: A.W. Webster.

Ruddle, K. & R. E. Johannes (eds.)

1989 *Traditional Marine Resource Management in the Pacific Basin: An Anthology.* Jakarta: UNESCO/ RPSTSEA.

Rundstorm, Robert A.

1990 A Cultural Interpretation of Inuit Map Accuracy. *Geographical Review* 80 (2): 155-168.

Sahlins, Marshall

1981 *Historical Metaphors and Mythical Realities*. Ann Arbor: The University of Michigan Press.

Saladin d'Anglure, Bernard

1990 Nanook, Super-male: the Polar Bear in the Imaginatary Space and Social Time of the Inuit of Canadian Arctic. In R. Willis, (ed.), *Signifying Animals: Human Meaning in the Natural World*, pp. 178-195, New York: Routledge.

1993 The Shaman's Share, or Inuit Sexual Communism in the Canadian Central Arctic. *Anthropologica* 35: 59-103.

1994a Brother Moon (*Tqqiq*), Sister Sun (*Siqiniq*), and the Direction of the World (Sila): From Arctic Cosmography to Inuit Cosmology. In T. Irimoto & T. Yamada (eds.), *Circumpolar Religion and Ecology: An Anthropology of the*

1824 *Journal of a Second Voyage for the Discovery of a North-west Passage from the Atlantic to the Pacific Performed in the Years 1821-22-23*. London: John Murray.

Poirier, Jean

1979 Les Noms de Lieux Amérindiens au Québec Face aux Conquérants. *Onoma* 22: 187-195.

Rae, John

1850 *Narrative of an Expedition to the Shoes of the Arctic Sea in 1846 and 1847*. London: T. & W. Boone.

Randa, Vladimir

1989 Esquisse du Traitement Lexical des Catégoies Zoologiques dans la Langue d'Igloolik. *Revue d'Ethnolinguistique* (Cahiers du LACITO) 4, 147-167.

1990 Note sur les Methodes d'Analyse Appliquées aux Matériaux Ethnozoologiques Inuit. *Revue d'Ethnolinguistique* (Cahiers du LACITO) 5, 203-211.

Rasmussen, Knud

1929 *Intellectual Culture of the Iglulik Eskimos* (Report of the Fifth Thule Expedition 1921-1924 vol.7). Copenhagen: Gyldendalske Boghandel.

1930 *Iglulik and Caribou Eskimo Texts* (Report of the Fifth Thule Expedition vol. 7-3). Copenhagen: Gyldendalske Boghandel.

1931 *The Netsilik Eskimos: Social Life and Spiritual Culture* (Report of the Fifth Thule Expedition 1921-1924 vol.8). Copenhagen: Gyldendalske Boghandel.

1932 *Intellectual Culture of the Copper Eskimos* (Report of the Fifth Thule Expedition 1921-1924 vol.9). Copenhagen: Gyldendalske Boghandel.

Remie, Cornelius

1983 Cultural Change and Religious Continuity among Arviligdjuarmiut of Pelly Bay, NWT. 1935-1963. *Études/Inuit/Studies* 7 (2): 53-77.

1984 How Ukpaktoor Lost His Buttock and What He Got in Exchange for It: Cultural Changes amongst the Arviligdjuarmiut of Pelly Bay, NWT. Canada. In W. Nooter, (ed.), *Life and Survival in the Arctic: Cultural Changes in Polar Regions*, pp. 97-120, Hague: Government Publishing Office.

1985 Towards a New Perspective on Netjilik Inuit Female Infanticide. *Études/Inuit/Studies* 9 (1): 67-76.

Riewe, Rick & Lloyd Gamble

2013 The Ontology of Sociality: Sharing and Subsistence Mechanisms. In K. Kawai (ed.) *Groups: Evolution of Human Societies*, pp. 123-142, Kyoto and Melbourne: Kyoto University Press & Trans Pacific Press.

Oosten, Jaarich G.

1976 *The Theoretical Structure of the Religion of the Netsilik and Iglulik*. Meppel: Krips Repro.

1981 The Structure of the Shamanistic Complex among the Netsilik and Iglulik. *Études/Inuit/Studies* 5 (1): 83-98.

Ortner, Sherry B.

1984 Theory in Anthropology since the Sixties. *Comparative Studies in Society and History* 26 (1): 126-165.

Osherenko, Gail

1992 Human / Nature Relations in the Arctic: Changing Perspective. *Polar Record* 28 (167): 277-284.

Ostermann, Hother

1942 *The Mackenzie Eskimo: After Knud Rasmussen's Posthumous notes* (Report of the Fifth Thule Expedition 1921-1924 vol. 10). Copenhagen: Gyldendalske Boghandel.

Oswalt, Wendell

1957 A Western Eskimo Ethnobotany. *Anthropological Papers of the University of Alaska* 6: 17-36.

1989 Esquisse du Traitement Lexical des Catégories Zoologiques dans la Langue d'Igloolik. *Revue d'Ethnolinguistique* (Cahiers du LACITO) 4: 147-168.

1990 Note sur les Méthodes d'Analyse Appliquées aux Matériaux Ethnozoologiques Inuit. *Revue d'Ethnolinguistique* (Cahiers du LACITO) 5: 203-211.

Paillet, J. Pierre

1973 *Eskimo Language Animal and Plant Taxonomies in Baker Lake*. MA. Thesis, Department of Linguistics, Carlton University.

Pallascio, Richard, Richard Allaire & Pierre Mongeau

1993 Spatial Representation of Geometric Objects: A North-South Comparison. *Études/Inuit/Studies* 17 (2): 113-125.

Parry, William E.

Slobodin (eds.), Amerindian Rebirth; Reincarnation Belief among North American Indians and Inuit, pp. 123-135, Toronto: University of Toronto Press.
1998 Critical Reflections on Knowledge Gathering in the Arctic. In L-J. Dorais, M. Naggy & L. Müller-Wille (eds.), pp. 21-36, *Aboriginal Environmental Knowledge in the North*. Quebec City: GETIC.

NWMB (Nunavut Wildlife Management Board)
1998 *A Study of Inuit Knowledge of the Southeast Baffin Beluga*. Iqaluit: Nunavut Wildlife Management Board.
2000 *Final Report of the Inuit Bowhead Knowledge Study*. Iqaluit: Nunavut Wildlife Management Board.

Omura, Keiichi
1997 *Preliminary Report of Linguistic Research at Pelly Bay, N.W.T. Canada, 1996 and 1997: Basic Arviligjuaq Inuktun Dictionary*. Pelly Bay Ethnological Research Project.
1998 A Research Note on the Color Terminology System in the Natsilingmiutut Dialect of Inuktitut. *Études/Inuit/Studies* 22 (1): 123-138.
2002 Construction of *Inuinnaqtun* (Real Inuit-way): Self-image and Everyday Practices in Inuit Society. In H. Stewart, A. Barnard & K. Omura (eds.), *Self and Other Images of Hunter-Gatherer,* pp. 101-111, Osaka: National Museum of Ethnology.
2005a Science against Modern Science: The Socio-political Construction of Otherness in Inuit TEK (Traditional Ecological Knowledge). In N. Kishigami and J. Savelle (eds.), *Indigenous Use and Management of Marine Resources*, pp. 323-344, Osaka: National Museum of Ethnology.
2005b Repetition of Different Things: The Mechanism of Memory in Traditional Ecological Knowledge of the Canadian Inuit. In Kazuyoshi Sugawara (ed.), *Construction and Distribution of Body Resources: Correlations between Ecological, Symbolic and Medical Systems*, pp. 79-107, Tokyo: Research Institute for Language and Cultures of Asia and Africa, Tokyo University of Foreign Studies.
2007 From Knowledge to Poetics: The Sophia of Anti-essentialistic Essentialism in Inuit Traditional Environmental Knowledge. *Japanese Review of Cultural Anthropology* 7: 27-50.

1988 Eider Ecology from Inuit Hunters. In D. Nakashima & D. Murray (eds.), *The Common Eider of Eastern Hudson Bay: A Survey of Nest Colonies and Inuit Ecological Knowledge* (Environmental Studies Revolving Funds Report no. 102). Ottawa: Research Deaprtment, Makivik Corporation.

1991 *The Ecological Knowledge of Belcher Island Inuit: A Traditional Basis for Contemporary Wildlife Co-Management*. Ph. D. Dissertation, Department of Geography, McGill University.

1993 Astute Observers on the Sea Ice Edge: Inuit Knowledge as a Basis for Arctic Co-management. In Julian T. Inglis (ed.), *Traditional Ecological Knowledge: Concepts and Cases*, pp. 99-110, Ottawa: International Program on Traditional Ecological Knowledge, International Development Research Center, Canadian Museum of Nature.

Nelson, Edward W.

1899 *The Eskimo about Bering Strait* (18th Annual Report of the Bureau of American Ethnology 1896-1897 pp. 3-518). Washington D. C.: Government Printing Office.

Nelson, Richard K.

1969 *Hunters of the Northern Ice*. Chicago: The University of Chicago Press.

1976 The Inuk as a Hunter. In M. M. R. Freeman (ed.), *Report: Inuit Land Use and Occupancy Project* vol. 2, pp. 203-206, Ottawa: Department of Indian and Northern Affairs.

Nickerson, N., N. Rowe & E. Richter

1973 Native Plants in the Diets of North Alaskan Eskimos. In C. E. Smith Jr. (ed.), *Man and His Foods: Studies in the Ethnobotany of Nutrition-Contemporary, Primitive and Prehistoric Non-European Diets*, pp. 3-27, Tuscaloosa: University of Alabama Press.

Nickels, Scott, Simon Milen & George Wenzel

1991 Inuit Perceptions of Tourism Development: The Case of Clyde River, Baffin Island, NWT. *Études/Inuit/Studies* 15 (1): 157-169.

Nuttall, Mark

1992 *Arctic Homeland: Kinship, Community and Development in Northwest Greenland*. Toronto: University of Toronto Press.

1994 The Name Never Dies: Greenland Inuit Ideas of the Person. In A. Mills and R.

1985 *Prehistory of the Eastern Arctic*. Academic Press.

Miertsching, F. A.

1846 *From Okak*. Periodical Accounts 18.

Morrow, Phyllis

1990 Symbolic Actions, Indirect Expressions: Limits to Interpretations of Yupik Society. *Études/Inuit/Studies* 14 (1-2): 141-158.

Morrow, Phylis & Hensel, Chase

1992 Hidden Dissension: Minority-Majority Relationships and the Use of Contested Terminology. *Arctic Anthropology* 29 (1): 38-53.

Müller-Wille, Ludger

1983 Inuit Toponymy and Cultural Sovereignty. *McGill Subarctic Research Paper* 37: 131-150.

1984 The Legacy of Native Toponyms: Towards Establishing the Inuit Place Name Inventory of Kativik Region (Quebec). *Onomastica Canadiana* 65: 2-19.

1987 *Gazetteer of Inuit Place Names in Nunavik (Quebec, Canada)*. Inukjuak: Avataq Cultural Institute.

1996 Geographical and Territorial Concepts in Inuit Toponymy: Names of Offshore Features in Nunavik. In Birgitte Jacobsen (ed.), *Cultural and Social Research in Greenland 95/96: Essays in Honour of Robert Petersen*, pp. 209-216, Nuuk: Ilisimatusarfik / Atuakkirfik.

Murdoch, John.

1892 *Ethnological Results of the Point Barrow Expedition* (9th Annual Report of the Bureau of American Ethnology 1887-1888) Washington D. C.: Government Printing Office.

Nadasdy, Paul

2003 *Hunters and Bureaucrats: Power, Knowledge, and Aboriginal-State Relations in the Southwest Yukon*. Vancouver & Toronto: UBC Press.

Nader, Laura

1996 Introduction: Anthropological Inquiry into Boundaries, Powers, and Knowledge. In Laura Nader (ed.), *Naked Science: Anthropological Inquiry into Boundaries, Powers, and Knowledge*, pp.1-28, NewYork & London: Routledge.

Nakashima, Douglas

Lyon, George

1824 *The Private Journal of Captain G. F. Lyon of H. M. S. Hecla during the Recent Voyage of Discovery Under Captain Parry*. London: John Murray.

Mathiassen, Therkel

1928 *Material Culture of the Iglulik Eskimos* (Report of the Fifth Thule Expedition, vol.6-1). Copenhagen: Gyldendalske Boghandel.

1931 *Contributions to the Physiography of Southampton Island* (Report of the Fifth Thule Expedition vol.1-2). Copenhagen: Gyldendalske Boghandel.

1933 *Contributions to the Geography of Baffin Land and Melville Peninsula* (Report of the Fifth Thule Expedition vol.1-3). Copenhagen: Gyldendalske Boghandel.

MacDonald, John

1998 *The Arctic Sky: Inuit Astronomy, Star Lore, and Legend*. Iqaluit: Nunavut Research Institute.

McDonald, Miriam, Lucassie Arragutainaq & Zack Novalinga

1997 *Voices from the Bay: Traditional Ecological Knowledge of Inuit and Cree in the Hudson Bay Bioregion*. Ottawa: Canadian Arctic Resources Committee and Environmental Committee of Municipality of Sanikiluaq.

Maffi, Luisa (ed.)

2001 *On Biological Diversity: Linking Language, Knowledge, and the Environment*. Washington & London: Smithsonian Institution Press.

McClintock, Leopold

1859 *The Voyage of the 'Fox' in the Arctic Seas: A Narrative of Discovery of the Fate of Sir John Franklin and His Comapnions*. London: John Murray.

McGhee, Robert

1990 *Canadian Arctic Prehistory*. Hull: Canadian Museum of Civilization.

McGrath, Robin

1985 Images of the Land in Inuit Literature. *Études/Inuit/Studies* 9 (2): 133-139.

1988 Maps as Metaphor: One Hundred Years of Inuit Cartography. *Inuit Art* 3 (1): 6-10.

MacPherson, A. H.

1981 Commentary: Wildlife Conservation and Canada's North. *Arctic* 34: 103-107.

Maxwell, Moreau S.

Man's Image in Medicine and Anthropology, pp. 116-140, New York: Institute of Social and Historic Medicine.

1968 Hunting: An Integrating Biobehavior System and Its Evolutionary Implications. In Richard B. Lee & Irven DeVore (eds.), *Man the Hunter*, pp. 304-320, Chicago: Aldine.

1976 Hunting: An Integrating Biobehavior System. In M. M. R. Freeman (ed.), *Report: Inuit Land Use and Occupancy Project* vol. 3, pp. 193-203, Ottawa: Department of Indian and Northern Affairs.

Lave, Jean

1996 The Savagery of Domestic Mind. In Laura Nader (ed.), *Naked Science: Anthropological Inquiry into Boundaries, Powers, and Knowledge*, pp. 87-100, NewYork & London: Routledge.

Lavie, S., Narayan, K. & R. Rosaldo (eds.)

1993 *Creativity / Anthropology*. Ithaca: Cornell University Press.

Leopold, A. Starker & F. Fraser Darling

1953 *Wildlife in Alaska: An Ecological Reconnaissance*. New York: Ronald Press.

Lester, Geoffrey S.

1979 Aboriginal Land Rights: The Significance of Inuit Place Naming. *Études/Inuit/Studies* 3: 53-75.

1980 Analysis of Toponymic Data and Legal Implications. *Canoma* 6 (2): 20-28.

Lewis, Henry T.

1993 Traditional Ecological Knowledge: Some Definitions. In Nancy Williams & Graham Baines (eds.), *Traditional Ecological Knowledge: Wisdom for Sustainable Development*, pp.8-12, Canberra: Center for Resource and Environmental Studies, Australian National University.

Linnekin, Jocelyn

1992 On the Theory and Politics of Cultural Construction in the Pacific. *Oceania* (special issue) 62 (4): 249-263.

Lowe, Ronald

1980 De l'Espace au Temps en Inuktitut. In A. Dugas (ed.), *Inuktitut et Langues Amérindiennes au Québec,* pp.133-157. Quebec: Les Presses de l'Université du Quebéc.

Klutschak, Heinrich

1881 *Overland to Starvation Cove: With the Inuit in Search of Franklin, 1878-1880*. Toronto: University of Toronto Press.

Kleivan, Inge

1962 The Swan Maiden Myth among the Eskimo. *Acta Arctica* 13: 6-47.

Krupnik, Igor & Dyanna Jolly (eds.)

2002 *The Earth Is Faster Now*. Fairbanks: Arctic Research Consortium of United States.

Krupnik, Igor & Nikolay Vakhtin

1997 Indigenous Knowledge in Modern Culture: Siberian Yupik Ecological Legacy in Transition. *Arctic Anthropology* 34 (1): 236-252.

Lalonde, Andre

1993 African Indigenous Knowledge and Its Relevance to Sustainable Development. In Julian T. Inglis (ed.), *Traditional Ecological Knowledge: Concepts and Cases*, pp.55-62, Ottawa: International Program on Traditional Ecological Knowledge, International Development Research Center, Canadian Museum of Nature.

Lantis, Margaret

1938 The Alaskan Whale Cult and Its Affinities. *American Anthropologists* 40 (3): 438-464.

1946 The Social Culture of the Nunivak Eskimo. *Transcriptions of the American Philosophical Society* 35: 153-323.

1947 *Alaskan Eskimo Ceremonialism* (American Ethnological Society Monograph No. 2). Seattle: University of Washington Press.

1959 Folk Medicine and Hygiene: Lower Kuskokwim and Nunivak-Nelson Island Areas. *Anthropological Papers of the University of Alaska* 8 (1): 1-76.

Lasserre, Pierre & Kenneth Ruddle

1982 *Traditional Knowledge and Management of Marine Coastal Systems* (Report of the ad hoc Steering Group). Paris: UNESCO.

Laughlin, William S.

1961 Acquisition of Anatomical Knowledge by Ancient Man. In S. L. Washburn (ed.), *Social Life of Early Man*, pp. 150-175, Chicago: Aldine.

1963 Primitive Theory of Medicine: Empirical Knowledge. In Ingo Galdson (ed.),

1922 *The Life of the Copper Eskimo* (Report of the Canadian Arctic Expedition 1913-1918 vol. 12A). Ottawa: King's Printer.

1928 *The People of the Twilight*. New York: MacMillan.

1957 *Dawn in Arctic Alaska*. Minneapolis: University of Minnesota Press.

Johannes, Robert E. (ed.)

1989 *Traditional Ecological Knowledge: A Collection of Essays*. Gland, Switzerland & Cambridge: IUCN.

Johannes, Robert E.

1993 Integrating Traditional Ecological Knowledge and Management with Environment Impact Assessment. In Julian T. Inglis (ed.), *Traditional Ecological Knowledge: Concepts and Cases*, pp.33-40, Ottawa: International Program on Traditional Ecological Knowledge, International Development Research Center, Canadian Museum of Nature.

Johnson, Martha (ed.)

1992 *Lore: Capturing Traditional Environmental Knowledge*. Ottawa: Dene Cultural Institute and International Development Research Center.

Kawagley, Oscar

1990 Yup'ik Ways of Knowing. *Canadian Journal of Native Education* 17(2): 5-17.

1995 *Yupiaq Worldview: A Pathway to Ecology and Spirit, Prospect Heights*. Illinois: Waveland Press.

Keesing, Roger M.

1976 *Cultural Anthropology: A Contemporary Perspective.* Fort Worth: Holt, Rinehart and Winston, Inc.

Kishigami, Nobuhiro

1994 Why Become Christians?: Hypotheses on the Christanization of the Canadian Inuit. In T. Irimoto & T. Yamada (eds.), *Circumpolar Religion and Ecology: Anthropology of the North*, pp. 221-235, Tokyo: University of Tokyo Press.

1995 Extended Family and Food Sharing Practices among the Contemporary Netsilik Inuit: A Case Study of Pelly Bay. 『北海道教育大学紀要１部B』 45 (2): 1-9.

Kishigama, Nobuhiro & James Savelle (eds.)

2005 *Indigenous Use and Management of Marine Resources*. Osaka: National Museum of Ethnology.

1888 Ethnological Sketch of the Ammassalik People. *Meddelelser om Grønland* 10 (2): 43-182.

Hughes, Charles C.

1984 History of Ethnology after 1945. In David Damas (ed.), *Arctic: Handbook of North American Indians* vol. 5, pp. 23-26, Washington D.C.: Smithsonian Institution.

Huish, Robert

1836 *A Narrative of Voyages and Travels of Captain Bechey to the Pacific and Behring's Straits; Performed in the Years 1825, 26, 27 and 28*. London: Wright.

Hunn, Eugene

1993 What Is Traditional Ecological Knowledge? In Nancy Williams & Graham Baines (eds.), *Traditional Environmental Knowledge: Wisdom for Sustainable Development*, pp. 13-15, Canberra: Center for Resource and Environmental Studies, Australian National University.

Hviding, Edvard

1996 Nature, Culture, Magic, Science: On Meta-languages for Comparison in Cultural Ecology. In Philippe Descola & Gisli Palsson (eds.), *Nature and Society*, pp. 165-184, London & New York: Routledge.

Inglis, Julian (ed.)

1993 *Traditional Ecological Knowledge: Concepts and Cases*. Ottawa: International Program on Traditional Ecological Knowledge, International Development Research Center, Canadian Museum of Nature.

Ingold, Tim

2000 *The Perception of the Environment: Essays in Livelihood, Dwelling and Skill*. London & New York: Routledge.

IQ Task Force

2002 *The First Annual Report of the Inuit Qaujimajatuqangit (IQ) Task Force*. Iqaluit: Government of Nunavut, Department of Culture, Language, Elders and Youth.

Irving, Lawrence

1958 On the Naming of Birds by Eskimos. *Anthropological Papers of the University of Alaska* 6 (2): 61-77.

Jenness, Diamond

1994 Born-Again Pagans: The Inuit Cycle of Spirits. In A. Mills and R. Slobodin (eds.), *Amerindian Rebirth; Reincarnation Belief among North American Indians and Inuit*, pp. 107-122, Toronto: University of Toronto Press.

Gunn, Anne, Goo Arlooktoo & David Kaomayok

1988 The Contribution of the Ecological Knowledge of Inuit to Wildlife Management in the Northwest Territories. In M. M. R. Freeman & Ludwig N. Carbyn (eds.), *Traditional Knowledge and Renewable Resource Management in Northern Regions*, pp. 22-30, Edmonton: Boreal Institute for Northern Studies.

Hall, Charles F.

1865 *Life with the Esquimaux: A Narrative of Arctic Experience in Search of Survivors of Sir John Franklin's Expedition*. Tuttle: Rutland.

1879 *Narrative of the Second Arctic Expedition Made by Charles F. Hall* (J. E. Nourse ed.). Washington D.C.: Government Printing Office.

Hallendy, Norman

1994 Inuksuit: Semalithic Figures Constructed by Inuit in the Canadian Arctic. In D. Morrison & J-L. Pilon (eds.), *Threads of Arctic Prehistory: Papers in Honour of William E. Taylor* (Mercury Series, Archaeological Survey of Canada Paper 149), pp. 385-408, Hull: Canadian Museum of Civilization.

Hardesty, Donald L.

1977 *Ecological Anthropology*. New York: Wiley & Sons.

Heinrich, Albert. C.

1974 Color Classification of Some Central Canadian Eskimos. *Arctic Anthropology* 11 (1): 68-72.

1977 Some Notes on Central Eskimo Color Terminology. In W. C. McCormack & S. A. Wurm (eds.), *Language and Thought: Anthropological Issues*, pp. 45-59, Paris: Mouton Publishers.

Hensel, Chase & Phyllis Morrow

1998 Co-management and Co-optation: Alaska Native Participation in Regulatory Processes. *Cultural Survival Quarterly* 22 (3): 69-71.

Hertz, Ole

1968 Plant Utilization in a West Greenland Hunting Community. *Folk* 10: 37-45.

Holm, Gustav F.

Nancy Williams & Graham Baines (eds.), *Traditional Ecological Knowledge: Wisdom for Sustainable Development*, pp. 153-161, Canberra: Center for Resource and Environmental Studies, Australian National University.

1997 Issues Affecting Subsistence Security in Arctic Societies. *Arctic Anthropology* 34 (1): 7-17.

Freeman, Milton M. R. & Ludwig N. Carbyn (eds.)

1988 *Traditional Knowledge and Renewable Resource Management in Northern Regions*. Edmonton: Boreal Institute for Northern Studies, The University of Alberta.

Gagné, Raymond

1966 *Eskimo Language Course*. Ottawa: Department of Indian Affairs and Northern Development.

1968 Spatial Concepts in the Eskimo Language. In V. Valentine & F. Vallee (eds.), *Eskimo of the Canadian Arctic*, pp. 30-38, Toronto: Caleton Library.

Gamble, Donald

1986 Crushing of Cultures: Western Applied Science in Northern Societies. *Arctic* 39 (1): 20-23.

Geertz, Clifford

1973 *The Interpretation of Culture*. New York: Basic Books.

GN (Government of Nunavut)

1999 *Report from the September Inuit Qaujimajatuqangit Workshop.* CLEY.

Goehring, Brian

1987 *unpublished manuscript of Pelly Bay place names* (69p).

Goodenough, Ward H.

1996 Navigation in the Western Carollines. In Laura Nader (ed.), *Naked Science: Anthropological Inquiry into Boundaries, Powers, and Knowledge*, pp. 29-42, NewYork & London: Routledge.

Gubser, Nicholas

1965 *The Nunamiut Eskimos: Hunters of Caribou*. New Haven: Yale University Press.

Guemple, Lee

1991 Teaching Social Relations to Inuit Children. In T. Ingold, D. Riches & J. Woodburn (eds.), *Hunters and Gatherers* 2, pp. 131-149, New York: BERG.

1990b Eskimo Iconography and Symbolism: Introduction. *Études/Inuit/Studies* 14 (1-2): 7-22.

1994 *Boundaries and Passages: Rule and Ritual in Yup'ik Eskimo Oral Tradition*. Norman & London: University of Oklahoma Press.

1995 *Freeze Frame: Alaska Eskimos in the Movies*. Seattle & London: University of Washington Press

Fitzhugh, William & Susan Kaplan (eds.)

1982 *Inua: Spirit World of the Bering Sea Eskimo*. Washington D.C.: Smithsonian Institution Press.

Flaherty, R. J.

1922 *Nanook of the North*. (film)

Fortescue, Michael

1988 *Eskimo Orientation Systems*. (Meddelelser om Grønland Man and Society No. 11), Copenhagen: Museum Tusculanum Press.

Fossett, Renee

1996 Mapping Inuktitut: Inuit Views of the Real World. In Elizabeth Vibert (ed.), *Reading Beyond Words: Contexts for Native History*, pp. 74-94, Toronto: Broadview.

Freeman, Milton M. R. (ed.)

1976 *Report: Inuit Land Use and Occupancy Project* (3 vols). Ottawa: Department of Indian and Northern Affairs.

Freeman, Milton M. R.

1976 Fieldwork Methodology: Rationale and Assessment. In M. M. R. Freeman (ed.), *Report: Inuit Land Use and Occupancy Project* vol. 2, pp. 47-60, Ottawa: Department of Indian and Northern Affairs.

1985 Appeal to Tradition: Different Perspectives on Arctic Wildlife Management. In J. Brøsted, et al. (eds.), *Native Power: The Quest for Autonomy and Nationhood of Indigenous Peoples*, pp. 265-281, Bergen, Oslo, Stavanger & Tromso: Universitetsforlaget As.

1988 Environment, Society and Health: The Quality of Life Issues in the Contemporary North. *Arctic Medical Research* 47 (Suppl. 1): 53-59.

1993 Traditional Land Users as a Legitimate Source of Environmental Expertise. In

Ellanna, Linda

1991 More than Subsistence: The Harvest of Wild Resources and Alaska Native Cultural and Social Identity. 『第6回北方民族文化シンポジウム報告書』pp. 28-37, 網走：北海道立北方民族博物館.

Ellen, Roy, Peter Parkes & Alan Bicker (eds.)

2000 *Indigenous Environmental Knowledge and Its Transformations: Critical Anthropological Perspectives*. London & New York: Routledge.

Feit, Harvey

1973 The Ethno-ecology of the Waswanipi Cree, or How Hunters Can Manage Their Resources. In Bruce Cox (ed.), *Cultural Ecology: Readings on Canadian Indians and Eskimos*, pp. 115-125, Tronto: McClelland & Stewart.

1978 *Waswanipi Realities and Adaptations: Resource Management and Cognitive Structure*. PhD. Dissertation, McGill University.

1988 Self-management and State-management. In M.M.R. Freeman & L.N. Carbyn (eds.), *Traditional Knowledge and Renewable Resource Management* in Nothern Regions, pp. 72-91, Edmonton: Boreal Institute for Northern Studies.

Feldman, Kerry D.

1995 Nasaq and Napaaqtuq: Issues in Inupiaq Eskimo Life-form Classification and Ethnoscience. *Études/Inuit/Studies* 19 (2): 77-100.

Ferguson, Michael & Francois Messier

1997 Collection and Analysis of Traditional Ecological Knowledge about a Population of Arctic Tundra Caribou. *Arctic* 50 (1): 17-28.

Ferguson, Michael, Robert Williamson & Francois Messier

1998 Inuit Knowledge of Long-term Changes in a Population of Arctic Tundra Caribou. *Arctic* 51 (3): 201-219.

Fienup-Riordan, Ann

1983 *The Nelson Island Eskimo: Social Structure and Ritual Distribution*. Anchorage: Alaska Pacific University Press.

1986 The Real People: The Concept of Personhood among the Yup'ik Eskimos of Western Alaska. *Études/Inuit/Studies* 10 (1-2): 261-270.

1990a *Eskimo Essays: Yup'ik Lives and How We See Them*. New Brunswick: Rutgers University Press.

Anthropological Perspectives, pp. 1-21, London & New York: Routledge.
Dorais, Louis-Jacques
1977 Some Notes on the Semantics of Eastern Eskimo Localizers. *Anthropological Linguistics* 13 (3): 91-95.
1978 *Iglulingmiut Uqausingit: The Inuit Language of Igloolik NWT*. Quebec: Association Inuksiutiit Katimajiit.
1984 Sémantique des Noms d'Animaux en Groenlandais de l'Est. *Amerindian* 9: 7-23.
1988 Inuit Identity in Canada. *Folk* 30: 23-32.
1989 Bilingualism and Diglossia in the Canadian Eastern Arctic. *Arctic* 42 (3): 199-207.
1990 *Inuit Uqausiqatigiit: Inuit Languages and Dialects*. Iqaluit: Arctic College, Nunatta Campus.
1993 *From Magic Words to Word Processing: A History of the Inuit Language*. Iqaluit: Arctic College, Nunatta Campus.
1996 *Language in Inuit Society*. Iqaluit: Arctic College, Nunatta Campus.
1997 *Quaqtaq: Modernity and Identity in an Inuit Community*. Toronto: University of Toronto Press.
2010 *The Language of the Inuit: Syntax, Semantics, and Society in the Arctic*. Montreal: McGill-Queen's University Press.
Dorais, Louis-Jacques, Murielle Naggy & Ludger Müller-Wille (eds.)
1998 *Aboriginal Environmental Knowledge in the North*. Quebec City: GETIC.
Doubleday, N. C.
1993 Finding Common Ground: Natural Law and Collective Wisdom. In J. T. Inglis (ed.), *Traditional Ecological Knowledge: Concepts and Cases,* pp. 41-53. Ottawa: International Program on Traditional Ecological Knowledge, International Development Research Center, Canadian Museum of Nature.
Dristas, Polly
1986 *Plants in Inuit Culture: The Ethnobotany of Iglulingmiut*. MA. Thesis, Laval University.
Dybbroe, Susanne
1996 Questions of Identity and Issues of Self-determination. *Études/Inuit/Studies* 20 (2): 39-53.

Cruikshank, Julie

1981 Legend and Landscape: Convergence of Oral and Scientific Traditions in the Yukon Territory. *Arctic Anthropology* 18 (2): 67-93.

Dahl, Jens

1989 The Integrative and Cultural Role of Hunting and Subsistence in Greenland. *Études/Inuit/Studies* 13 (1): 23-42.

Damas, David (ed.)

1984 *Arctic: Handbook of North American Indians* vol. 5. Washington D. C.: Smithsonian Institution.

D'Andrade, Roy

1995 *The Development of Cognitive Anthropology*. Cambridge: Cambridge University Press.

De Cotret, R. R.

1991 Letter to the Editor. *Arctic Circle* 1 (4): 8.

De la Barre, Kenneth & Suzanne De la Barre

1993 *The Participation of Indigenous Peoples and the Application of their Environmental Protection Strategy* vol. 2. Ottawa: Inuit Circumpolar Conference.

Denny, J. Peter

1980a *Semantics of the Inuktitut (Eskimo) Spatial Deictics*. London: The University of Western Ontario, Department of Psychology.

1980b Curriculum Development for Teaching Mathematics in Inuktitut: The "Learning-from-Language" Approach. *Canadian Journal of Anthropology* 1 (2): 199-204.

1981 *Cultural Ecology of Mathematics: Ojibwa and Inuit Hunters*. London: The University of Western Ontario, Department of Psychology.

1982 Semantics of the Inuktitut (Eskimo) Spatial Deictics. *Internationa Journal of American Linguistics*. 48: 359-384.

1986 Cultural Ecology of Mathematics: Ojibwa and Inuit Hunters. In Michael P. Closs (ed.), *Native American Mathematics*, pp. 129-180, Austin: University of Texas Press.

Descola, Philippe & Gisli Palsson

1996 Introduction. In Philippe Descola & G. Palsson (eds.), *Nature and Society:*

1971 The Nonempirical Environment of the Arctic Alaskan Eskimos. *Southwestern Journal of Anthropology* 27 (2): 148-165.

Carpenter, Edmund

1955 Space Concepts of the Aivilik Eskimos. *Explorations* 5: 131-145.

1973 *Eskimo Realities*. New York: Holt, Rinehart & Winston.

Carpenter, E., F. Varley & R. Flaherty

1959 *Eskimo*. Toronto: University of Toronto Press.

Castonguay, Rachel

1979 The Relevance of Native Toponymy in Illustrating Land Occupancy in the Canadian North. *Onomastica* 56: 1-21.

Chaiklin, Seth & Jean Lave (eds.)

1996 *Understanding Practice: Perspectives on Activity and Context*. Cambridge: Cambridge University Press.

Collignon, Beatrice

1993 The Variations of Land Use Pattern: Seasonal Movements and Cultural Change among the Copper Inuit. *Études/Inuit/Studies* 17 (1): 71-90.

2006 Inuit Place Names and Sense of Place. In P. Stern & L. Stevenson (eds.), *Critical Inuit Studies: An Anthology of Contemporary Arctic Ethnography*, pp. 187-216, Lincoln & London: University of Nebraska Press.

Collings, Peter

1997 Subsistence Hunting and Wildlife Management in the Central Canadian Arctic. *Arctic Anthropology* 34 (1): 41-56.

Condon, Richard, Peter Collings & George Wenzel

1995 The Best Part of Life: Subsistence Hunting, Ethnicity, and Economic Adaptation among Young Adult Inuit Males. *Arctic* 48 (1): 31-46.

Conklin, Harold

1955 *The Relation of Hanunoo Culture to the Plant World*. PhD. Dissertation, Yale University.

Correll, Thomas C.

1976 Language and Location in Traditional Inuit Societies. In M. M. R. Freeman (ed.), *Report: Inuit Land Use and Occupancy Project* vol. 2, pp. 173-186, Ottawa: Department of Indian and Northern Affairs.

of Alaska. In Bender Barbara (ed.), *Landscape: Politics and Perspectives*, pp. 169-204, Oxford: BERG.

1997 "People Who Are Like Our Books": Reading and Teaching on the North Slope of Alaska. *Arctic Anthropology* 34 (1): 117-134.

Bonneval, Laurence & Jolle Robrt-Lamblin

1979 Utilisation des Végétaux à Ammassalik (Est Groenland). *Études/Inuit/Studies* 3 (2): 103-117.

Bourdieu, Pierre

1977 *Outline of a Theory of Practice*. Cambridge: Cambridge University Press.

Brice-Bennett, Carol

1976 Inuit Land Use in the East-Central Canadian Arctic. In M. M. R. Freeman (ed.), *Report: Inuit Land Use and Occupancy Project* vol. 1, pp. 63-81, Ottawa: Department of Indian and Northern Affairs.

Briggs, Jean L.

1968 *Utkuhikhalingmiut Eskimo Emotional Expression*. Ottawa: Department of Indian Affairs and Northern Development, Northern Science Research Group.

1970 *Never in Anger: Portrait of an Eskimo Family*. Cambridge: Harvard University Press.

1979 *Aspects of Inuit Value Socialization.* Ottawa: National Museum of Canada..

1991 Expecting the Unexpected: Canadian Inuit Training for an Experimental Lifestyle. *Ethos* 19 (3): 259-287.

1997 From Trait to Emblem and Back: Living and Representing Culture in Everyday Inuit Life. *Arctic Anthropology* 34 (1): 227-235.

1998 *Inuit Morality Play: The Emotional Education of a Three-Year-Old.* Yale University Press & ISER Books, Memorial University.

Brody, Hugh

1975 *The People's Land: Whites and the Eastern Arctic*. Penguin Books.

1976 Land Occupancy: Inuit Perceptions. In M. M. R. Freeman (ed.), *Report: Inuit Land Use and Occupancy Project* vol. 1, pp. 185-242, Ottawa: Department of Indian and Northern Affairs.

1987 *Living Arctic: Hunters of the Canadian North*. Vancouver: Douglas & McIntyre.

Burch, Ernest S. Jr.

1955 *A Gramatical Outline of the Eskimo Language of West Greenland*. Oslo: Skrivemaskinstua.

1973 Aluet Deixis. *Norwegian Journal of Linguistics* 27: 7-14.

Berlin, Brent & Poul. Kay

1969 *Basic Color Terms: Their Universality and Evolution*. Berkeley & Los Angeles: University of California Press.

Berry, John. W.

1966 Temne and Eskimo Perceptual Skills. *International Journal of Psychology* 1 (3): 207-229.

1969 Ecology and Socialization as Factors in Figural Assimilation and the Resolution of Binocular Rivalry. *International Journal of Psychology* 4: 271-280.

1971 Ecological and Cultural Factors in Spatial Perceptual Development. *Canadian Journal of Behavioral Science* 3 (4): 324-336.

Bielawski, Ellen

1996 Inuit Indigenous Knowledge and Science in the Arctic. In Laura Nader (ed.), *Naked Science: Anthropological Inquiry into Boundaries, Powers, and Knowledge*, pp. 216-227, NewYork & London: Routledge.

Birket-Smith, Kaj

1929 *The Caribou Eskimos: Material and Social Life and Their Cultural Position* (Report of the Fifth Thule Expedition 1921-1924 vol.5). Copenhagen: Gyldendalske Boghandel, Nordisk Forlag.

Boas, Franz

1888 (1964) *The Central Eskimo* (reprinted). Lincoln: University of Nebraska Press.

1901-1907 *The Eskimo of Baffin Land and Hudson Bay*. Bulletin of the American Museum of Natural History 15.

Bodenhorn, Barbara

1989 *The Animals Come to Me, They Know I Share: Inuipiaq Kinship, Changing Economic Relations and Enduring World Views on Alaska's North Slope*. Ph. D thesis, Cambridge University.

1990 'I Am Not the Great Hunter, My Wife Is: Inupiat and Anthropological Models of Gender. *Études/Inuit/Studies* 14 (2): 55-74.

1993 Gendered Spaces, Public Places: Public and Private Revisited on the North Slope

1964 *Development of Basic-Economic Units in Two Eskimo Communities*. Ottawa: National Museum of Canada.

1968 *Netsilik Eskimo Series*. (film) Education Development Center, Inc. & The National Film Board of Canada.

1970 *The Netsilik Eskimo*. New York: The Natural History Press.

1978 The Netsilik Inuit Today. *Étude/Inuit/Studies* 2 (1): 111-119.

1984 Netsilik. In D. Damas (ed.), *Handbook of North American Indian* vol. 5 (Arctic), pp. 415-430, Washington D.C.: Smithsonian Institution.

Balt, Peter

1977 *Body Parts Workbook; Timiup Atingit*. Rankin Inlet.

Baillargeon, R., G. Neolting, L-J. Dorais & B. Saladin d'Anglure

1977 Aspects Sémantiques et Structuraux de la Numération chez les Inuit. *Études/Inuit/Studies*1 (1): 93-128.

Barker, James

1993 *Always Getting Ready: Yup'ik Eskimo Subsistence in Southwest Alaska*. Seattle: University of Washington Press.

Battiste, Marie & James Henderson

2000 *Protecting Indigenous Knowledge and Heritage*. Saskatoon: Purich Publishing Ltd.

Berkes, Fikret

1988 Environmental Philosophy of the Chisasibi Cree People of James Bay. In M. M. R. Freeman & L. N. Carbyn (eds.), *Traditional Knowledge and Renewable Resource Management in Northern Regions,* pp.7-21. Edmonton: Boreal Institute for Northern Studies.

1993 Traditional Ecological Knowledge in Perspective. In Julian T. Inglis (ed.), *Traditional Ecological Knowledge: Concepts and Cases*, pp. 1-10, Ottawa: International Program on Traditional Ecological Knowledge, International Development Research Center, Canadian Museum of Nature.

1999 *Sacred Ecology*. Philadelphia: Taylor & Francis.

Bergsland, Knut

1951 Aluet Demonstratives and the Aluet-Eskimo Relationship. *International Journal of American Linguistics* 17: 167-179.

2005 From Map to Horizon; from Trail to Journey: Documenting Inuit Geographic Knowledge. *Études/Inuit/Studies* 29 (1-2): 221-231.

2009 The Trail as Home: Inuit and Their Pan-Arctic Network of Routes. *Human Ecology* 37: 131-146.

2011 Shifting Perspectives on Shifting Ice: Documenting and Representing Inuit Use of the Sea Ice. *The Canadian Geographer* 55 (1): 6-19.

Aporta, Claudio & Eric Higgs

2005 Satellite Culture: Global Positioning Systems, Inuit Wayfinding, and the Need for a New Account of Technology. *Current Anthropology* 46 (5): 729-753.

Aporta, Claudio, D. R. Fraser Taylor & Gita J. Laidler (eds).

2011 Special Issue: Geographies of Inuit Sea Ice Use. *The Canadian Geographer* 55 (1).

Arima, Eugene Y.

1976a An Assessment of the Reliability of Informant Recall. In M. M. R. Freeman (ed.), *Report: Inuit Land Use and Occupancy Project* vol. 2, pp. 31-38, Ottawa: Department of Indian and Northern Affairs.

1976b Views on Land Expressed in Inuit Oral Traditions. In M. M. R. Freeman (ed.), *Report: Inuit Land Use and Occupancy Project* vol. 2, pp. 217-222, Ottawa: Department of Indian and Northern Affairs.

Arnakak, Jaypeetee

1995 The Use of Demonstratives in the Baffin Island Dialects. *Études/Inuit/Studies* 19 (1): 119-125.

Bagrow, Leo

1948 Eskimo Maps. *Imago Mundi* 5: 92-94.

Baines, Graham & Nancy M. Williams

1993 Partnerships in Tradition and Science. In Nancy Williams & Graham Baines (eds.), *Traditional Ecological Knowledge: Wisdom for Sustainable Development*, pp. 153-161, Canberra: Center for Resource and Environmental Studies, Australian National University.

Balikci, Asen

1963 Shamanistic Behavior among the Netsilik Eskimos. *Southwestern Journal of Anthropology* 19 (4): 380-396.

1995 『地図の想像力』東京：講談社。

〈外国語文献〉

Abu-Lughod, Lila

1991 Writing against Culture. In R. Fox (ed.), *Recapturing Anthropology*, pp. 137-162, Santa Fe: School of American Research Press.

Ager, Thomas A. & Lynn P. Ager

1980 Ethnobotany of the Eskimos of Nelson Island, Alaska. *Arctic Anthropology* 17: 27-48.

Agrawal, Arun

1995 Dismantling the Divide between Indigenous and Scientific Knowledge. *Development and Change* 26: 413-439.

Amagoalik, Jose

2000 Wasteland of Nobodies. In J. Dahl, J. Hicks & P. Jull (eds.), *Nunavut: Inuit Regain Control of Their Lands and Their Lives*, pp.138-141, IWGIA.

2001 What Is This Land? In H-L. Blohm (ed.), *The Voices of the Natives*, pp. 9-10, Penumbra Press.

Amundsen, Roald

1908 *The North West Passage*. New York: E. P. Dutton & Company.

Anderson, J, P.

1939 Plants Used by the Eskimos of the Northern Bering Sea and Arctic Regions of Alaska. *American Journal of Botany* 26: 714-716.

Andrews, Thomas A.

1988 Selected Bibliography of Native Resource Management Systems and Native Knowledge of the Environment. In M. M. R. Freeman & Ludwig N. Carbyn (eds.), *Traditional Knowledge and Renewable Resource Management in Northern Regions*, pp. 105-124, Edmonton: Boreal Institute for Northern Studies.

Aporta, Claudio

2004 Routes, Trails and Tracks: Trail Breaking among the Inuit of Igloolik. *Études/Inuit/Studies* 28 (2): 9-38.

1991 『オートポイエーシス』（河本英夫訳）東京：国文社。
1997 『知恵の樹』（管啓次郎訳）東京：ちくま学芸文庫。
宮岡伯人
1978 『エスキモーの言語と文化』東京：弘文堂。
1987 『エスキモー：極北の文化誌』東京：岩波新書。
メルロー＝ポンティ，M.
1967 『知覚の現象学1』（竹内芳郎＆小木貞孝）東京：みすず書房。
1974 『知覚の現象学2』（竹内芳郎＆木田元訳）東京：みすず書房。
モース，M.
1981 『エスキモー社会：その季節的変異に関する社会形態学的研究』（宮本卓也訳）東京：未来社。
茂呂雄二（編）
2001 『実践のエスノグラフィー』東京：金子書房。
ラトゥール，B.
1999 『科学がつくられるとき：人類学的考察』（川崎勝＆高田紀代志訳）東京：産業図書。
2007 『科学論の実在：パンドラの希望』（川崎勝＆平川秀幸訳）東京：産業図書。
2008 『虚構の「近代」：科学人類学は警告する』（川村久美子訳）東京：新評論。
レイヴ，J.
1995 『日常生活の認知行動』（無藤隆＆山下清美＆中野茂＆中村美代子訳）東京：新曜社。
レイヴ，J．＆E．ウェンガー
1993 『状況に埋め込まれた学習：正統的周辺参加』（佐伯胖訳）東京：産業図書。
レヴィ＝ストロース，C.
1976 『野生の思考』（大橋保夫訳）東京：みすず書房。
ロサルド，L.
1998 『文化と真実：社会分析の再構築』（椎名美智訳）東京：日本エディタースクール出版部。
箭内匡
1994 「「他なるもの」から「似たものへ」：未来の民族誌にむけて」『民族学研究』59(2): 170-180。
若林幹夫

2010 『学習の生態学』東京：東京大学出版会。
福島真人（編）
1995 『身体の構築学』東京：ひつじ書房。
ブルデュー, P.
1988 『実践感覚1』（今村仁司＆港道隆訳）東京：みすず書房。
1990 『実践感覚2』（福井憲彦＆塚原史＆港道隆訳）東京：みすず書房。
古谷嘉章
1996 「近代への別の入り方：ブラジル・インディオの抵抗戦略」『思想化される周辺世界』（岩波講座文化人類学第12巻）pp. 225-280、東京：岩波書店。
ボアズ, F.
2011 『プリミティヴアート』（大村敬一訳）東京：言叢社。
ポパー, K. R.
1984 『客観的知識：進化論的アプローチ』（森博訳）東京：木鐸社。
ホブズボウム, E. & T. レンジャー（編）
1992 『創られた伝統』（前川啓治＆梶原景昭他訳）東京：紀伊国屋書店。
本多俊和＆葛野浩昭＆大村敬一（編）
2005 『文化人類学研究：先住民の世界』東京：放送大学教育振興会。
マッギー, R.
1982 『ツンドラの考古学』（スチュアート ヘンリ訳）東京：雄山閣。
松井健
1991 『認識人類学論攷』京都：昭和堂。
1997 『自然の文化人類学』東京：東京大学出版局。
松田素二
1996a「民族におけるファクトとフィクション」『フィクションとしての社会：社会学の再構成』（磯部卓三＆片桐雅隆編）pp. 184-209、京都：世界思想社。
1996b「「人類学の危機」と戦術的リアリズムの可能性」『社会人類学年報』22: 23-48。
1997 「実践的文化相対主義考：初期アフリカニストの跳躍」『民族学研究』62 (2): 205-226。
2001 「文化／人類学：文化解体を超えて」『人類学的実践の再構築：ポストコロニアル転回以後』（杉島敬志編）pp. 123-151、京都：世界思想社。
2009 『日常人類学宣言！：生活世界の深層へ／から』京都：世界思想社。
マトゥラーナ, H. R. & F. J. ヴァレラ（バレーラ）

思想社。

高柴修一

1995a「極北地帯のエスノボタニー：イヌイット、ユッピック社会における植物利用」『ツンドラ地域の人と文化：第9回北方民族文化シンポジウム報告書』pp. 95-109、網走：北海道立北方民族博物館。

1995b「イヌイットの民俗植物学：ネツリック・イヌイットにおける民俗植物学的調査の覚え書き」『遡航』（早稲田大学大学院文学研究科考古談話会）13: 45-60。

田中雅一

2009「宗教学は誘惑する」『宗教研究』359: 37-57。

ド・セルトー, M.

1987『日常的実践のポイエティーク』（山田登世子訳）東京：国文社。

ド・ポンサン, G

1957『北の放浪者』（近藤等訳）東京：新潮社。

デュモン, D

1982『ツンドラの古代人』（小谷凱宣訳）東京：学生社。

ナイサー, U.

1978『認知の構図：人間は現実をどのようにとらえるか』（古崎敬&村瀬晃訳）東京：サイエンス社。

バーガー, P. L. & T. ルックマン

1977『日常世界の構成：アイデンティティと社会の弁証法』（山口節郎訳）東京：新曜社。

パース, C. S.

1986『パース著作集2：記号学』（内田種臣編訳）東京：勁草書房。

浜本満

1985「文化相対主義の代価」『理想』7月号（No. 627): 105-121。

1996「差異のとらえかた：相対主義と普遍主義」『思想化される周辺世界』（岩波講座文化人類学第12巻）pp. 69-96、東京：岩波書店。

ヴィゴツキー, L. S.

2001『思考と言語』（柴田義松訳）東京：新読書社。

福島真人

1993「野生の知識工学」『国立歴史民俗博物館報告』51: 11-44。

2001『暗黙知の解剖』東京：金子書房。

学第6巻）pp. 229-256、東京：岩波書店。
1997b「ヌナヴト協定」『多文化主義・他言語主義の現在：カナダ・オーストラリア・そして日本』（西川長夫＆渡辺公三＆ガバン・マコーマック編）pp. 276-284、京都：人文書院。
1997c「北部ケベックの先住民：二つのマジョリティーに翻弄されるイヌイットとインディアン」『多文化主義・多言語主義の現在』（西川長夫＆渡辺公三＆ガバン・マコーマック編）pp. 109-132、京都：人文書院。
1998a「共同体としての先住民」『共同体の20世紀』（中牧弘允編）pp. 106-123、東京：ドメス出版。
1998b「ネツリック・イヌイットのテント：民族考古学の実践と課題」『時の絆』（石附喜三男先生を偲ぶ本刊行委員会編）pp. 549-572、東京：六一書房。
1998c「先住民族が成立する条件：理念から現実への軌跡」『周辺民族の現在』（清水昭俊編）pp. 235-263、京都：世界思想社。
1998d「民族呼称とイメージ：「イヌイト」の創成とイメージ操作」『民族学研究』63(2): 151-159。
田辺繁治（編）
1989 『人類学的認識の冒険』東京：同文館。
田辺繁治
2002 「再帰的人類学における実践の概念：ブルデューのハビトゥスをめぐり、その彼方へ」『国立民族学博物館研究報告』26(4): 533-573。
2003 『生き方の人類学：実践とは何か』東京：講談社。
田辺繁治＆松田素二（編）
2002 『日常的実践のエスノグラフィー』京都：世界思想社。
タンバイア, S. J.
1996 『呪術・科学・宗教：人類学における「普遍」と「相対」』（多和田裕司訳）京都：思文閣出版。
高木光太郎
2001 『ヴィゴツキーの方法』東京：金子書房。
2011 「回想とディスコミュニケーション」『ディスコミュニケーションの心理学』（山本登志哉＆高木光太郎編）pp. 137-160、東京：東京大学出版会。
2013 「既知から既在へ：フラッシュバルブ・メモリーへの生態学的アプローチ」『身体化の人類学：認知・記憶・言語・他者』（菅原和孝編）pp. 228-252、京都：世界

『民族接触：北方の視点から』（北方言語文化研究会編）pp. 100-126、東京：六興出版。

1990a「食料・女性・世界観：中部極北カナダの伝統イヌイット社会における食料の捕獲と分配」『北の食と住：北方民族文化シンポジウム報告書』pp. 46-50、網走：北海道立北方民族博物館。

1990b「伝統ネツリック・イヌイットのイヌクシュクによるカリブー猟：民族学と考古学のはざま」『民族学研究』55 (1): 75-86。

1991 「食料分配における男女の役割分担について：ネツリック・イヌイット社会における獲物・分配・世界観」『社会人類学年報』17: 45-56。

1992a「定住と生業：ネツリック・イヌイットの伝統的生業活動と食生活にみる継承と変化」『第6回北方民族文化シンポジウム報告書』pp. 75-87、網走：北海道立北方民族博物館。

1992b「ネツリック・イヌイットの漁労：夏の梁漁を中心に」『北海道立北方民族博物館研究紀要』1: 31-52。

1992c「移住から定住へ」『海と川の狩人たち』（スチュアート ヘンリ他編）pp. 221-236、東京：日本放送出版協会。

1993a「イヌイットか、エスキモーか：民族呼称の問題」『民族学研究』58 (1): 85-88。

1993b「ネツリック・イヌイット社会における春の生業：5～6月のカリブー猟と漁労を中心に」『北海道立北方民族博物館研究紀要』2: 13-36。

1993c「極北地帯の石干見：特殊な罠に関する民族学・考古学的研究」『史観』（早稲田大学史学会）128: 64-79。

1993d「現代を生きる先住民族：ヌナヴト協定締結とカナダ・イヌイトの今後」『公明』384: 104-117。

1995a「現代のネツリック・イヌイット社会における生業活動：生存から文化的サバイバルへ」『ツンドラ地域の人と文化：第9回北方民族文化シンポジウム報告書』pp. 37-67、網走：北海道立北方民族博物館。

1995b「エスキモー」『ブリタニカ国際大百科事典第1巻』pp. 62-70、東京：TBSブリタニカ。

1996 「現在の採集狩猟民にとっての生業活動の意義：民族と民族学者の自己提示言説をめぐって」『採集狩猟民の現在』（スチュアート　ヘンリ編）pp. 125-154、東京：言叢社。

1997a「先住民運動：その歴史、展開、現状と展望」『紛争と運動』（岩波講座文化人類

2005 『イヌイット：「極北の狩猟民」のいま』東京：中公新書。

2007 『カナダ・イヌイットの食文化と社会変化』京都：世界思想社。

岸上伸啓＆スチュアート　ヘンリ

1994 「現代ネツリック・イヌイット社会における社会関係について」『国立民族学博物館研究報告』19 (3): 405-448。

葛野浩昭＆大村敬一

2005 「民族文化から芸術活動へ：文化の創造的動態」『文化人類学研究：先住民の世界』（本多俊和＆葛野浩昭＆大村敬一編）pp. 225-251、東京：放送大学教育振興会。

窪田幸子＆野林厚志（編）

2009 『「先住民」とは誰か』京都：世界思想社。

クリフォード, J. ＆ G. E. マーカス（編）

1996 『文化を書く』（春日直樹＆足羽与志子他訳）東京：紀伊国屋書店。

（1986 *Writing Culture: The Poetics and Politics of Ethnography*. Berkeley: University of California Press）

サイード, E. W.

1993 『オリエンタリズム』（板垣雄三＆杉田英明監修、今沢紀子訳）東京：平凡社。

（1978 *Orientalism*. New York: Georges Borchardt）

清水　昭俊

1992 「永遠の未開文化と周辺民族：近代西欧人類学史点描」『国立民族学博物館研究報告』17 (3): 417-488。

1996 「植民地的状況と人類学」『思想化される周辺世界』（岩波講座文化人類学第12巻）pp. 3-29、東京：岩波書店。

杉島敬志

1995 「人類学におけるリアリズムの終焉」『民族誌の現在』（合田濤＆大塚和夫編）pp. 195-212、東京：弘文堂。

杉島敬志（編）

2001 『人類学的実践の再構築：ポストコロニアル転回以後』京都：世界思想社。

スチュアート ヘンリ

1985 「先史エスキモー文化の装飾について：極北4,000年間の「美術史」序説」『古代』80: 448-475。

1989 「エスキモー／インディアンの交渉小史：民族とエスニシティの原像を探って」

2013 『制度：人類社会の進化』京都：京都大学学術出版会。
河野哲也
2011 『意識は実在しない』東京：講談社。
岸上伸啓
1990a「イヌイット社会人類学の諸問題」『史観』（早稲田大学史学会）122: 73-91。
1990b「ネツリク・イヌイットの人名、命名法および同名者関係についての覚え書き」『北奥古代文化』20: 45-52。
1990c「イヌイット（カナダ）：その歴史的展開と現状」『文化人類学7』（綾部恒雄編）pp.14-26、東京：アカデミア出版会。
1991 「カナダ国北西準州ペリー・ベイ村におけるネツリク・イヌイットの拡大家族について」『北海道教育大学紀要1部B社会科学編』42 (1): 1-12。
1992 「カナダ・イヌイットは如何にしてキリスト教徒になりしや：諸説の紹介と検討」『北海道教育大学紀要第1部B社会科学編』42 (2): 23-34。
1993a「カナダ・イヌイットの精神世界における動物：ネツリック・イヌイットの犬を中心に」『北海道教育大学紀要1部B社会科学編』44 (1): 1-12。
1993b「生活時間を通してみるカナダ・イヌイット社会の変化について」『環極北文化の比較研究』（岡田宏明編）pp.41-54、札幌：北海道大学文学部。
1994a「北米におけるイヌイットおよびユッピックに関する文化人類学的研究の最近の動向と現状について：1984年から1993年にかけて」『人文論究』58: 53-105。
1994b「カナダ極北地域における先住民教育についての文化人類学的研究」『僻地教育研究』48: 25-39。
1996 「カナダ極北地域における社会変化の特質について」『採集狩猟民の現在』（スチュアート　ヘンリ編）pp. 13-52、東京：言叢社。
1998 『極北の民：カナダ・イヌイット』東京：弘文堂。
1999 「イヌイットの青年・中年男性の生業離れについて」『民博通信』86: 67-87。
2001 「北米北方地域における先住民による諸資源の交易について：毛皮交易とその諸影響を中心に」『国立民族学博物館研究報告』25 (3): 293-354。
2002 「カナダ・イヌイット社会におけるキリスト教の展開とその諸影響について：ヌナヴィク地域の事例を中心に」『宗教と文明化』（杉本良男編）pp. 143-158、東京：ドメス出版。
2004 「カナダ・イヌイット社会におけるメディアの利用について：ヌナヴィク地域の事例を中心に」『人文論究』73: 17-31。

2012d「未来の二つの顔に：モノの議会とイヌイトの先住民運動にみるグローバル・ネットワークの希望」『グローバリゼーションズ：人類学、歴史学、地域研究の現場から』（三尾裕子＆床呂郁哉編）pp. 317-345、東京：弘文堂。

2013a「交合する身体：心的表象なき記憶とことばのメカニズム」『身体化の人類学：認知・記憶・言語・他者』（菅原和孝編）pp. 154-185、京都：世界思想社。

2013b「感情のオントロギー：イヌイトの拡大家族集団にみる<自然制度>の進化史的基盤」『制度：人類社会の進化』（河合香吏編）pp. 327-348、京都：京都大学学術出版会。

2013c「生存の条件：オートポイエーシス・システムとしてのイヌイトの生業システム」『海洋環境における適応：環境変化と先住民の生業文化②』（第27回北方民族文化シンポジウム報告書）pp. 31-36、網走：北海道立北方民族博物館。

2013d「食べ物の分かち合いと社会の成り立ち」『子どもと食：食育を超える』（根ヶ山光一＆河原紀子＆外山紀子編）pp. 161-177、東京：東京大学出版会。

2013e「創造性と客体化の能力を育む「からかい」：カナダ・イヌイトの子どもの学習過程にみる身構えの習得」『狩猟採集民の調査に基づくヒトの学習行動の実証的研究』文部科学省科学研究費補助金（新学術領域研究2010-2014）交代劇 A02班研究報告書 No.3（寺嶋秀明編）pp. 15-36、神戸：神戸学院大学人文学部。

2014 「共有から引用へ：生成と創造のマトリクスに向けて」『映像の共有人類学』（村尾静二＆箭内匡編）東京：せりか書房（印刷中）。

岡千曲

1978 「アザラシ・カリブー・サケ：中央エスキモーに於ける世界構成と動物をめぐるタブー」『相模女子大学紀要』42: 253-259。

小田亮

1996a「ポストモダン人類学の代価：ブリコルールの戦術と生活の場の人類学」『国立民族学博物館研究報告』21 (4): 807-875。

1996b「しなやかな野生の知：構造主義と非同一性の思考」『思想化される周辺世界』（岩波講座文化人類学第12巻）pp. 97-128、東京：岩波書店。

1997 「文化相対主義を再構築する」『民族学研究』62 (2): 184-204。

2001 「越境から、境界の再領土化へ：生活の場での<顔>のみえる想像」『人類学的実践の再構築：ポストコロニアル転回以後』（杉島敬志編）pp. 297-321、京都：世界思想社。

河合香吏（編）

『環境民俗学：人と自然のつきあいかた』（山泰幸＆川田牧人＆古川彰編）pp. 34-57、京都：昭和堂。

2009a「イヌイトは何になろうとしているのか？：カナダ・ヌナヴト準州のIQ問題にみる先住民の未来」『「先住民」とは誰か』（窪田幸子＆野林厚志編）pp. 155-178、京都：世界思想社。

2009b「集団のオントロギー：「分かち合い」と生業のメカニズム」『集団：人類社会の進化』（河合香吏編）pp. 101-122、京都：京都大学学術出版会。

2009c「生きることの歌：カナダ・イヌイトの版画の魅力」『極北と森林の記憶：イヌイットと北西海岸インディアンのアート』（齋藤玲子＆岸上伸啓＆大村敬一編）pp. 18-23、京都：昭和堂。

2010　「自然＝文化相対主義に向けて：イヌイトの先住民運動からみるグローバリゼーションの未来」『文化人類学』75 (1): 54-72。

2011a「二重に生きる：カナダ・イヌイト社会の生業と生産の社会的布置」『グローバリゼーションと＜生きる世界＞：生業からみた人類学的現在』（松井健＆名和克郎＆野林厚志編）pp. 65-96、京都：昭和堂。

2011b「暴力と社会生成：＜争いと和解＞の人類史的基盤」『グローバリゼーションの人類学：争いと和解の諸相』（本多俊和＆大村敬一編）pp. 24-43、東京：放送大学教育振興会。

2011c「大地に根ざして宇宙を目指す：イヌイトの先住民運動と「モノの議会」が指し示す未来への希望」『現代思想』39(16): 153-169。

2011d「人類史の万華鏡としての文化：ボアズにみる人類学的思考の可能性」『プリミティヴ アート』（フランツ・ボアズ著、大村敬一訳）pp. 455-546、東京：言叢社。

2012a「技術のオントロギー：イヌイトの技術複合システムを通してみる自然＝文化人類学の可能性」『文化人類学』77(1): 105-127。

2012b「マルチチュードの絶対的民主主義は可能か？：カナダ・イヌイトの生業からみる生政治的生産の可能性」『生業と生産の社会的布置：グローバリゼーションの民族誌のために』（松井健＆野林厚志＆名和克郎編）pp. 343-364、東京：岩田書店。

2012c「在来知のオントロギー：イヌイトの知識にみる記憶の弁証法的運動」『マイクロサッカードとしての在来知に関する人類学的研究：日本学術振興会科学研究費補助金・基盤研究（B）報告書』（杉山祐子編）弘前：弘前大学人文学部。

調査報告46）pp. 73-100、大阪：国立民族学博物館。

2004b「旅の経験を重ねる:極北に生きるカナダ・イヌイトの知識と実践」『野生のナヴィゲーション』（野中健一編）pp. 55-90、東京：古今書院。

2005a「「芸術＝文化システム」への挑戦: 交渉の場としてのイヌイト・アート」『北太平洋沿岸の文化：政治経済と先住民社会』（第19回北方民族文化シンポジウム報告書）pp. 33-41、網走：北海道立北方民族博物館。

2005b「文化多様性への扉：文化人類学と先住民研究」『文化人類学研究：先住民の世界』（本多俊和＆葛野浩昭＆大村敬一編）pp. 29-55、東京：放送大学教育振興会。

2005c「野生の科学と近代科学：先住民の知識」『文化人類学研究：先住民の世界』（本多俊和＆葛野浩昭＆大村敬一編）pp. 115-139、東京：放送大学教育振興会。

2005d「差異の反復：カナダ・イヌイトの実践知にみる記憶と身体」『民族学研究』70(2): 247-270。

2005e「引用のマトリクス：新たな民族誌システムを目指して」『電子メディアを飼いならす』（飯田卓＆原知章編）pp. 235-251、東京：せりか書房。

2006a「旅の物語のタペストリー：イヌイトの地図とナヴィゲーションにみる環境観」『環北太平洋の民族と文化』pp. 246-264、札幌：北海道大学出版会。

2006b「「イヌイト・アート」の創造力：現実のイメージ化・イメージの現実化」『イヌイト・アートの世界』（北海道立北方民族博物館特別展示解説書）pp. 5-8、網走：北海道立北方民族博物館。

2006c「「メディア」から「アリーナ」へ：カナダ・イヌイトが選択する戦術的なメディアの活用」『カナダにおける先住民のメディアの活用とその社会・文化的影響』（平成14～17年度日本学術振興会科学研究費補助金・基盤研究(A)(1)研究成果報告書、スチュアート　ヘンリ編）。

2007a「生活世界の資源としての身体：カナダ・イヌイトの生業にみる身体資源の構築と共有」『身体資源の共有』（『資源人類学』第9巻）（菅原和孝編）pp. 59-88、東京：弘文堂。

2007b「イヌイト・アート：＜芸術＝文化システム＞との関係で」『観光文化学』（山下晋司編）pp. 129-135、東京：新曜社。

2008a「STAND ALONE COMPLEX：＜文化＞を超えるために」『言語文化学への招待』（木村健治＆金崎春幸編）pp. 117-130、大阪：大阪大学出版会。

2008b「かかわり合うことの悦び：カナダ・イヌイトの環境の知り方とつきあい方」

1995d「食・時間・空間：カナダ・イヌイットの食生活と時間・空間認識」『食と健康の文化人類学』（滝口直子＆秋野晃司編）pp. 158-178、東京：学術図書出版。

1996a「環境を読む鍵としての色彩：カナダ・イヌイットの色彩語彙と色彩カテゴリーに関する試論」『北海道立北方民族博物館研究紀要』5: 5-45。

1996b「「再生産」と「変化」の蝶番としての芸術：社会・文化変化の中で芸術が果たす役割」『採集狩猟民の現在』（スチュアート　ヘンリ編）pp. 85-124、東京：言叢社。

1997 「イメージの幹としての「からだ」」『体育の科学』47: 518-527。

1998「カナダ・イヌイットの日常生活における自己イメージ：「イヌイトのやり方」の「戦術」」『民族学研究』63 (2): 160-170。

1999a「「イヌイト・アート」の創造力：現実のイメージ化・イメージの現実化」『アークティック・サークル』32: 4-7。

1999b「カナダ・イヌイトの環境認識からみた「資源」と「開発」：「大地」概念の変化をめぐって」『北方の開発と環境：第13回北方民族文化シンポジウム報告書』pp. 13-28、網走：北海道立北方民族博物館。

1999c『イヌイトの現在』（映像）国立民族学博物館特別展「越境する民族文化」展示。

2001a「交差点としての「イヌイト・アート」：エスニック・イメージが生成する対話の場」『アートと民族文化の表象』（国立民族学博物館研究報告別冊22）pp. 79-101、大阪：国立民族学博物館。

2001b「消えた双数と消えない双数：イヌイト語の変化とその社会・文化的背景」『言語接触（言語文化共同研究プロジェクト2000）』（大阪大学大学院言語文化研究科編）pp. 1-14、大阪：大阪大学大学院言語文化研究科。

2002a「カナダ極北地域における知識をめぐる抗争：共同管理におけるイデオロギーの相克」『紛争の海』（秋道智彌＆岸上伸啓編）pp. 149-167、京都：人文書院。

2002b「「伝統的な生態学的知識」という名の神話を超えて：交差点としての民族誌の提言」『国立民族学博物館研究報告』26(4): 25-120。

2003a「近代科学に抗する科学：イヌイトの伝統的な生態学的知識にみる差異の構築と再生産」『社会人類学年報』29: 27-58。

2003b「野生の思考の可能性：カナダ・イヌイトの他者表象にみるブリコラージュの秩序」『野生の誕生』（スチュアート ヘンリ編）pp. 188-217、京都：世界思想社。.

2004a「二つの科学の統合から協力へ：カナダ極北圏におけるヌナヴト野生生物管理委員会の挑戦」『海洋資源の利用と管理に関する人類学的研究』（国立民族学博物館

引用文献

〈日本語文献〉

秋道智瀰

1995 『海洋民族学：海のナチュラリストたち』東京：東京大学出版会。

秋道智彌＆岸上伸啓（編）

2002 『紛争の海：水産資源管理の人類学』京都：人文書院。

伊藤泰信

2000 「知の状況依存性について：知識人類学試論」『社会人類学年報』26: 97-127。

煎本孝

1996 『文化の自然誌』東京：東京大学出版会。

太田好信

1993 「文化の客体化：観光を通した文化とアイデンティティの創造」『民族学研究』57 (4): 383-410。

1998 『トランスポジションの思想：文化人類学の再想像』京都：世界思想社。

大村敬一

1994 「描画から何を知ることができるのか？：カナダ・イヌイットの描画89例の特徴とその分析上の諸問題に関する予備的考察」『象徴図像研究』（和光大学象徴図像研究会）8: 19-38。

1995a「消えた双数は何を意味しているのか？：カナダ・イヌイットの言語の変化とその社会・文化的背景」『早稲田大学大学院文学研究科紀要』別冊21集哲学・史学編: 105-116。

1995b「ネツリック・イヌイットの地理感覚と生業活動域（テリトリー）：生業活動と人間の認知機構との関係について」『ツンドラ地域の人と文化：第9回北方民族文化シンポジウム報告書』pp. 69-90、網走：北海道立北方民族博物館。

1995c「「伝統」と「近代」のブリコラージュとしての彫刻：ネツリック・イヌイットの彫刻活動に関する覚え書き」『人間科学研究』（早稲田大学人間科学部）8: 1-14。

大村　敬一（おおむら　けいいち）
1966年生まれ。早稲田大学大学院文学研究科博士課程修了。博士（文学）。大阪大学大学院言語文化研究科准教授。専門は人類学。

おもな共編著に*Self and Other Images of Hunter-Gatherers* (National Museum of Ethnology, 2002)、『文化人類学研究——先住民の世界』（放送大学教育振興会、2005）、『極北と森林の記憶——イヌイットと北西海岸インディアンのアート』（昭和堂、2009）、『グローバリゼーションの人類学——争いと和解の諸相』（放送大学教育振興会、2011）。訳書にフランツ・ボアズ『プリミティブ アート』（言叢社、2011）。

カナダ・イヌイットの民族誌
——日常的実践のダイナミクス——

2013年9月10日　初版第1刷発行　［検印廃止］

著　者　大村敬一

発行所　大阪大学出版会
代表者　三成賢次

〒565-0871　吹田市山田丘2-7
大阪大学ウエストフロント
TEL 06-6877-1614（直通）
FAX 06-6877-1617
URL：http://www.osaka-up.or.jp

印刷・製本　亜細亜印刷株式会社

ISBN 978-4-87259-455-3 C3039